카리스마의 역사

A History of Charisma
© John Potts 2009

First published in English by Palgrave Macmillan, a division of Macmillan Publishers Limited under the title A History of Charisma by John Potts. This edition has been translated and published under licence from Palgrave Macmillan. The author has asserted his right to be identified as the author of this Work.

No part of this book may be used or reproduced in any manner whatever without written permission except in the case of brief quotations embodied in critical articles or reviews.

Korean Translation Copyright © 2010 by The Soup Publishing Co.
Korean edition is published by arrangement with
Palgrave Macmillan through BC Agency, Seoul

이 책의 한국어판 저작권은 BC 에이전시를 통한
저작권자와의 독점 계약으로 도서출판 더숲에 있습니다. 저작권법에 의해
한국 내에서 보호를 받는 저작물이므로 무단전재와 복제를 금합니다.

카리스마의 역사

A HISTORY OF CHARISMA

사도 바울에서 버락 오바마까지 2천 년 간 내려온 카리스마의 역사와 의미

존 포츠 지음 | 이현주 옮김

'카리스마'라는 말은 한 개인의 특징에 적용될 것이다.
그는 그 특징 때문에 초자연적, 초인간적, 또는 적어도 특별히 예외적인
능력을 부여받은 뛰어난 사람으로 간주된다.

막스 베버(Max Weber)

「차례」

1
어떤 낱말의 역사, 카리스마

카리스마의 과거와 현재 18
카리스마는 존재하는가 20
그리스어로 쓰인 사도 바울의 서신에 최초로 등장하다 24
종교적 의미에서 세속적 의미로 순탄치 않은 변화를 겪다 27
1세기와 21세기의 카리스마에는 공통점이 존재하는가 35

2
카리스마의 기원

그리스어와 헬레니즘 문화에 나타난 카리스의 여러 가지 의미 40
히브리 문화에서는 자비와 동정의 마음이라는 의미로 44
'성령의 은총'에서 카리스마가 나오다 45
영적 계시 능력을 받은 구약성서의 예언자들 49
영적 세계의 지배자, 샤먼 52
종교적 권위와 카리스마는 별개의 의미 55

3
사도 바울이 종교 용어로 만들어낸 카리스마

초기 그리스도교 교회와 영적 사도들 65
자유와 다양성이 보장된 사회문화적 환경 71
종교와 마법의 경계가 모호했던 기적의 시대 73
바리새인에서 사도로 변한 바울, 법보다 은총을 강조하다 77
카리스에 새로운 그리스도교적 의미를 부여하다 81
사도 바울이 만든 하나님이 주신 재능으로서의 카리스마 85
고린도서에는 교회 공동체를 강화하기 위한 은사로 사용되다 89
로마서에는 구원과 신의 은총으로 표현되다 101
그밖의 성서에는 축복, 교회의 성직으로 바뀌다 105
카리스마, 권위, 공동체 107

4
카리스마가 잠시 사라지다

카리스마라는 은사가 교회에서 쇠퇴해가다 121
주교의 등장과 선지자의 몰락 123
성서의 정착이 권력 이동을 가져오다 136
예언자에서 주교로 2세기 초 성직의 변화 139
성서의 시대, 예언의 카리스마는 더 이상 필요 없다 147
주교의 권위를 거부하고 몬타누스파를 지지한 터툴리안 155
영적인 지식을 주장하며 정통 교회에 맞선 그노시스파 163
카리스마적 은사가 중지되다 170
억압당한 것인가, 아니면 단순히 잊힌 것인가 175

5
카리스마는 어디로 갔는가

힘 있는 교회, 권력의 중심이 된 주교 187
아우구스티누스의 바울에 대한 해석은 카리스마가 아닌 은총 191
성자나 은둔자로 묘사된 신비주의 비 주류파 197
신성에 참여하는 세례로 인식된 동방교회의 카리스마 199
암암리에 전해진 카리스마의 영적 에너지 204
카리스마의 동의어 '광신(enthusiasm)' 206
이단의 시대, 정통 교회 틀 안으로 들어간 카리스마 210
아퀴나스가 정의한 무상의 은총 카리스마 214
성스런 치료의 은사로 대변된 왕의 카리스마 217
직접적인 계시를 주장하면서 신비주의를 비난한 개신교의 역설 219

6
베버가 카리스마를 재창조하다

베버가 재창조한 카리스마가 일상용어가 되다 232
베버 이전의 '카리스마' - 하나님이 부여한 은총 혹은 재능 235
내재된 권력의 힘을 의미하는 단어로 카리스마가 채택되다 238
각성된 세계에 대한 반성과 정신의 부활을 희망하다 240
베버의 카리스마 - 초자연적, 초인간적, 특별한 능력의 소유자 252
신의 은총에서 비범한 지도자의 능력으로 256
합리적 권위와 카리스마적 권위가 융합되다 263
1960년대 '카리스마' 정치인의 개인적 매력과 자질을 의미하다 271
독일 나치 독재정권을 옹호했다는 비판들 275
마르크스주의 비판자들의 표적이 된 베버의 부르주아 사회학 278
베버의 정치사회 사상을 수정하려는 시도들 281
베버의 카리스마 개념에 심리학적 인식을 추가한 오크스 285
이론적 용어로 지속적인 생명력을 가지다 289

7
20세기의 카리스마파 신자들

신정주의적 유토피아의 비극적 결말 296
성령의 현시와 은사를 중시하는 오순절운동의 확산 300
성령으로 가득 찬 예배를 강조하는 카리스마 갱신운동 304
1960년대 그리스도교의 위기와 급진적 청년문화 310
카리스마 갱신운동에 나타난 방언의 은사에 대한 여러 오해들 314
자신이 어떤 카리스마를 얼마나 지녔는지 어떻게 아는가 319
카리스마 갱신운동과 TV 복음전도사들에 대한 비판 323
바울의 카리스마파와 베버의 카리스마 사이의 경계가 흐려지다 331

8
미디어 시대의 카리스마와 유명인

카리스마는 단순히 유명인을 뜻하는 동의어로 전락했는가 340
알렉산더에서 바넘(Barnum)까지 명성의 역사 342
할리우드의 황금시대와 스타 공장 352
스타의 비범한 자질을 표현하는 말, 카리스마 360
영화사의 독점구조 와해와 유명인의 출현 366
유명인, 하지만 카리스마는 없는 377

9
카리스마의 과거와 현재, 그리고 미래

말로 표현할 수 없는 그 무엇, '잇' 388
샌드위치에도 카리스마가 있다 397
스스로 배워서 카리스마를 계발할 수 있다 403
리더십 이론과 심리학에서 표현된 연구실의 카리스마 411
현대 정치에서 카리스마는 여전히 중요한 요소인가 422
정치적 카리스마의 기준, 케네디 풍에서 클린턴 풍까지 423
카리스마 있는 정치인들의 쇠퇴 426
베버의 '웅변의 카리스마'가 입증된 버락 오바마 431

10
카리스마라 불리는 그 알기 어려운 것

카리스마의 연속성과 불연속성 445
종교적 카리스마와 세속적 카리스마가 겹쳐지다 450
카리스마, 파악하기 어려운 마지막 것 453

주 459
참고문헌 518
색인 540

1

카리스마는 모방할 수 없는 재능이다.

어떤 낱말의 역사, 카리스마

A HISTORY OF CHARISMA

이 책은 1세기부터 20세기까지의 기간 동안 '카리스마'라는 말과 그 말에 관련된 의미의 역사를 다루고 있다. 아주 짧게 그 역사를 설명하자면 다음과 같다.

'카리스마'라는 말은 1세기 초기 그리스도교 교회에서 생겨났고, 3세기 말 무렵에는 교회 내에서 종교적인 개념으로서의 중요성이 잠시 감소되었다. 여러 세기 동안 카리스마라는 말은 간혹 모습을 보였을 뿐 수면 밑에 가라앉아 있다가 20세기 초에 막스 베버(Max Weber)의 사회학에서 다시 창조되었다. 그리고 이제 그 말은 미디어와 학계, 대중들이 나누는 대화 등 현대의 서양문화 전반에서 널리 사용되고 있다.

필자는 이 말이 처음 탄생해서 잠시 사라졌다가 다시 나타나 변화되는 역사를 분석함으로써 2천 년이 넘는 동안 이 말의 문화적인 역할이 어떻게 변해왔는지 연구하였다.

이렇게 도식적으로 간단히 설명한 내용을 보면, 이 책에서 분석한 역사의 유형이 어떤 것인지 알 수 있을 것이다. 필자는 카리스마가 있는 인물이나 카리스마가 있다고 여겨지는 세계적인 인물들을 연대순으로 다루려고 하지 않았다. 물론 이런 접근방식은 화려하지만 주관적인 판단에 좌우될 수 있고, 내 연구방식과 맞지 않는 카리스마의 보편적인 정의를 따르게 될 수도 있다.

또한 필자는 각 문화마다 나타나는 카리스마나 말레이시아의 마나(mana), 수피(Sufi)의 바라카(barakah)처럼 다른 문화에 존재하는, 카리스마와 비슷한 말에 대해서도 연구하지 않았다. 이런 말들은 모두 특정한 신앙체계에서 발생한 것들로, 어떤 것도 카리스마와 정확히 똑같지 않으며, 카리스마의 특정한 의미나 연상되는 내용을 포함하고 있지 않다. 또한 '카리스마'라는 말과 같은 경로를 거치지도 않았다. 그 경로란 종교적 개념에서 사회적 개념이 되어 보편적으로 사용되는 변화를 의미한다.

따라서 나는 전 세계적으로 카리스마에 상응하는 것들을 모아 정리하는 거대한 작업을 시도하기보다는 카리스마라는 구체적인 말과 시간에 따라 변해온 의미의 역사를 정리하는 일에 전념했다.

이 접근방식이 갖는 한 가지 이점은 혹시라도 이 말을 시대착오적으로 해석하는 실수를 미연에 방지할 수 있다는 점이다. 20세기 초에 사회학자인 막스 베버가 정의 내린 카리스마는 1세기 중반에 사도 바울(Apostle Paul)이 정의한 카리스마와 확연히 다르다. 그러나 종교 역사가들을 포함하여 많은 수의 저자들은 초기 그리스도교 세계의 카리스마적인 권위와 리더십을 분석하는 등, 그 단어가 가진 두가지 의미를 제대로 구분하지 못했다. 이는 베버가 재창조한 카리스마를 그 말이 처음 사용되어 규정되던 당시의 역사적 배경에 억지로 끼워맞춘 행위다.

사도 바울이 규정한 다양한 형태의 카리스마에는 리더십이나 권위가 포함되어 있지 않았다. 실제로 한 사람에 의한 지배와 같은 개념은 카리스마의 처음 의미와 완전히 다르다.

카리스마적 권위에 대한 베버의 이론은 그 영향력이 매우 큰 데다 현대의 여러 문화권에 널리 보급되어 있기 때문에 그 개념을 소급하여 일반적으로 적용하지 않기가 무척 어렵다. 이 책은 그런 유혹을 견뎌내면서, 대신 서로 다른 역사적 배경에서 나타난 카리스마의 구체적인 의미들을 추적하려 했다.

'카리스마'는 다른 시대에, 다른 문화에서, 다른 것들을 의미했다. 이러한 다양한 환경 속에서 카리스마가 차지했던 역할을 세심하게 살펴봄으로써, 시대착오적인 연구를 피하고 사실에 근거를 둔 설명을 제시할 수 있다. 이러한 접근방식은 또한 이 책이 추구하는 여러 목표들 중의 하나, 즉 카리스마의 예전 의미가 21세기에 사용되는 카리스마에서 얼마나 많이(혹은 얼마나 적게) 남아 있는지 판단하는 기초가 되었다.

카리스마의 과거와 현재

카리스마의 현대적인 의미는 특정 개인을 두드러지게 만들고 다른 사람들을 자신에게 끌어들이는 타고난 자질로 널리 이해되고 있다. 필자는 신문이나 잡지, 웹사이트와 같은 현대의 매스미디어뿐 아니라 사회학, 심리학, 경영이론, 미디어 연구, 문화 연구 등 학계의 다양한 논문에서도 카리스마라는 말이 어떻게 사용되는지 광범위하게 살펴본 결과, 위와 같은 정의를 얻을 수 있었다. 여기에 제시된 정의는 대체로 베버에게서 시작되었다고 할 수 있으며, 이는 베버가 공식화한 카리스마적 리더십이라는 개념이 유효함을 입증한다.

그러나 요즘 카리스마라는 말이 갖는 의미는 베버의 사회학에서 다듬어진 제한된 범위의 카리스마적 권위에서 크게 멀어져 있다. 현대문화에서의 카리스마는 연예인이나 유명인을 포함한 특정 개인들에게 존재하는 것으로 간주되는 데 반해, 베버는 주로 종교 및 정치지도자들에게 관심을 가졌다.

그럼에도 불구하고 현대의 카리스마는 베버가 생각했던 최소한의 특징을 유지하고 있다. 즉, 신비하고 교묘한 특징을 여전히 갖고 있는 것인데, 미디어의 시사평론가들은 카리스마를 '미지의 요인(X-factor)'으로 자주 설명한다.

카리스마의 이러한 측면은 현대의 카리스마가, 비이성적인 힘, 즉 카리스마적 권위가 20세기의 근대성 위에 세워진 합리화라는 '강철로 만든 새장(iron cage)'에 도전한다는 베버의 이론에 여전히 빚지고 있음을 시사한다. 또한 카리스마가 가진 수수께끼 같은 특징은 카리스마가 최초에 은사(spiritual gift, 恩賜)로 표현되었다는 사실과 적어도 어느 정도 연관성이 있음을 의미한다.

카리스마는 애초에 하나님이 준 특별한 재능을 가리키는 종교적인 개념으로 탄생되었다. 초기의 그리스도교 교회에 존재했던 이러한 생각은 베버의 카리스마 이론에 영감을 부여했다. 다시 말해, 오늘날 서양의 세속 사회에서 널리 사용되고 있는 이 말은 고대의 종교적인 개념으로 시작되었다가 훨씬 나중에 근대 세계의 각성에 관심을 가졌던 한 사회이론가에 의해 다시 규정된 것이다.

2천 년 동안 카리스마라는 말이 가진 뜻의 변화와 단절, 변종 등을 통합한 역사는 결과적으로 현대문화에서도 여전히 살아남아 활동하는 그 말의 의미가 가진 여러 측면들을 조명하는 작업이 될 것이다.

카리스마는 존재하는가

한편 '카리스마가 존재하기는 하는가?'라며 반대가 제기되기도 했다. 그 말이 막스 베버의 희망 속에 탄생한 망상에 불과한 것일 수도 있다는 것이다. 막스 베버는 전통적이고 관료주의적인 권위에 대한 대안을 만들어내어 그것에 '카리스마'라는 이름을 붙인 사람이라는 것이다.

또한 그 말이 모호하고 정확성이 부족하다는 점은 그 말이 가진 환상적인 특징을 무심코 드러내는 것일 수도 있다. 어쩌면 그것은 처음의 종교적인 틀에서 제거되어 어떤 특별한 개인에게 적용된, 세습된 형태의 신비주의에 불과한 것일 수도 있다는 것이다. 따라서 여러 학문 분야의 학자들이 그러한 의심을 품고 카리스마 이론을 비난했다.

피에르 부르디외(Pierre Bourdieu)의 비판적 사회학은 카리스마를 개인에 내재된 신비한 특징으로 규정한 베버의 '순진한' 개념에 반대한다.[1] 개인 고유의 특징보다는 권력의 관계에 초점을 맞추는 부르디외는 베버가 지배를 정당화하기 위한 구실을 만들어냈다고 비난한다. 이 신랄한 평가에서 카리스마는 권력관계의 특정한 유형들을 정당화하는, 이론적으로만 존재하는 개념이다.

한편 경영이론 분야에서 기업조직과 경영에 관한 권위자로 인정받는 존 코터(John Kotter)는 효과적인 리더십에서 카리스마의 역할을 거부한다. 코터는 리더십에 '신비로운' 것은 전혀 존재하지 않는다고 주장한다. 리더십은 '카리스마'나 다른 특이한 개인적인 특징과는 전혀 관계가 없다는 것이다.[2]

심리학 분야에서는 렌 오크스(Len Oakes)가 카리스마가 있다고 알려진 지도자 11명을 상대로 심리측정 검사를 실시했는데, 그들에게서 자아도취증의 특징 외에 특별한 점이 발견되지 않았다고 했다.[3] 신흥종교지도자나 도사, 그 외에 카리스마가 있다고 여겨지는 사람들이 추종자들에 대해 집착하는 모습을 보면, 이러한 자아도취증이 그런 인물을 설명하는 데 더욱 유용한 잣대가 되는 듯싶다.

이 세 학자들은 하나의 개념으로서 카리스마를 비판하는 사람들일 뿐이며, 20세기 중반에 베버의 독일어 원문의 번역본이 널리 읽히게 되면서 베버의 이론을 비난하고 수정하려는 학자들이 다수 등장했다. 그러나 카리스마라는 개념 그 자체를 설득력 있게 비판하거나 반대한 학자들은 소수에 불과했다. 일반적으로 카리스마적 권위에 대한 베버의 이론은 사회학 내부에서 '고전적인' 연구로 간주되고 있다. 이 이론은 사회학뿐 아니라 심리학과 정치이론, 기타 학문 분야에서 권위, 리더십, 집단 역학관계를 다루는 설득력 있는 모델로서 받아들여져왔다.

베버 이후의 학자들은 예를 들면, 카리스마 있는 지도자의 추종자들이 어떤 역할을 하는지에 초점을 맞춤으로써 그 모델을 수정하거나 조정하는 데 관심을 가졌다. 그리고 카리스마적인 리더십이 미치는 정치적 영향이나 카리스마 있는 지도자들이 활동할 수 있는 환경을 분석하는 연구도 이루어졌다. 그 환경이란 독립적인 권위자의 세계로부터 학계에 이르기까지 다양했다.

그러한 주제를 다루는 많은 학자들의 연구는 베버를 출발점으로 삼는다. 앞에서 언급한 세 명의 학자가 각자 다른 의견을 제시하긴 했지만, 베버의 카리스마 이론은 연구가 이루어지는 토대로서 채택되었다. 존 코터는 카리스마가 기업의 훌륭한 지도자와는 관련이 없다고 주장할 수도 있겠지만, 다수의 경영이론가와 리더십 권위자들이 카리스마로 알려진 그 신비로운 자질의 중요성을 다룬 책을 집필하고 팔고 있는 게 사실이다.

사회학, 심리학, 경영이론이라는 학문적인 경계를 넘어 카리스마는 일상적으로 이루어지는 대화 속에서도 안전한 자리를 확보하고 있다. 필자는 매스미디어, 특히 잡지나 TV, 라디오, 웹사이트에서 카리스마라는 말이 널리 보급되어 있다는 사실이야말로 그 말의 시세를 알려주는 믿을 만한 잣대라고 생각한다. 카리스마는 광범위한 분야에서 예외적인 인물들을 가리키는 데 지속적으로 사용되고 있다.

정치인들은 종종 그들이 가진 카리스마적인 요소에 따라 평가된다. 그들이 카리스마가 전혀 없는 사람으로 간주된다고 해도, 그런 사실조차 언급할 가치가 있다고 여긴다. 겉으로 보기에 대중문화가 유명인사들에게 매료된 것으로 보이는 이 시대에는 미디어의 담론이 카리스마라는 속성을 위해 특별한 역할을 하게 된다.

리얼리티 TV 프로그램이 그리 유명하지 않은 유명인들을 양산하고, 유명인들이 불미스러운 행동으로 유명인사로서의 입지를 강화함에 따라, 카리스마라는 요소는 그런 사람들을 판단하는 측정 기준으로서 널리 간주되고 있다. 카리스마는 타고나는 자질로 여겨지는 반면, 유명인은 점차 만들어지는 것으로 간주되고 있다. 카리스마는 모방할 수 없는 재능으로 간주되는 반면, 많은 유명인들은 카리스마가 없다는 비난을 받아왔다. 현대문화에서 카리스마라는 '재능'은 유명인을 찍어내는 시대의 진정한 보증수표로 기능한다.

유명인과의 관계는 서양의 현대문화에서 카리스마가 담당하는 여러 기능들 가운데 하나에 불과하다. 카리스마라는 말이 자주, 그리고 지속적으로 사용된다는 점을 고려하면, 부르디외의 비판은 크게 무력해진다. 미디어에서 카리스마의 존재에 의문을 제기하는 정치인이나 시사평론가, 비판가, 일반인은 거의 없다. 카리스마는 문화 내에서 인정받으며, 그 의미도 일반적으로 이해된다. 따라서 카리스마가 실제로 존재하느냐가 아니라 왜 존재하는가가 적절한 질문이다.

현대의 대중 담론은 카리스마라는 말에 대해 일정한 역할을 고수하고 있다. 다시 말하면, 그렇게 해야 할 문화적인 필요성이 존재한다. 카리스마는 '매력(glamor)'이나 '명성(fame)', '위신(prestige)', '아우라(aura)', '유명인(celebrity)'과 같은 다른 말로 대체될 수 없다. 카리스마가 갖고 있는 '미지의 요소'는 이러한 말이나 일반적으로 사용되는 다른 말들과 구분되는 특징을 말한다. 현대문화에서 카리스마라는 말이 갖는 기능을 이해하려면, 그것이 현대문화에서 지속되고 있는 이유를 알아봐야 할 것이다.

그리스어로 쓰인 사도 바울의 서신에 최초로 등장하다

'카리스마'라는 말을 거리낌 없이 자주 사용하는 일반인이나 전문가, 시사 해설가들 중에 자신이 1세기 중반에 처음으로 글자로 나타난 고대 그리스 단어를 사용하고 있다는 사실을 알고 있는 사람은 거의 없을 것이다. 또한 1세기에 그 말이 그리스도교인들 사이에서 처음 사용될 때, 예언에서부터 치료, 방언을 말하는 능력까지 기적과도 같은 영적인 능력 등을 의미했다는 사실도 잘 모를 것이다.

그리스어 χάρισμα는 기원후 50~62년 사이에 쓰인 사도 바울의 서신에서 처음 나타난다. 사도 바울은 카리스마라는 말을 '하나님의 은총의 선물'이라는 의미로 사용했다. 그래서 대개 '은사'로 번역된다. 사도 바울의 서신을 받아 읽은 사람들은 코린트(Corinth, 고린도)나 로마(Rome), 콜로서스(Colossus, 골로

새) 같은 도시 중심지에서 새로이 탄생한 그리스도교 집단이었다. 이후 바울의 서신은 신약성서에 포함됨으로써 더욱 광범위하게 그리고 더 후대까지 읽히게 되었다.

20세기 후반에 그리스도교의 부흥주의 세대들은 사도 바울의 서신에서 설명된 카리스마타(charismata, 카리스마의 복수형)로부터 영감을 얻어냈다. 1960대의 카리스마파 운동은 분명 사도 바울의 카리스마를 기초로 설립되었지만, 당시 서양 사회에서는 베버의 사회학에 등장하는 카리스마에 부여된 의미가 널리 보급된 상태였다. 이 책이 갖는 몇 가지 목표들 중의 하나는 카리스마의 두 가지 버전, 즉 종교계에서의 카리스마와 세속 세계에서의 카리스마 사이의 관계를 살펴보는 것이기도 하다.

사도 바울의 서신은 그리스어로 쓰여 있었다. 그가 내린 카리스마의 정의는 그 어원인 그리스어 카리스(charis)에 의존했는데, 카리스는 은혜나 호의를 의미한다. 2세기에 라틴어로 글을 쓰던 그리스도교 신학자들이 χάρισμα를 로마자로 옮겼고, 그로 인해 '카리스마'가 되었다. 라틴어 '카리스마'는 잠시 가톨릭 신학에서 명맥을 유지하다가 다른 라틴어인 도눔(donum, 선물)이나 그라티아(gratia, 은혜)로 대체되었다. χάρισμα는 그리스정교회의 기도서에는 계속 나타났다. 카리스마는 영어권 신학자들 사이에서 '카리즘(charism)'이 되었다가 19세기에 '카리스마(charisma)'가 되었다(영국식 영어의 '카리즘'은 일부 신학 작품에서 여전히 사용되고 있다).

베버는 19세기 말, 당시 초대교회로 눈을 돌린 독일 신학계에서 그 말을 채택했다. 그러나 베버의 카리스마적 권위 이론이 1920년대에 발표되었을 당시, 신학계 외부에서는 카리스마라는 말을 거의 사용하고 있지 않았다. 20세기 후반에 이 말이 일반적으로 사용된 것은 베버의 이론에 대한 관심이 확산된 데서 직접적인 원인을 찾을 수 있다.

사도 바울의 카리스마는 호메로스(Homer)까지 거슬러 올라갈 수 있는 그리스 지성문화에 어느 정도 신세를 졌다. 또한 그것은 구약성서에 표현된 유대교 전통의 여러 일면들도 포함하고 있었다. 그리스도교 신학에서 카리스마가 겪은 운명은 이단 문제 등을 포함하여 성령(Spirit)의 역할에 관한 교회 및 신학자들의 논쟁이 제도화되어가는 과정 등 상당히 복잡한 이야기의 한 부분이다.

필자는 이 책의 2, 3, 4, 5장에서 카리스마가 고대의 그 뿌리에서 출발하여 몇 백 년 동안 그리스도교 역사를 통해 걸어온 길을 추적하는 데 전념했다. 20세기에 카리스마가 세속화되고 대중화되었을 때, 그 과정은 이 낱말의 역사에서 한 단계가 추가된 것에 불과했다. 즉 고대의 종교적인 말이 세속적인 근대 사회의 내부에서 변화한 과정에 불과했다.

종교적 의미에서 세속적 의미로 순탄치 않은 변화를 겪다

필자가 다루는 카리스마의 역사는 '열광(enthusiasm)', '이미지(image)', '호기심(curiosity)', '상상(imagination)'과 같은 단어들의 역사를 두꺼운 책 정도의 분량으로까지 연구한 여러 학자들과 비슷한 연구방식을 취하고 있다.

'enthusiasm'을 연구한 수지 터커(Susie Tucker)는 그 말의 의미가 17세기부터 20세기까지 어떻게 변해왔는지를 알아냈다. 그녀의 목적은 그 말을 역사 속에서 조사하고, 그 말의 역사적인 정의를 추론하고, 그 말의 언급을 제한하거나 통제하려고 했던 시도들에 주목하는 것이었다.[5] 검토된 역사적 기간의 범위는 과거의 의미가 마지막으로 나타났던 때를 드러내기 때문에, 이렇게 의미의 변화를 연구하는 방법은 '의미론적 변동(semantic seesaw)'이라고 부를 수 있다.[6]

정치이론에 대한 연구들의 경우, 특정한 핵심 낱말들과 관련된 의미가 급격히 변했음을 알 수 있다. 테렌스 볼(Terence Ball)은 '이데올로기(ideology)', '애국자(patriot)', '권리(rights)', '국가(state)', '혁명(revolution)'과 같은 말들이 근본적인 의미상의 변화를 겪었다는 점을 집중적으로 다루었는데, 예를 들어, 18세기에 'ideology'는 개념의 기원에 대한 체계적인 연구를 가리켰다. 그리고 'patriot'는 자신의 패트리아(patria, 조국)를 위해 정부를 감히 비난하는 시민이었다. 볼은 "그 말은 변하지 않지만, 개념과 의미는 변한다"고 결론지었다.[7]

'카리스마'라는 말이 통용된 사회적 맥락을 주목하는 것이 정말로 중요한 만큼, 의미의 변화가 갖는 역동적인 측면들 역시 이 책에서 필자가 취한 연구방법에서 필수불가결한 요소다. 에드워드 사이드(Edward Said)의 설명에 따르면, 여러 단어들이 순서에 맞게 모여 있는 문장의 경우와 마찬가지로, 개별적인 낱말들도 '그 세상의 것이다(worldly).'[8]

그리스어로 된 최초의 카리스마라는 말은 1세기의 초기 그리스도교 집단이 갖고 있던 종교적 개념을 나타냈다. 그리고 그 개념은 이후 몇 세기 동안 교회의 지적인 풍토에서 다양한 압력을 받았다. 그 결과, 그것은 그리스도교 사상에서 점차 모습을 감추게 되었고, 그 말 자체가 오랜 기간 동안 사용되지 않았다. 20세기에 베버에 의해 카리스마라는 말이 소생한 과정은 완전히 다른 환경에서 이루어졌다. 라틴어로 번역된 형태가 독일어에 통합된 이 말은 이제 세속적인 근대사회 안에, 그리고 그 환경에서 쓰이는 특정한 이론적인 틀 안에 존재하게 되었다. 그리고 그 환경으로부터 새로운 의미가 발생하게 되었고, 이제 카리스마는 리더십 이론에 존재하는 개념을 나타내게 되었다.

'맥락주의(contexualization, 어떤 사건을 그것이 발생한 맥락에서 설명할 수 있다고 보는 견해-옮긴이)'라는 개념은 서로 다른 역사적 시기들을 거쳐가며 겪은 변화를 설명하는 데 중요하다. 어떤 개념은 그 사회적, 문화적 상황이 달라짐에 따라 바뀌거나 소멸되거나 소생될 수 있다. 이러한 의미상의 변화는 구체적인 사회적 요구를 충족시키기 위해 발생할 수도 있고, 서로 경쟁하는 문화적 이해관계들이 의미나 입장을 놓고 다툼을 벌이는 양상을 반영할 수도 있다. 카리스마와 관련된 의미들이 이 경우에 해당했는데, 카리스마라는 말은 번역된 형태로서 변하지 않았지만, 그리스도교 사상체계 내에서 그 지위를 놓고 벌어진 다툼에 시달린 결과, 하나의 낱말과 개념으로서는 존재하지 않게 되었다. 그리고 다시 다른 환경에서 창조되고 재창조되어 다른 개념을 의미하게 되었다. 세상이 변하면, 의미도 변하는 것이다.

데이비드 스파다포라(David Spadafora)는 18세기에 '진보(progress)'를 연구하면서 다음과 같이 주장했다. "만약 의미가 환경 속에 존재한다면, 어떤 말과 그 말뜻의 역사를 그 특이한 환경에 몰입시켜야 '시대착오적인 잘못된 해석'을 피할 수 있다."[9] 스파다포라는 사회적 환경만이 어떤 개념의 역동적인 관계와 그 개념의 탄생 및 발전, 그 개념을 사용했을 때의 결과를 이해할 수 있게 해준다고 역설한다.[10] 스파다포라가 인정하듯이, 이 작업은 불완전할 수밖에 없다. 어느 정도까지는 이전 시대의 사회문화적 특징을 파악하기가 늘 쉽지만은 않을 것이기 때문이다.

그러나 역사학은 개개인의 모험이 아닌 것도 사실이다. 각각의 새로운 역사 연구는 관련 시기에 초점을 맞춘 과거의 연구 성과를 이용한다.[11] 그 연구 성과는 카리스마가 초기 그리스도교 환경에서 하나의 용어로서 처음 사용되었다는 점을 고려하면 특히 소중하다. 초기 그리스도교 환경은 당시 우세했던 그리스로마 문화와 유대교의 지적 전통에 의해 제약받았다. 이 특이한 환경에는 카리스마가 하나의 종교 개념으로서 탄생하는 데 직접적으로 관계된 몇 가지 특징들이 포함되어 있었다. 그런 특징들 가운데 하나는 기적, 예언 등 초자연적인 현상에 대한 대폭적인 믿음이었다. 따라서 카리스마라는 말이 생겨난 문화적 환경을 주의 깊게 고려하지 않고는 애초에 그 말과 관련되어 있던 의미를 파악하기가 불가능하다.

최근의 지성사 연구는 맥락주의적 방식을 추구하는데, 긴 역사시대를 아우르는 연구는 극히 드물다. 앞에서 언급한 낱말들의 역사는 1, 2세기 정도의 제한적인 기간 동안 발생한 의미상의 변화를 조사하는 경향이 있다. 역사적 분석을 확대하지 않으려는 태도는 부분적으로 1930년대의 아서 러브조이(A. O. Lovejoy)가 개발한 단위 개념(unit-idea)의 경우처럼, 관념사(history of ideas)의 초기 모델에 가해진 심한 비판 때문이었다.[12] 이러한 접근방식은 '단위 개념' 속의 낱말과 의미의 정체성이 오랜 시간 동안 지속된다고 가정했다. 그러한 가정은 수많은 분야에서, 수많은 이유들을 근거로 한 비판을 불러일으켰다.

대표적으로 미셸 푸코(Michel Foucault)와 퀜틴 스키너(Quentin Skinner)의 공격이 두드러졌는데, 그들은 이러한 유형의 관념사는 사회조직으로부터 그 개념을 분리시키고 여러 역사시대에 걸쳐 잘못된 연속성을 부여했다는 점을 비난했다.[13] 이러한 비판자들이 지적한 방법론적인 어려움 때문에 더 이상 위대한 개념들이 오랜 시간에 걸쳐 변함없이 계속된다고 주장하기가 어려워졌다. 특히 푸코의 영향을 받은 지성사는 지식의 역사적 결정론과 서로 다른 역사시대에 지식을 독특하게 형성하는 우연성에 초점을 맞추고 있다.

더욱 최근에는 포스트모더니즘과 후기구조주의적 비판자들이 어떤 종류든 장대한 서술과 모든 형태의 총체적인 설명을 혐오한다고 천명했다. 이 영역의 문화 및 지성사 연구는 인식론상의 단절 및 분열과 사상사의 패러다임 변화를 강조하며 역사적 단절이라는 간판을 내걸고 이루어지고 있다. 이러한 연구는 푸코와 토머스 쿤(Thomas Kuhn)의 1960년대 저작물로부터 시작되었다.

이제 대부분의 지성사가들은 한정되고 엄격한 역사적 관점에서 매우 좁은 역사적 영역을 조사하고 있다. 비판 및 문화이론의 영역에서 긴 역사적 서술에 대한 뿌리 깊은 의심은 지속되고 있으며, 그들에 따르면, '장기지속'이라는 말은 구글에서도 찾아보기 힘든 용어가 되었다.

따라서 필자는 이러한 비판적 이론들을 배경으로 카리스마의 역사를 전개할 것이다. 그러므로 카리스마라는 훌륭한 선박이 시간이라는 대양을 지나며 전혀 변화하지 않고 전혀 힘들지 않게 항해하는 장황한 이야기는 제시하지 않을 것이다. 여기에서 제시된 간략한 개요에서 알 수 있듯이, '카리스마'의 여정은 결코 순탄치 않았다. 그것은 적어도 한 번 가라앉았었고, 베버에 의해 끌어올려지지 않았다면 몇몇 역사가나 학자들을 제외한 모든 이들에게 영원히 잊힐 뻔했다. '카리스마'가 거의 2천 년 동안 지속되었던 것은 사실이지만, 그 배가 처음 기원후 50년경에 항해를 시작한 이후 2천 년이 지난 지금, 여전히 같은 배인지는 결코 분명치 않다.

달리 말하면, 필자의 카리스마 연구는 이 말과 의미의 역사에서 나타난 변화와 균열에 주의를 기울일 것이다. 카리스마의 변화는 그것이 지속된 사실만큼이나 타당하다. 그것의 역사는 고대에서 출발하여 현재까지 이어진 연속된 과정 속에 존재하는 고상한 개념이라고 추정할 수만은 없다. 따라서 카리스마의 역사는 역사적, 문화적 환경에 따라 그 말뜻이 변하면서 카리스마라는 말이 겪어온 변종과 단절, 방향전환을 확인해내는 작업이다.

연구방법에 관해 명확히 짚고 넘어가야 할 두 가지가 있다. 하나는 1세기에 등장한 카리스마에 대한 필자의 연구는 사도 바울의 글에 집중되며, 20세기에는 베버의 글이 결정적인 중요성을 갖는다는 점이다. 개별 저자들의 글에 이렇게 집중한다는 점이 필자의 분석에서 푸코의 방법론과 다른 부분인데, 푸코는 인간 대리인보다는 광범위한 시스템을 선호했다.[14] 저자라는 대리인을 희생시키고 담론의 조직적인 역할을 강조했던 푸코의 방법론은 '과학자 없는 연구실'을 닮았다는 점에서 비판을 받았고, 그런 비판은 타당했다.

카리스마의 역사는 사도 바울과 막스 베버라는 두 명의 주요 학자들에 집중적으로 초점을 맞추지 않고는 서술될 수 없다. 사도 바울이 자신의 서한에서 현명함을 보여주지 않았다면, '카리스마'는 결코 폭넓게 사용되지 못했을 것이다. 그리고 베버가 보여준 재창조가 없었다면, 우리는 현대의 어휘집에 '카리스마'라는 단어를 포함시키지 못했을 것이다. 이 두 사람의 창의적인 역할이 무엇보다도 뛰어났던 것이다. 그러나 그와 동시에 그들은 당시의 환경이 만들어낸 사람들로서, 그들의 작품은 구체적이고 역사적으로 결정된 지식구조 내에서 발생했다.[15]

다른 하나는 1세기의 카리스마를 파헤치는 데 필자가 의존했던 학문체계와 관련이 있다. 초기 그리스도교 시대와 그 세계에서 사도 바울이 맡은 역할에 관한 연구는 여러 세기 동안 엄청난 변화를 겪었다. 사도 바울의 서간문에 대한 주석은 2세기에 이용 가능했고, 그 이후로 그가 남긴 글의 의미를 놓고 논쟁이 벌어졌다. 더욱 최근에는 페미니즘과 포스트 식민주의와 같은 현대적인 가치에 정통한 현대 학자들이 사도 바울의 글을 면밀히 검토했다. 사도 바울의 생애를 다룬 장편의 일대기들에서는 역사적 인물로서의 사도 바울을 '비판적인 방식'으로 평가해왔다.

2천 년에 걸친 주석과 해석의 결과로 보건대, 사도 바울은 예언자, 신비주의자, 주술사, 사회적 보수주의자, 여성 혐오자, 신학자, 종교적 천재로 이해되었다. 그러나 이는 결코 최종적으로 완성된 목록이라 할 수 없다.

필자는 성서학자들 사이에 벌어진 많은 논쟁을 파고들기보다는 필자의 주된 관심사와 관련된 바울의 서간문 주석에 관한 연구 내용을 이용할 것이다. 즉, 사도 바울이 생각한 카리스마의 의미에 대한 사회, 문화적 배경을 입증하는 연구를 이용한다는 의미다. 필자는 이 과정에서 1970년대 이후로 발전해 온 초기 그리스도교 연구에 대한 사회역사적인 접근방식이 가장 유용함을 알게 되었다.[16]

카리스마에 대한 분석은 사도 바울을 그의 사회문화적 환경 속에 확고히 위치시킴으로써 매번 새로운 세대의 학자들과 함께 사라졌다 다시 나타나기를 반복하는 사도 바울의 많은 유령들로부터 분리될 수 있다.[17]

학자들은 사도 바울이 당시 처했던 환경에서 그의 글을 상세히 분석한 덕분에 사도 바울이 서신을 쓴 동기와 의도, 의미, 그에 대한 반응 등을 파악할 수 있었다. 카리스마가 처음 가졌던 의미는 이러한 범위 안에 존재한다.

1세기와 21세기의 카리스마에는 공통점이 존재하는가

앞에서 개략적으로 설명했듯이, 카리스마의 역사에는 다양한 형태의 불연속성이 반영되어 있다. 이는 그 말이 사용되던 역사적 시기 사이의 본질적인 차이와 관련이 있다. 또한 그것은 그 말이 좀처럼 보이지 않거나 완전히 사라졌던 기간을 가리키기도 한다. 어떤 관점에서 보면, 그 말뜻이 1세기부터 21세기까지 겪은 변화가 엄청나게 큰 나머지 그 변화에 '불연속적인 역사'라는 역설적인 설명을 붙여줄 수도 있다.

그러나 연속성의 요소도 존재한다. 카리스마라는 말은 그렇게 파란만장한 변화를 겪었음에도 불구하고 2천 년 동안 지속되었다. 연속성의 관점은 다음과 같은 질문을 던진다. '1세기의 카리스마와 21세기의 카리스마 사이에 공통점이 많은가? 아니면 정말로 아주 다른가?'

아마도 현대적인 카리스마의 의미는 종교적이지는 않더라도 신비적인 경향은 갖고 있는 듯 보인다. 카리스마라는 말이 현재에도 사용되고 있다는 사실은 아무리 형태가 바뀌었다고 해도, 아무리 기술화되고 합리화된 사회에서라도, 신비주의적인 생각이 지속되고 있음을 의미할 수도 있다. 만약 그렇다면 2천 년 동안 지속되어온 그 연속성의 끈은 끊어지지 않았을 수도 있다. 필자는 카리스마의 탄생과 재탄생을 검토한 뒤에 마지막 장에서 이 문제로 다시 돌아갈 생각이다.

2

카리스마는 상대방을 끌어들이는
강력한 흡인력이다.

카리스마의 기원

A HISTORY OF CHARISMA

'카리스마'라는 말은 기원후 1세기가 돼서야 등장했는데, 유대 문화와 그리스로마 문화에 정통한 환경에서 생겨났다. '카리스마'가 후기 그리스의 말이지만, 하나의 개념이자 용어로서의 기원은 다음의 두 가지를 근거로 그보다 몇 세기 전까지로 거슬러 올라갈 수 있다. 카리스마의 어근인 그리스어, 카리스(charis)에 관련된 의미들과 고대 문화에서 나타나는 은사라는 개념의 전례들이 바로 두 가지 근거다.

서로 다른 문화적 환경에서 등장한 이러한 의미들과 사용법들이 결국엔 1세기 중반, 사도 바울이 발전시킨 '카리스마'라는 말로 합체되었다. 그리고 훨씬 뒤인 20세기에 서로 다른 사용법이 강조되고 다양하게 조정된 결과물로서 카리스마가 다시 등장하게 된다.

그리스어와 헬레니즘 문화에 나타난 카리스의 여러 가지 의미

카리스는 그리스 문화에서도 눈에 띄는 말로, 광범위한 의미를 포함하고 있었다. 카리스에 포함된 폭넓고 다양한 뉘앙스를 전달하는 데 가장 적합한 영어는 'grace'다. 물론 grace가 적어도 '선물'뿐 아니라 '아름다움'과 '호의', '감사', '매력' 등의 뜻을 모두 포함한 것으로 이해되는 경우에서만 그러하다.[1]

사도 바울이 이 말을 전적으로 사용하기 전에 카리스에 결부된 기본적인 의미는 '은혜, 아름다움, 매력, 호의, 친절, 선물, 이익, 감사'였다. 이것들은 개인적인 아름다움이나 매력이라는 의미와 호의나 사랑이라는 의미, 그리고 누군가의 선의로 제공된 선물이나 이득의 의미 등 'grace'의 주요 말뜻과 관련된 세 가지 의미로부터 발생했다.[2] 카리스는 고대 그리스 신화와 서사시, 고대 철학의 담론, 상호관계에 관한 정치이론에서 연속적으로 거론되고, 헬레니즘과 그리스로마 문화에서 보편적으로 사용되는 등 일련의 과정을 거치면서 특이할 정도로 풍부한 의미를 갖게 되었다.

카리스는 기원전 8세기에 호메로스와 헤시오도스(Hesiodos, 기원전 8세기경의 그리스 시인-옮긴이)가 상술한 신화에 등장한다. 『일리아드』에서 카리스는 '빛나는 베일'을 덮은 '사랑스런' 여신으로, 뛰어난 미모로 인해 신들 중에서도 눈에 띄는 존재였다. 그녀는 '여신들 중에서도 빛이 난다'(18, 382~388)고 적혀 있다. 카리스의 복수형인 카리테스(Charites)는 모든 호의, 심지어는 올림픽 게임에서의 승리까지도 부여해준다.[4] 『오디세이아』에서 아테네 여신은 자신이 좋아하는 인간인 오디세우스의 아들, 텔레마코스(Telemachus)에게 카리스를 준다.

> 아테네는 그에게 초자연적인 카리스를 부여했다. 그러자 그가 다가오면 모든 사람들은 탄복하며 그의 얼굴에서 시선을 떼지 못했다.(2, 11)[5]

호메로스의 이러한 표현에는 변형된 형태지만 사도 바울에게 나타나게 될 두 가지 요소, 즉 신이 부여한 카리스와 그 결과로 특정 인간에게 나타나는 특징이 포함되어 있다. 또한 호메로스의 카리스에는 특정 개인의 외적 매력이 신의 총애를 받은 결과라는 의미가 담겨 있다. 고대 그리스 시대에 신체적 아름다움으로서 grace가 가진 의미는 그러한 외적 매력이 신이 부여한 결과라는 개념뿐 아니라 말을 잘하는 매력과 신체적 아름다움[6]까지 포함하고 있다.

아테네 여신이 인간에게 카리스를 부여한 경우에서 나타나듯이, 무언가를 주는 친절한 행동은 카리스에 포함된 여러 의미들을 연결시키고 구성하는 중요한 요소다. grace는 주는 사람과 받는 사람을 결속된 관계로 맺어주는 호의로 이해되었다. grace를 주는 사람의 입장에서 카리스는 친절한 행동을 받는 사람에 대한 호의를 의미했다. 그리고 grace를 받는 사람의 입장에서 카리스는 자신이 받은 친절과 그 친절한 행동으로부터 발생하는 고마움을 의미했다. 고마움을 인정하는 것은 중요한 사회적 행동이었고, 답례 선물로 고마움을 표시할 수도 있었다.

이러한 상호관계의 윤리성은 호메로스에서, 특히 의무와 존경이라는 체계로 은혜를 베푼 사람과 받은 사람을 연결시키는 답례 선물에서 잘 나타난다.[7] 호의의 사회적 관례와 그 의미는 헬레니즘 세계의 일반적인 사회규약이 된 상호성의 체계를 잘 설명해준다.

고대에서 그리스로마 시대에 이르기까지 철학자들은 카리스를 다스리는 사회적 규약에 관심을 가졌다. 대체적으로 그리스 철학자들은 은혜를 베푸는 행위와 그에 대한 감사라는 상호존중의 체계를 인정했는데, 가끔은 그런 체계가 진정한 자비심을 말하는 것인지 의문을 제기하곤 했다. 아리스토텔레스는 카리스(호의를 베푸는 행위)가 '당연히 감사를 받아야 하는 행위로서 중요한 지위'를 갖고 있다고 생각했지만, 은혜를 베푸는 사람이 옳은 동기를 갖고 있는 경우에만, 즉 이기심에서 나온 행동이 아닌 경우에만 그렇다고 생각했다.[8] 신과 인간 모두 카리스를 베풀 수 있기 때문에, 신들의 호의에 감사를 표하는 것은 그리스 종교에서 중요한 부분이었다.

기원후 1세기에 글을 쓴 플루타르코스(Plutarchos)는 신이 베푼 카리스가 변화의 주요한 동인이기 때문에 인간은 신이 아낌없이 베풀어주는 데 대해 크게 고마워해야 한다고 말했다. 적절한 의식과 동기를 갖고 감사함을 표시하는 것이 절대적으로 필요했다.[9] 그리스로마 세계에서 카리스에 의해 발생하는 의무에는 선물을 준 사람에서부터 부유한 후원자, 황제, 신에 이르기까지 은혜를 베푼 모든 이들과의 관계가 포함되었다.

카리스가 신이 제공하는 은혜나 능력이라는 의미를 제외하고 그리스 문화에서 일반적으로 사용되던 카리스는 종교적인 속성을 갖고 있지 않았다. 대체로 카리스는 매력과 즐거움, 사랑의 영역과 관련이 있었다. 카리스는 한 사람의 매력을 의미하기도 했는데, 사람에게서 나타나는 다른 사람의 마음을 끄는 내적인 특성을 의미했다. 보석과 같은 물건들이 이런 빛나는 특성을 보여줄 수 있으며, 그와 연관된 의미에서 카리스는 마법적인 매력을 의미할 수도 있었다.

또한 카리스는 어떤 사람이 다른 사람에게 주는 선물이나 호의를 의미할 수도 있었고, 그런 호의와 관련된 기쁨이나 감사를 의미할 수도 있었다.[10] 호메로스가 제시한 텔레마코스의 예에서처럼 은혜를 입게 되면 그 사람은 말 그대로 다른 사람들의 마음을 끌 정도로 상당히 매력적인 사람이 되었다. 은혜를 입은 텔레마코스는 그가 다가가면 모든 시선이 그에게 쏠

릴 정도로 놀라운 매력을 지니고 있었다.

히브리 문화에서는 자비와 동정의 마음이라는 의미로

신의 은총이라는 개념은 구약성서에서 사용된 어근인 'hnn(호의, 은총)'에 의해 유대 문화에 전달되었다. 기원전 3세기에 유대교 성서가 그리스어로 번역될 때, 'hen'은 charis가 되었다. 이 두 낱말은 비슷한 의미를 지녔기 때문이었다. hnn 언어군은 하나님이든 정의로운 인간이든 은혜를 주는 행위를 의미했다. 이 과정에서 하나님이 개인에게 은혜를 베풀면 관계가 시작되었다.[11] 유대교 성서에 나오는 많은 성가와 예배곡은 하나님이 그런 은혜로운(호의나 자비로도 표현됨) 관계를 부여하는 데 강렬한 자극이 된다.

그리스어판 유대교 성서에 나오는 카리스는 앞에서 설명한 여러 복잡한 뉘앙스들을 모두 포함하고 있었다. 그래서 그것은 호의나 친절을 베푸는 행위를 의미할 수도 있고, 하나님이나 우월한 사람이 총애하는 사람을 발견하는 행위를 의미할 수도 있었다.[12] 만약 하나님이 기원이나 청원에 응답한다면, 그 은혜로운 행위는 하나님의 자비로운 처분을 가리키는 카리스로 설명되었다. 구약성서의 스가랴서에서 하나님은 다음과 같은 자비로운 약속을 하셨다.

_____ 내가 다윗의 집과 예루살렘 주민에게 은총과 간구하는 심령을 부어주리니……(스가랴 12:10)[13]

이러한 신의 선물, 즉 'pneuma charitos'를 설명하는 데 사용된 그리스 말들은 '자비와 동정의 마음'을 담고 있다.[14] 이러한 표현은 사도 바울이 서신에서 규정하고 다듬은 카리스마, 즉 '은사'라는 개념의 선조에 해당한다.

기원후 1세기 그리스로마 지역의 유대 문화는 그리스 문화에서 발견되는 여러 의미들과 유대교 성서에서 표현된 정신적인 의미를 모두 포함한 카리스라는 개념을 소유하고 있었다. 사도 바울이 카리스마를 종교적 개념으로 만들어낸 것은 이 융합된 문화의 유산에 그 뿌리를 두고 있었다.

'성령의 은총'에서 카리스마가 나오다

카리스마라는 말의 원형은 특정 개인들에게 능력을 부여하는 성령이라는 개념에서 찾을 수 있는데, 이는 구약성서에 표현되어 있다. 필자가 말하는 카리스마의 원형이란 사도 바울이 선언한 카리스마의 선조를 의미하며, 여기에는 카리스마의 특징들 중 일부가 포함되어 있지만 사도 바울의 카리스마와 관련된 구체적인 특징과 기능은 다소 결여되어 있다.

사도 바울은 자신이 생각해낸 은사를 설명하기 위해 '카리스마'라는 말을 사용해야 할 필요성을 느꼈다. 프뉴마(pneuma, 정신), 카리스(은혜나 호의)와 같이 더욱 친숙한 말이나 두 말을 합친 프뉴마 카리스(pneuma charis)는 사도 바울의 구체적인 목적에 적합하지 않았다. 그렇다고 해도 사도 바울이 제시한 카리스마의 특징을 이루는 몇몇 요소들은 구약성서에 명확히 담겨 있다. 모든 창조물을 채우는 성령의 개념과 이에 뒤이어 나타날 수 있는 고양된 영적인 은혜와 힘, 특정 개인들에게 특별한 능력을 부여하며 구체적으로 나타나는 성령에 관한 내용이 구약성서에 담겨 있는 것이다. 성령의 힘이 특별한 개인에게 부여되면, 그들은 위대한 종교지도자가 된다. 또한 신의 직접적인 계시로부터 능력을 부여받은 고대 예언자들을 보면 성령이 나타난다는 사실을 명확히 알 수 있다.

이사야서는 이새의 그루터기에서 나온 새순이 영적인 속성을 부여받게 된다고 예언했다.

> 이새의 줄기에서 한 싹이 나며 그 뿌리에서 한 가지가 나서 결실할 것이요 그의 위에 여호와의 영 곧 지혜와 총명의 영이요 모략과 재능의 영이요 지식과 여호와를 경외하는 영이 강림하시리니.(이사야 11:1~2)

예언에 따르면, 영적으로 축복받은 '이새의 뿌리'는 유대 민족들의 기치로 자리 잡을 것이며, 공정하고 자비로운 지도자가 될 것이었다(이사야 11:10). 지혜, 총명, 모략, 재능, 지식, 하나님에 대한 경외 등 이렇게 부여된 여섯 가지 성령은 사도 바울의 서신에서 설명된 카리스마의 선례로 간주될 수도 있다. 그러나 이 여섯 가지의 영적인 종류 중 어느 것도 사도 바울이 카리스마의 변형물로 설명한 다양한 은사에 부합되지 않는다.

또한 이사야서에서는 한 사람이 성령으로부터 여러 가지의 선물을 받은 것으로 설명되었지만, 사도 바울의 서신에서는 여러 유형의 카리스마가 회중 구석구석에 나뉘어 개인마다 다른 선물을 받게 된다.

개인에게 선물을 주는 영적 감화력을 표현하는 또 다른 사례는 구약성서의 출애굽기에 나온다. 모세는 브살렐이라는 이름을 가진 상인이 하나님의 성령과 능력, 지성, 지식 그리고 예배용 건물과 가구를 건설하는 데 필요한 모든 기술을 갖추고 있다는 얘기를 하나님으로부터 들어 알고 있었다. 그리고 다른 기술자들도 성령에 의해 브살렐과 함께 일할 수 있는 능력을 부여받았다(출애굽기 31: 1~6). 기술자들이 성령에 의해 능력을 부여받았다는 사실은 구약성서에 나오는, 신에 의해 영감을 받은 지도자들과 예언자들의 전통을 보완해주며, 그리스도교 집단의 평범한 일원들에게 은사를 부여한 전례이기도 하다. 이 부분은 사도 바울의 서신에 자세히 설명되어 있다.

은사의 부여에 관한 해석은 구약성서와 신약성서가 다소 다르지만, 사도 바울을 포함한 그리스도교 신학자들은 영적 능력을 고대 유대교의 예언과 당시 그리스도교 교회 사이의 고리로 간주했다. 미래의 구세주 시대에 성령이 나타날 거라고 예견했던 후기 히브리 예언자들은 예수 그리스도를 대신하여 영적 능력을 부여받은 사도로서 정당성을 입증 받았다. 히브리의 경전과 구약성서의 예언자들, 예수 그리스도, 사도, 그리고 교회제도를 연결시키는 하나의 힘은 성령이라고 여겨졌다.

초기의 그리스도교 문헌에 표현되어 있는 이러한 생각은 그리스도교 신학의 중심적인 특징이 되었다. 3세기 초에 로마 주교 히폴리투스(Hippolytus)는 『하나님의 현현에 관한 담론(*Discourse on the Holy Theophany*)』에서 이처럼 하나로 통합시키는 성령의 힘을 설명한 바 있다. 그는 구약성서와 신약성서를 인용해가며 자신의 주장을 입증했다.

> 처음에 물 위에서 움직였던 것은 바로 성령이다. 성령에 의해 세상이 움직이며, 성령에 의해 삼라만상이 존재하고 모든 것이 생명을 가진다. 성령은 또한 예언자 안에서 힘차게 움직였으며 예수 그리스도에게로 날아갔다. 이 성령은 격렬한 방언의 형태로 사도들에게 주어졌다. (중략) 이 성령에 의해 교회의 토대가 안정되었다.(9장, 86~87)[15]

따라서 성령은 시간을 초월하면서 은사를 부여하고 교회의 설립을 가능하게 만들었다고 여겨졌다. 구약성서에 지적된 대로, 사도 바울의 가르침에 등장하는 카리스마라는 개념은 성령의 은총으로부터 생겨났다.

영적 계시 능력을 받은 구약성서의 예언자들

구약성서에는 예언자들이 여러 형태로 나타나는데, 이는 성서에 전해지는 기나긴 역사와 예언 자체의 잡다한 특징을 모두 반영한다. 일부 예언자들은 무아지경에 빠지거나 열광적인 상태에서 방언을 했고, 죽은 사람을 일으키는 등, 기적과도 같은 능력을 가졌다고 알려진 예언자들도 있었다. 그리고 왕에게 군사적인 조언을 제공하는 예언자들도 있었다.[16] 그런 개개의 행동을 연결시켜주는 한 가지 속성은 예언자들이 꿈에서든 무아지경에서든, 아니면 직접 귀나 눈을 통한 의사소통을 통해서든 신의 메시지를 받았다는 확신이었다.

일부 예언자들은 하나님의 '부름'에 응답한 것으로 여겨졌는데, 하나님은 예배의식 중에 그들에게 가공의 재능을 부여했다. '부름 받은 자'라는 뜻을 가진 히브리어,[17] 나비(nabi)는 유대 성서에서 예언자를 가리키는 가장 흔한 말이었다. 나중에 나비는 그리스어 프로페테스(prophetes)로 옮겨졌는데, 이는 신을 대변하는 사람을 의미했다.

이스라엘에서 가장 초기에 알려진 예언자들은 기원전 11세기에 활동한 순례 설교자들이었다. 이 예언자들은 독특한 옷을 입고, 자유로이 돌아다니면서 자신들이 돌보는 민족들이 바치는 공물로 살아갔다. 그리고 그들은 성자와 현인, 기적을 일으키는 사람, 예언자의 특징을 모두 겸비한 사람들이었다.[18] 이렇게 떠돌아다니는 예언자들과는 대조적으로, 왕실 예언자들처럼 관리직과 영구 고문직을 맡아 봉급을 받는 사람들도 있었다. 이런 예언자들은 신탁을 전달하고, 전쟁에 관해 왕에게 조언을 제공하고, 그 결과를 예측해주었다.[19] 이후 기원전 7, 8세기의 예언자들은 왕뿐 아니라 모든 민족들을 상대로 죄를 지은 것에 대한 벌로 민족이 파괴된다는 예언을 하기 시작했다.[20]

기원전 6세기부터 시작된 유대인들의 추방 이후 활약한 예언자들은 민족의 중흥, 즉 하나님의 왕국이 탄생하거나 구세주적인 인물이 나타날 것이라고 예언했다. 이러한 종말론적인 예언자들은 자신의 능력을 표현하는 방법으로 기적을 일으키는 등의 초자연적인 힘을 갖고 있다고 여겨졌다. 그들은 이스라엘의 하나님인 여호와가 곧 나타날 날에 대비하여 회개하라고 설교했다.[21]

그리스로마 시대의 예언에 관한 인식은 사도 바울과 같은 시대를 살았던 유대 철학자 필로(Philo, 기원전 20~기원후 50년)의 글에서 찾아볼 수 있다. 필로는 플라톤 철학과 유대교를 통합시켜 자신의 철학을 정립하는 과정에 예언의 역할을 포함시켰는데, 놀라운 직감력을 발휘할 수 있는 신들림으로 예언을 이해했다. 필로는 창세기 15장 12절에 기록된 아브라함의 무아경을 언급하면서 예언자를 다음과 같이 규정했다.

_____ 예언자는 하나님의 보이지 않는 손에 의해 움직이는, 하나님의 발성도구다. 성령이 당도하면 정신은 나가버린다. 하지만 성령이 떠나면 정신은 다시 돌아온다. 예언자는 말을 하고 있는 듯 보일 때에도 마음의 평온을 유지하며, 그의 입과 혀는 전적으로 다른 사람에게 고용되어 그 사람이 원하는 바를 공표한다. 우리 눈에는 다른 이가 명수(名手)의 기술로 심금을 울리는 것이 보이지 않는다.(『누가 신의 창조물인가 Quis Rerum Divinarum Heres』, 259~266)[22]

필로는 자기도 직접 '직관'과 '가장 날카로운 직감력'을 갖게 만든 신들림이나 발작 같은 예언자적 경험을 했다고 주장했다.[23]
기원전 11세기의 고대 이스라엘의 예언자들과 기원후 1세기의 필로의 철학을 이어준 하나의 믿음은 직접적인 영감이 계시적 무아경 뒤에 일어난다는 생각이었다.[24] 예언자 호세아는 자신을 '성령의 사람'(호세아 9:7)이라고 부르며, 성령이 예언자들의 계시적 무아경을 가능하게 만든다는 일반적인 생각을 표현했다.[25] 성령은 개인이 영감을 구하고 있는지 여부와 관계없이 개개인에게 찾아갈 수 있었다.
사무엘(상)서에서 사무엘이 다윗을 잡으라고 보낸 사자(使者)들은 성령에 의해 다른 생각을 갖게 되고, 결국 다윗을 잡는 대신 예언을 하게 되었다(사무엘상 19:20~21). 예언자들은 자신들에게 반복적으로 찾아오는 여러 형태의 영적인 무아경을 통제하는 법을 알게 된 성자들로 간주되었다. 이런 점에서 보면 그들은 여러 문화에서 주로 샤먼(주술사)이란 인물로 구체화되는 영적 능력자에 대한 믿음을 연결시켜주는 고리 역할을 했다.

영적 세계의 지배자, 샤먼

샤머니즘은 고대에 널리 보급되어 있던 종교체계로서, 샤먼은 집단을 대표하여 무아경 속에서 영혼들과 의사소통을 할 수 있는 전문가나 비범한 사람으로 간주되었다.[26] 샤머니즘이 인류 최초의 종교였으며 나중에 탄생한 모든 종교체계의 기초 역할을 했다는 주장은 꾸준히 제기되어왔다.[27] 샤먼은 유목 수렵채집 사회에 보편적으로 존재했던 인물이었고, 그런 사회집단에서 주술가의 역할을 맡고 있었다.[28]

이후에 나타난 사회 형태에서 샤먼은 문화에 따라 다양하지만, 수많은 기술과 능력을 가진 사람들로 여겨졌다. 샤먼은 영적 세계를 지배하는 것으로 간주되었는데, 그 덕분에 그들은 치료와 요술, 영적 세계로의 이동과 예언 등의 마술적인 능력을 발휘할 수 있었다. 또한 여러 사례에서 볼 수 있듯이 샤먼은 이야기꾼이자 그 집단의 지식과 정체성을 구전을 통해 보존해주는 사람이기도 했다. 이 모든 능력은 영감을 통해 받은 것,

다시 말하면 영혼에 의해 부여받은 것으로 여겨졌다.

최근에 이루어진 의식구조에 대한 연구들은 샤머니즘이 뇌의 일반적인 신경구조로 인해 발생한다고 주장한다. 뇌의 기본적인 활동으로 발생하는 결과들 가운데 하나는 모든 인간 문화가 영혼이라는 인간의 특성으로 세상에 기운을 불어넣었다는 것이다.[29] 이러한 이론적인 접근방식에 따르면, 샤머니즘이 육체를 떠난 영혼을 포함하여 영혼 세계와 관계되어 있다는 사실은 인간 의식의 변화하지 않는 측면을 반영하는 것이다.[30] 그러나 샤머니즘이 구약성서의 예언에 미친 영향과 더 나아가서는 카리스마가 종교적 개념으로 탄생하는 데 미친 영향을 살펴보는 데 이런 사변적인 이론적 모델이 필요하지는 않다. 샤머니즘이 보편적인 조건으로서 급격히 증가했든 아니든, 다양하게 변화한 샤먼의 역할들을 연결시키며 고대 세계에서 직접적인 연결선을 추적할 수 있기 때문이다.

데이비드 앤(David Aune)은 기원전 11세기에 나타난 최초의 이스라엘 예언자들이 다른 근동 문화의 예언자들과 매우 비슷했다는 점에 주목한다. 그는 이들 히브리 최초의 예언자들이 '샤먼과 비슷하다'고 설명하는데, 그것은 그들이 유일한 성자(예언자, 사제, 치료사, 기적을 행하는 사람)의 여러 가지 역할들을 포함하여 다른 사회의 샤먼들이 가진 특징들을 똑같이 갖고 있기 때문이라고 한다.[31] 제임스 던(James Dunn)은 사무엘(상)서 1장에 상세히 설명된 대로, 초기의 이 예언자들이 '무아경의 열광'

에 빠졌다는 사실[32]을 지적한다. 사무엘이 관장한 예언자 집단은 성령이 들자, 밤낮을 가리지 않고 하루 종일 벌거벗은 상태로 누워 예언을 했다고 한다(사무엘상 19:20~24).

샤먼의 흔적은 고대 그리스 문화에서도 발견되었다. 헤로도토스는 『역사(Histories)』 제4권에서 스키타이(Scythian) 유목민족의 샤먼들이 부분적으로는 예언자이면서 치료사이기도 하고 주술사의 역할까지 맡았다고 설명했다. E.R. 도드스(E.R. Dodds)는 고대 그리스 시대의 비이성적인 부분을 연구하면서 시험적이지만 샤먼의 가계를 추적했다.

> 샤먼의 가계는 스키타이에서 시작하여 헬레스폰트(Hellespont)를 거쳐 아시아계 그리스까지 이어지며, 아마도 크레타 섬의 미노아 전통에 일부 남아 있는 요소들과 결합하여 피타고라스와 함께 극서 지역으로 이동해간 것으로 보인다. 그리고 마지막으로 시칠리아의 엠페데오클레스(Empedeocles)가 뛰어난 표본으로 남아 있다.[33]

이 설명에 따르면, 기원전 6세기부터 수학자이자 철학가이며 신비주의자로서 거의 전설적인 인물로 알려졌던 피타고라스가 자신이 지배했다는 영적 세계에서 샤먼으로서 활약했음을 알 수 있다. 피타고라스의 추종자들은 그가 주로 샤먼의 특징으로 알려진 능력을 갖고 있다고 생각했다. 즉 예언을 하고,

마법으로 사람을 치료하고, 영의 세계로 이동하고, 동시에 두 지점에 존재하는 능력을 갖고 있다고 여겼다.[34] 피타고라스가 세운 종교체계는 영혼의 이동을 믿었는데, 5세기의 철학자 엠페데오클레스도 이 믿음을 영원히 지켰다.

도드스는 엠페데오클레스에게서 샤머니즘을 포함한 여러 사상과 믿음의 특징들이 종합되어 있음을 확인해냈다. 피타고라스와 엠페데오클레스는 마술사와 박물학자, 시인, 철학가, 설교자, 치료사, 대중 상담가 등 분화되지 않은 여러 역할들을 맡고 있었다.[35] 엠페데오클레스 이후 이러한 특성들은 각기 다른 계율과 규율들로 분화되었다.

샤먼은 1세기에 '은사'로 이해되었던 카리스마의 이전 역사에서 중요한 인물이다. 영적 세계의 지배자였던 샤먼은 영혼들로부터 특별한 능력과 힘을 받았다고 여겨졌으며, 샤먼이 영의 세계로부터 초자연적인 재능을 받았다고 언급한 주석자는 많았다.[36] 같은 민족의 사람들에게 영적으로 뛰어난 사람으로 인정받은 샤먼은 신들렸거나 성령을 받았다고 여겨진 이후의 예언자나 치료사, 사도 등의 선조라 할 수 있었다.

종교적 권위와 카리스마는 별개의 의미

최근의 종교 역사가들은 샤먼이 초기의 카리스마적 종교적 권위를 구체적으로 나타낸 인물이라고 강조해왔다. 20세기 초에 베버가 카리스마라는 개념을 권위에 관한 사회이론의 일부로 재탄생시켰을 때, 그는 샤먼이 카리스적 종교적 인물을 대표하는 예라고 언급했다.

20세기 후반의 많은 신학자들과 종교 역사가들은 단순히 베버를 따랐다. 예를 들면, I. M. 루이스(I. M. Lewis)는 샤먼을 카리스마적 권위를 상징하는 전형적인 인물로 설명했다.[37] 샤먼의 사회적 역할에 대한 설명은 샤먼과 사회 간의 관계에 초점이 맞춰졌는데, 이는 베버가 카리스마적 지도자와 추종자를 이론화한 과정을 연상시킨다. 존 애슈턴(John Ashton)은 베버의 이론을 따라 샤먼의 권위는 자신의 뛰어난 재능으로 다른 사람들을 설득하는 능력에 좌우된다고 지적했다.[38]

기원후 1세기경에 탄생한 카리스마라는 말의 첫 번째 정의에서 베버식의 카리스마 모델을 분리시키는 작업은 말처럼 쉽지 않다. 따라서 샤먼을 최초의 카리스마적인 인물로 삼으려던 베버의 유혹을 이겨내는 세심한 접근방식이 필요하다. 즉 샤먼과 예언자, 종교지도자를 '카리스마적 인물'로 분석하는 것은 '카리스마'라는 말이 존재하지 않았던 고대의 인물들을 베버의 용어로 설명하는 것이기 때문에, 엄밀히 말하면 시대착오적인 발상이다.

샤먼은 예언자나 지도자와 마찬가지로 베버에겐 종교적 권위를 가진 인물이었다. 그러나 처음 사용되었을 때의 '카리스마'라는 말은 종교적이든 아니든 권위가 있는 지도자를 가리키지 않았다. 카리스마라는 말의 역사를 제대로 정립하려 한다면, 그 말을 소급하여 사용하지 않도록 주의해야 한다. 그러나 적당히 경계심을 갖는다면 훨씬 나중에 카리스마 있는 인물로 설명될 수 있는 역사적 인물들을 참고하면서 '은사'로서의 카리스마의 뿌리를 조사할 수 있을 것이다.

마르틴 헹겔(Martin Hengel)은 1968년에 독일어로 출간되었던 『카리스마적 지도자와 그의 추종자들(*The Charismatic Leader and His Followers*)』에서 베버의 카리스마적 리더십을 예수와 이전 종교지도자들에게 적용했다. 헹겔은 엘리야와 같은 종말론적 유대 예언자들을 포함하여 이전의 유대 및 헬레니즘 시대의 카리스마적 지도자들이 처했던 역사적 상황에서 예수 그리스도를 평가했다.

그가 헬레니즘 시대에서 예로 든 사람들은 피타고라스나 엠페도클레스처럼 카리스마 있는 설교사들이었다. 헹겔은 1세기의 팔레스타인이 종말론적 특징을 지닌 예언자나 카리스마적 인물들을 다수 배출한 지역이었다고 지적했다.[39] 유대인 열성당원들을 이끌었던 갈릴리의 유다가 대표적인 인물이었다. 헹겔이 보기에, 고대 예언자들에서 시작되어 세례요한과 예수 그리스도까지 포함하는 유대계의 전통에는 하나님이 예언자들에게 카리스마를 부여하고 사람들은 그 예언자들의 입을 통해 그리스도교로 귀의하게 된다는 확신을 갖고 있었다.

이 과정은 신이 부여한 재능은 타고나는 것이라는 그리스

철학과는 달랐다. 카리스마의 부여와 신의 부르심이라는 과정에는 신이 부여한 자질이 개개인에게 나누어지고, 그 개개인은 신이 주는 선물을 적극적으로 받아야 한다는 신념이 담겨 있다.[40] 그리고 사도 바울은 이러한 전통의 계승자였다. 이 신념은 바울이 은사를 받기 위해 스스로를 열어놓은 사람들에게 부여된, 신의 은총의 선물로서의 카리스마를 창안하는 데 없어서는 안 되는 구성요소였다.

다른 곳에서 카리스마의 계보를 찾으려는 종교 역사가들도 있었다. 다른 관점에서 보면, 랍비 문헌에서 기적을 행하는 사람들로 알려졌던 호니(Honi the Circle-Drawer)나 하니나 벤 도사(Hanina ben Dosa) 등, 갈릴리 지방의 하시드(Hasid)파의 카리스마적 인물들은 갈릴리의 예수 그리스도 시기에 전성기를 맞은 것처럼 보인다.[41]

그러나 그러한 비교연구는 특별한 '카리스마적' 특징들을 갖고 있는 듯 보이지만, 베버가 설명한 카리스마적 지도자의 특징과는 사뭇 다른 역사적 인물들을 베버의 모델에 끌어다 맞추려 한다는 점에서 본질적으로 위험하다. 이런 비교연구법의 단점은 다른 해석자들이 베버의 조건에 이의를 제기할 때 드러난다. 예를 들면, 고대의 예언자는 카리스마 있는 인물은 아니지만 새로운 종교운동의 혁명적인 지도자이기 때문에 베버의 조건을 충족시켜 카리스마적 지도자로 인정받을 수 있는 반면, 단순히 기적을 행하는 사람은 진정한 카리스마가 부족

하다고 내쳐질 수도 있다.⁴²

　이런 비교연구에서 부딪치는 혼란스러움과 복잡함은 그 연구가 역사에 무관심하기 때문에 발생한다. 다른 시대에 다양한 문화권에서 성자와 기적을 행한 사람들은 여러 가지 사회적 역할을 수행했다. 그들 중에는 지도자도 있었고, 현인, 상담자, 스토리텔러, 치료자로 여겨진 사람들도 있었다. 이들을 모두 베버가 말한 카리스마적 인물로 무차별하게 이름 짓는다면, 이는 그들을 각자의 문화와 역사적 시대로부터 분리시키는 행위다. 우리의 목적을 위해서라면 이런 인물들과 그들이 맡은 사회적 역할이 그들 시대에는 '카리스마적'으로 불리지 않았다는 점을 주목하는 것만으로도 충분하다.

　그럼에도 불구하고, 그들 중 다수는 동료들에 의해 확실하고 다양한 영적 특징을 갖고 있다고 간주되었다. 그리고 샤먼과 예언자, 종교지도자들에게 존재한다고 여겨졌던 그 영적 능력은 결국 카리스마의 다양한 형태처럼, 특정 시대와 특정 장소에 따라 변형된 모습으로 나타났다. 그리고 그 특정한 시대와 장소를 그리스도교의 사도 바울이 차지했던 것이다. 이제 우리가 관심을 가져야 할 것은 사도 바울이 종교 용어로 만들어낸 카리스마다.

3

카리스마는 모두를 포용하는
친밀감을 주는 능력이다.

사도 바울이 종교 용어로
만들어낸 카리스마

A HISTORY OF CHARISMA

특정 개인이 가진 특수한 자질이나 재능이라는 카리스마의 의미는 신약성서에 나오는 사도 바울의 글에서 시작되었다. 사도 바울은 기원후 50~62년에 그리스어로 쓴 서신에서 그 말에 종교적인 의미를 부여했다.

그는 '카리스마'를 하나님의 은총이 담긴 재능을 의미하는 말로 사용했다. 그 말은 고대 그리스어인 카리스와 밀접한 관계가 있는데, 이는 구원을 제시하는 하나님의 은총으로서 사도 바울의 신학에서 결정적인 역할을 하고 있다. 사도 바울은 '카리스마'라는 말을 이용하여 신의 은총으로 얻게 되는 영적, 초자연적 능력을 포함한 다양한 '재능'을 나타냈다.[1]

사도 바울의 신학에서 카리스마의 의미를 살펴보면서, 우리는 운 좋게도 카리스마라는 말이 탄생한 사회적, 문화적, 지적 배경에서 그 기원을 찾을 수 있다. 사도 바울이 활동했던 1세기 중반의 환경, 즉 그리스와 소아시아의 그리스로마 사회에 대해서는 이미 충분히 알려져 있었고, 그런 배경은 사도 바울이 쓴 글을 이해하는 데 큰 도움이 되었던 셈이다. 사도 바울이 카리스마를 종교적 개념으로 만들어내는 데 영향을 미친 사회적, 문화적 환경에는 여러 요인들이 있었다. 사도 바울의 지적 배경을 형성한 그리스 철학과 유대교의 융합, 로마제국의 정치제도, 그리고 사도 바울의 서신이 전해진 초기 그리스도교 교회의 특징 등이 바로 그 요인들에 속한다.

또 다른 중요한 요소로는, 예언자든 마법사든 영적인 능력을 가진 사람들이 보여주는 기적적인 위업에 대한 믿음을 들 수 있다. 이 믿음은 사도 바울이 내린 카리스마의 정의에 부분적인 배경을 제공했다. 사도 바울 본인의 개인적인 상황, 즉 유대 법률을 열렬히 옹호했던 그가 성령의 구속(救贖) 능력을 주창하는 사람으로 바뀐 점 등도 관련이 있다. 이러한 요인들을 고려한다면, 카리스마의 본래 의미를 조사하는 데 도움이 될 것이다. 특히 사도 바울이 이 모호한 말에 종교적 의미를 불어넣고 그 당시 태동하던 그리스도교 사회에서 그 말에 중요성을 부여해야 할 필요성을 느낀 이유를 알아내는 데도 도움이 될 것이다.

초기 그리스도교 교회와 영적 사도들

가장 초기의 그리스도교 교인들은 모(母)교회를 예루살렘에 둔 유대인들이었다. 그들은 나사렛의 예수가 유대 예언자들이 이미 얘기한 그리스도(히브리어의 '메시아'를 그리스어로 바꾼 말)라고 확신한다는 점에서 다른 유대인들과 달랐다. 그들은 이러한 믿음 때문에 나사렛 사람이라고 불렸다.

나중에 '그리스도인(Christian)'이라는 말이 시리아 지방의 이교도들에 의해 붙여졌는데, 그리스도교가 그만큼 널리 퍼진 이후였다. 그리스도인들은 예수를 통해 하나님의 약속이 이행되었다고 간주하면서 유대교와의 밀접한 관계를 고수했다. 초기의 개종자들은 이교도뿐 아니라 바리새와 같은 유대교 지역에서도 발생했는데, 초기 그리스도인들이 가장 많이 마음을 빼앗긴 이유는 유대교와의 관련성 때문이었다.

그리스도인들은 유대교로부터 입회의식인 세례행위뿐 아니라 유월절 의식에서 빵과 포도주에 부여된 상징까지도 받아들였다. 그리스도인들은 당시 사용되고 있던 '70인역 성서(Septuagint)'라는 유대교 경전을 성서로 받아들였다. 70인역 성서는 기원전 3세기에 70명의 번역자들이 히브리어를 그리스어로 옮겨 만든 구약성서로 현전하는 가장 오래된 성서다. 그러나 유대인들과는 달리, 그리스도인들은 70인역 성서에 등장하는 예언들을 예수의 몸으로 입증된 신의 예언으로 해석했다.

초기 그리스도인들은 사도 바울과 다른 사도들의 서신이 등장하고 난 뒤에야 자체의 성서 구절을 갖게 되었다. 그리스도인들의 모임은 예수와 그의 사도들의 시대를 자세히 열거한 구전(口傳)에 의해 유지되었다. 신약성서의 4개 복음서는 기원후 65~100년이 돼서야 쓰였다.

신약성서에서 '교회'나 '회중'으로 번역되어 사용된 그리스어는 에클레시아(ecclesia)였다. 이 말은 문자 그대로 '집회'나 '모임'을 의미했는데, 더욱 정확하게는 사도 바울 시대의 그리스도인들의 모임을 가리키는 말이었다.

당시 그리스도인들에게는 함께 모일 수 있는 대중건물이 없었다. 현재 남아 있는 대중교회는 312년 콘스탄티누스 황제가 그리스도교를 공인한 뒤에야 세워진 것이었다. 초기 그리스도인들은 가정집이나 '교회주택'으로 개조된 개인의 주거지에서 만났다. 일요일이 예배일로 채택되었고, 문자 그대로 감사의 기도인 성체성사(성찬)에는 세례를 받은 자들이 성스런 빵과 포도주를 먹는 과정이 포함되었다. 초기 그리스도교 모임에서는 강한 공동체 의식이 명확히 나타났는데, 예배가 집단 전체에 초점을 맞추고 있고 모두가 같은 개종 절차를 거쳐 신앙을 갖게 되었다고 생각함에 따라 계급간의 차이는 무시되었다.

그리스도인이 유대 분파와 다르다고 규정하는 데 도움을 준 논쟁은 이교도 개종과 관련되어 있었다. 일부 유대 그리스도인들은 모든 개종자들이 '정결하지 않은 음식'을 금지하는 식사법과 할례 등 유대 관습을 지켜야 한다고 주장했다. 이 주장은 기원후 50년경에 예루살렘에서 열린 교회회의에서 무효화되었고, 이후 (기원후 80년경에 누가복음의 저자가 쓴) 사도행전에 기록되었다. 이 회의에서는 포용적인 관점이 일반적으로 채택되었다.

그리하여 이방인들이 유대교의 금지사항과 관습을 지키지 않아도 세례의식을 통해 개종할 수 있도록 허가해주었다(사도행전 15:1~21).[2] 이 결정의 근본적인 의미는 유대인들이 지지하는 모세율법이 신이 내린 자비, 즉 은총이라는 개념에 의해 그리스도교에 흡수되었다는 점이었다. 헨리 채드위크(Henry Chadwick)의 표현에 따르면, 이는 그리스도인들이 모세율법으로부터 해방되었음을 의미했다.[3] 또한 이는 사도 바울이 로마뿐 아니라 로마제국 내의 이방인들을 개종시키려는 임무에 거리낌없이 착수할 수 있게 되었다는 의미이기도 했다. 예루살렘은 사도 바울 시대에도 모교회로서 명맥을 유지했지만, 바울은 유대인과 서쪽의 이교도 모두에게 개방된 보편적인 교회를 세운다는 새로운 신념을 갖고 있었다.

사도 바울은 기원후 70년경까지 지속된 '사도시대'를 주도한 인물이었다. 사도 바울 이외의 사도들에는 최초의 제자들이 포함되어 있었는데, 그리스도교 교회의 '반석'이 된 베드로와 예수의 동생이자 62년에 순교할 때까지 예루살렘 교회의 주교였던 야고보가 대표적인 인물이었다. 사도행전은 사도들과 초대교회에 대한 이야기를 담고 있으며, 신학적인 관점에서 볼 때, 사도들은 사도행전을 통해 예수의 공생애와 구약성서에 등장하는 예언자의 역할 모두와 연결된다.

이러한 측면에서 보면, 사도들이 치료나 방언, 예언 등 성령이 부여한 능력을 갖고 있다고 보는 것은 사도들을 신적 영감을 받은 성자들의 전통 속에 위치시키는 것이다. 또한 그것은 바울의 '카리스마'에 대한 정의가 탄생하게 된 배경을 제공하기도 하는데, 바울은 사도로서 사도행전에서 이러한 능력을 가졌다고 간주되었으며, 나중에 그는 그런 능력들을 모든 그리스도인들에게 이용할 수 있는 영적 능력, 즉 '카리스마타'에 포함시킨다.

사도행전은 처음부터 사도들을 영적 능력 및 기적을 일으키는 능력과 결부짓는다. 예수가 십자가에 못 박힌 뒤 처음 맞이한 오순절에 12사도는 하늘로부터 발생한 강한 바람을 맞게 된다. 당시 12사도 중에는 가룟유다 대신 마티아(Matthias, 맛디아)가 새로 들어와 있었다.

> 마치 불의 혀처럼 갈라지는 것들이 그들에게 보여 각 사람 위에 하나씩 임하여 있더니 그들이 다 성령의 충만함을 받고 성령이 말하게 하심을 따라 다른 언어들로 말하기를 시작하니라. (사도행전 2:3~4)

사도행전은 "많은 기적과 신호가 사도들을 통해 이루어졌으며"(2:43), "베드로는 이렇게 기적을 일으키는 행위가 선지자 요엘의 말세에 대한 환상과 예언이 실현된 것으로 생각했다"(2:16~20)고 기록하고 있다. 베드로는 예수의 이름으로 세례를 받은 유대인은 누구라도 "성령의 은총을 받게 될 것"이라고(2:38) 선언했지만, 성령의 기적적인 능력은 사도나 사도들에 의해 직접적으로 성령이 불어넣어진 사람들에게만 있는 것으로 보였다. 베드로는 절름발이와 병자들을 고쳐주고(3:6, 4:16), 선견을 가졌다고(11:5) 설명되어 있다. 그가 일으킨 기적은 죽은 자를 살려내는 능력까지 확대되어 있다(9:40~1). 특히 기도와 안수를 통해 사도들로부터 능력을 부여받은 7명의 봉사자에 속한 스데반은 은총과 능력으로 충만해져서 사람들 사이에서 놀라운 기적을 보여줄 수 있었다(6:1~8).

사도행전의 영적 능력에는 기적을 행하는 능력과 그보다는 덜 놀라운 설교에 대한 영감이 모두 포함되어 있었다. 체포된 베드로는 대담하게도 재판에서 성령으로 가득 찬 연설로 깊은 감동을 주고 풀려났다(5:8~13). 또한 그가 전기가 통할 정도의 설교를 한다는 사실도 성령의 징후로 간주되었다. 성령이 보통 사람들에게 비상한 능력을 준 한 예는 베드로가 유대인과 이교도 청중에게 설교를 할 때 발생했는데, 성령이 그의 말을 들은 모든 이들에게 내려 유대인 그리스도인들을 놀라게 했다.

  _____ 베드로가 이 말을 할 때에 성령이 말씀 듣는 모든 사람

에게 내려오시니 베드로와 함께 온 할례 받은 신자들이 이방인들에게도 성령 부어 주심으로 말미암아 놀라니라.(사도행전 10: 44~45)

이교도들이 행한 방언은 베드로에 의해 그들이 성령을 받았고, 따라서 세례를 받아야 한다는 증거로 제시되었다. 사도행전에 따르면, 베드로는 이 사례를 이용하여 유대인뿐 아니라 이교도들까지도 그리스도교에 귀의시켜야 한다고 예루살렘의 교회를 설득했다고 한다.

사도행전은 그리스도교의 사도들과 예언자, 설교자들이 예루살렘 회의 이후 믿음을 어떻게 전파시켰는지 설명해주고 있다. 예언자들은 하나님의 나라(Kingdom of God)를 예언할 뿐 아니라 현세의 상황을 예언하는 능력도 갖고 있다고 여겨졌다.

예수의 제자들은 아가보라는 선지자가 예언한 기근에 대비해 유대에 거주하는 그리스도인들에게 식량 원조를 보냈다(11:27~30). 그러나 모든 속성을 지닌 성령의 주요 관리자들은 바로 사도들이다. 사도 바울은 개종 이후 전도 중에 기적적인 능력을 보여줬다고 묘사되었는데 그 한 예가 에페소스(Ephesos, 에베소, 소아시아 서부의 옛 도시-옮긴이)에 머물면서 치료와 퇴마와 같은 놀라운 기적을 행한 것이다.

베드로와 마찬가지로 바울도 죽은 자를 되살아나게 하는 최고의 능력을 갖고 있었다(20:9~12). 또한 바울은 자신이 세례를 준 사람들에게 성령을 나눠주는 능력도 갖고 있었다(19:6).

　예수의 최초 제자가 아니라 개종자였던 바울은 예수와 직접적으로 접촉하지 않았다. 그럼에도 불구하고 사도행전에 나타난 기적을 일으키는 그의 능력은 베드로나 다른 최초의 사제들과 맞먹는 수준이었다. 바울은 폭넓은 포교활동과 행동력, 그리고 그가 쓴 서신이 지닌 지속적인 영향력 덕분에 가장 유력한 사도가 되었다. 그의 서신 중 13개는 훗날 신약성서 정전의 주요한 구성요소로 채택되었다.

자유와 다양성이 보장된 사회문화적 환경

　당시 바울이 처한 사회문화적 환경은 서로 지속적으로 상호작용하는 세 가지 '세상'으로 요약할 수 있다.[4] 첫 번째 환경은 그가 가진 유대인으로서의 전통이다. 바울은 예루살렘에서 교육받았고, 나중에 자신이 '토착' 문화인 팔레스타인 유대교의 일원이라고 주장했다. 두 번째 환경은 당시 지배적이었던 그리스로마 문화였다. 헬레니즘 시대 소아시아의 타르소스(Tarsus)라는 도시에서 태어난 바울의 글에는 그리스 철학사상, 특히 스토아 철학의 영향이 배어 있다. 세 번째 환경은 로마제국의 지배로, 바울은 압제의 형태가 아니라 기회로서 로마제국 시대를 경험했다. 바울은 타르소스와 로마의 이중시민으로서 로마제국 전체를 자유로이 돌아다녔다.[5]

로마인들은 모든 종교를 자신의 제국에 동화시킨 업적을 힘의 상징으로 간주했다. 로마제국 정부는 유대인들이 이교도의 신이나 관습을 거부했음에도 불구하고 유대교를 묵인해주었다. 팔레스타인에 조성된 유대인 집단은 로마제국의 통치자들과 협력하려는 보수주의자들과 로마에 대한 반항을 옹호하는 민족주의적 열심당원들로 나뉘었다. 초기 그리스도인들은 열심당원들의 주장을 지지하지 않았다. 대신 그들은 로마제국 내의 이방인들을 개종시키길 희망했다. 초기 그리스도교 공동체에서 중요했던 요소는 예수의 가르침에서 발생한 급진적인 평화주의였다.

사도 바울은 이방인에 대한 선교 과정에서 상태의 전복이 아니라 안정과 질서의 유지를 옹호했다. 그 덕분에 제국은 그리스도교 전파에 중요한 매개체가 되었다.

그럼에도 불구하고 그리스도교도들은 로마제국 당국자들의 주기적인 박해에 시달렸다. 그리스도인들은 당국자들의 눈을 피해 야간에 비밀 모임을 가졌는데, 그것은 그리스도교 예배 중에 마법과 근친상간, 식인행위까지 벌어진다는 의심스런 소문을 부추겼고,[6] 황제들은 희생양이 필요할 때면 늘 이런 소문을 이용했다. 로마 대화재 이후 벌어진 사태가 바로 이런 경우에 해당했다. 네로 황제는 그리스도인들을 비난했고, 65~67년경에 바울과 베드로를 처형했다.

로마제국의 마을과 도시들은 문화적 다원주의를 지니고 있었다. 타르소스는 다양한 종교 및 철학적 사상이 주입된 세계 주의적 도시였다. 이 도시에서는 스토아 철학의 뛰어난 철학자들이 영향력이 있었던 반면, 수많은 신비주의 종교들이 번성했다. 이들 중 이시스(Isis)와 미트라(Mithras)가 대표적인 종파로, 입회자의 정신적 변화를 일으키기 위한 것으로 보이는 의식들이 두드러졌다. 이 의식들은 종종 신의 사건들과 수난을 재연했다. 그리스로마 세계 전역에서 마법 및 예지, 점성술, 신비주의, 철학, 종교적 예식 등 모든 종류의 신앙이 세인의 관심을 얻기 위해 서로 경쟁했다.

종교와 마법의 경계가 모호했던 기적의 시대

이러한 사회적 환경에서 중요한 점은 초기 그리스도교 사회의 일원들이 방언을 포함한 선견지명이나 홀림, 기적, 무아경의 능력이 실제로 존재한다고 확고히 믿었다는 점이다. 20세기의 사람들은 선견지명이나 개종, 방언과 관련된 심리적 상태를 간질이나 정신분열증, 자기암시 증상과 같은 신경정신학적 용어로 해석하기도 한다.[7] 그러나 1세기에는 이런 현상이 종교나 마법에 속한다고 간주되었고, 이 두 영역 간의 경계는 모호했다.

그리스로마 시대를 통틀어 영적 능력으로 이루어진다고 여겨지는 마법이나 기적에 대한 믿음은 대폭적이었다. 마술사들은 이 점에서 성자들과 비슷한 재능을 지닌 것으로 간주되었다. 날씨를 지배하는 기적적인 능력은 랍비와 같이 특별한 사람들에게 속한다고 여겨졌다.

티투스 리비우스(Titus Livius)와 같은 고대의 역사가들은 물 위를 걷는 등의 기적과 초자연적인 위업들을 기록했다. 아우구스투스 황제와 같은 로마 황제들은 죽지 않으며 초자연적인 능력을 소유한 사람으로 여겨졌다. 또한 선지자나 신관들 중에서도 다양한 영적 능력과 방언 능력을 지닌 사람들이 많았다. 그리스 종교에서 신관들은 신의 말씀을 전하는 사람들로 믿어졌는데, 무아경 중에 종종 정체 모를 신의 메시지를 전하기도 했다. 소크라테스도 신의 광기어린 예언과 방언에 대해 언급했다.[8] 신관의 신비로운 예식은 강한 존재감을 갖고 있었고, 그들의 관습은 고대 그리스 시대로까지 거슬러 올라간다.[9]

사도행전 14장 8~13절에는 루스드라 사람들이 사도 바울이 행한 기적에 어떤 반응을 보였는지 설명되어 있는데, 초자연적인 행동은 그 지역 그리스 종교와 유사한 말로 해석되었다. 그들은 사도 바울과 바나바(Barnabas, 1세기 무렵에 활약한 시리아의 교회 지도자. 바울의 제1차 전도여행 때 동행하여 그리스도교 신자가 되었다.-옮긴이)를 인간의 모습을 한 헤르메스와 제우스로 여겼는데, 제우스 신전의 제사장은 그들 앞에 희생시킬 소를 데리고 왔다.

파포스(Paphos, 바보) 섬에서 사도 바울은 자신의 초자연적인 능력을 보여주며 그리스도교에 반대하는 한 마법사와 겨루어야 했다. 사도행전 13장 6~11절에는 이 초자연적인 능력을 겨루는 다툼에서 사도 바울이 승리를 거두는 과정이 기록되어 있으며, 그는 상대 마법사의 눈을 멀게 만들어 결국 그 지역 총독에게 그리스도교의 우월함을 입증하는 데 성공했다.

사도 바울 시대에 존재했던 초자연적인 능력에 대한 일반의 믿음은 그리스도교 사회에서 신비로운 능력들을 통합시킨 카리스마라는 개념의 발생에 중요하게 작용했다. 그리스로마 문화에서 영혼은 어디에서나 원인이 되는 동인으로 여겨졌다. 신이나 악마, 영혼은 눈에 보이지 않지만 사건을 일으키는 장본인으로 널리 간주되었다.[10] 폴라 프리드릭슨(Paula Friedriksen)은 1세기 초에 치료나 기적을 일으키는 행위가 너무나도 흔했기 때문에 기적을 일으키는 능력이 예수를 비롯한 누구에게나 독특한 개인의 특징으로 여겨지지 않았다고 지적한다. 이런 능력과 더불어 설교 중에 강력한 도덕적 메시지를 전달하는 능력이 보충되어야만 했다.[11]

근래의 학자들은 이런 문화적 믿음의 의미가 갖는 중요성을 경시해왔다. 그들은 최대한 정확한 경험주의적 증거를 이용하여 사도 바울을 역사적인 인물로 규정하는 데 관심을 가져왔다. 이는 현대적인 생각이나 편견에 의해 제한된 관점, 즉 입증 가능한 사료에 맞춘 회의적 합리주의의 관점을 강요하는 행위다.

일례로 제롬 머피 오코너(Jerome Murphy-O'Connor)가 쓴 '비판적인' 바울 전기서 『바울 이야기』는 바울의 서신이 사도행전에 늘 우선해야 한다는 방법론적인 원칙을 고수했다.[12] 대체로 사도행전은 '특정 입장을 옹호하는' 신학자의 작품이라고 치부되는 편이다. 그 결과, 머피 오코너의 서술과 최근에 발표된 유사한 연구서에서는 사도 바울의 기적을 일으키는 행위에 대한 사도행전의 서술이 완전히 빠졌으며, 사도 바울이 고린도전서와 고린도후서에서처럼 기적을 일으킨 자신의 능력을 언급한 부분 역시 무시되거나 대충 넘어갔다. 신약성서에 설명된, 퇴마를 비롯한 여러 초자연적인 능력들도 그런 학자들의 서술에서는 무시되거나 현대 그리스도인에게 당혹감을 주고 공상적이라는 이유로 간과되었다.[13]

그러나 이런 관점에서 야기된 편협함에 대해 비판이 제기되었다. 존 애슈턴은 사도 바울이 살던 영적이고 귀신들린 세상에 눈을 감은 채 종교인으로서의 사도 바울을 진정으로 이해하기는 불가능하다고 선언했다.[14] 우리가 사도 바울이 고안해 내고 규정한 카리스마의 기원을 그 말의 사회적, 문화적 맥락 속에 정립하려는 목표를 갖고 있다면, 당시 유행하고 있던 초자연적 현상에 대한 믿음을 무시할 수는 없다.

사도 바울은 그리스 철학사상에 정통했지만, 기적을 일으키는 능력에 대해서도 거리낌 없이 언급했다. 그의 설교를 들은 다양한 그리스도교 신자들은 그리스도교 신앙의 개요에 대해 알고 있었지만, 수많은 마술적, 종교적 체계에서 나온 마법이나 귀신, 초자연적 현상에 대한 믿음 역시 받아들였다. 기적이나 퇴마, 다른 초자연적인 행동 등 신비주의적인 믿음이 사도 바울이 처했던 문화적 환경의 중요한 일부였던 것이다.

바리새인에서 사도로 변한 바울, 법보다 은총을 강조하다

사도 바울은 수사학 교육도 받았고, 필로의 유대 헬레니즘 철학에도 노출되어 있었다.[15] 잡종에 가까운 자신의 문화적 환경에 대해 그가 처음 보인 반응은 유대교 교육에 의해 결정되었다. 그는 유대교 법을 지키는 데 전념하는 바리새인 중에서도 뛰어난 유대인이었다. 바리새인들은 성서에 적힌 그대로, 그리고 유대인 율법학자들이 해석한 그대로 모세율법을 엄격히 지킴으로써 유대교에 대한 헬레니즘의 영향에 저항하려 했다.

바울은 율법을 지키는 데 열렬히 헌신했고, 그로 인해 그는 그리스도교에 적대적인 입장을 취하게 되었다. 그는 유대 그리스도인들을 찾아내기 위해 다마스쿠스(다메섹)까지 추적해 갔다. 사도행전에는 사울(Saul, 바울의 개종 전 이름)이 그리스도인들을 얼마나 열심히 박해했는지 생생한 설명이 담겨 있다.

        사울이 주의 제자들에 대하여 여전히 위협과 살기가

등등하여 대제사장에게 가서 다메섹 여러 회당에 가져갈 공문을 청하니 이는 만일 그 도를 따르는 사람을 만나면 남녀를 막론하고 결박하여 예루살렘으로 잡아오려 함이라.(사도행전 9:1~2)

사울이 초기 그리스도인들을 심하게 괴롭혔기 때문에 그가 그리스도교로 개종한 뒤에도 다른 그리스도인들은 두려움과 의심을 갖고 그를 대했다. 다마스쿠스로 가는 길에 그의 환영 속에 예수가 나타나면서 영감을 받아 개종을 하게 된 유명한 일화는 신뢰와 은총을 강조하는 그의 그리스도교 신학을 대변해주었다. 사도행전에 설명된 대로, 그의 개종 행위 자체는 대단히 구체적인 일을 보여주었다.

_____ 홀연히 하늘로부터 빛이 그를 둘러 비추는지라. 땅에 엎드러져 들으매 소리가 있어 이르시되 사울아 사울아 네가 어찌하여 나를 박해하느냐. …… 사울이 땅에서 일어나 눈은 떴으나 아무 것도 보지 못하고 사람의 손에 끌려 다메섹으로 들어가서 사흘 동안 보지 못하고 먹지도 마시지도 아니하니라.(사도행전 9:3~9)

현대의 해설자들은 합리주의적 감각에 따라, 이 격렬한 경험을 간질 발작이 일어났다거나 번개를 맞고 환각에 빠진 것으로 해석했다. 크리스 맥길리온(Chris McGillion)은 바울의 개종 경험에는 여러 요인들이 포함되어 있다고 지적했는데, 갑작스럽게 밝은 빛이 비친 점과 일시적으로 눈이 안 보인 현상, 3일 동안 먹지도 마실 수도 없었던 상황을 간질 발작으로 이해했다.[16] 바울에게 이 사건은 급격한 진로의 변경을 일으킨 격렬한 정신적 변화였다. 이 사건의 정신적인 강렬함에 초점을 맞추는 근래의 해석자들은 이를 고대 히브리 예언자들이 받은 부름에 비유했고, 심지어는 무당들이 영적인 능력을 갖게 된 뒤에 처음 겪게 되는 정신적 쇼크의 경험에까지 비유했다.[17]

바울은 그리스도인들을 박해하는 사람에서 그리스도교의 선교자로 탈바꿈했다. 그는 종교법을 지키려는 열심당원에서 신의 은총에 대한 옹호자로 변신했다. 그는 자신이 그 법을 알아서가 아니라 그 법을 알고 있음에도 불구하고 그리스도교로 개종했다는 점을 인정했다. 따라서 그는 그리스도교를 설교하면서 구원의 기초는 기존의 교리에 충실히 따르는 것이 아니라 믿음이라고 주장했다.

나중에 바울은 갈라디아서 2장 1절에서 구원은 법의 작용에 의해서가 아니라 예수 그리스도에 대한 믿음을 통해 얻어질 것이라고 썼다. 법으로는 어느 누구도 정당화되지 못하기 때문이었다. 바울의 정신적 변화는 그에게 상당히 비이성적이고 감정적인 사건으로 느껴졌지만, 인간이 하나님의 성령을 받아들이기 위해 스스로를 열어야 한다는 확신의 기초가 되었다. 그래야 성령은 아낌없이 주는 사랑의 행위로 영적인 부활과 구원을 준다는 것이다.

또한 바울의 개종 사건 그 자체가 갖는 특징은 그가 하나님의 은총을 일방적인 자비와 연민의 행사로 생각하는 데 결정적인 영향을 미쳤다.

사도 바울은 선교활동을 펼치면서 그리스와 소아시아의 중요한 도시들을 모두 방문했다. 그의 전략은 그가 나중에 다시 방문하게 될 중요한 중심지에 교회를 설립하는 것이었다. 그는 이 새로운 그리스도교 집단에게 영적 문제와 실질적인 문제에 관해 조언을 제공하기 위해 편지를 썼고, 때로는 그 집단들이 그에게 보낸 질문에 답장을 보낸 경우도 있었다. 이 편지들은 사도 바울이 여러 집단에 지시를 전달하는 유효한 방법이 되었다.

또한 서한은 그의 의사소통 능력에 가장 적합한 수단이기도 했다. 사도 바울은 자신이 대중 앞에서 말을 잘 못하며 별로 인상적이지 못한 외모를 지녔다는 점을 알고 있었다(고린도후서 11:6). 그러나 그의 웅변술은 편지에서 그 빛을 발휘했는데, 편지는 회중을 상대로 폭넓게 읽혔다. 눈에 띄지 않는 외모와 말주변 없는 그의 단점을 부각시키려고 혈안이 된 그의 적들도 그의 글에서 느껴지는 설득력만은 인정했다. 그의 편지는 '설득력 있고 강력했다'(고린도후서 10:10).

사도 바울 시대의 그리스도교 공동체들은 교회에 금전적인 지원을 제공해준, 부유하고 학식 있는 시민들과 신자들의 상당 부분을 차지한 노예들로 구성되었다. 사도 바울은 이토록 다양한 교육 수준과 종교적, 문화적 배경을 가진 뒤섞인 사회 계층을 상대로 편지를 보냈던 것이다.

카리스에 새로운 그리스도교적 의미를 부여하다

사도 바울의 서신은 코이네(Koine, 보통) 그리스어로 쓰여졌다. 당시 코이네 그리스어는 동쪽과 서쪽 모두를 아우르는 넓은 지역에서 널리 사용되고 있었다. 그의 서신이 헬레니즘 시대의 많은 철학자들과 역사가들이 선호하는 교양 있는 문자 형태가 아니라 일상적인 코이네에 가까운 언어로 쓰였기 때문에 바울의 서신을 들은 사람들은 그 내용을 곧바로 알아들었을 것이다.[18]

그러나 사도 바울이 선교활동 중에 부딪친 다양한 종교적, 문화적 배경으로 인해 이해와 해석에 어려움이 생길 수 있었다. 바울이 받은 교육과 그가 처한 환경은 유대교과 관련이 있었던 반면, 그의 서신을 듣는 이방의 그리스도인들은 이교도의 배경을 갖고 있었다.[19] 이로 인해 사도 바울에겐 어느 정도의 창작이 필요할 수밖에 없었고, 그 과정에서 유대교의 말이든 세속적인 말이든 이전의 오래된 말에는 새로운 그리스도교적 의미가 부여되었다.

그리고 '카리스'가 바로 그런 말이었다. 세스라스 스피크

(Ceslas Spicq)는 이 그리스의 세속어가 신학적인 의미를 갖는데 적합했고, 그 뉘앙스가 그리스도교로 새로이 개종한 사람들에게 쉽게 이해되었다고 지적한다.[20] 바울이 살던 시대에 카리스는 호의, 자비, 감사, 은혜, 선물을 주거나 받는 행위 등 놀라울 정도로 다양한 의미를 지니고 있었다.[21] 사도 바울은 그 말을 채택하여 자기 목적에 맞게 변형시켰다.

그가 카리스라는 그리스어를 사용하는 과정에서, 그의 은총의 개념은 어근 hnn(호의나 은혜를 주는 행위)이 의미하는 히브리어 개념의 영향을 받았다. 그 개념은 구약성서 전체에서 사용되고 있었고, 70인역 성서에서 '카리스'로 옮겨졌다. 그러나 바울은 하나님의 은총을 무상으로 준다는 점을 강조함으로써 카리스(와 의미상으로 같은 뜻을 가진 그 히브리어까지)를 바꾸어놓았다. 그가 하나님이 가진 관계의 주도권을 크게 부각시키자, 히브리 성서에 나오는, 하나님의 총애를 구하는 행동은 그 빛이 바랬다.[22] 그는 신의 은총에 대한 구원으로까지 그 의미를 확대시켰다.

사도 바울의 신학에서 은총이 중심이라는 사실은 많은 학자들이 수긍한 부분이다. 바울의 신학은 구원을 표현하는 기초적인 개념인 은총으로 설명되며, '카리스 중심적'이라고 설명되어왔다.[23] 사도 바울에게 구원의 선물을 포함한 신의 은총은 행위로서의 특징을 지닌다.[24]

게르하르트 프리드리히(Gerhard Friedrich)는 사도 바울의 은총이 강압과 마법의 중간 정도의 의미를 지닌다고 설명한다.[25] 은총은 하나님의 행위이며, 믿는 사람이 경험하는 변화의 힘이라는 것이다. 제임스 던은 은총은 그 존재를 믿는 만큼, 은총을 받는 사람이 감정적으로 경험하는 것이라고 주장한다.[26]

사도 바울은 자신의 서신을 읽는 사람들의 사회적 환경에 맞게 카리스라는 종교적 개념을 재단했다. 1세기의 그리스로마 문화에서 카리스는 주고받는 의식 모두에 적용할 수 있었다. 호메로스의 시에 등장하는 답례 선물의 가치체계는 상호관계를 지배하는 복잡한 관습체계로서 더 폭넓은 시민사회에서도 살아남아 있었다. 이 체계는 부유한 후원자와 그의 도시 및 집단 간의 관계나 집안 식구들 간의 관계, 또는 로마황제와 지역 정치단체, 국가 간의 관계에도 적용될 수 있었다.

카리스는 인간과 신의 대리인 모두가 관계되는 헬레니즘 시대의 상호주의 체계의 중심 테마였다.[27] 주는 사람과 받는 사람의 역할을 지배하는 이 관습이 너무나도 강했기 때문에 스토아 철학자인 루키우스 세네카(Lucius Seneca)는 이를 '인간 사회의 주요한 결속'이라고 설명했다.[28] 사도 바울의 서신은 이런 상호주의체계에서 살고 있는 그의 청중들에 의해 해석되었을 것이며, 실제로 그는 카리스라는 말을 여러 도시국가들마다 다른 특수한 지역적 환경에 맞추어 사용했다.

예를 들어, 로마에서 카리스는 로마 황제의 은총을 직접적으로 가리켰다. 로마의 청중들은 이미 황제의 선행이 우주론적 지위를 가졌던 아우구스투스 시대의 은총을 경험했다.[29] 황제의 선물에는 평화의 확립이 포함되어 있었고, 그는 '거룩한 아버지'와 '구세주'로 간주되었다. 제임스 해리슨(James Harrison)은 사도 바울의 청중들이 그리스도의 은총의 지배에 대해 들었을 때, 그들의 마음속에서 이 주제가 큰 반향을 얻었을 가능성이 있다고 생각했다.

사도 바울은 자신의 은총의 신학을 1세기의 이런 문화적 코드 안에서 제시했고, 부분적으로 그는 그 문화에 참여하고 그것을 변형시키는 동시에 그 문화를 지켜냈다. 사도 바울은 그리스도인이 성스러운 은총에 계속적으로 접근할 수 있다는 점에서 은총을 민주화한 사람이었다.[30]

사도 바울이 생각했던 카리스라는 개념은 그리스로마의 상호주의체계에 포함된 개념과 다른 부분이 있었다. 로마인들과 코린트(고린도) 시민에게 보낸 서신에서 사도 바울은 카리스, 즉 은혜를 베푸는 과정에서 하나님과 인간 모두의 사랑을 강조했다. 이로 인해 사도 바울은 선행의 관습을 재규정할 수 있었는데, 이제 선행의 동기는 상호주의가 아니라 연대감을 키우는 신의 은총에 의해 부여되었다.

해리슨은 사도 바울의 은총의 신학에서 과격한 사회적 일면이 담긴 새로운 시각의 사회적 관계를 확인해냈다.[31] 과거 호메로스의 시에 등장하던, 그리스로마의 상호주의체계에 의해 영속되는 계층구조인 선물과 답례의 규범은 대체되었다. 사도 바울의 신학에서 선행은 호의에 답례를 해야 한다는 의무감에 자극받지 않는다. 사회적으로 우위에 있는 사람은 그 호의를 받는 사람에게 의무감을 안겨준다는 기대감 속에 선물을 주지 않는다. 부자들이 받아야 할 존경은 '우주에서 은혜를 베푸는 사람'인 하나님과 집단 내에서 사회적으로 소외된 사람들에게 되돌려진다.

선행이 널리 행해짐으로써 사도 바울은 당시 사회에 지배적이었던 상호주의체계를 무너뜨리면서 신학적, 사회적 차원에서 은총의 복음을 매력적으로 전달할 수 있었다. 이제 신의 은총은 그리스도교 사회에서 '차별을 없애는 수단'[32]이 되었다.

사도 바울이 만든 하나님이 주신 재능으로서의 카리스마

사도 바울의 글이 발표되기 전 그리스 문서로서 현존하는 글 중에 '카리스마'라는 말이 등장하는 사례는 소수에 불과하며, 그런 사례들은 자연히 학자들 간의 논쟁거리가 되었다. '카리스마'는 70인역 성서 전체에서 두 차례 등장하는데, 서로 다른 사본에서만 등장했다. 그리고 신의 은총이 아닌, 사람들 간의 호의를 뜻하고, 대부분 '카리스'를 대체한 경우였다.[33]

철학자 필로는 『레굼 알레고리아(*Legum Allegoria*)』에서 '카리스마'라는 말을 두 번 썼지만, 많은 학자들은 원서에 그 말이 들어 있다고 인정하지 않는다.[34] '카리스마'라는 말이 이후의 편집자에 의해 필로의 글에 추가되었을 가능성이 높다. 철학자 필로가 실제로 그 말을 사용했다고 인정하더라도, 필로의 글에 등장한 '카리스마'는 잘못 정의된 것이었다. 프리드리히는 필로의 카리스마가 카리스와 교환될 수 있었다고 지적한다. 카리스마가 카리스의 결과를 의미하는 것처럼 보이지만, 두 단어의 명확한 차이가 제시되지 않았던 것이다.[35]

대부분의 학자들은 사도 바울이 처음 카리스마를 썼다는 점을 인정한다. 확실히 그는 필로에게서는 명확히 나타나지 않았던 의미를 카리스마에 부여했고, 자신의 서신에서 상세하고 복잡하게 다루며 그 말뜻을 밝혔다. 사도 바울이 고대의 $χάρισμα$를 최초로, 가장 확대해서 사용했다거나[36] 당시 그리스도교에서 그 말을 사용한 것이 특별히 사도 바울 때문이었다[37]는 사실 모두 논쟁거리가 아니다. 제임스 던은 카리스마라는 개념은 거의 전적으로 사도 바울 덕분에 탄생했다고 결론지었다.[38]

그 시대 문화의 복잡한 사정을 이해하는 데 한계가 있기 때문에 사도 바울에게서 그 말의 기원을 추측할 수밖에 없다. 한 가지 추측해볼 수 있는 사실은 사도 바울이 자신이 살던 시대의 구어체인 카리스마라는 말을 '선물'의 의미로 수정했다는 것이다.[39]

지크프리트 샤츠만(Siegfried Schatzmann)은 '주다'나 '친절하게 행동하다', 즉 카리소마이(charisomai)라는 동사와의 관계에 주목하면서 카리스마라는 말이 동사의 명사 형태를 지닌다고 주장했다. 그리스어의 접미사 'ma'는 어떤 행위의 결과를 가리켰다. 카리스마는 무언가를 주어서 나타나는 구체적인 결과를 의미했다.⁴⁰ 따라서 카리스마는 '은총을 선사한 결과', 혹은 더 간단히 말하면 '은총의 행위(grace-thing)'라는 의미를 가진다.⁴¹ 이 말의 구조는 몇 가지 의미상의 효과를 가져왔다. 그것은 카리스마를 카리스와 결부짓는 동시에, 그 말의 뿌리가 되는 말과도 구분지었다. 즉, 카리스마가 카리스의 결과물로 이해되도록 그 둘 사이의 관계를 나타낸 것인데, 카리스마를 추상적 개념으로부터 제거하고 그것의 구체적인 특징을 표현함으로써 카리스마가 객관적 실재성을 가진다는 점을 입증했다.

사도 바울에게 카리스마는 신의 은총이 제공한 선물이다. 카리스마는 구원 자체의 선물을 의미하기도 하고, 하나님의 은총이 초기 그리스도교에게 부여한 구체적인 신성한 재능을 의미하기도 한다. 카리스마와 카리스 사이에는 분명한 차이가 있다. 카리스마는 신의 카리스, 즉 은총의 직접적인 결과물이다. 하나님의 은총은 교회 내에서 다양한 재능을 발생시키며, 사도 바울은 그 재능들을 일일이 열거했다. 그는 이러한 다양한 자질들을 가리키기 위해 복수형인 카리스마타를 사용했는데, 여기에는 방언이나 치료와 같은 기적적인 능력이 포함되었다. 이러한 재능은 무아지경에서의 행동과 비상한 능력을 일으키는 성령이 구체적으로 나타난 것이었다.

프리드리히가 보기에 카리스마는 한편으로는 카리스와, 다른 한편으로는 프뉴마(정신)와 연결되어 있어서 영의 현시(顯示)를 카리스마타로 부를 수 있었다.[42] 카리스마의 영적 측면은 사도 바울이 로마서 1장 11절에서처럼 신자의 영적 신들림을 언급하든 하나님의 은총이 개개인의 그리스도인에게 부여한 영적인 특별한 재능을 언급하든 관계없이 분명히 드러난다. 그러나 다양한 카리스마타의 특정한 부분은 '은총의 구체적인 표현'이라는 의미를 담고 있기도 하다.[43]

다른 학자들은 사도 바울이 내린 카리스마의 정의와 비슷한 정의를 제안했는데, 존 골딩게이(John Goldingay)는 특별하고 구체적으로 실현된 하나님의 은총이라고 카리스마를 정의했고, 슐츠(Schulz)는 유일한 성령이 구체적이고 개별적으로 나타나는 현상이라고 정의했다. 한편 던은 특별한 사례를 통해 은총과 능력을 경험하는 경우라고 정의했다.[44] 던은 카리스마가 신에게서 비롯된다는 점을 강조하면서, 이는 사람을 통해 하나님이 은혜로운 활동을 펼치는 사건이며 인간의 재능이나 타고난 능력과 명확히 구분된다고 주장했다.[45]

사도 바울이 카리스마라는 말을 특색 있게 사용했다는 점에 대해서는 학자들 간에 어느 정도 의견이 일치한다. 사도 바울 이전에 카리스마는 유대 문헌과 세속 그리스 문헌에 미미한 흔적만을 남긴 '약간 알려진 그리스 개념'이었다.[46] 사도 바울은 그 애매모호한 그리스 말을 택하여 자신의 신학체계 내에서 그것에 독창적인 의미를 부여했다.

해리슨의 표현을 빌리면 '은총의 사도'였던 사도 바울은 카리스마를 하나님이 주신 재능으로 표현하는 데 사용했다.[47] 그는 자신의 서신에서 카리스마를 상당히 융통성 있는 용어로 사용했으며, 문맥에 따라 다양한 특징을 부여했다. 샤츠만은 사도 바울이 카리스마라는 말을 사용할 때 보여준 독창성과 융통성이 그의 언어적인 재능을 입증하는 훌륭한 예라고 주장한다.[48] 사도 바울이 그 말을 어떻게 해석했는지 검토하는 적절한 방법은 그의 서신을 당시의 구체적인 문화적 배경에 정립하면서 그 말이 서신에서 어떤 기능을 했는지 살펴보는 것이다.

사도 바울은 카리스마를 16번 언급했다(신약성서 베드로전서에서 카리스마가 한 번 더 언급되는데, 이 한 번의 사례에 대해 학자들은 사도 바울을 '흉내' 낸 것으로 설명한다).[49] 디모데전서 4장 14절, 디모데후서 1장 6절, 고린도후서 1장 11절에 각각 언급된 3번의 경우를 제외하고, 사도 바울은 카리스마와 카리스마타라는 개념을 주로 로마서(6번 언급)와 고린도전서(7번 언급)에서 상세히 설명했다. 두 서신 모두 이러한 은사가 하나님에게서 발생한다는 사실을 확인해주었고, 그리스도교 집단을 상대로 그 은사를 이용하는 방법에 대해 충고하고 있다.

고린도서에는 교회 공동체를 강화하기 위한 은사로 사용되다

고린도전서가 쓰여진 연대는 54년경으로,[50] 이는 이 전서가 카리스마를 언급한 최초의 서신이었음을 의미한다. 이 전서는 사도 바울이 처음으로 카리스마라는 주제를 언급한 서신일 뿐 아니라 다양한 형태의 카리스마타에 대해 가장 상세하게 설명하고 있는 글이다. 또한 이 서신을 통해 예수가 죽은 지 20년이 지난 뒤에 막 형성되기 시작한 그리스도교 공동체의 주변상황을 알 수 있다는 점에서 그 가치를 인정받고 있기도 하다.

그리스도교 공동체 내의 사회적 계급과 교육 수준의 커다란 격차는 코린트의 경우처럼 여러 문제를 야기할 수 있었다. 코린트인들에게 보낸 사도 바울의 편지에서 드러난 상황은 그 도시의 신자들 사이에 일어나고 있는 불화와 관련이 있었다. 고린도전서는 사도 바울이 코린트에 대한 소문과 그 도시 신자들이 그에게 보낸 질문들에 답한 내용이다.

사도 바울이 처리해야 할 가장 긴급한 어려움은 코린트에 정신적 엘리트 계층이 존재한다는 사실이었다. 사도 바울은 그들을 '영적인 사람(pneumatikoi)'으로 불렀는데, 이 엘리트 계층은 자신들이 정신적으로 성숙하거나 완벽하다고 여기고 자신의 동포들보다 우위에 있으며 초자연적인 재능을 갖춘 사람들이라고 생각했다. 그리고 그런 재능 중에 그들은 방언을 가장 높이 평가했다. 이 재능은 배운 적이 없는 인간의 말이나 하늘의 말을 말하는 능력으로 이해되었다.[5]

또한 이 '영적인 사람'들은 자신들의 영적인 우월성 덕분에 속세의 도덕적 구속으로부터 해방될 수 있다고 생각했다. 이 서신에서 사도 바울은 신자들의 화합을 도모할 생각이었다. 이는 필연적으로 영적인 귀족 계층의 권리를 축소시켜 공동체 의식을 확립하고 사도 바울의 영적 권위를 강화하는 결과를 가져왔다.

머피 오코너는 이 집단에서 더 나은 교육을 받은 사람들이 사도 바울의 설교를 '반지성주의'로 생각했다고 지적했다. 그들은 자신들이 사도 바울의 신학보다는 '하늘의 사람'과 '지상의 사람'을 구분하는 필로와 가까운 특별한 영지(그노시스, gnosis)를 갖고 있다고 주장했다.[52] 그들은 방언이 자신들의 영지를 구체적으로 표현해준다며 방언을 찬양했다.

사도 바울은 그들의 이런 생각과 함께, 그로 인해 나타나는 공동체의 분열에 반대했다. 그는 이들이 오만하다고 비난하고, 그들에게 사랑에 기초한 공동체 정신을 위해 자만심을 버리라고 지시했다. 그는 "지식(그노시스)은 사람을 교만하게 만들지만 사랑은 덕을 세운다(고린도전서 8:1)"고 말했다. 고린도전서 12장에서 사도 바울은 카리스마의 개념을 이용하여 코린트의 이 어려운 문제들을 직접적으로 처리하려 했고, 고린도전서 12장에 이르기까지 카리스마라는 말을 소개하고 그 뜻의 기초를 잡았다.

코린트 교회를 향한 인사말 뒤에 고린도전서가 시작되는 부분에서 사도 바울은 처음으로 카리스마라는 말을 사용했다. 그는 코린트 교회에 내려진 하나님의 풍성한 은총을 강조한 뒤에 코린트인들에게 다음과 같은 사실을 알렸다. "그리스도의 증거가 너희 중에 견고하게 되어 너희가 모든 은사(카리스마타)에 부족함이 없이 우리 주 예수 그리스도의 나타나심을 기다림이라"(고린도전서 1:6~7). 복수형인 '카리스마타'는 사도 바울이 코린트 사회에 뚜렷이 나타났던 초자연적인 재능을 포함하여 다양한 재능을 이야기하고 있음을 의미한다.

처음으로 카리스마가 언급된 부분은 사도 바울이 은사를 정의한 신학적 맥락 때문에 주목할 만하다. 즉, 그러한 은사는 신의 은총으로부터 직접 발생한 것으로 이해해야 하며, 그 자체로 목적이 아니라 재림에 이르는 기간 동안 사용될 능력으로 간주해야 하는 것이다. 그는 이렇게 카리스마타를 미래의 성스러운 사건과 연관지어 규정함으로써 일부 코린트인들이 자신의 초자연적인 재능에 대해 품고 있던 자부심과 열정을 깎아내렸다. 사도 바울은 은사를 축복한 동시에 그것에 제한을 두었던 셈이다.

그 다음으로 카리스마를 언급한 경우는 사도 바울이 결혼과 독신의 상대적인 장점에 관한 코린트인의 질문에 답할 때였다. 바울은 사람이 영원한 유혹을 피하기 위해 결혼을 해야 한다고 말하면서도 모두가 자신처럼 독신이기를 바랐다(고린도전서 7:7). 그는 그럴 수는 없다는 사실을 인정하면서도 '각자가 하나님으로부터 받은 은사(카리스마)가 있으니 하나는 이러하고 하나는 저러하리라'고 말했다.

해석자들은 이 구절에서 바울이 일반적인 독신생활, 혹은 결혼까지도 카리스마라고 주장하고 있는 것인지 논쟁을 벌여 왔지만, 그가 자신의 독신생활을 얘기하는 것일 가능성이 가장 크며, 그는 여기저기를 돌아다니는 사도로서 독신생활을 자신이 받은 은사의 일부라고 간주했던 것 같다. 독신생활은 그가 육체의 유혹으로부터 멀어질 수 있고 그의 성직생활에 방해가 되지 않는다는 점에서 그가 받은 은사의 일부였다.[53]

고린도전서 12장은 사도 바울이 카리스마를 가장 상세하게 설명한 부분이다. 이 장이 시작되는 부분에서 사도 바울은 '은사'를 언급하면서 프뉴마티카(pneumatika, '신령한 것들')라는 말을 사용했다. "형제들아 신령한 것(은사)에 대하여 나는 너희가 알지 못하기를 원하지 아니하노니"(12:1). '프뉴마티카'는 아마도 코린트의 엘리트들이 자신의 재능을 설명하기 위해 사용한 말인 듯싶다. 사도 바울은 이 말을 코린트인들의 이교도로서의 과거와 결부지었다. "너희도 알거니와 너희가 이방인으로 있을 때에 말 못하는 우상에게로 끄는 그대로 끌려 갔느니라"(12:2).

따라서 코린트인들이 찬양하던 '은사'라는 황홀한 표현은 그리스도교 이전의 과거와 관련이 있었다. 그러나 바울은 은사를 거부한 게 아니라 프뉴마티카를 대신하는 카리스마타라는 새로운 말을 사용함으로써 은사를 다시 정의 내렸다. 그는 "은사(카리스마타)는 여러 가지나 성령은 같다"라고 표현했다 (12:4). 이 짧은 문장에서 은사를 카리스마타로 바꾼 것은 사도 바울이 코린트의 청중들에게 품었던 의도를 의미했다. 은사를 의미하는 그의 새로운 말은 몇몇 코린트인들에게 특권을 부여했다고 간주되었던 성령보다 그들에게 은사를 준 신의 은총을 강조했다. '은사'라는 말뜻은 '은총의 선물'이라는 한 가지 의미로 대체되었다.[56] 바울은 영적인 능력을 계속해서 강조했지만, 이러한 능력을 성령의 영역, 즉 그리스도교의 틀 안에 엄격히 자리매김했다. 그는 카리스마타라는 말을 정교히 다듬으면서 이러한 재능이 모두에게 공유된다는, 다시 말하면 신자들 모두에게 이용 가능하다고 강조했다.

각 사람에게 성령을 나타내심은 유익하게 하려 하심이라. 어떤 사람에게는 성령으로 말미암아 지혜의 말씀을, 어떤 사람에게는 같은 성령을 따라 지식의 말씀을, 다른 사람에게는 같은 성령으로 믿음을, 어떤 사람에게는 한 성령으로 병 고치는 은사를, 어떤 사람에게는 능력 행함을, 어떤 사람에게는 예언함을, 어떤 사람에게는 영을 분별함을, 다른 사람에게는 각종 방언 말함을, 어떤 사람에게는 방언을 통역함을 주시나니 이 모든 일은 같은 한 성령이 행하사 그의 뜻대로 각 사람에게 나누어 주시는 것이니라.(고린도전서 12:7~11)

여기에서 분류된 카리스마타는 아홉 가지로, 신이 내린 초자연적인 능력, 즉 치료와 기적을 행하는 능력, 예언, 방언, 영적 지혜와 지식을 말하는 능력 외에도 이런 기적적인 능력을 보조하는, 덜 극적인 능력인 믿음과 영혼을 구별하는 능력, 방언을 해석하는 능력이 모두 포함되어 있다. 은사에도 세기가 다른 여러 능력들이 광범위하게 포함되어 있기 때문에 그리스도교 공동체에는 여러 가지 형태의 카리스마가 보급될 수 있었다.

긴 단락 전체에서 바울은 이렇게 서로 다른 카리스마타를 발생시키는 성령이 하나임을 계속해서 강조했으며, 그리스도교 공동체 내부의 개인들에게 스스로를 하나의 성령에 의해 유지되는 한몸의 일부로 간주하도록 요구했다. 나중에 이 공동의 감정에 은사의 계층구조가 추가되었는데, 이는 교회조직의 계층구조로도 이용되었다.

_____ 너희는 그리스도의 몸이요 지체의 각 부분이라. 하나님이 교회 중에 몇을 세우셨으니 첫째는 사도요 둘째는 선지자요 셋째는 교사요 그 다음은 능력을 행하는 자요 그 다음은 병 고치는 은사와 서로 돕는 것과 다스리는 것과 각종 방언을 말하는 것이라.(고린도전서 12:27~28)

이 구절은 여러 가지 이유로 주목할 만하다. 먼저, 이는 사도 바울이 지시한 대로 1세기 중엽 교회 내의 계층구조를 밝혔다. 사도가 맨 윗자리를 차지하고, 그 다음이 선지자, 교사였다. 이 세 지위 중에 사도와 선지자들이 치료와 방언, 예언 등을 포함한 카리스마적 능력을 지닌 것으로 이해되었다. 교사들은 더욱 세속적인 능력을 가진 것으로 보였지만, 바울에 의해 윗자리를 차지했다. 예언은 자연스럽게 하나님으로부터 능력을 받은 상태에서 하는 말로서 그리스도교 공동체에게 새로운 사실을 밝혀주는 것으로 이해되었다. 가르치는 일은 그보다 한 단계 낮았는데, 이미 교회에 알려진 지식과 가르침을 전해주기 때문이었다.[55]

두 번째로, 12장 27~28절에서 밝힌 여덟 가지의 역할에는 치료, 방언, 기적을 일으키는 능력, 예언 등 여러 카리스마적 능력과 돕는 자나 다스리는 자와 같이 평범한 직업이 혼합되어 있다. 그러나 모든 역할이 가치가 있고 신이 명한 것으로 간주되었다.

세 번째로, 바울이 방언 능력을 이 계층구조에서 맨 밑으로 격하시켰다는 점이다. 그가 방언을 가장 밑에 둔 이유는 다음 구절에서 밝혀진다. 바울은 코린트인들에게 어느 누구도 이 영적 능력을 모두 가질 수 있다고 기대할 수는 없다고 조언했다. "다 사도이겠느냐 다 선지자이겠느냐 다 교사이겠느냐 다 능력을 행하는 자이겠느냐?"(12:29) 그러나 그는 그들에게 더 높은 은사(카리스마타)를 진심으로 바라라고 촉구하기도 했다(12:31). 그가 얘기한 더 높은 은사란 예언을 의미했지만, 더욱 뛰어난 사랑의 방법으로 보완될 때에만 그럴 수 있다고 말했다. 바울은 사랑의 이기심 없는 특성을 자신이 투기하고 자랑하고 교만하고 무례하고 화낸다고 표현한 행동과 비교했다

(13:4~6). 그리고 그는 더 나아가 그런 자기중심적인 행동과 방언을 말하는 능력을 결부지어 이야기했다.

_____ 방언을 말하는 자는 사람에게 하지 아니하고 하나님께 하나니 이는 알아듣는 자가 없고 영으로 비밀을 말함이라.(고린도전서 14:2)

이렇게 제한된 영적 의사소통은 예언에서 생기는 모두를 위하는 이익과 대조된다.

_____ 그러나 예언하는 자는 사람에게 말하여 덕을 세우며 권면하며 위로하는 것이요, 방언을 말하는 자는 자기의 덕을 세우고 예언하는 자는 교회의 덕을 세우나니. (14:3~4)

사도 바울이 방언보다 예언을 훨씬 높게 평가한 이유는 다음에서 명확히 밝혀진다.

_____ 나는 너희가 다 방언 말하기를 원하나 특별히 예언하기를 원하노라. 만일 방언을 말하는 자가 통역하여 교회의 덕을 세우지 아니하면 예언하는 자만 못하니라.(14:5)

그리하여 방언의 카리스마는 다른 카리스마, 즉 방언을 통역하는 카리스마에 의해 보완되지 않으면 교회에 제한된 이익만을 안겨준다. 통역이 없는 방언은 그 방언을 하는 사람의 자부심을 넘어 집단을 위해 덕을 세워주지 못하기 때문이다. 통역자의 도움 없이는 '허공에 대고 이야기하는' 것이다(14:10). 바울은 코린트의 신자들이 성령이 나타나길 고대하고 있다는 점을 알았지만, 그런 영적 능력은 교회를 키우는 데 사용되어야 한다고 주장했다(14:12). 그는 방언에 늘 통역이 수반되어야 한다고 충고했다. "그러므로 방언을 말하는 자는 통역하기를 기도할지니"(14:13). 심지어 그는 교회에서만 방언을 하도록 제한하자고 주장하기까지 했다.

방언 활동에 대한 이러한 제한은 방언을 말하는 자의 자만심을 누르고 교회예배가 혼란에 빠지지 않도록 예방하는 두 가지 역할을 했다. 바울은 예배에서 두세 명의 선지자만 이야기해야 한다고 권고하기도 했다(14:27~28).

고린도전서에 나타난 방언 카리스마에 대한 바울의 비판적인 입장은 이후 두 차례에 걸쳐 변경되었다. 먼저, 그는 자기 자신이 최대한으로 이 재능을 갖고 있다고 선언했다. 그는 이 주제를 다루면서 다소 변경된 이야기를 했다. "내가 너희 모든 사람보다 방언을 더 말하므로 하나님께 감사하노라"(14:18). 이렇게 스스로 내세운 능력은 코린트의 정신적 엘리트 계층의 의심이나 비판에 대해 사도로서의 권위를 내세우는 데 도움을 주기도 했다. 자신이 탁월한 수준으로 방언의 카리스마를 지니고 있다고 선언함으로써 그는 방언과 지식에 관한 자신의 선호도를 밝혔다.

_____ 그러나 교회에서 남을 가르치기 위하여 깨달은 마음으로 다섯 마디 말을 하는 것이 일만 마디 방언으로 말하는 것보다 나으니라.(고린도전서 14:19)

그 다음 그는 코린트인들에게 마지막 가르침을 전하면서 은사에 관한 이야기를 마친다.

_____ 그런즉 내 형제들아 예언하기를 사모하며 방언 말하기를 금하지 말라. 모든 것을 품위 있게 하고 질서 있게 하라.(고린도전서 14:39~40)

방언이 지나친 자만심과 집단의 화합에 위협이 되는 불화를 일으킴에도 불구하고, 그는 방언을 금지하려고 하지는 않았다. 오히려 이러한 우려에도 불구하고 사도 바울은 자신이 권고한 자제심 내에서, 그리고 방언이 가장 낮은 수준의 카리스마라는 조건에서 그 관행을 허락할 준비가 되어 있었다.

은사의 순위를 매긴 기준은 공동체의 이익이다. 예언은 다른 어떤 카리스마보다도 믿음을 강화하고 신의 계시 앞에서 신자들을 낮추게 만들어 공동체를 발전시키기 때문에 가장 높

은 카리스마로 평가되었다.⁵⁶

사도 바울이 고린도전서 12장에서 확인한 아홉 가지의 카리스마는 방언을 보완해주고 그 정당성을 입증해주는 통역 능력의 경우처럼 서로 맞물리는 방식으로 회중 전체에 분배된다. 이렇게 분배된 카리스마는 사도 바울의 서신을 통해 강조된, 교회라는 공동의 기초에 영적인 계획자로 작용했다. 고린도전서는 그 카리스마의 정확한 특징이 다양하지만, 그리스도교 공동체 내의 모두가 카리스마에 접근할 수 있음을 암시했다. 또한 리더십이 카리스마 중의 하나로서 열거되지 않았다는 점에도 주목해야 하는데, 사도 바울이 강조한 것은 리더십이 아니라 공동체였다.

바울은 개개인이 통역 능력을 갖기 위해 기도하거나 예언 능력을 진정으로 바라야 한다고 권고한다. 최고의 카리스마인 예언조차도 누구에게든 손에 닿지 않는 것은 아닌 듯 보인다. 그러나 그런 기도나 바람이 허락되지 않아서, 대신 다른 카리스마 중의 하나를 받을 수도 있다.

바울은 모든 사람들에게 자신이 갖게 될 카리스마에 만족하라고 충고했다. 그것이 신의 뜻에 의해 얻어진 것이고 더 큰 이익을 충족시킬 것이기 때문이었다. 그는 이렇게 말했다. "성령은 그의 뜻대로 각 사람에게 나눠주시는 것이다." 그가 집단 전체를 서로 다른 중요성을 가진 여러 부분으로 이루어진 신체로 비유한 것은 가장 높이 평가됐든(예언), 가장 낮게 평가됐든

(방언), 혹은 표면상 평범해 보이는(통역과 관리) 경우든 관계없이, 모든 은사가 중요하다는 점을 설명하기 위해서였다. 머리가 발을 내쫓을 수 없는 것처럼, 다른 것보다 약해 보이거나 그리 고귀하게 보이지 않는 카리스마도 전체 공동체에게는 없어서는 안 된다(13:21~23).

코린트의 문제들은 불화를 일으키는 프뉴마티카로 인해 발생했다. 방언의 은사를 받았다고 자랑했던 사람들은 공동체의 다른 사람들보다 자신들이 우월하다고 생각했던 것이다. 바울의 카리스마도 영적이고 초자연적이었다. 그러나 은사로서 카리스마의 목적은 통일을 이루고 공동체를 강화하여 교회를 세우는 것이었다.

로마서에는 구원과 신의 은총으로 표현되다

바울은 56년경에 집필된 로마서에서도 비슷한 주제를 다루었다.[57] 그는 로마인들에게 서로 사이좋게 지내고 자만심을 버리라고 권했다. 그는 고린도전서에서처럼 여러 카리스마와 그 기능을 신체에 비유하면서 상세히 설명했다. 그러나 코린트와 로마가 서로 다른 상황에 처해 있었다는 점을 반영하듯, 그 서신과 카리스마에 대한 표현법은 미묘하게 다르다.

바울은 로마서 1장 11절에서 그들을 만나고 싶은 자신의 심정을 전하면서, 다음과 같이 카리스마 개념을 소개했다. "내가 너희 보기를 간절히 원하는 것은 어떤 신령한 은사(charisma pneumatikon)를 너희에게 나누어주어 너희를 견고하게 하려 함이니." 그가 형용사인 '신령한'을 포함시킨 것은 아마도 카리스마, 즉 선물의 특징을 강조하고 그 기원에 관한 혼란을 피하기 위해서였던 것 같다. 즉, 카리스마를 사도가 주긴 하지만, 그것은 성령에서 발생한 것이라는 의미를 분명히 한 것이다. 바울이 카리스마를 '견고케 한다'고 설명한 것은 달리 열거하지 않은 은사의 능력을 의미한다.

이런 능력을 가진 공동체의 특성은 다음과 같이 설명되었다. "이는 곧 내가 너희 가운데서 너희와 나의 믿음으로 말미암아 피차 안위함을 얻으려 함이라"(로마서 1:12). 공동체를 향상시키거나 발전시키는 영적 능력으로서의 카리스마의 개념은 이런 식으로 서신 앞부분에서 로마인들에게 전달되었다.

그리고 바울은 로마서 5장 15~16절에서 카리스마라는 말을 다시 썼는데, 여기에서 카리스마는 다른 역할을 했다. 카리스마는 인류에게 죄와 죽음을 가져다준 인간인 아담과 예수를 비교하는 구절에서 나타난다.

그러나 이 은사는 그 범죄와 같지 아니하니 곧 한 사람의 범죄를 인하여 많은 사람이 죽었은즉 더욱 하나님의 은혜와 또한 한 사람 예수 그리스도의 은혜로 말미암은 선물은 많은 사람에게 넘쳤느니라. 또 이 선물은 범죄한 한 사람으로 말미암은 것과 같지 아니하니 심판은 한 사람으로 말미암아 정죄에 이르렀으나 은사는 많은 범죄로 말미암아 의롭다 하심에 이름이니라.(로마서 5:15~16)

다소 복잡한 위의 구절은 카리스마를 카리스, 즉 신의 은총과 밀접하게 연결시켰다. 첫 번째 구절의 의미는 카리스마가 하나님의 은총으로부터 발생한다는 점에서 카리스마를 타락을 극복하는 특별한 기능을 가진 '은총의 작용'으로 해석한다면 더욱 효과적으로 그 뜻을 알 수 있다고 제시되었다.[58] 신의 은총은 인류에게 하나의 선물로 부여되었는데, 이 선물은 가장 근본적으로 표현할 경우, '의인(justification, 義認)', 즉 죄와 죽음으로부터의 구원을 전해준다. 카리스마의 이런 일면은 로마서 6장 23절에서 더욱 명확해진다. "죄의 삯은 사망이요 하나님의 은사는 그리스도 예수 우리 주 안에 있는 영생이니라." 구원은 '기본적인 카리스마'로 선언되었으며,[59] 이 카리스마 없이 다른 카리스마는 어떤 것도 존재할 수 없었다.

로마서 11장 29절은 이스라엘 사람들의 카리스마에 대해 이렇게 언급하고 있다. "하나님의 은사(카리스마타)와 부르심에는 후회하심이 없느니라." 이는 카리스마에 역사적 관점이 부여된 첫 번째 사례로, 하나님의 선민이었던 이스라엘 사람들이 예전에 부여받았던 은사를 이야기하고 있다.

바울은 이방인인 로마인들을 상대로 이스라엘이 신의 축복을 받았음에도 불구하고 추구하던 것을 얻지 못하였으며(11:7), 이제 구원이 이방인들에게 이르러 이스라엘이 시기심을 갖게 되었다고 전했다(11:11). 바울은 로마인들에게 이스라엘의 일부가 굳어져서(11:25), 만약 자신이 성직자가 된 것이 유대인들을 시기하게 만든다면 그들 중 일부를 구원하는 이로운 효과를 가질 것이라고(11:14) 말했다. 이스라엘은 예전에 자신들이 받았던 카리스마와 부름에 다시 한 번 주의한다면 선민의 위치로 돌아갈 것이었다.

로마서 12장 6절~8절에는 로마인들이 발휘하는 구체적인 카리스마 목록이 담겨 있다. 바울은 공동체 내의 협력이 필요하다고 강조하면서 신체에 대한 비유에 의지하여 다음과 같이 설명했다. "이와 같이 우리 많은 사람이 그리스도 안에서 한몸이 되어 서로 지체가 되었느니라"(12:5). 카리스마타와 그 기능은 다음과 같이 상세히 설명되었다.

> 우리에게 주신 은혜대로 받은 은사가 각각 다르니 혹 예언이면 믿음의 분수대로, 혹 섬기는 일이면 섬기는 일로, 혹 가르치는 자면 가르치는 일로, 혹 위로하는 자면 위로하는 일로, 구제하는 자는 성실함으로, 다스리는 자는 부지런함으로, 긍휼을 베푸는 자는 즐거움으로 할 것이니라. (로마서 12:6~8)

바울이 코린트인들에게 일일이 열거한 카리스마가 아홉 가지였던데 반해, 로마서에서는 일곱 가지의 카리스마, 즉 예언과 가르침, 권고와 격려, 도움을 주고 자비를 베푸는 카리스마 등을 규정하였다. 로마서의 은사에 대한 설명은 (예언을 가장 먼저 언급하기는 했지만) 카리스마의 순위를 정하지 않았고 봉사와 가르침, 원조, 자비와 같은 세속적인 능력을 강조했다는 점에서 고린도전서와 다르다. 예언은 로마서에서 설명된 유일한 초자연적인 은사로서, 이는 코린트와 로마 사회의 차이를 반영한다.

사도 바울이, 정신적 엘리트 계층이 초자연적인 자신들의 재능을 과대평가했던 코린트 교인들에게는 기적을 일으키는 은사의 상대적인 중요성을 평가절하하려고 줄기차게 노력했던 반면, 로마 교인들에게는 개인의 이기주의에 맞서 공동체 의식을 조성하는 데 더욱 관심을 가졌다. 사도 바울은 로마인들에게 자만심을 버리고 겸손하게, 서로 사이좋게 살라고 훈계했다. "서로 마음을 같이하며 높은 데 마음을 두지 말고 도리어 낮은 데 처하며 스스로 지혜 있는 체하지 말라"(12:16).

그밖의 성서에는 축복, 교회의 성직으로 바뀌다

바울의 서신에는 카리스마에 대한 언급이 세 차례 더 나오는데, 모두 간단했다. 처음의 언급은 56년경에 쓰인 고린도후서에 나타난다. 고린도후서 1장 11절에서 바울은 자신이 생명을 위협하는 환경으로부터 탈출했다고 언급하면서 그것이 코린트인들의 기도 덕분이었다고 말한다. 그는 그들에게 계속 기도해줄 것을 간청하면서 "그래서 많은 기도에 대한 응답으로 우리에게 부여된 축복(카리스마)에 대해 많은 이들이 우리를 대신해서 기도할 것"이라고 말했다. 여기서 카리스마는 고린도전서나 로마서에 상세히 설명된 여러 카리스마와 관련된 게 아니라, '은총'이나 '축복'과 같은 더욱 일반적인 의미를 지녔다.

다른 두 번의 언급은 62~67년경에 쓰인 디모데에 보낸 편지에서 발견된다.[60] 디모데전서 4장 14절에서 바울은 다음과 같이 말했다. "네 속에 있는 은사(카리스마) 곧 장로회에서 안수 받을 때에 예언을 통하여 받은 것을 가볍게 여기지 말라." 그리고 디모데후서 1장 6절에서는 다음과 같이 썼다. "그러므로 내가 나의 안수함으로 네 속에 있는 하나님의 은사(카리스마)를 다시 불붙게 만들기 위해 너에게 일깨운다."

이러한 편지들이 고린도전서와 로마서보다 늦게 쓰였기 때문에 학자들은 '은사'였던 카리스마의 개념이 바울이나 교회 장로들의 안수에 의한 '직책'으로 바뀌었다고 추측했다. 그리고 이 두 편지에서 카리스마는 이미 일종의 직책으로 제도화되었다는 주장이 제기되어왔다.[61] 그러나 샤츠만이 영적인 능력뿐 아니라 사도 바울의 헌신을 포함하여 성직을 수여하기 위한 안수가 초대교회의 관례로서 사도행전에 기록되어 있다는 점을 지적한 부분은 틀림없이 정확하다.[62]

바울은 코린트인들에게 카리스마를 개략적으로 설명했듯이, 디모데에게 그의 은사는 하나님으로부터 받은 것이라는 점을 명확히 밝혔다. 디모데전서와 후서에 카리스마의 개념이 교회 성직으로 바뀌었음을 나타내는 내용이 있다는 결론에는 뚜렷한 증거가 없다. 실제로 바울은 디모데에게 자기 자신의 카리스마를 낭비하지 말라고 재촉할 심산이었던 것으로 보인다.

신약성서에는 카리스마나 카리스마타에 대한 다른 언급은 없다. 사도 바울이 에페소스 교회에 보낸 편지에는 그와 유사한 도나타(선물)에 대한 언급이 있다. 이 서신은 쓴 사람이나 연도가 불확실하며, 기원후 70년 이후에 쓰인 것으로 추정된다. '도나타'의 사용은 다른 점을 강조한 것일 수도 있지만, 이 편지에서 은사를 상세히 설명한 부분은 고린도전서와 로마서에 언급된 카리스마와 비슷하다.

> 그가 어떤 사람은 사도로, 어떤 사람은 선지자로, 어떤 사람은 복음 전하는 자로, 어떤 사람은 목사와 교사로 삼으셨으니 이는 성도를 온전하게 하여 봉사의 일을 하게 하며 그리스도의 몸을 세우려 하심이라.(에베소서 4:11)

카리스마, 권위, 공동체

앞에서 언급한 사도 바울의 카리스마의 특징은 다음과 같았다. 카리스마는 하나님의 은혜로운 선물이다. 이 특수한 선물들(카리스마타)은 개인의 명성보다는 집단의 이익을 위해 사용되어야 한다. 바울의 비전에는 카리스마의 다양성을 향유하면서 카리스에 의해 하나가 된 교회가 들어 있었다.[63] 바울이 카리스마를 공동체의 관점에서 이해할 수 있는 은사로 구축하는 데 영향을 미친 몇 가지 상황적 요인들이 존재한다.

바울은 카리스마가 집단을 위해 사용되어야 한다고 주장함에 따라, 자신이 가진 가르침의 권위를 유지하는 동시에 사회적 화합을 유지하는 정치적 이득을 챙길 수 있었다. 특히 그리스로마 세계에 번져 있던, 그리스도교 예배의 불쾌한 관습에 관한 소문을 고려하면 화목한 그리스도교 공동체는 로마 당국자들의 주목을 끌 가능성이 크지 않았다. 사도행전에는 지역 당국에 의해 '폭동' 혐의를 받을 위험이 있는,[64] 광분한 모임에 대한 몇 가지 사례가 나와 있다. 바울의 카리스마는 로마 사회 내부에서 순탄하게 운영되었고, 그 자체로 관심을 끌 가능성이 크지 않았다.

한편, 바울의 카리스마에 포함된 집단주의적 개념에는 급진적인 측면이 있었다. 바울이 코린트인과 로마인들에게 전한 훈계는 그리스도교 공동체 내의 정신적 통일을 증진시켰고, 이는 여러 면에서 헬레니즘 사회의 계층적 질서를 위협하는 것이었다. 해리슨이 보기에, 그리스도교 공동체의 구성원 모두가 각자 '독특한 은사'를 받았기 때문에 공동체의 번영에 없어서는 안 된다는 주장은 로마제국의 지배적인 사회정치사상을 뒤집는 것이었다.[65] 사도 바울의 카리스마가 가진 공동체적 특징으로 가능해진 이러한 정신적 민주주의는 교회가 제도적인 틀을 갖추자 2세기 들어 교회에 어려움을 안겼다.

카리스마의 집단주의적 정신은 사도 바울의 서신 전체에서 뚜렷이 그리고 일관되게 나타나 있지만, 카리스마와 권위 간의 관계라는 문제가 남아 있다. 몇몇 학자들은 카리스마적 권위라는 베버의 개념을 고린도전서와 로마서에 나타난 사도 바울의 카리스마와 연결시키려 애써왔다. 존 하워드 슈츠(John Howard Schütz)는 "카리스마에 귀속시키는 것은 권위에 귀속시키는 것이다"라고 주장했는데, 이는 1세기를 베버의 취향으로 파악하는 것이었다.[66] 그러나 바울의 서신에서 이런 입장을 뒷받침해주는 것은 어떤 것도 없었다.

바울이 상술한 다양한 카리스마 중에서 리더십이나 권위와 관련된 것은 하나도 없다. 바울이 사도의 지위를 가장 높게 매기고 스스로 그리스도교 공동체를 가르칠 능력을 부여받았다고 생각한 것은 사실이다. 그러나 사도는 순회하는 역할로 이해되었고, 어떤 공동체에서도 영구적인 위치를 갖지 않았다. 사도 바울의 서신은 자신을 권위자로서 내세우는 것이 아니라 신자들 사이에서 공동체적인 접근방식을 권장하려는 목표를 갖고 있었다. 그는 결코 지도자 개인이나 지도집단을 거명하지 않았다. 그리스도교 공동체는 스스로 평가하고 결정을 내

릴 것으로 기대되었다.[67]

이러한 집단의식은 카리스마의 다양한 기능을 반영하며, 권위의 중심을 소수에서 전체로 옮겨놓았다.[68] 바울이 코린트의 정신적 엘리트층을 비난했던 것은 그들이 방언 능력을 근거로 스스로 권위 있고 우월하다고 여기는 점을 우려했기 때문이었다. 바울이 보기에 그렇게 추정된 권위는 공동체의 시험에 무너지기 때문에, 방언 능력을 카리스마 중에서도 가장 밑으로 격하시켰던 것이다. 권위는 공동체 전체에 의해 행사되어야 하며, 사도든 방언을 말하는 자든 카리스마를 가진 이에게 부여되지 않는다.

베버의 카리스마 이론을 초대교회에 더욱 조심스럽게 적용한 사람은 벵그트 홀름버그(Bengt Holmberg)였다. 그는 '원시교회(Primitive Church)'가 베버에 의해 이론화된 카리스마를 일상화하는 과정을 보여주었다고 생각했다.[69] 홀름버그는 사도 바울에게 카리스마적 권위가 있었다는 의견에 반대하면서, 초대교회의 어느 누구도 그런 지위를 갖지 않았고, 그런 의미에서 "예수에겐 후계자가 없었다"고 지적했다.[70] 바울은 예수가 가진 구세주로서의 카리스마적 권위와는 다르게 자기 자신의 권위에 복음의 전통에 따라 제한을 두었다. 홀름버그는 초대교회의 권위를 베버의 관점에 따라 카리스마적이라고 특징지을 수는 없지만, 전통적이고 합리적인 요소가 뒤섞여 있다고 결론 내렸다.

또한 홀름버그는 바울이 살던 시대에 이미 교회의 제도화가 진행 중이었다고 주장하면서도 바울이 영적인 면을 강조했기 때문에 바울의 존재가 이 과정을 지연시키는 요소로 작용했다고 덧붙였다. 홀름버그는 "그가 존재하거나 교회에서 활동하는 동안은 지역별 의식이 발달하지 못했다"고 지적했다.[72]

로버트 뱅크스(Robert Banks)는 공동체 내에서의 카리스마와 권위의 역할에 대해 갖고 있던 바울의 생각을 상세히 연구했다. 뱅크스는 카리스마를 나누어주는 성령이 민주적이긴 하지만 평등주의적이지는 않았다고 주장한다. 공동체 구성원 각자가 카리스마를 받는다는 점에서는 민주적이지만, 특정 은사가 다른 은사보다 높게 평가된다는 점에서는 평등주의적이지 않다는 것이다.

그러나 분배에 관련하여 어느 정도의 융통성은 발휘되었다. 바울은 신도들에게 더 높은 은사를 받도록 애써보라고 권하였다. 그런 은사는 분명 손에 닿지 않는 것은 아니었다. 뱅크스는 더 나아가 카리스마가 매우 다양하고 서로 연결되어 있어서 그것들이 일상적인 속성을 띠면서 공동체 생활의 모든 측면을 포함한다고 지적했다.[73]

이렇게 카리스마가 그리스도교 공동체의 활동에서 중심이 되었다는 점은 얼마나 많은 전통적인 종교 활동이 바울의 서신에서 생략되었는지를 고려할 때, 크게 위안이 되는 부분이다. 바울은 종교 규약이나 전례, 성직자 조직, 리더십에 관한 아무런 지시도 제시하지 않았다. 성자와 추종자 간의 구분은 없었다. 실제로 사제나 구체적인 교회 직책에 대한 언급은 적었다. 극히 드문 경우로, 바울은 기원후 58년에 쓰인 빌립보서에서 주교와 부제(副祭) 등의 교회 관리직에 대해 언급했는데, 이 경우도 기술적인 직위보다는 '감독관'과 같은 성직자에 대한 일반적인 설명처럼 보였다.[75]

뱅크스는 바울의 공동체 개념을 살펴보면서, 스토아 철학자들이 상상한 '이성의 사회(commonwealth of reason)'와 유대교의 국제적 신권정치 개념,[76] 신흥종교의 구성원 등에서 선례를 찾았다. 그러나 다른 해석자들과 마찬가지로 뱅크스도 공동체에 대한 바울의 '혁명적인' 시각에 충격을 받았다. 성서나 의식을 갖추지 않았던 바울의 공동체는 공동체 구성원들끼리의 관계에 초점을 맞추고 바울이 계속해서 화목을 강조한 덕분에 하나로 뭉쳐졌다.[77] 그리고 개인의 자부심을 더 큰 이익에 종속시킨 것은 다양성 속에서 통일을 이루겠다는 이러한 원칙을 위해서였다. 그리스로마 사회에 존재하던 인종, 계급, 성별의 차이가 바울의 공동체에서는 극복되었다. 부분적으로 모두가 똑같은 입장에서 종말을 기다리고 있을 뿐 아니라 모두가 하나의 성령에 의해 세례를 받았다고 간주되었기 때문이었다.[78]

카리스마타는 이러한 평등의 과정에 없어서는 안 되는 것이었다. 공동체의 모든 사람들에게 성령이 불어넣어졌고, 각자 은사를 받았다. 초자연적인 능력은 그리스로마 세계에서도 잘 알려져 있었지만, 기적을 일으키는 사람이나 선지자, 마법사와 같이 비범한 개인들과 늘 관련되어 있었다. 뱅크스가 지적한 대로, 그리스의 어휘들은 이러한 행위와 상태를 설명하기 위해 여러 단어들을 통합시켰다. 엑스타트시스(ekstatsis, 무아경), 엔슈지아모스(enthusiamos, 종교적 열광), 프뉴마타(pneumata, 정신, 영) 등은 고린도서에서 사도 바울이 언급했던 단어들이었다.[79]

바울의 혁신은 특별한 개인들의 이러한 재주들을 집단적인 경험으로 변화시켰다는 점이었다. 다시 말하면, 공동체의 모든 사람들에게 카리스마가 부여된 것으로 간주했던 것이다. 그 결과, 기적을 일으키는 사람들이 그 공동체를 가득 메우고, 영적 지도력은 그 공동체의 모임에 참여하는 모든 사람들에게 어느 정도씩 맡겨지는 공동의 업무가 되었다.[80] 던도 모든 사람들이 성령의 경험을 공유함으로써 하나가 된, 바울의 카리스마적 공동체를 언급하면서 비슷한 결론을 내렸다.[81]

이 공동체 내의 권위는 카리스마를 갖춘 개인들 간의 상호작용과 개인의 권위 및 자부심에 관한 자제심에 의해 좌우되면서 역동성을 지녔다. 바울이 공동의 이익을 아주 강력하게 강조했기 때문에 그것은 바울의 카리스마 정의의 일부가 되었다. 그가 고린도전서와 로마서에서 카리스마타의 역할을 명확히 밝힌 이유는 늘 공동체의 이익을 위해서였다. 샤츠만은 카리스마와 봉사 간의 이러한 관계에 주목하면서 바울의 카리스마가 교회를 발전시키는 목적에 부합되었고, 따라서 바울에게

'카리스마의 부여'는 공동체 내에서의 봉사 및 공동체를 위한 봉사와 본질적으로 연결되어 있다고 보았다.[82] 무엇보다도 카리스마는 공공의 이익을 위해 분별 있게 사용되어야 하는 은사였다.

마지막 상황적 요인은 일부 카리스마가 가진 초자연적인 성격과 관련이 있다. 바울이 하나님의 은사로서 언급했던 기적과 무아경에서의 능력은 다른 식으로도 쉽게 해석될 수 있었다. 코린트와 같은 도시들은 기적과 치료, 무아경에서의 언동, 예언, 선견지명, 신들림 등 여러 형태의 마법에 대한 믿음이 가득 찬 곳이었다. 일찍이 바울은 코린트인들에게 보낸 첫 번째 편지에서 무아경의 카리스마에 대한 '오해'를 언급했다. 바울이 보기에, 코린트인들이 무아경에서의 능력을 흥분하여 수용하는 모습은 정신적 엘리트층의 오만한 경향 때문만이 아니라 이런 능력이 마술이나 이교도의 의식과 관련된 관례와 유사하기 때문에도 위험할 수 있었다.

이전에 공식적으로 성령의 개념을 표현하면서 극적인 부분을 강조하던 바울은 방향을 바꾸었다. 대신 그는 공동체를 발전시키는 데 성령이 맡은 역할을 강조했다. 그가 코린트의 엘리트층과 갈등을 빚은 이유는 그들이 성령의 '기적적인' 현시를 축복하겠다고 고집했기 때문이었다.[83] 바울은 이들에게 초자연적인 재능은 하나님의 은총에서 비롯되었다고 말하면서 그 재능을 공동체의 틀 속에 새기려 하고, 그 재능을 사용할 때

겸손을 권고했다. 또한 방언을 그리스도교의 영적인 계층구조에서 가장 낮게 격하시켰다. 바울의 이런 행위들은 모두 초자연적인 카리스마를 둘러싼 열정을 억제하려는 시도로 해석될 수 있다.

바울은 '카리스마'라는 모호한 말을 동원하여 그렇지 않았으면 마술이나 영적 인식, 의식과 관련된 무아경의 현시로 돌려질 수 있었던 능력을 설명해주었다. 초기 그리스도인들이 일으킨 기적과 예언은 그리스로마 시대에 유행했던 마법과 경쟁하고 충돌했다. 포브스는 이 점에서 바울이 이끈 그리스도인들이 자신들의 믿음을 경쟁자들과 차별화하기 위해 애썼다고 지적했다.[84] 그리스도교의 예언은 성령으로부터 직접 받은 계시로서 그리스 신탁 예언자들의 비밀스런 기술과 다른 것으로 간주되었다.

찬양과 계시의 형태로 이해되었던 그리스도교의 방언 역시, 그리스 시대의 종교나 신비주의 종교에서 경험할 수 있는 광포한 '무아경'의 상태와 다른 것으로 간주되었다.

또한 그리스도교의 방언이 공동체에 가치를 안겨주려면 통역의 은사와 결합되어야 했다. 하나님의 은총의 선물로서 이런저런 능력을 규정했던 카리스마의 개념은 명확히 그리스도교만을 위해 설명될 수 있었다.

4

눈먼 자가 눈먼 자를 인도하면
둘 다 도랑에 빠지리라.

카리스마가 잠시 사라지다

A HISTORY OF CHARISMA

사도 바울은 당시 대표적인 그리스도교 전도사였고, 그의 글은 신약성서의 상당 부분을 차지했던 것으로 보이지만, 그의 사상과 설교의 유산은 뒤죽박죽되고 말았다. 1세기와 2세기에도 그의 사상은 발전 중인 교회에 지배적인 영향을 끼치지 못했다.

'신의 은총에 대한 중요성'처럼 그가 강조했던 내용 가운데 일부는 그리스도교 신학의 주류로 받아들여졌지만, 카리스마와 같은 개념 등은 그렇지 않았다. 바울이 제시한 카리스마의 가장 일반적인 의미인 구원을 제공하는 하나님의 은총은 받아들여졌지만, 카리스마와 관련된 영적인 능력은 이후 교회 당국에 의해 권장되지 않았다. 바울이 설명한 초자연적인 은사의 중요성은 교회에 의해 무시되었고, 그와 함께 특별한 자질로서의 카리스마의 의미 역시 과소평가되었다. 바울의 개념인 카리스마는 놀라운 속도로 그 빛이 바랬다.

바울 자신은 카리스마라는 은사가 곧 사라질 것으로 예상했다. 코린트인들에게 보낸 첫 번째 서한에서 그는 사랑을 '뛰어난 길'이라고 찬양했다.

> 사랑은 언제까지나 떨어지지 아니하되 예언도 폐하고 방언도 그치고 지식도 폐하리라. 우리는 부분적으로 알고 부분적으로 예언하니 온전한 것이 올 때에는 부분적으로 하던 것이 폐하리라.(고린도전서 13:8~10)

몇몇 학자들은 이러한 예상이 그리스도교 초창기의 사도시대가 곧 끝나고, 성서 정전에 기초한 교회의 기관으로 대체되리라는 사실을 내다본 것이라고 주장했다. 그러나 그보다 사도 바울은 그리스도가 재림하여 모든 것이 완벽하게 이루어질 때를 이야기하고 있었을 가능성이 훨씬 더 높다.[1] 그렇더라도 바울이 카리스마를 과도기적인 단계의 일부로 생각했다는 점은 나중에 교회의 여러 권위자들에 의해 다시 지적되었고, 그 결과 카리스마라는 은사는 초기 그리스도교의 역사 속에 봉인되고 말았다.

카리스마라는 은사가 교회에서 쇠퇴해가다

바울이 50년대 초에 코린트인들에게 서신을 보냈을 당시, 코린트인 사회는 방언 능력과 기적을 일으키는 능력, 예언 등의 다양한 영적 재능에 빠져 있었다. 바울이 명시한 영적 능력의 순서에 따르면, 바울 자신의 지위인 사도 바로 아래는 선지자였다. 바울 서신은 개개인이 지역 그리스도교 사회에 각자의 특유한 카리스마로 기여하는, 강력한 공동체 의식을 가진 초대교회를 설명하고 있다. 그리고 이후 60년 동안 교회는 상당히 많이 변했다.

110년경, 안티오크(Antioch, 안디옥) 주교, 이그나티우스(Ignatius)는 교회 성직의 순서를 주교, 장로, 부제(副祭)로 설명했다. 앞에서 언급했던[2] 사도와 선지자는 이 목록에서 사라졌다.

바울이 카리스마를 지닌 집단으로 그리스도교 교회를 본 시각은 너무나도 급진적이고 이상주의적인 개념이었기 때문에, 교회가 발전해나감에 따라 그 개념이 변하지 않고 남아 있을 것으로 기대할 수는 없었다. 던이 바울이 생각했던 공동체적 교회가 바울보다 더 오래가지 않았다고 지적한 부분은 다소 가혹해 보이지만,[3] 전문적인 의미에서 볼 때 바울 특유의 카리스마라는 개념이 바울 이후에 거의 완전히 사라졌다는 던의 지적은 옳다.[4] 영적인 능력을 부여받은 집단에 대한 바울의 믿음은 일관되었기 때문에 그의 관점에서 교회 기구나 성직은 전혀 중요하지 않았다.

그러나 교회가 '준사도 시대'(기원후 70~140년)에 돌입하면서, 교회 안에서는 성직자 계급과 관직 체계가 정식으로 자리를 잡는 대대적인 변화가 일어났다. 바울 세대의 생명력과 영적 확신은 이후 그리스도교 세대에 무릎을 꿇었고, 그들의 종교적 경험은 일정한 형태로 굳어지기 시작했다.[5]

2세기에 교회체계가 안정적으로 발전한 중요 요인은 그노시스(Gnostic)파에 의해 가장 두드러지게 제시된, 그리스도교 신학에 대한 여러 경쟁적인 해석들을 물리친 것에 있었다. 점차 교회가 그리스도교를 신비주의적으로 해석하는 이런저런 종파를 상대로 스스로를 규정해나감에 따라 카리스마라는 은사는 그리스도교 사회에서 문제가 있다고 간주되었다.

교회는 성령이 부여한 초자연적인 재능 대신에 성서와 교리, 성례전, 주교의 권위에 기초한 체계를 세웠다. 교회는 어떤 그리스도교 교인에게든 특별한 재능을 부여할 수 있는 성령보다는 교회 조직으로부터 발생하는 힘을 성직자들에게 부여하길 선호했다.

카리스마가 그리스도교 사회에서 곧바로 사라진 것은 아니었다. 2세기 내내, 그리고 3세기 초에도 그리스도교 문서에 카리스마에 대한 언급이 등장한다. 로널드 키드(Ronald Kydd)는 기원후 90~320년의 그리스도교 문헌을 상세히 분석한 결과, 기원후 200년까지 교회가 여전히 강력하게 카리스마적이었다고 결론지었다.[6]

그러나 3세기에는 카리스마라는 개념이 급격히 쇠퇴한다. 카리스마라는 은사는 그 중요성이 크게 줄어들며, 변화된 태도에 직면하게 된다. 키드는 260년경 그리스도교 사회에서 카리스마를 경험한 증거가 더 이상 존재하지 않는다고 지적한다.[7]

이 장에서 필자는 1세기 말과 2세기에 카리스마가 그리스도교에서 쇠퇴해간 과정을 추적한 뒤에, 교회에 남아 있던 카리스마의 흔적을 찾기 위해 3세기와 4세기를 더욱 면밀히 검토할 것이다.

주교의 등장과 선지자의 몰락

다소 자유분방했던 사도 바울 시대의 그리스도교 공동체에서 2세기 교회의 체계화된 성직자 집단으로의 변화는 신속하게 일어났다. 하지만 불행히도 이러한 변화는 분명하게 나타나 있지 않다. 역사 자료에는 그 과정이 잠깐 동안 일어나 금세 지나가는 것으로 언급될 뿐이다. 우리는 바울 서신에 설명된 상황과 이후 1세기 말과 2세기의 교회 자료들을 비교해볼 수 있을 뿐인데, 안타깝게도 그런 자료들이 거의 없어서 학자들 간에 논쟁거리가 되고 있다.

이런 문서들 가운데 첫 번째 것은 『디다케』(*Didache*, 12사도의 가르침)다. 이는 1세기 후반에 작성된 듯한 작자불명의 교회문서다. 이 짧은 저술에는 그리스도교 공동체를 상대로 한 지역 성직자와 순회 성직자에 관한 조언뿐 아니라 세례와 성체성사 절차에 관한 설명이 포함되어 있다. 이 문서의 저술 시기는 논란이 되고 있지만, 대부분의 학자들은 기원후 70~90년으로 보고 있다.[8] 문서의 여러 부분들이 애매모호하고 일관되지 않기 때문에 다수의 저자들이 구전에 의존하여 쓴 듯하며,[9] 더 자세히 설명하면, 일찍이 1세기 중반에 시리아의 한 그리스도교 집단에서 유포되던 구두의 지시사항들에 대한 기록인 듯싶다.[10] 이 문서가 일정 기간 동안 구두로 전해지던 이야기에서 기원한다는 점은 문헌에 모순된 내용이 존재하고 일부 내용이 누락되었을 가능성이 있다는 것을 의미한다.

『디다케』가 우리에게 유용한 점은 이 문서가 선지자들이 소유한 카리스마적 능력을 직접적으로 다루고 있기 때문이다. '카리스마'라는 말은 『디다케』의 1장 5절에서 한 번 사용되었다.

　　　　하나님 아버지가 사람들이 아낌없이 부여받았던 은사(카리스마타)를 다른 모든 사람들과 함께 나누길 바라기 때문이다.[11]

그러나 『디다케』는 일반적인 은사로서의 카리스마가 아니라 새로이 형성된 그리스도교 집단 내에서 선지자의 특정한 역할에 대해 관심을 갖고 있었다. 『디다케』 11장은 그리스도교 집단을 방문하는 교사, 사도, 선지자(사도행전의 초기 선교시절에 대한 설명에 나오는 성직자와 일치한다) 등 세 가지 유형의 순회 선교사들을 맞이하는 방법에 관해 설명하고 있는데, 사도에게는 최고의 지위가 부여되었다. "너희에게 오는 모든 사도를 그리스도로 맞이하라"(11:4). 이러한 환호는 사도에게 부여된 명예가 예수의 처음 제자들과 관련되어 있음을 의미한다. 그러나 『디다케』는 사도라는 직함 외에 12사도에 대해서는 전혀 언급하지 않으며, 바울과 같은 이후의 사도들에 대해서도 언급하지 않았다. 사도에 대한 언급으로서 유일하게 두드러진 예는 그 다음 설명에 등장한다.

_____ 그는 (단) 하루 동안 머물 것이다. 혹여 필요하다면 하루 더 머물 것이다. 만약 그가 3일을 머물면, 그는 가짜 예언자다. 사도가 떠날 때에는 그가 묵을 곳을 찾을 때까지 먹을 빵만 받게 하라. 만약 그가 돈을 요구하면, 그는 가짜 예언자다.(11:5~6)

이런 짧고 간략한 지시사항을 설명한 뒤,『디다케』는 주도적인 성직자로서의 특권에 의해 마땅히 물질적인 보상을 받아야 할 선지자들을 중점적으로 다룬다.

_____ 따라서 당신은 포도 짜는 기구와 탈곡장, 소와 양의 소출에서 만물을 거두면, 예언자들에게 드려야 한다. 그들이 바로 당신의 대제관이기 때문이다.(13:3)

예언자들은 집단 밖에서 온 사람들이지만, 그들이 머물기를 원한다면 환영해야 한다. "당신 옆에 머물기를 원하는 진정한 예언자는 누구나 먹을 자격이 있다"(13:1). 예언자들은 그들이 신에 의해 영감을 받았기 때문에 존경받는다. 그들의 능력은 '성령으로 말하는' 것이며, 이 능력 때문에 그들은 의심을 받거나 무시당해서는 안 된다.

> 성령으로 말하는 예언자는 누구든 시험하지 마라. 그리고 그를 비판하지 마라. 모든 죄는 용서받겠지만, 이 죄는 용서받지 못할 것이기 때문이다. 성령으로 말하는 사람이 모두 예언자는 아니며 그리스도의 행동을 하는 사람들만이 예언자다. 따라서 가짜 예언자와 진짜 예언자는 행동으로 알아볼 수 있을 것이다.(11:7~8)

진정한 예언자는 집단 내에서 자유로이 행동할 수 있다. 그의 판단은 하나님과 함께 하기 때문이다. "고대 예언자들도 똑같은 방식으로 행동했다"(11:11). 이 문서는 이렇게 성령이 불어넣어진 순회 예언자들이 인습에 얽매이지 않고 자유로이 행동할 수도 있음을 의미하는 듯하지만, 바로 이 행동이 구약성서에 등장하는 예언자들과 연관되었다는 점 때문에 중시되어야 한다.

『디다케』는 '진정한 예언자'의 지위와 권리를 강조하면서도 가짜 순회 선교사에 대한 우려 또한 표현하고 있다. 문서에는 그리스도교의 관대함을 악용하여 자기 배를 불리려는 거짓 예언자들을 어떻게 간파하는지 구체적인 방법이 제시되었다.

_____ 성령의 식사를 주문하는 예언자는 결코 그 음식을 먹지 않을 것이다. 만약 먹는다면, 그는 거짓 예언자다. 진실을 가르치는 예언자가 자신이 가르친 대로 행동하지 않는다면, 그는 거짓 예언자다. "돈을 달라"고 말하는 누구의 말도 들어서는 안 된다.(11:9~12)

또한 『디다케』는 그리스도의 이름을 부정하게 이용하여 그리스도교 사회를 착취하려는 사기꾼에 대해서도 경고한다. 이런 협잡꾼을 설명하기 위해 사용된 '크리스템포로스(Christemporos)'는 '그리스도를 팔고 다니는 사람'으로 번역되었다.[12] 그러나 『디다케』의 묵시록적인 마지막 장에 등장하는 가짜 예언자에 대한 우려가 가장 컸다.

_____ 최후의 날에 가짜 예언자들과 타락자들이 크게 늘어날 것이며, 양은 늑대로 변할 것이며, 사랑은 증오로 변할 것이다. 무법적인 행동이 늘어남에 따라, 사람들은 서로를 증오하고 박해하고 배신할 것이다. 그 때 세상을 타락시킬 사람이 나타날 것이다.(16:3~4)

이 묵시록에서 가짜 예언자들은 그리스도를 반대하는 박해자로 등장하며, 그들의 권세는 예수의 오심을 알릴 것이었다. "준비하라. 너는 우리 주 예수 그리스도가 올 시간을 알지 못하기 때문이다(16:1)"라고 지적한 대로, 『디다케』의 저자들은 이런 일이 곧 일어날 것으로 생각했다. 따라서 성령으로 말할 수도 아닐 수도 있는 가짜 예언자들이 판치는 세상은 그리스도를 팔고 다니며 공짜 음식이나 쉴 곳을 얻으려고 애쓰는 협잡꾼의 출현보다 더욱 불안한 부분이었다.

진짜, 가짜 예언자 문제에 있어서 『디다케』는 로마의 헤르마스(Hermas)가 쓴 『목자(Shepherd)』라는 초기 그리스도교 문서와 같은 얘기를 하고 있다. 이 문서의 연도와 로마 그리스도교 사회 내에서의 헤르마스의 역할 모두 논쟁거리지만, 헤르마스의 『목자』는 2세기 전반기에 작성되었을 가능성이 높다.[13]

예언에 관한 내용에서 헤르마스는 가짜 예언자를 알아내는 방법에 대해 조언을 제공했다. "뻔뻔하고 파렴치한 사람이 돈을 요구하고 비밀리에 순진한 사람들에게 미래에 대한 이야기를 하고 자신의 말을 듣는 사람들의 바람에 맞춰 예언을 바치면서 정직한 사람들의 모임을 피할 것이다"(43:12~13).[14] 반대로, 진짜 예언자는 온화하고 '겸손'하며 요구가 있다고 해서 요구대로 예언하지 않는다. 그들은 '성령이 가득 찰' 때만 정직한 사람들에게 이야기함으로써, 하나님의 의지를 회중이 알 수 있도록 한다(43:8~10).

헤르마스의 『목자』는 다음과 같은 몇 가지 점에서 『디다케』에서 제시된 설명을 뒷받침해준다. 적어도 일부 그리스도교 공동체에서 2세기 초만 해도 예언이 계속 중요한 역할을 하고 있었고, 그런 공동체를 착취하려는 가짜 예언자들이 수두룩했다는 점, 그리고 그리스도교 공동체 전체가 예언의 경험이 진실함을 옹호할 책임이 있다고 여겨졌다는 점이다.

『디다케』가 가진 다른 중요한 특징은 이 문서의 15장에 나타난 대로 그리스도교 공동체 자체에서 발탁된 성직자들에게 관심을 보였다는 점이다.

당신들 스스로, 하나님에게 어울리고 탐욕스럽지 않고 정직하고 자기 자신을 입증한 온순한 사람으로 주교와 부제를 선택하라. 그들 또한 당신들을 위한 예언자와 교사로서의 역할을 수행하기 때문이다. 그들을 무시하지 마라. 그들은 예언자, 교사들과 함께 당신들 가운데 명예로운 지위를 가진 사람들이기 때문이다.(15:1~2)

지역별로 선정된 성직자를 무시하지 말라는 경고는 그 당시 그리스도교 공동체가 각 지역의 대표보다는 순회하는 예언자와 교사에게 더 많은 존경심을 표시했다는 의미다. 『디다케』는 지역에서 임명된 주교와 부제도 똑같이 존경을 받을 만하며, 그들이 『디다케』에서 규정된 대로 성체의식 등의 역할을 해낼 수 있다고 주장한다. 그러나 다른 부분의 설명에서는 성체의 식에서 예언자에게 그들이 좋아하는 만큼 감사를 표해야 한다고 지시하고 있다(10:7). 이는 다른 사람들에게는 부여되지 않은 자유를 예언자들에게 허가한 것이다. '온순한 성격', '탐욕스럽지 않은', '정직한'과 같이 이상적인 주교와 부제를 설명하는 데 사용된 표현에서는 착실하고, 심지어는 '둔감하다'고까지 할 수 있는 성직자를 선호한다는 사실이 무심코 드러난다. 겸손한 성직자는 순회하는 예언자들의 화려하고 별난 감정의 표현과 대조된다는 점에서 소중이 여겨졌다.

『디다케』에 가짜 예언자나 사기꾼에 대한 경고가 반복해서 나타난 점을 보면, 정직과 겸손함이 지역 교회의 성직자들이 갖추어야 할 특징 중에 크게 부각된 것이 놀랄 일도 아니다.

『디다케』는 당시의 과도기를 감질나게 보여주고 있다. 이 문헌은 바울 시대의 선교활동이 초기의 교회 권력구조와 공존하고 있던 그리스도교 사회를 서술하고 있다. 비록 바울이 빌립보서에서 주교와 부제의 역할을 구체적인 직무라기보다는 일반적인 목사로서의 역할로 언급했지만, 주교와 부제가 가진 명목상의 지위는 이미 바울이 선교하고 다니던 시기에 교회 안에 존재하고 있었다. 선교사들이 세운 교회들은 분명 지역별 성직자를 임명했는데, 그들은 한동안 순회하는 사도와 예언자들의 권위에 복종하고 있었다.

그러나 『디다케』는 당시 여전히 유동적이던 교회 신자들 사이에 약간의 긴장감이 존재하고 있었다는 사실을 밝히고 있다. 이 문서를 보면, 소규모 지역 집단이 외부인들을 약간 두려워한다는 느낌이 전해진다. 사도나 예언자, 교사 등 그 소집단을 방문하는 교회의 권위자들은 존경만큼이나 의심도 받았다. 『디다케』가 그렇게 많은 지면을 사기꾼을 감지하는 방법을 알려주는 데 할애할 정도로 그리스도를 팔고 다니는 사기꾼들이 아주 많았던 게 분명했다. 이렇게 지역 성직자들과 카리스마를 지닌 순회 선교사들 간의 역동적인 관계 속에서, 점점 발전해가고 있던 교회의 사도와 예언자들이 어떤 운명을 맞게 되는지 조금씩 알아낼 수 있다.

첫 번째 문제는 초대교회를 설립했지만, 2세기에도 교회 문서에는 거의 나오지 않는 사도와 관련되어 있다.[15] 『디다케』 11장에서 그들은 명예로운 지위를 갖고 있다고 설명되었지만, 그 뒷부분부터 사도에 대한 언급은 더 이상 등장하지 않으며, 예언자와 교사, 주교, 부제에만 관심이 집중된다. 만에 하나 사도에 관해 언급하더라도 극히 제한된 관심만 보일 뿐이다.

『디다케』는 그리스도교 공동체에게 사도를 단 하루만 머물게 하고, 이틀은 넘기지 말라고 지시한다. 그리고 그들을 보낼 때는 빵만 주라고 지시한다. 그런 짧은 방문은 사도의 설교자로서의 역할을 완전히 없애지는 않더라도 축소시켰으며, 사도의 기능은 단순히 순회 대사로 축소되었다.

사도행전과 바울 서신에 나오는 초기 사도들이 화려한 카리스마적 능력을 완벽히 갖추고 뛰어난 역할을 맡았던 사실은 『디다케』에서 명백히 드러난 축소된 역할과 놀랄 정도로 대비된다. 아마도 그리스도교 사회가 설립되고 나자 기초를 세우는 사도들의 역할이 더 이상 필요하지 않았던 것 같다. 또 다른 요인으로는 사도인 척하며 돌아다닌 사기꾼들에 대한 노여움이 컸던 것으로 보인다. 한편 예루살렘이 함락된 역사적 사건도 사도의 역할에 큰 영향을 미쳤다. 바울과 같은 초기의 선교사들은 자신들의 선교를 공인한 예루살렘의 교회에서부터 출발했다. 로마인들이 유대 민족주의자들을 상대로 4년 동안 전쟁을 벌인 뒤, 70년에 예루살렘을 함락시키자 이 권위의 원천이 무너지고 말았고, 사실상 사도의 직위는 쓸모없어졌다.

『디다케』가 여러 해에 걸쳐 작성되었다는 점을 인정한다면, 아마도 이 문헌에서 사도의 역할이 완전히 사라지는 과정을 추적할 수 있을 것이다. 사도를 간략하게 설명한 부분은 당시 그들이 여전히 그 공동체를 방문했음을 의미한다. 그러나 그렇더라도 그들은 제한된 환영만을 받았고 그들이 일한 대가로 돈을 받을 수는 없었다.

조나단 드레이퍼(Jonathan Draper)는 사도에 대한 이런 간략한 설명을 통해 칭송받던 카리스마 있는 지위가 환영받지 못하는 방문자의 지위로 전락한 사실과 사도의 종언을 알 수 있다고 설명했다.[16] 교회 직책을 다루면서 사도에 대해서는 전혀 언급하지 않은 부분은 아마도 더 나중에 작성된 것으로 보였다. 패터슨은 이 시기를 1세기 말이나 2세기 초 정도로 제안했다. 이는 사도가 방문을 중단했으며 오래전에 사도와 관련된 많은 것들이 사라진 시대를 의미했다.[17]

물론 사도들이 완전히 사라진 것은 아니었다. 여기저기를 돌아다니는 선교사들은 그리스도교의 메시지를 동양에 전달했다. 그들은 2~3세기에 팔레스타인과 시리아에서 유명했다.[18] 그러나 2세기 초에 그들은 서양에서는 거의 완전히 사라졌고, 그들의 유용성과 영향력은 완전히 소멸되었다. 『디다케』가 신의 은총을 입은 순회 선교사들에 대해 설명할 때, 그것은 사도가 아니라 예언자와 관계된 것이었다.

예언자의 생활방식은 『디다케』에서 뚜렷이 드러난다. 그들은 집이 없고 이리저리 돌아다니며 무일푼인 사람들이었다. 예언자들의 자유로운 행동과 외모에 관해 넌지시 알리는 내용도 있다. 『디다케』는 진짜 예언자를 '대제사장'으로 찬양하면서 예언자가 성령으로 말할 때 그들을 시험하거나 비판하지 말라고 그리스도교 공동체에 지시했다. 예언자들의 방언은 성체의식으로 옮겨질 수 있었는데, 그들은 의식을 행하는 중에 자유로이 행동할 수 있었다. 이는 하나님의 영감이 예언자를 사로잡은 동안에는 카리스마적 기도가 지속되었음을 의미한다.

『디다케』는 '고대' 혹은 '구약성서'의 예언자들과 그 당시의 예언자들을 연관지었다. 게다가 그 문서의 분위기상 예언자들이 토해내는 열변의 중요한 부분은 종말론을 다루었을 가능성이 높다. 10장에서 지시된 성체의식조차도 종말과 재림을 암시했다.

　　_____ 은총(카리스)이 내려오고 이 세상이 없어지길……우리의 주여, 오소서! 아멘.(10:6)

위와 같은 암시는 구약성서에 나오는 선조들의 전통을 이어받은 이 예언자들이 감사 기도를 올리는 중에 다가올 하나님의 왕국이라는 주제까지도 폭넓게 다루는 과정에서 발생했을 수도 있다. 진짜 예언자가 가진 카리스마 능력은 『디다케』에서 높게 평가되었고 의문의 대상이 되지 않았다. 하지만 이 문서는 그리스도교 교회 내에서 예언자들의 세력이 약화되고 있다는 점 또한 은연중에 알려주고 있었다. 카리스마적 능력을 부여받은 예언자들은 교회 밖의 다른 곳에서 온다. 하지만 그리스도교 공동체는 새로운 예언자를 훈련시키거나 배출할 준비를 하지 않았다. 실제로 타고난 카리스마는 물려줄 수 없는 것으로 이해되었다.

　　_____ 자기 자신이 할 수 있는 모든 것을 다른 사람에게 가르치지 않는 예언자는 누구도 당신에 의해 비판받지 않을 것이다. 그의 판단은 하나님과 함께 하기 때문이다.(11:11)

더욱이 사도와는 달리, 예언자들이 그 공동체에 정착하겠다고 하면, 그들을 환영하고 부양해야 했다. 그러면 예언자는 순회하던 생활을 접고 대제사장으로서의 특권을 누리면서 생산품의 만물을 받으며 살아갈 수 있었다. 이런 기회를 수용한 예언자들은 많았을 것이다.

예언자가 방랑을 그만두면, 그의 사회적 역할뿐 아니라 생활방식도 변했다. 고립되어 겪는 고통이나 배고픔, 호된 시련으로 인한 환영(幻影)은 없어졌다. 예언자는 더 이상 새로운 공동체를 방문할 때 생생한 인상을 안겨주지 못했다. 한 공동체에 정착한 구성원으로 살게 되면서 그의 카리스마적인 기도조차도 체계화된 의식 유형에 맞춰나가야 했다. 더 많은 시간이 흐르고 예언했던 종말이 오지 않자, 묵시록에 대한 열정은 수그러들고 정통파 예식의 반복적인 편안함으로 대체되었다.

『디다케』를 쓴 사람들이 지시를 통해 예언자들을 길들이려 했을 가능성은 크지 않다. 예언자들이 가진 카리스마적 능력에 대한 존경이 뚜렷이 나타나기 때문이다. 그러나 예언자들이 길들여졌다는 점은 그리스도교 공동체가 예언자들을 끌어들이고 흡수하여 결국엔 해체시켜버린 것처럼 보인다는 얘기다.[19]

예언자들의 소멸은 지역별로 임명된 성직자들의 지위가 달라진 것과 밀접하게 관련되어 있었다. 아주 초기의 교회에서 주교라는 직위는 신망을 받지 못했고, 나중에야 신망을 얻었다. 주교는 지역 공동체의 지도자나 장로로, 유대인 집회를 모델로 삼은 듯 보이는 역할을 맡고 있었다. 부제는 조수 및 관리자의 역할을 맡았다. 이런 직위들이 처음에 맡은 역할은 말의 어원에서도 나타난다. '주교(bishop)'는 문자 그대로 '감독자' 혹은 '목자'를 의미했고, '부제(deacon)'는 '하인'을 의미했다.[20]

『디다케』에 '성령'으로 말하거나 예언을 하는 주교에 대한 언급이 없기 때문에, 공동체 내에서 카리스마를 지닌 지도자와 그렇지 않은 지도자 사이에 구분이 있었다는 점을 추론할 수 있다.[21] 실제로 『디다케』에서는 '온순한 성격'과 신뢰할 수 있는 지역 주민을 주교로 임명하라고 조언했는데, 주교들은 예언자들처럼 자유분방함이 허락되지는 않았다.

자신들이 임명한 성직자를 믿고 존경하라는 충고는 부분적으로 지역별 권위를 세워 교회의 믿을 만한 기초로 삼고, 진짜인지 알 수 없는 떠도는 예언자들에 대한 의존도를 줄이려는 욕구로부터 생긴 듯 보인다. 『디다케』의 저자들이 주교와 부제들에 대한 존경심이 부족할까봐 걱정했을지 몰라도, 오래지 않아 주교들은 교회의 중심적인 권위자로서 예언자들의 권위를 추월하였다.

성서의 정착이 권력 이동을 가져오다

이러한 권력의 이동은 그리스도교의 메시지를 전달하는 방식이 입으로 전달하던 방식에서 신뢰할 수 있는 문서의 형태로 바뀌는 과정과 함께 일어났다. 초기 그리스도교 사회에 문서 같은 것은 존재하지 않았다. 바울의 서신도 신자들에게 큰 소리로 읽혀졌을 뿐이었다. 바울이 설명한 여러 카리스마는 이렇게 입으로 전해지는 환경에서 기능했다. 사람들은 예언을 하고, 방언을 하고, 예언을 해석하고, 그리스도교의 메시지를 가르치고, 기적을 행했다. 이런 은사들 중 어느 것도 글로 적힌 원문과는 아무런 관련이 없었다. 모든 은사가 몸으로 행하는 것이었고, 가까이 있는 청중에 의존했다. 드레이퍼의 지적대로, 구비문화는 카리스마를 지닌 구비(口碑) 연기자에게 엄청난 힘을 부여했다.[22]

『디다케』에서 설명된 대로, 예언자들은 뛰어난 구비 연기자였다. 그들은 넋을 잃게 만드는 연사들로 영감을 받은 상태에서 환상적인 열변을 구사했다. 그들은 아마도 하나님의 왕국이 올 거라고 설교했을 뿐 아니라 새로운 환경에 응용할 수 있는 구비 전통을 능숙하게 옹호했기 때문에 '고대의 예언자'들과 비슷했을 것이다.[23] 『디다케』는 그들이 영적 권능을 갖고 있으며 그리스도식의 훈련이 말을 통해 전달된 구비문화에서는 존경받을 만했다는 사실을 보여주었다.[24]

그러나 『디다케』가 글로 적힌 문서로 존재한다는 사실은 상당한 변화를 입증한다. 『디다케』에 기도와 지시사항을 문서의 형태로 적은 그리스도교 사회는 성문교회법을 제정하기 위한 첫 걸음을 내디딘 것이었다. 글로 쓰인 원문은 구두 전달과는 크게 다르며, 새로운 중요성을 지닌 새로운 지식체계를 탄생시켰다.

사실 예언자의 수행 양식에는 즉흥적인 면이 수반되며, 예언자 각자는 독특한 방식으로 그 내용을 바꾼다. 실제로 무아경에 빠진 예언자들이 지나치게 열광한 나머지 예수에 대한 구전과 종말에 관한 예측, 고대 예언에서 얻어낸 이야기 내용이 크게 변형되었던 게 분명하다. 구비 연기는 말하는 사람이 그 이야기에 개입될 여지를 남긴다.

그러나 글의 형태로 된 정보는 그런 변형을 허락하지 않는다. 명확하다고 인정된 원문은 변하지 않는다. 변하지 않는 문서에 담긴 가르침은 교리로 인정된다. 이렇게 글로 된 양식을 관리하는 사람들은 예언자의 창의적인 즉흥 연설보다는 원문 해석에 집중했다. 관리자가 해야 하는 역할 중에는 원문의 진위와 가치를 판단하여 교회법 자체를 고정시키는 일이 수반되었다. 그리고 또 다른 역할은 원문에 대한 정통파의 해석을 판단하고 공표하는 것이었다.

성서가 성전으로 인정되고 나자, 그리스도교 사회는 카리스마의 계시에서 한 걸음 더 멀어지게 되었다. 이제 더 이상의 계시는 필요 없었다. 하나님이 인간에게 내린 계시의 역사는 공인된 성서에 고스란히 담겨 있었기 때문이었다.

『디다케』는 묵시록적인 결론을 내리기 전의 마지막 설명에서 그리스도교의 가르침을 글자로 옮겨놓는 문제를 언급했다.

"기도와 자선을 행하라. 그리고 우리 주의 복음서에 쓰인 대로 네가 맡게 된 모든 일을 행하라"(15:4).[25] 1세기 말부터 글로 된 그리스도교 저서를 집대성하는, 4대 복음서를 모으는 작업에 속도가 붙었다. 이 전집은 예언자들의 구비 연기를 대체하는 그리스도교 지식의 중심이 되었다. 영적인 관리자로서의 예언자들은 글로 된 전통을 더 잘 보존하고 해석할 수 있는 사람들, 즉 주교와 부제에 가려 빛을 잃었다.[26] 얼마 후 교회가 새로이 작성된 문헌에 적응하자 예언자가 설 자리는 없어졌다. 그들의 카리스마는 필요 없어졌다.

예언자에서 주교로 2세기 초 성직의 변화

교회에서 예언자들의 영향력이 줄어들자, 주교의 권한이 커졌다. 이 과정은 100년경 주교들이 쓴 몇 통의 편지에서 엿볼 수 있다. 반세기 전에도 바울을 괴롭혔던 코린트 교회는 96년경에 교회 성직자들을 추방하고 새로운 지도자들을 추대함으로써 또다시 소란스러워졌다. 이에 로마의 클레멘트(Clement of Rome)는 코린트 교회에 조언을 제공하는 긴 편지를 보냈다(기원후 95~96년경에 쓰여진 클레멘트의 편지는 신약 외경의 하나로 전체 65장으로 구성되어 있다.-옮긴이). 클레멘트 본인은 자신을 그렇게 부르지 않았지만, 로마의 네 번째 주교로 기록된 인물이었다.[27]

그는 코린트의 교회 지도자들을 설명하면서 주교와 같은 뜻을 가진 장로라는 말을 사용했다. 아마도 당시 교회 지도부는 여러 명의 장로나 주교로 구성되었던 것 같다. 따라서 클레멘트가 살던 당시, 로마인들이 지킨 성직자 계급구조는 주교 혹은 장로와 그 밑에 부제가 보조하는,『디다케』에서 설명된 기본적인 체계였다. 또한 클레멘트의 편지에서는 또 다른 단계의 변화가 드러나는데, 그것은 바로 그리스도교 문헌의 발전이었다. 그는 구약성서를 자세히 인용하면서 고린도서 등 바울의 서신을 언급했다. 그러나 그리스도교 자체의 메시지에 대한 그의 지식은 구전의 복음서를 기초로 한 듯 보였는데, 글로 된 복음서에서 인용한 말이 없었기 때문이다.

클레멘트의 편지는 몇몇 성미 급하고 제멋대로인 사람들에 의해 유발된 불쾌하고 성스럽지 못한 불화를 치유하기 위해 신자들의 화목을 탄원하는 내용이었다(1장).[28] 클레멘트는 코린트인들에게 서로를 온순한 마음과 친절, 겸손함으로 대하고 반목을 유발할 수 있는 '자화자찬'(35장)을 피함으로써 불화를 극복하라고 간청했다. 다른 여러 부분에서처럼 이 점에서도 클레멘트가 코린트인들에게 보낸 편지는 바울의 서신과 비슷하다. 클레멘트의 편지가 다른 점은 하나님에 의해 인가받은 주교의 지위를 존중하라고 간청했던 부분이다.

42장에서 클레멘트는 성스런 권위를 다음과 같이 설명했다. "그리스도는 하나님에게서 임무를 받았고, 사도는 그리스도에게서 임무를 받았다." 그런 다음, 사도는 미래의 믿는 사람들을 위한 주교와 부제로, 성령의 시험을 성공적으로 통과한 개종자들을 임명하면서 그들의 임무를 정했다. 클레멘트는 이러한 성스런 명령계통 때문에 하나님의 성직자들에게 반대하는 행동은 불경하다고 선언할 수 있었다. 그는 코린트의 반역자들에게 징계를 받아들이고 지도자들 앞에 복종하는 법을 배우라고 명령하는 말로 편지를 마쳤다(57장).

클레멘트가 주장한 경건하고 순종적인 집단에는 바울이 명확히 설명한 초자연적인 카리스마적 은사가 자리 잡을 수 없는 듯 보였다. 클레멘트는 17장에서 간략하게 예언을 언급하지만, 겸손이라는 일반적인 주제에 맞추어 이야기했을 뿐이다. 클레멘트에 따르면, 구약성서의 예언자들은 하나님 앞에서 겸손했다. 모세조차도 결코 과장된 연설에 탐닉하지 않고 "나는 주전자에서 나오는 연기에 불과하다"며 자신을 신의 하찮은 사람으로 생각했다. 클레멘트가 예언자의 역할을 설명한 과정은 『디다케』에서 중시했던 순회 선교사들의 위업과는 크게 달랐다. 클레멘트가 35장에서 하나님의 '경이로운 선물'을 찬양했을 때에도 그는 불후의 생명과 정의로움, 믿음, 정숙을 언급했다. 이런 선물을 얻으려면 사람들은 탐욕과 자기 자랑을 포함하여 사악한 행동을 단념해야 했다.

클레멘트는 바울을 떠올리게 하는 38장의 구절에서 '은사'(카리스마)에 대해 구체적으로 언급한다. 클레멘트는 코린트인들에게 스스로를 하나의 큰 몸의 일부로 생각하고, 각자가 전체에 기여해야 한다고 촉구했다. "우리 모두는 우리가 받은 은사에 비례하여 이웃에게 양보해야 한다." 그러나 확실히 이러한 은사는 평범한 세속적인 것이었다. "강자와 약자는 서로를 존중해야 하고, 부자와 가난한 자도 역시 그래야 한다. 그리고 현명한 자는 현명하게 행동해야 하고, 겸손한 자는 자신에 대해 이야기하지 말아야 하며, 정숙한 사람은 정숙을 자랑하지 말아야 한다. 자신의 욕망을 통제하는 능력을 받았기 때문이다." 바울이 고린도전서에서 대략적으로 설명했던 기적적인 은사에 대한 언급은 전혀 없었다. 클레멘트에게 은사란 겸손과 정의로운 행동을 촉진시키는 경우에만 가치가 있었다.

클레멘트의 편지는 그의 의견 그 이상을 의미했다. 그것은 로마에 있는 하나님의 교회에서 코린트인들에게 보내진 편지였다. 그것은 교회 성직의 성스러운 권위를 강조함으로써 그리스도교 공동체 내의 이견을 억누르는 성공적인 전략을 구체적으로 보여주었다. 이 성직체계에는 카리스마적 능력이 맡을 역할이 없었다. 예언자들의 과장된 연설은 기피 대상이었다. 공동체의 구성원들에게 부여된 은사는 적절하고 평범한 특징을 갖고 있었다. 그런 은사에 초자연적인 특징은 없었다. 클레멘트의 생각에 더욱 강력하거나 화려한 능력은 자기 미화를 가져올 가능성이 있기 때문에 장려되지 못했다.

바울도 코린트인들에게 방언 능력이 분열을 일으킬 수 있다고 경고했고, 예방책으로서 방언 능력을 카리스마의 순위에서 맨 아래로 낮추었다. 클레멘트의 편지는 분열에 대한 바울의 경고를 되풀이했지만, 교회 성직자에 대한 준(準)사도 수준의 존경심을 추가했다. 주교들은 사도의 뒤를 이어 하나님이 인가해준 권위 있는 지위를 맡았다. 이런 교회 조직이 갖추어지자, 클레멘트는 예언자의 역할과 바울이 설명한 다양한 은사를 생략할 수 있었다.

클레멘트의 편지보다 약간 늦은 시기에 쓰여진 안티오크 주교 이그나티우스의 편지들은 이 과도기에 대해 더 진전된 관점을 제공해준다. 이그나티우스는 117년이 되기 직전의 어느 날 트라야누스 황제 치하에서 유죄판결을 받아 로마로 후송되어 처형당했다. 그는 로마로 후송되는 중에 7개 교회의 회중에게 편지를 썼는데, 편지에서 그는 자신의 순교를 열렬히 기대했다.

그는 편지에서 교회 성직제도의 발달에 한 단계 높은 과정을 제시했으며, 주교 한 사람이 여러 명의 장로들을 관장하고 부제들은 보조역할을 맡는 3단계의 교회 관직체계를 언급했다. 이 확대된 계층구조는 주교의 역할을 강화시켰다.

실제로 이그나티우스의 편지들은 계속해서 주교를 교회의 중심에 위치시켰다. 그는 에베소인들에게 주교를 그리스도로 생각하라고 명령했다(에베소서 6장).[29] 그리고 마그네시아인(Magnesians)들에게는 "주교를 하나님 대신에 너희 위에 위치시키라"고 지시하면서, 의견을 달리하는 분파가 주교 없이 만나는 것은 타당하지 않다고 비난했다(마그네시아서 6장).

그가 서머나인(Smyrnaeans)들에게 보낸 편지에서는 '가톨릭(catholic, '전체 혹은 모든'을 의미하는)'이라는 말이 처음으로 교회에 적용되었다. "주교가 나타나는 곳이면 어디서든 신자들이 있게 하여라. 예수 그리스도가 있는 곳이면 어디에서든 교회 전체(catholic)가 있는 것과 같다"(서머나서 8:2). 이그나티우스는 바울, 클레멘트와 마찬가지로 신자들 사이의 화목이 필요함을 강조했지만, 이러한 화목에 없어서는 안 될 인물로서 주교를 강조하고 그들에게 특권을 제공했다. 화목을 간청하는 그의 마음은 주교라는 대리인을 통해 전달되었다. 그는 에베소인들에게 이렇게 말했다. "훌륭한 평판을 가진 너희의 장로는 키타라(cithara, 고대 그리스의 하프 비슷한 악기-옮긴이)의 현처럼 주교에 맞추어져 있다"(에베소서 4:1). 이 체계에 이의를 제기하는 것은 공동체의 화목한 관계를 어지럽히는 행위다.

이그나티우스는 모든 편지에서 주교를 교회의 중심으로 일관되게 옹호했다. 그는 역사적인 인물로 언급한 경우를 제외하고는 예언자나 사도를 거론하지 않았다. 장로회가 교회 예식에서 사도회의를 대신할 수 있었다(마그네시아서 6장). 이그나티우스가 언급한 예언자는 구약성서에 등장한 여러 예언자들을 의미했고, 그들은 늘 그리스도의 출현을 알리는 전조로서 영감을 받은 개인에 불과했다. 실제로 이그나티우스는 고대 예언자들이 그리스도를 통해서만 예언을 실현시킬 수 있었다는 인상을 주었다. 그는 마그네시아인들에게 이렇게 말했다.

"대부분의 신의 예언자들은 예수 그리스도를 따라 살았다"(마그네시아서 8:1). 예언자들은 "성령의 제자였고, 그들에게 성령은 그들의 교사로 기대되었다"(9:2).

이그나티우스가 예언자들을 그리스도 이전에 나타난 인물들로 국한시켰더라도, 그의 편지에 카리스마의 기능이 전혀 언급되지 않은 것은 아니었다. 그는 자신도 경험했던 방언에 대해 썼는데, 빌라델피아인(Philadelphians)들에게 보낸 편지에서 지난번 그들과 만났을 때, 자신이 성령에 이끌려 방언을 했던 상황을 이렇게 설명했다.

_____ 하나님에게서 나온 성령은 속임을 당하지 않는다. 왜냐면 성령은 어디서 오고 어디로 가는지 알고 있으며, 숨겨진 것들을 드러내 보이기 때문이다. 나는 당신들 사이에서 소리쳤고, 큰 목소리로, 하나님의 목소리로 말했다. "주교와 장로, 부제의 말에 귀 기울여라."(빌라델피아서 7:1)

이그나티우스는 주교를 맡고 있는 자기 자신에게 예언자의 역할을 맡겼다. 그는 『디다케』의 예언자들이나 사도행전 및 바울 서신에서 설명된 예언자들처럼 성령으로 말했다. 그의 방언은 그를 통해 이야기하는 신의 목소리로 이해해야 했다. 그러나 이 특별한 방언의 내용은 놀라울 정도로 평범했고, 이그나티우스의 편지 전체에 나타난 성직자에 대한 복종이 계속적으로 반복되었다. 예언이라는 카리스마적 재능은 이제 주교의 수중에 들어갔다. 적어도 이 사례에서 그들은 그 재능을 이용하여 계층구조 내에서 자신들이 맡은 탁월한 역할과 성직을 뒷받침했다.

이그나티우스는 다른 편지에서 자신이 받은 신의 계시를 설명했는데, 그는 에베소인들에게 그리스도가 자신에게 무언가를 계시하시면 하나님의 계획을 설명해주겠다고 약속했다(에베소서 20:1~2). 여러 학자들에 이어 키드 역시, 이러한 여러 편지에서 이그나티우스가 자기 자신을 '예언자 및 주교'로 생각했다는 충분한 증거를 찾아냈다.[30]

이그나티우스는 두 곳에서 '카리스마'라는 말을 사용했다. 에베소서에서 그는 다음과 같은 질문을 던졌다. "왜 우리는 그리스도가 정말로 보내준 은사(카리스마)를 모르고 미련하게 타락하는가?"(에베소서 17:2) 이그나티우스가 동료 주교인 폴리갑(Policarp, 서머나 교회의 감독-옮긴이)에게 보낸 편지는 더욱 뜻깊은 충고를 제공했다. "보이지 않는 것을 계시해달라고 부탁하라. 그러면 너는 부족한 게 없을 것이고 모든 은사(카리스마)가 충만해질 것이다"(2:2). 이 제언은 코린트인들에게 더 높은 차원의 은사를 희망하라고 격려했던 바울의 생각과 비슷하다. 그러나 이 상황은 주교가 다른 동료 주교에게 충고를 준 경우였다.

광범위한 지역에 보내진 이그나티우스의 편지들은 은사가 시리아와 소아시아의 그리스도인들에게 친숙했음을 가리킨다고 키드는 지적한다.³¹ 편지에서 나타나는 또 다른 중요한 점은 이그나티우스가 카리스마적 능력, 특히 예언의 능력을 언급했을 때, 그것이 자기 자신이 이 재능을 갖고 있다는 사실, 혹은 동료에게 예언자 겸 주교가 되라고 격려한 사실과 관련이 있었다는 점이다.

다른 카리스마적 능력의 경우, 이그나티우스는 클레멘트와 마찬가지로 하나님의 은총이 내린 개개의 선물보다는 교회의 성사에 주재하는 신의 은총을 강조했다. 이그나티우스는 주교의 직위에 성령이 불어넣어지기 때문에 그리스도교 공동체가 주교의 중심적인 권위를 지켜준다면 그들은 하나님의 은총으로 가득 찰 수 있다고 생각했다.

이그나티우스의 편지는 2세기 초 교회의 변화를 반영하고 있었다. 그 변화 속에서 주교라는 직위에 영적 능력이 부여되었고, 적지만 보조적인 교회 관직에도 그런 능력이 부여되었다. 이러한 능력의 부여는 그리스도교 사회 전체에 은사를 전파시킨 바울의 생각을 희생시킨 결과였다. 예언이 어떤 형태로든 교회에서 지속될 수 있으려면, 이그나티우스가 구현한 모델, 즉 공인된 주교 안에서 보호되는 모델에 부합되어야 했다.

성서의 시대, 예언의 카리스마는 더 이상 필요 없다

교회가 중앙집권적이고 공식적인 권위를 강화하는 방향으

로 나아가긴 했지만, 카리스마라는 광범위한 영적 표현이 완전히 사라진 것은 아니었다. 2세기 중반에 적어도 몇몇 지역의 사람들은 바울이 규정한 대로의 카리스마를 여전히 알고 있었다는 증거가 존재한다. 로마에서 그리스도교 변증가로 활동하다가 160년대에 순교한 철학자 저스틴(Justin Martyr)은 당시의 그리스도인들이 은사를 받고 있다고 말했다. 그는 유대교인이 개종하는 과정에서 은사를 받기도 한다고 지적했다. 그러고는 고린도전서 12장을 되풀이하는 듯한 구절에서 짧은 은사 목록을 제시했다.

> 누구는 이해의 성령을 받고, 또 다른 이는 조언, 또 다른 이는 힘, 또 다른 이는 치료, 선견, 가르침, 경외의 성령을 받는다. (『트리포와의 대화』, 39장)[32]

바울이 제시한 목록과 마찬가지로 이 목록에도 선견이나 치료와 같은 초자연적인 능력이 다소 세속적인 능력인 조언이나 가르침과 같은 능력과 섞여 있다. 그리고 저스틴은 바울의 목록에 없었던 힘과 경외의 은사를 추가했다. 그러나 이 원문에서 가장 의미 있는 구절은 더 이후에 나오는데, 저스틴이 다음과 같이 선언했을 때이다. "예언의 은사는 여전히 우리와 함께 남아 있으며, 현재까지도 남아 있다"(82장). 나중에 그는 이 발언을 다음과 같이 확인해주었다. "사람들 중에 성령의 은사를 소유한 남자와 여자를 볼 수 있다"(87장). 저스틴이 로마에서 경험한 그리스도교 예식을 설명한 부분은 현대 학자들에 의해 믿을 만하다고 간주되는데,[33] 그의 설명은 바울의 카리스마가 2세기 중반에 적어도 저스틴이 경험한 로마교회에서는 예식의 일부로 남아 있었음을 의미한다.

2세기 후반에 저스틴 순교자가 언급한 '예언의 은사'는 그리스도교 내에서 벌어진 불온하고도 결정적인 논쟁의 중심이 되었다. 170년대부터 영감을 받은 직접적인 방언과 당시 형성되고 있던 교회의 정통적인 신념이 가진 상대적인 장점을 놓고 적의에 찬 논쟁이 벌어졌다. 교회는 바울이 제시한 개념인 개개인에게 부여된 은사를 소중히 여기며 사도시대의 그 기원에 충실해야 하는가? 아니면 교리를 편찬하고 주교에 대한 존경심을 바탕으로 성직자 계급구조를 갖춘 엄격한 기관이 되어야 하는가? 결국 170년대 몬타누스파의 위기가 이 논쟁의 초점이 되었다.

프리지아(Phyrigia)의 몬타누스(Montanus)와 두 여성 프리스카(Prisca), 막시밀라(Maximilla)는 무아경의 상태에서 예언을 전하면서 프리지아에 재림이 임박했다고 예언했다. 이 세 예언자들의 지지자들인 몬타누스파는 그들이 직접 성령을 부여받았고 그들을 무시하는 짓은 불경스러운 행동이라고 주장했다.

이후 몬타누스파는 성령을 받은 예언자의 부활운동이라는 특징을 갖게 되었으며,[34] 개개인에게 영향을 미치는 직접적인 영감을 강조한 점에서 제도화된 교회보다 바울이 설명한 카리스마와 더욱 밀접하게 연결되었다. 몬타누스 운동은 카리스마적인 동시에 금욕주의적이었다.

대체로 신학자인 터툴리안(Tertullian)에 의해 알려진 이 운동의 이미지는 엄격한 형태의 순수주의를 실천하면서 방언과 영적 주입을 강조하는 부흥운동이었다. 몬타누스파는 주교나 교회로부터가 아니라 보혜사(Paraclete, 요한복음서에서 성령의 의미로 사용된 용어)로부터 직접 영감을 받는다고 주장했다. 성령과 은사를 강조한 점은 바울의 가르침과 유사하다고 할 수 있지만, 2세기 말에 그런 점을 강조한 행위는 정통 교회와 교회의 권위 있는 인물인 주교들의 반감을 샀다. 실제로 직접적인 성령의 방문에 대한 몬타누스파의 믿음은 주교의 권위를 거부했다. 처음에 교회는 이 문제로 흔들렸지만, 결국 일련의 이단세력에 반대하며 정통 교리를 다듬어 명확히 규정했다.

교회는 교의의 일치를 소중히 여겼는데, 몬타누스파와 다수의 그노시스파의 분열에 대항하여 일치된 교의를 지지했다. 주요 그리스도교 신학자들은 몬타누스파의 '새로운 예언'이 주장하는 대안들을 거부하며 바울의 카리스마 개념을 초월하는 교리를 마련했다.

더욱 엄밀히 말하면, 정통파의 시각은 바울이 설명한 구체적이고 다양한 여러 카리스마는 무시하는 한편, 은사가 가진 보편적인 개념은 흡수했다. 성령이 직접 권한을 부여한다는 몬타누스파의 주장은 자신의 입장을 지키려는 정통파 신학자들의 결의를 더욱 굳게 만들었다. 이러한 방어책의 일부가 성서의 결정판, 즉 신약성서 정경을 제정하는 것이었다.

리용의 주교 이레나이우스(Irenaeus, 기원후 130~202년)는 일반에게 인정된 신약성서에 부합하는 교회법을 주장했다(신약성서는 4세기에 이르러서야 교회의 정식 승인을 받았다). 그는 180년경에 5권에 걸쳐 완성한 라틴어서 『이단에 반대함(Against Heresies)』에서 그리스도교 신학의 방대하고 체계적인 최초의 보고서를 제출했다.[35] 교회가 모든 이단에 반대하는 두 가지 근거는 성서의 권위와 교회 전통의 계속되는 힘이었다. 성서에 관한 한 단호한 입장을 취했던 그는 성서가 '완벽하며', '우리 믿음의 기반이자 기둥'이라고 생각했다(『이단에 반대함』 2.28.2와 3.1.1).[36] 이레나이우스는 중요하지 않은 세 가지 서신을 제외하고는 신약성서의 모든 책을 인용하거나 이용했다. 그는 이 모든 문서들이 하나님의 영감을 받았기 때문에 잘못된 부분이 없고 하나님의 말씀을 전하고 있다고 생각했다.

정통파 신앙을 옹호하는 사람들에게 확정된 교회법이 주는 이점은 이제 종교적 의견이 성령의 직접적인 방문을 이끌어내기보다는 권위 있는 문서를 해석하는 문제가 되었다는 점이다. 교회법의 폐쇄적인 변화는 특정 시점 이후의 문서는 하나님의 영감을 받은 것으로 인정되지 못한다는 점을 의미했다. 또한 하나님의 말씀을 해석하는 사람으로서 주교의 역할이 강화되었다. 그에 따라 당시 예언이나 신의 계시 등이 맡고 있던 기능은 약화되었다. 만약 신약성서가 고대 예언자들의 예언대로 예수에 대한 공식적인 이야기라면, 예언은 더 이상 필요가 없었다. 종교 의식 중에 성서를 해석하는 일은 새롭거나 놀라운 영적 영역이기보다는 교리를 강화하는 문제가 되었다.

이레나이우스는 성서보다 그리스도교 전통을 더욱 중요한 권위의 원천으로 취급했다. 성서가 신성하긴 하지만, 이단자들은 그것의 의미가 애매모호해서 해석이 필요하다고 주장할 수 있었다(같은 책, 3.2.1). 이레나이우스는 궁극적으로 성서는 교회의 교리에 의존하며 교회는 전통의 권위에 의해 뒷받침된다고 주장했다.

그는 어떤 대안적인 해석도 이단으로 배격하기 위해 매우 엄격한 그리스도교 전통과 권위의 계보를 규정했다. 전통은 먼저 사도로부터 발생하는데, 그들은 성령이 그들에게 내려와 완벽한 지식을 전달해줄 때, 높은 곳으로부터 권위를 부여받은 사람들이었다(같은 책, 3.1.1). 사도에 의해 제정되어 당시까지 계속되어온 주교직은 이 신성한 권위에서 파생되었다(같은 책, 3.3.1). 이는 세계의 모든 교회가 동일한 기초 위에 세워진 동일한 교리를 가르쳐야 한다는 의미였다.

이레나이우스는 또 다른 권위의 원천을 추가했는데, 그것은 바로 "가장 훌륭한 사도 두 명에 의해 로마에서 설립되고 조직된, 도처에 알려진 교회였다." 그것은 바로 로마교회를 의미했다(같은 책, 3.3.2). 로마교회는 135년에 로마제국에 의해 예루살렘이 완전히 파괴된 이후 더욱 유리한 입장을 갖게 되었다. 이레나이우스는 로마교회를 그리스도교 교리와 권위의 중심에 앉힘으로써 그 위상을 강화했다.

이레나이우스는 카리스마 은사를 이단으로 비난하지 않았다. 그는 라틴어로 '프로페티시스 카리스마티부스(propheticis charismatibus)'로 번역된 예언의 카리스를 언급했다(같은 책, 3.11.9). 그는 당시 교회 안에 '예언의 은사'와 성령을 통한 방언이 존재한다고 인정했고, 그런 '영적'인 사람들이 공동의 이익을 위해 신자들에게 그들의 은사를 이용한다는 바울의 견해를 받아들였다.[37] 또한 이레나이우스는 카리스마 베리타티스(charisma veritatis), 즉 지식의 은사에 대해 언급했다.[38] 하지만 그는 몬타누스파를 가엾은 사람들이라며 무시했는데, 그들이 보편 교회 밖에서 활동하는 쪽을 선택했기 때문이었다. 그는 그들이 예언의 은사를 교회로부터 분리시킨다며 그들을 '사이비 예언자'로 비방했다(같은 책, 3.11.9).

이레나이우스는 몬타누스파에 반대하면서 바울이 코린트인들에게 보낸 편지를 인용했다. 이 서신은 영적 능력에 대한 이단의 찬사를 다루는 데 도움이 되었다. 그는 바울이 고린도전서에서 예언자들의 재능에 대해 명백히 이야기하면서 교회에서 예언하는 사람들을 인정했다고 지적했다. 논의의 요지는 바울이 예언을 교회 안에서 설명했기 때문에 몬타누스파가 교회 밖에서만 이루어지는 예언을 환호하는 것은 분명 그들이 사도 바울을 인정하지 않는다는 것이었다.

이레나이우스가 몬타누스파를 비롯한 모든 이단들에 반대한 핵심적인 논거는 교회가 영적인 은총과 힘의 유일한 저장소이며 이 조직 밖에서 예언을 하거나 설교를 하는 행위는 그리스도교의 권위를 무시하는 처사라는 것이었다. 이레나이우스가 보기에 몬타누스파의 죄악은 교회의 교인들로부터 멀리 떨어져 있는 것이었다(같은 책, 3.11.9). 교회의 성사와 교리를 거부하는 행동은 그리스도교 자체를 거부하는 것이었다. 이레나이우스는 영적 능력이 당시의 카리스마파와 '사이비 예언자'들에게서 발견되는 것이 아니라 교회라는 조직 안에 존재한다는 점을 확고히 믿고 있었다.

로마 주교이자 이레나이우스의 추종자인 히폴리투스(Hippolytus, 170~235년)는 자신의 『모든 이단의 반박(Refutation of All Heresies)』을 '진실의 교리(Doctrine of Truth)'라는 글로 마무리 지으면서 예언자의 시대는 지나갔다는 표현을 포함시켰다. 히폴리투스는 고대 예언자들이 하나님의 말씀(Logos of God)으로부터 선물을 받았기 때문에 그들이 '신의 능력'에 의해 말한다고 생각했다. 그런데 하나님은 이후 예수의 형태로 하나님의 말씀을 실현시켰고, 히폴리투스는 그것이 예언자들의 역할을 대신했다고 생각했다. 이제 하나님의 말씀은 예언자의 말씀이 필요하지 않았다, 예언자의 말씀은 불분명한 데다 단순한 추측의 대상이 되는 불리한 조건을 가지고 있었다(『모든 이단의 반박』 Bk X 29장).[39] 히폴리투스의 신학적 저술에 의해 기적적인 은사보다 개종이라는 최고의 선물이 더 높이 평가되었다.[40]

카리스마는 이레나이우스와 히폴리투스의 신학에서 추상화되었다. 모든 그리스도인은 성령의 선물에 접근할 수 있었다. 이레나이우스는 하나님의 선물이 교회에 맡겨져 있고 그 선물을 받는 모든 그리스도인은 생기를 얻게 된다고 생각했다. 성령은 교회를 통해 배분되기 때문에 '성령'과 모든 종류의 '은총'은 교회와 동의어다(『이단에 반대함』, 3.24.1). 따라서 무아경의 방언이나 예언, 기적을 일으키는 행위에 탐닉할 필요가 없다. 실제로 이러한 초자연적인 능력은 자만을 유발하거나 신자들 사이에 불화를 일으킬 수 있다. 히폴리투스는 성령이 주교들이 감독하는 교회 성사와 성직에 고루 스며든다고 생각했다. 최고의 카리스마가 교회에서 일반화되고 정상적인 예배 의식을 통해 모든 그리스도인이 이용 가능하기 때문에 카리스마는 불필요하며 위험하기까지 하다.

주교의 권위를 거부하고 몬타누스파를 지지한 터툴리안

2세기 말에 성령의 은사로서의 카리스마에 대한 부정적 시각이 정설이 되었다고 해도, 결코 논쟁의 여지가 없었던 것은 아니다. 이 정설을 소란스럽게 비판한 사람은 카르타고 출신의 주교 터툴리안이었다. 터툴리안은 여러 면에서 이레나이우스를 따르면서, 그노시스파 이단자들을 상대로 교회를 단호히 변호했다. 그는 이레나이우스와 마찬가지로 은사의 존재에 대해 의문을 품지 않았다. 그는 초기 활동 시기에 그러한 은사는 교회에서만 실현될 수 있다고 주장했다. 터툴리안은 기원후 200년, 이단자인 마르키온에 관한 내용인 자신의 저서 『마르키온에 반박함(Against Marcion)』에서 카리스마타라는 그 공짜 선물(donativa)들을 언급했다(5.8.5).[41]

터툴리안은 바울의 용어인 카리스마타를 보존하여 교회에서 경험되는 은사를 지칭하기 위해 라틴어로 번역했다. 터툴리안은 라틴어 도눔(donum, 선물)이 카리스마의 뜻을 전달하는 데 충분치 않다고 생각하고, 도나티붐(donativum)을 사용했다. 이 말은 로마황제가 왕위 계승과 같이 온 국민이 기쁠 때에 병사들에게 준 돈의 액수를 가리켰다. 터툴리안은 마르키온이 '자신의 신'으로부터 생겨난다고 주장한 그 선물(dona)들은 예언, 선견, 방언, 방언해석 능력이라고 지적했다. 터툴리안은 자신이 그런 선물의 모든 증거를 명백히 보여줄 수 있다고 맞받아쳤다. 즉, 그러한 선물은 터툴리안이 속해 있는 교회 내부로부터 조물주 신의 규칙과 의식, 규정과 완벽히 조화된다는 것이었다(5.8.12).

그보다 약간 이후에 발표된 저서에서 터툴리안은 두 명의 순교자, 페르페투아(Perpetua)와 펠리치타스(Felicitas)의 예언 및 선견을 언급하며 경의를 표했다. 그는 다음과 같이 덧붙여 말했다.

  또한 우리는 성령의 나머지 능력들을 교회의 도구로서 간주한다. 교회는 성령을 받아 예수 그리스도가 각자 사람들에게 나누어주는 그대로 모든 사람들에게 정말로 인상적인 모든 선물(도나티바)을 베푼다. (『파시오 S. 페르페투아』, 1)[42]

선물을 나누어준다는 표현은 고린도전서 12장에서 제시된 여러 가지 카리스마 목록과 일치한다. 터툴리안은 이러한 선물이 교회의 '도구'로서 지속된다고 열렬히 믿었다. 또한 그는 은사의 숭고한 성격을 강조하기 위해 도나비타라는 말을 사용하는데, 키드는 이를 '눈에 띌 정도로 인상적인 선물'로 해석했다.

  그러나 이후 터툴리안은 몬타누스파를 지지하고 나섰고, 그 결과 교회와 날카로운 설전을 벌였다. 그는 세례와 같은 그리스도교 의식을 관장하는 주교의 권리를 인정했지만, 영적 능력이나 결의보다는 순전히 직책을 근거로 권위를 얻고 있는 주교들을 서슴없이 비판했다. 터툴리안은 150여 년 전 사도 바울의 신학에 활기를 불어넣었던 성령과 율법 간의 대립관계를 되살아나게 했다. 그는 212년 몬타누스파를 지지하면서 교회에서 떨어져나간 뒤 쓴 『드 퓨디시티아(de Pudicitia)』('겸손에 관하여' 혹은 '순수에 관하여'로 번역됨)에서 이러한 시각을 가장 강력하게 주장했다.

이 글은 교회가 심각한 죄악을 용서하겠다는 칙령이 발단이 되었는데, 이는 터툴리안이 '주교들 중의 주교'(로마 주교나 카르타고 주교로 추측됨)로 비웃었던 한 권위자가 발포한 칙령이었다. 상당히 신랄한 성격에 금욕주의적이었던 터툴리안은 이 칙령이 그리스도교의 순수성을 더럽히는 행위라고 비난했다. 그는 자신의 비판을 더 확대하여 주교들의 권위 자체를 거부하기까지 했다. 그는 하나님으로부터 받은 가르침이나 교리가 아니라 자신들이 부여받은 신성한 능력으로부터 그 권위를 획득했다고 본 사도들을 언급하며 자신의 주장을 펴나갔다.

_____ 교리는 인간에게 지시를 내린다. 권능은 사람을 특별한 성질로 두드러지게 만든다. 성령이 하나님이기 때문에 성령의 권능은 독특한 것이다.(『속죄에 대한 논문 : 참회와 정화에 관하여(Treatises on Penance : On Penitence and on Purity)』 21장)[43]

터툴리안에 따르면, 교리는 사도들이 교회의 후임자인 주교들에게 전한 가르침의 본체다. 그러나 성령의 권능은 양도할 수 없는 '특별한 성질'을 불어넣는 카리스마다. 그것은 주교직이나 교회라는 조직을 통해 전달될 수 없다. 터툴리안은 당시의 교회 지도자들을 조롱하듯 언급하며 이러한 차이를 강조했다.

_____ 사도의 사람이여. 당신이 당신의 신으로부터 권한을 부여받았다고 인정할 수 있도록 당신이 했던 예언을 몇 가지 알려주십시오. 그런 다음 당신은 그런 죄를 용서해줄 권한이 있다고 요청하십시오. 만약 당신이 도덕적 교리를 가르치는 임무 외에 아무런 임무도 위임받지 않았다면, 당신은 도대체 자신이 누구라고 생각하는 것입니까? 당신은 예언자도 사도도 아닌 것으로 드러났습니다. 따라서 당신은 면죄를 허락할 권한이 부족한 것입니다.(앞의 책, 21장)

여기서 터툴리안은 주교들의 계승 위에 설립된 조직을 제멋대로 부수었다. 이는 이그나티우스로부터 이레나이우스에 이르는 신학자들에 의해 신중하게 세워진 조직이었다. 그는 교회가 성령을 경시하자 교회의 권위에도 이의를 제기했다. 정통 성직자와의 일방적인 대화를 다시 시작하며 그는 다음과 같이 덧붙였다.

_____ 그러나 당신은 교회가 죄를 사해줄 권한이 있다고 말하는데, 난 당신보다 이 부분에 대해 더 잘 알고 더 잘 규정합니다. 왜냐하면 나에겐 새로운 예언자들을 대신하여 말하는 보혜사가 있기 때문입니다.(앞의 책, 21장)

이는 추종자들이 성령의 직접적인 전달로 간주하고 성서와 동등한 지위에 있는 몬타누스파 예언자들의 신탁을 가리킨다. 터툴리안이 보기에 새로운 예언을 거부한 교회는 큰 실수를 저지른 것이며, 교회는 어쩌면 성령을 빼앗길 수도 있었다. 터툴리안에게 진정한 교회란 다수의 주교들로 이루어지는 것이 아니라 성령 그 자체였다. 권한은 교회 조직과 성직자 계급의 맨 위에 있는 사람들에게 속한 것이 아니라 성령을 가진 자들, 즉 사도나 예언자에게 속하는 것이었다.

터툴리안은 예언을 비롯한 그 밖의 카리스마적 은사를 과거의 것으로 생각하지 않았다. 그는 새로운 예언과 그 외의 성령의 현시를 인정했다. 터툴리안은 라틴어인 카리스마티시(charismatici)를 이용하여 성령에 의해 특별한 능력을 부여받은 교회 내의 사람들을 표현했다.44 위의 글을 보면, 터툴리안이 주교들에게 카리스마적 능력이 부여될 것으로 기대하지 않았다는 사실을 명확히 알 수 있다. 그러한 능력은 당시의 예언자들이나 영적으로 축복받은 지도자들에게 부여되어 있었다. 따라서 터툴리안은 다음과 같이 선언했다.

_____ 지금부터 이 믿음에 참가한 많은 사람들은 그것(성령)을 세우고 신성하게 만든 하나님에 의해 교회로 인정받을 것이다.

터툴리안의 이러한 선언은 몬타누스파 운동뿐 아니라 성령의 권위를 주장하는 다른 비정통 종파들까지도 정당화해주었다. 그의 생각에 진정한 교회는 무엇보다도 영적인 존재였다. 가톨릭교회에 대한 최후의 예리한 비판에서 그는 신학적 교령을 내릴 권리는 사제가 아니라 하나님에게 속해 있다고 선언했다.

몬타누스파 이단자로서 터툴리안은 자신의 마지막 10년을 가톨릭교회 밖에서 살았다. 그로 인해 그가 쓴 초기의 저서들이 그리스도교 신학에 지속적인 영향을 미쳤는데도 불구하고 그는 성인으로 추앙받지 못했다.

그가 사람들이 모이면 성령에 의해 얼마든지 교회로 인정받을 수 있다는 자신의 교령을 따라 몬타누스파로부터 갈라져나와 자신의 종파를 형성했다는 증거가 존재한다.[45] 몬타누스파의 예언에 관한 논쟁은 특히 소아시아 지역에서 한동안 분열을 일으켰다. 몬타누스파 교회와 종파들은 1세기 동안 프리지아 근처에서 살아남았다가 결국 사라지고 말았다. '터툴리안'파는 5세기 초반까지 계속되다가 가톨릭교회로 다시 돌아갔다. 터툴리안은 교회가 카리스마의 기원을 무시하고 주교들로 이루어진 물질적인 조직이 되었다고 선언했다. 그러나 그의 맹렬한 비판은 무시되었다. 그것은 결코 공들여 세워진 정통파의 지위를 교회로부터 박탈하지 못했다.

그리스도교 교회는 1세기에 교회 내에 존재했던 다양성과 분열을 대체해가며 일치된 교리의 전파를 촉진시키기 위한 체계를 구축했다. 몬타누스파와 같은 대안적인 방법들은 그 자체로 변동성과 혼란의 가능성을 지니고 있었다. 이 점은 교회가 터툴리안을 받아들였다가 다시 이단으로 거부한 사례에서도 명확히 드러난다.

윌리엄 르 세인트(William Le Saint)는 터툴리안이 『드 퓨디시티아』에서 제기한 몬타누스파의 주장은 카리스마가 있는 교회의 사람들과 그렇지 않은 사람들 사이의 심각한 분열을 일으켰다고 주장했다. 계층적 교회를 대표하는 주교들은 가르칠 수 있는 권한만을 부여받게 되는 한편, 카리스마적 은사를 받은 사람들은 죄를 사해주는 더 큰 영적 권한을 가지게 될 것이었다. 따라서 이러한 이분법은 사실상 모든 교회 정부를 파괴하고, 이단과 분파를 낳고, 감독체계의 가장 중요한 책임들 중의 하나를 광신자들에게 넘겨주는 결과를 낳을 수도 있었다.[46] 그렇기 때문에 주교들이 터툴리안의 비난을 물리치고 몬타누스파의 교리가 가톨릭교회가 아니라 더 작은 규모의 단명(短命)한 회합에서 나타났다는 점은 놀라운 일이 아니다.

몬타누스주의는 카리스마적인 영적 능력과 공식 교회의 권위 사이의 충돌 속에서 하나의 전선을 차지했다. 예언자와 주교 사이의 이 특이한 다툼은 교회 관리자들의 승리로 돌아갔다. 카리스마 개념을 포함한 바울 신학의 운명을 더 자세히 알려면 2세기와 3세기의 신학적 논쟁의 중심이 되었던 그노시스주의를 둘러싼 논쟁을 살펴보아야 한다.

영적인 지식을 주장하며 정통 교회에 맞선 그노시스파

그노시스교도들은 여러 다른 모든 고려사항들보다도 특별한 영적인 지식으로 이해되는 그노시스(gnosis), 즉 지식을 우선시했다. 그노시스주의는 2세기부터 활동한 특정 그리스도교 종파뿐 아니라 비 그리스도 종교를 포함하는, 더욱 보편적인 신비주의적 수행까지를 모두 아우른다는 점에서 애매모호한 용어다.

플라톤 철학, 신비주의 종교, 점성학이나 그 외의 마법 체계, 조로아스터교나 유대교와 같은 이전의 종교 등, 그노시스주의의 몇몇 구성요소들이 그리스도교보다 먼저 존재했었다는 점은 틀림없지만, 그노시스주의가 그리스도교 이전에 진보된 형태로 존재했는지 여부에 관해서는 학자들의 의견이 분분하다.[47] 코린트와 갈라티아, 골로사이에서 바울과는 대립되는 이견을 가졌던 집단들이 그노시스파의 성향을 보였지만, 대부분의 학자들은 그들의 무질서한 믿음체계를 원시적 그노시스파(proto-Gnostic)로 설명하길 선호한다.[48]

2세기에 가톨릭교회에 깊은 시름을 안겨주었던 그노시스파는 개략적인 그리스도교 믿음의 요지는 받아들이면서도 그 믿음을 신비롭고 초자연적이기까지 한 체계로 다시 그려낸 수많은 그리스도교 그노시스교인들로 구성되어 있었다. 그리스도교 그노시스파는 물질세계로부터 개인을 '영적인' 단계로 구해내는 특별한 지식(그노시스)이 있어야 구원받을 수 있다고 가르쳤다. 그노시스파는 엄격한 이원론을 주장하면서, 속세의 육체적인 세상이 타락하고 부도덕하고 부패하다고 간주했다. 인간의 영혼은 이 타락한 물질세계에 갇힌 신성(神性)의 불꽃(divine spark)으로 간주되었다.

그노시스주의는 플라톤 철학의 내세성과 그리스도교의 구원을 섞어놓고 그 위에 신비주의적 요소와 정교한 신화적 장치를 추가했다. 여러 그노시스파 조직들에서 최고의 신성은 멀리 떨어져 있는 반면, 종종 악의 있는 신(神)이었던 개개의 조물주는 결함 있는 물질세계를 감독했다. 통치자와 같은 중간의 존재들은 복잡한 체계에서 기능을 수행했는데, 이 체계의 내부에는 성령에 마음을 맞춘 선발된 인간들이 자신의 운명을 달성하기 위해 노력했다. 이 체계에서 예수는 순전히 영적인 존재로 간주되었다.

대표적인 그노시스파 저술가 몇 명은 성령에 기초한 신학의 모델로서 바울을 채택했다. 이는 2, 3세기에 카리스마와 같은 바울의 개념들이 그 빛을 잃는 데 중요한 요인으로 작용했다. 바울의 신학에는 강력한 신비주의적 요소가 포함되어 있었는데, 이러한 요소는 그가 성령의 주입 능력을 강조하고 상대적으로 교회의 성사나 체계를 강조하지 않은 부분에서 나타난다. 이러한 신비적인 측면이 성령을 옹호하는 그노시스주의자들에 의해 제대로 포착된 것이었는데, 말년의 터툴리안처럼 이들은 교회 조직 안에서 성령에 대한 열망을 결코 충족시키지 못했다.

경쟁관계에 있던 여러 그리스도교 그노시스파들이 지속적으로 지켰던 원칙은 교회 교리와 성사에 단순히 복종하는 것만으로는 구원받지 못한다는 것이었다. 도리어 영적인 단계로의 상승은 영지(gnosis)를 감지하고 받아들일 수 있는 선발된 영적 존재들에게 그 영지가 계시되느냐에 달려 있었다. 이러한 계시는 진정한 영적 의미를 드러내기 위하여 마법의 암호와 같은 신비로운 도구와 그리스도교 문서의 암호를 해독함으로써 달성되었다. 이 점에서 바울이 쓴 글들은 그리스도교 그노시스파에게 더없이 훌륭한 교재였다.

그노시스파 저술가인 발렌티누스(Valentinus, 기원후 100~160년)는 바울의 추종자로서 테우데스(Theudes)라는 사람에게 특별한 지식을 받았다고 주장했다. 이 비밀의 지식은 바울이 상상 속에서 성령이 된 예수와 가진 만남을 기초로 자신의 측근들에게 나누어주었다고 전해졌다. 그 결과, 바울은 영적으로 발달한 그리스도인에게만 허용되는 신비로운 지식의 권위자로서 인정받았다.

발렌티누스파는 인간을 정신, 영혼, 신체 등 세 부분으로 나눈 바울의 생각을 받아들여(고린도전서), 이 체계를 인간을 분류하는 데도 적용했다. 즉, 구원받을 가망이 없는 평범한 '세속적인' 사람들과 가톨릭교회의 일원으로 믿음은 갖고 있지만 지식은 갖고 있지 않은 '정신적인' 사람들, 그리고 영적으로 우월하고 구원받을 운명인 그노시스파의 소수로 나누었다. 이와 비슷한 그노시스파의 설명에 따르면 가톨릭교회와 그리스도교 복음서는 '진정한 영지를 위한 준비'에 불과하다고 여겨졌다.[49] 발렌티누스는 1945년에야 나그함마디에서 발견된 자신만의 '진실의 복음서(Gospel of Truth)'를 갖고 있었는데, 그는 이 복음서를 통해 영적으로 선발된 사람들은 '완벽'하며 '완벽한 빛'으로 돌아갈 운명임을 선언했다.[50]

발렌티누스파는 교회 사람들을 포함한 나머지 사람들과 이러한 영적 신입자들을 분리시키는 행동을 지지하는 문서로서 바울의 서신을 활용했다. 바울이 로마서 11장 16절에서 예수가 받은 첫 과일과 곡식가루를 언급한 부분은, 영적으로 선발된 사람들은 첫 과일로, 정신적인 교회의 일원들은 '곡식가루'로 언급하는 데 사용되었다.[51]

그노시스파의 신화적인 취향을 걸림돌로 생각하지 않고 바울을 강조하여 복음서의 진실을 알릴 것을 요구한 마르키온(기원후 110~160년)은 교회에 더 큰 골칫거리가 되었다. 전직 주교였던 마르키온은 추종세력을 키워 교회를 대체할 정도에까지 이르렀다. 그는 바울이 예수의 성령으로서의 의미를 파악했던 유일한 사도였으며, 누가의 작품으로 잘못 알려진, 유일하게 믿을 만한 복음서를 썼다고 주장했다.

마르키온의 정전(최초의 그리스도교 문서 정전)은 구약성서와 다른 복음서들은 제외시켰으며, 그의 '아포스톨리콘(apostolicon)'

은 바울의 서신 10개와 편집된 누가복음서로 이루어져 있다. 마르키온은 구약성서와 복음서 간의 그럴듯한 연관성을 만들어내기 위해 바울의 글을 위조한 유대인들로부터 바울의 글을 구해낼 작정이었다. 마르키온은 불가사의한 지식이 아니라 바울로부터 퍼져나온 '순수한 복음'을 밝히라고 요구하며 정통 교회에 도전했다.

발렌티누스파와 마르키온파, 그 밖의 여러 그노시스파와 다투던 교회는 수많은 그노시스 종파들이 서로에게 치명적인 해를 입히며 경쟁하는 바람에 이익을 보았다. 각 종파들은 모두들 완성된 비밀스런 지식이 자기들 것이라고 주장했다. 이레나이우스는 『이단에 반대함』에서 다양한 그노시스 교리들이 '터무니없는 생각'을 제의하고 있다고 주장하면서도 그것들을 설명하는 데 상당히 많은 지면을 할애했다. 현재 거의 모든 그노시스 문서는 파괴되었다. 따라서 2세기 그노시스파에 대한 지식은 그것에 대해 많은 서술을 남긴 이레나이우스를 비롯한 그리스도교 신학자들에게 의지할 수밖에 없다. 이레나이우스는 그노시스파가 모든 교리에 흔들리고 오신(誤信)에 탐닉하고 여러 시대의 같은 사물에 관해 다르게 생각한다고 묘사했다(『이단에 반대함』, 3.24.2). 그는 이렇게 물밀 듯이 밀려오는 가지각색의 해석들과 '일관된 교회의 가르침'을 언제나 대비시켰다.

정통 신학자들은 바울을 그노시스파의 해석으로부터 구해

내는 데 상당한 지적 에너지를 쏟아부었다. 이레나이우스는 발렌티누스파가 오역이라는 사악한 기술로 성서를 왜곡한다고 비난했고(같은 책, 1.8.1), 마르키온이 감히 성서의 일부를 잘라내어 불완전하게 만들었다고 주장했다(같은 책, 1.27.4). 바울이 특별한 지식을 가졌다는 마르키온의 확신에 반박하기 위해 이레나이우스는 베드로와 다른 사도들에 대해 바울이 했던 말을 인용했다(같은 책, 3.8.1). 그는 또한 바울이 다른 사도들에겐 계시되지 않은 신비로운 사실들을 알았다면 그의 충실한 동반자인 누가가 분명히 그 사실을 알고 있었을 거라는 구체적인 의견을 제시했다(같은 책, 3.14.1).

이단을 상대로 교회를 방어하던 당시의 터툴리안은 바울에 대해 마르키온과 논쟁을 벌였다. 터툴리안은 바울의 권위로 은사를 주장하는 마르키온을 거부하면서 카리스마적 능력이 교회 내에 여전히 살아 있기 때문에 그리스도와 성령, 사도가 자신의 하나님에게 속하게 될 것이라고 주장했다(『마르키온에 반박함』, 5.8.12).

교회는 모든 유형의 그노시스파에 반박하면서 모두가 이단이라고 비난했다. 교회는 그노시스파의 신비주의적 경향에 대한 단호한 대안으로서 정통 교리를 강화하는 한편, 마르키온과 같은 반란자들을 파문했다. 이레나이우스는 부분적으로는 마르키온이 바울의 저술을 중심으로 정전을 공식적으로 제정한 데 자극을 받아 그리스도교 정전을 수립했다. 정통파의 주교들은 변하지 않는 교리와 공식적인 경전에 의지하여 대안의 시각들을 이단으로 물리칠 수 있었다. 따라서 바울은 그노시스파의 손아귀로부터 구출될 수 있었다. 이레나이우스와 그를 따른 정통 신학자들에 따르면, 그노시스파가 바울을 비밀스런 영지의 원천으로 끌어들이기 위해 부당하게 잘못 해석하는 우를 범했다고 한다.

그러나 바울의 신학은 교회가 이렇게 이단을 배격하는 것 때문에 고통을 받았다. 그의 사상이 지닌 신비롭고 반 형식주의적인 측면은 비 정통 종파들에게 매력적인 것으로 드러났다. 바울은 그리스도인이 성서의 율법이 아니라 신의 은총에 의해 구원받는다고 공포한 사람이었다. 그노시스파는 바울 신학에 나타나는 성령과 율법 간의 이러한 모순을 십분 이용했다.

교회는 제도화된 권력자로서의 위치를 강화하고 주교들의 감독을 받는 단일한 교리와 체제 안에서 진정한 그리스도교의 메시지를 보호하며 대응했다. 대표적인 신학자들은 이성에 의거한 주장을 통해, 신의 율법을 기록한 공식적인 성서를 기초로 그리스도교 교리를 규정했다. 어떤 신학적 입장이 정통파로 인정받으려면 성서나 성서로부터 끌어낸 기본적인 교리의 유형과 일치해야 했다. 카리스마가 이레나이우스나 터툴리안과 같은 신학자들의 저서에서 여전히 한 자리를 차지하고 있긴 했지만, 3세기에는 그 자리가 교회의 교리 범위 안으로 줄어들었다.

카리스마적 은사가 중지되다

카리스마는 정통 교회의 변두리에서 얼마나 오랫동안 머물렀을까? 대표적인 신학자들인 노바티아누스(Novatianus), 키프리아누스(Cyprianus), 오리게누스(Origenus)의 저술들은 3세기 중반, 로마와 카르타고, 그리스에서 은사가 어떤 위치에 있었는지 설명해주고 있다.

로마교회의 장로였던 노바티아누스는 240년경 교회에 주입된 은사에 관해 글을 썼다. 그는 사도들에게 분배된 은사들을 차례차례로 설명한 뒤에 현재시제로 옮겨와 교회 내에 여전히 나타나고 있던 은사에 대해 언급했다.

> 그는 교회에 예언자들을 두고, 선생들을 가르치고, 방언을 지시하고, 힘을 주고, 치료를 해주고, 기적 같은 일을 행하고, 성령을 식별할 수 있는 능력을 주고, 카리스마가 들어간 다른 은사들을 지시하고 조정함으로써 결국 주의 교회를 모든 곳에 완벽한 형태로 존재하게 만든다.(『삼위일체에 관해(On the Trinity)』, 29)[52]

키드와 포브스 모두, 이것이 적어도 노바티아누스가 알고 있던 로마교회에서는 240년대까지 카리스마가 살아남아 있었다는 확고한 증거라고 주장한다.[53] 노바티아누스가 제공한 카리스마 목록은 바울이 코린트인들과 로마인들에게 제시한 목록과 상당히 비슷하다.

거의 비슷한 시기에 카르타고의 주교이자 터툴리안의 추종자였던 키프리아누스(258년 사망)가 카리스마적 활동에 연루되어 있었다. 키프리아누스가 받거나 쓴 편지에는 그가 예언 능력을 가졌고, 신의 계시가 꿈과 선견으로 그에게 찾아왔음을 언급한 부분이 있다. 키프리아누스는 한 편지에서 교회 내에 그런 활동에 관해 회의론이 존재한다는 점을 고백하기까지 했다. 그는 이렇게 말했다. "그런데 어떤 사람들에게는 꿈과 선견 지명이 우습고 어리석게 보일 수 있다는 점을 알고 있다."[54] 키프리아누스의 편지를 보면, 3세기 중반의 북아프리카에서는 카리스마적 능력이 여전히 교회의 수장과 연결될 수 있음을 알 수 있으며, 그런 능력이 교회 내의 사람들에 의해 의심받거나 조롱받기까지 했다는 내용도 들어 있다.

교회 교리를 옹호했던 그리스 동방지역의 신학자, 오리게누스(255년 사망)는 사도시대와 당시를 비교하며 은사를 다루었다. 부분적으로 그가 그리스도교를 지적인 근거에서 정당화하려 했기 때문에, 그는 '지적 은사'(logika charismata)를 다른 카리스마보다 높게 평가했다.[55] 그는 자신의 저서 『셀수스에 반대하여(Against Celsus)』에서 그가 살던 시대에도 여전히 뚜렷이 나타나고 있던 성령의 '흔적'들을 네 차례 언급했다. 오리게누스는 바울이 설명한 '성령과 힘의 증명'을 고찰하면서, 성령의 흔적이 로고스의 의지에 따라 살고 있는 사람들 사이에 여전히 남아 있다고 지적했다(『셀누스에 반대하여』, 1, 2).[56] 오리게누스는 예수 시대로부터 자신의 시대까지 성령의 현시가 나타나는 강도나 빈도가 줄어들고 있다고 생각했다.

_____ 그러나 성령의 징후는 예수가 가르치고 있던 초기에 나타났다가 예수가 승천한 뒤 더욱 많아졌지만, 나중에는 그 수가 크게 줄어들었다. 그럼에도 불구하고 오늘날까지도 그의 흔적은 로고스에 의해 영혼이 순수해진 소수의 사람들에게 남아 있다.(『셀누스에 반대하여』, 7, 8)[57]

오리게누스는 당시에도 남아 있던 성령의 현시로서 예언과 기적, 퇴마, 치료, '불가사의한 일'을 언급했다. 그러나 그의 시대에 그것들은 퇴화한 형태로만 존재했다. 그것은 특별한 '소수'만이 지녔던 은사의 '흔적'이었다. 교회에서 느껴지는 카리스마의 강도는 바울이 규정한 공동체적 경험 이후부터 급격히 줄어들었다. 그 결과, 은사는 '정화된' 특정인들에게서만 희미하게 나타날 뿐이었다.

오리게누스, 키프리아누스, 노바티아누스의 증언을 검토한 키드는 3세기 중반 교회에서 카리스마에 대한 경험이 상당히 줄어들었다고 결론 내렸다.[58] 노바티아누스가 대표한 로마교회는 카리스마에 가장 익숙했던 것처럼 보였던 반면, 그리스 교회에서 눈에 띄는 카리스마의 '흔적'은 적어도 오리게누스의 기록에서는 '빈약하고 불확실했다.'[59] 키드는 260년 이후부터 적어도 그의 연구가 끝나는 시점인 320년까지 교회에서 카리스마를 경험했다는 기록을 찾아내지 못했다.[60]

그러나 포브스는 4세기의 기록에서 특히 예언에 관한 흩어진 증거를 확인해냈다. 2세기 말에 교회가 몬타누스파의 예언을 거부한 이후에도 예언은 한동안 교회가 인정하는 은사로서 남아 있었다. 그러나 점차 예언은 위대한 성인이나 흠 잡을 데 없는 정통성을 지닌 순교자와 같은 사람들에게만 가능한 은사로 간주되었다.[61] 히폴리투스가 2세기 말에 예언이 과거의 현상이라고 선언할 수 있었지만, 4세기에도 의견을 달리하는 사람들이 있긴 했다. 하지만 그리스도인이 예언을 계속적으로 경험했다고 발표할 경우, 정통성의 기준에 부합되지 않으면 이단이라는 비난을 받을 수도 있었다.

이런 경우를 보여주는 가장 극적이면서 널리 알려진 예는 381년부터 385년까지 스페인 아빌라(Avila)의 주교였던 프리실리아누스(Priscillianus)와 관련 있다. 프리실리아누스는 카리스마적인 예언이 그리스도인에게 여전히 가능하다고 주장했다. 그의 믿음은 가혹할 정도로 금욕주의적이었고 단호히 영적이었다. 그와 그의 추종자들은 예언이라는 카리스마적 은사를 직접 받기 위해 독신을 유지하고 채식주의를 고수했다.[62]

프리실리아누스는 고린도전서의 바울을 따라 남녀 모두 신의 영감을 받아 성서를 파악할 수 있는 예언 은사를 받을 수 있다고 주장했다.⁶³ 프리실리아누스의 신학은 수비(數秘)학과 점성학, 정통 교리에서 벗어난 교리 등이 카리스마적 예언과 뒤섞인 것이었기 때문에 그의 반대자들은 그가 마법을 부리고 있다고 비난했다. 그는 교회에 의해 이단으로 몰렸고, 막시무스 황제의 포고에 따라 마술을 부린다는 이유로 385년에 처형되었다. 이 조치는 스페인과 갈리아 교회에 분열을 일으켰다. 프리실리아누스파는 407년 황제의 포고에 의해 불법으로 선언되었지만, 5세기와 6세기 내내 그 지역에서 이단으로 남아 있었다.

4세기 말, 교회 내에서 카리스마적 은사가 중지되었음을 명확히 밝힌 문서상의 증거가 하나 남아 있다. 요한 크리소스토무스(John Chrysostomus, 기원후 350~407년)는 385년부터 400년 사이에 쓴 『설교(Homilies)』에서 카리스마타를 다룬 고린도전서 12장에 대해 다음과 같이 이야기했다.

_____ 이 모든 부분은 아주 불분명하다. 하지만 그 불분명함은 카리스마의 중지에 관해 언급된 사실들을 우리가 잘 몰라서 생겼다. 그 사실들은 과거에는 발생했지만 지금은 더 이상 일어나지 않는다. 왜 그때는 일어났는데 지금은 더 이상 일어나지 않을까? (『설교』, No.29)⁶⁴

적어도 이 구절을 보면, 요한 크리소스토무스가 살던 시대와 장소, 즉 4세기 말과 안티오크 또는 콘스탄티노플에서는 카리스마적 은사가 더 이상 행해지지 않았다는 사실을 알 수 있다. 같은 구절에서 크리소스토무스는 자신들이 살던 어려운 시대를 다루는 방법에 관해 독자들에게 조언했다.

_____ 우리 모두 하나님의 교리와 말씀으로 된 단단한 암석 위에 서서 견디자. 이 현세의 큰 파도에 냉담하게 대하자.

이제 성서와 교리는 카리스마 이후 시대의 신학자에게 '암석'을 제공해주었다. 포브스는 이러한 표현으로부터 모든 카리스마가 그리스도교 지역 전체에서 없어졌다고 일반화하는 것은 경솔하다고 경고한다. 그러나 그는 4세기 말부터 교회에서 방언에 대한 분명한 증거가 존재하지 않으며[65] 예언은 늘 이단으로 의심받을 수 있었음을 인정했다.

억압당한 것인가, 아니면 단순히 잊힌 것인가

1세기 중반에 바울에 의해 세워진 그리스도교 신자들의 모임은 자신들의 종교에서 없어서는 안 될 부분으로 카리스마를 경험했다. 이 공동체의 모든 구성원들은 카리스마를 가졌다고 여겨졌다. 3세기 중반 무렵, 이 경험은 교회에서 거의 사라졌다. 카리스마에 대한 표현은 거의 자취를 감추었다.

이 장에서 우리는 그것의 주요 요인들을 확인하며 두 세기에 걸친 이러한 과정의 특징들을 추적해왔다. 그러나 다음과 같은 의문은 남아 있다. 교회가 바울이 규정하고 축복한 카리스마를 적극적으로 억압했는가, 아니면 카리스마 자체에 특별히 반대하지 않았던 교회가 내부적으로 발전함에 따라 카리스마가 단순히 잠잠해지고 불필요해진 것인가?

우리는 교회 내에서 카리스마적 은사가 과소평가된 과정과 관련하여 다음과 같은 요인들을 요약해볼 수 있다. 『디다케』에서 나타난 대로, 가짜 예언자에 대한 우려는 무아경의 발언이 쉽게 모방될 수 있다는 인식을 불러왔다. 예언이 의심받을 수 있었다면, 방언을 하거나 기적을 일으키고 무아경에 사로잡히는 행위 등의 카리스마 또한 의심받았을 것이다. 각각의 카리스마는 협잡꾼에 의해 조작될 수 있었다. 하나님의 영감이 진짜인 것으로 인정되었다고 해도 바울시대 이후로 무아경의 발언은 불화와 문제를 일으키는 것으로 종종 간주되었다. 2세기 초 무렵 그리스도교 교회는 순회하는 예언자와 카리스마를 가진 개인들이 아니라 계층적 질서를 갖춘 체제와 일치된 예배의식들을 주재하는 주교직에 교회의 미래를 걸었다.

1세기 말과 2세기 초의 과도기에는 사도시대의 통제되지 않던 관행들이 교회에 의해 규정되어 통제되고 체계적으로 대체되는 과정이 포함되었다. 예언자들은 주교로 대체되었고, 겉으로 보기에 무작위로 개개인에게 주입되는 하나님의 영감이라는 개념은 모두의 이익을 위해 운영되고 하나님이 인정한 교회의 교령으로 대체되었다.

믿음을 입으로 표현하다가 글로 작성된 성서를 숭배하게 된 변화 또한 상당히 중요하다. 실제로 이 과정은 20세기 초, 베버에 의해 묘사된 카리스마의 일상화 과정을 보여주는 대표적인 사례. 윌리엄 쉐델(William Schoedel)은 예언의 은사를 감독파(Episcopal) 예배에 합친 이그나티우스를 언급하면서, 카리스마를 일상화 과정 속에서 이해했다.[66]

터툴리안이 『드 퓨디시티아』에서 제기했던 통렬한 비난은 카리스마가 영적인 인간으로부터 제도화된 직위로 옮겨지는 데 대한 강력한 항의였다. 교회의 무자비한 권위에 직면한 터툴리안은 다른 곳에서 영적인 행로를 추구하는 것이 필요하다고 생각했다.

그러나 그 시대를 연구하는 몇몇 학자들은 카리스마가 제도화된 압제적인 교회에 의해 억압받았다는 극단적으로 단순한 판단을 유보했다. 채드위크는 준 사도시대에 상당히 다른 여러 관행과 해석이 존재했으며 때로는 의심스러운 권위를 지닌 선교활동에 따라 설립된 다양한 신자들의 모임이 존재했음을 지적한다. 실제로 이 시대의 자유는 때로 무질서를 의미했다. 선교시대의 조직적이지 않은 열정에서 2세기 말에 정착된 정식 교회의 권위로의 변화가 반드시 성직의 권위주의와 엄격함의 승리였던 것은 아니었다. 2세기에 3개 계층으로 나뉜 성직

계급이 뚜렷한 저항이나 논쟁 없이 자리 잡았다는 점을 주목할 수도 있다.[67]

포브스는 교회에서 예언 카리스마가 소멸된 데 대한 단순한 설명을 거부한다. 그는 2세기에 예언 카리스마가 점차 사라지게 된 몇 가지 경로를 확인해냈다. 그 중 한 가지는 몇몇 사례에서 나타난 예언은 『디다케』나 헤르마스의 『목자』에서 반영된 것처럼, 그리스도의 예배 관행에 통합된 것이다. 또한 예언 능력을 가졌다고 주장하는 주교들에 의해 새로운 교회 구조에 포함된 경우도 있으며, 몬타누스파의 경우에서처럼 제도화된 교회에 반대하여 압박을 받기도 했다.[68] 아니면 단순히 그리스도교에서 더 이상 공통의 경험으로 남을 수 없게 되었을 수도 있었다. 포브스는 인과관계를 묻는 종합적인 질문은 증거가 불충분하기 때문에 그 대답을 알기 어렵다고 생각했다.

비슷한 맥락에서 키드 역시 주교의 등장과 예언자의 소멸 사이의 직접적인 인과관계를 추정하는 것에 대해 경고한다. 키드는 어떤 카리스마도 주교들의 배타적인 영역이 되지 않았으며 은사가 사라진 것은 교회가 거쳐간 정교화 과정의 일부로 이해해야 한다고 지적했다.[69] 그는 3세기 후반기에 카리스마는 고도로 조직적이고 교양 있고 부유하고 사회적으로 유력한 그리스도교 공동체에 더 이상 어울리지 않았다고 결론 내렸다.[70]

예언 카리스마는 부분적으로 몬타누스파가 위기에 처했을 때 중심적인 역할을 맡았기 때문에 이 과도기에 가장 눈에 띈 은사였다. 만약 실제로 카리스마를 적극적으로 억압했다면, 그것은 교회에 의해 이단으로 확인된 영적 수행과 관련이 있었기 때문이었다. 데이비드 앤은 몬타누스파를 억압한 뒤에 예언자들과 그들의 계시가 엄격하게 통제되고 낮게 평가되거나 이단으로 거부되기까지 했다고 지적했다.[71]

거의 조롱에 가까운 이러한 낮은 평가는 3세기 중반에 주교라는 높은 지위를 가진 키프리아누스에 의해 주목받았다. 몬타누스주의는 그렇다 치고, 다양한 그노시스 종파들도 부분적으로 바울의 사상에 담긴 반(反) 제도적 요소를 근거로 신비주의적 조직들을 운영했다.

바울의 은사와 이단의 운동들이 이렇게 관련된 것은 카리스마에 부정적인 시각을 던져줄 수밖에 없었다. 키드의 표현에 따르면, 교회의 구성원들이 더욱 교양을 갖추고 더욱 세련되어짐에 따라 카리스마는 이전 시대의 당황스런 잔재로 간주될 수도 있었다.

이 부분에서 과소평가하지 말아야 할 또 다른 상황적 요인은 초기 그리스도인들이 로마제국에서 박해를 피해야 했다는 사실이다. 처형을 포함한 박해는 4세기까지 계속되었고, 투옥과 순교는 1, 2세기에 흔히 일어났다. 바울 자신도 계속해서 투옥되어 신체적으로 혹사당하다가 네로 황제의 명령에 의해 처형당했다. 로마제국은 언제든지 그리스도인들이 관련된 시민 소요를, 공공안전을 파괴하는 행위로 악용할 수 있었다.[72]

로마가 그리스도교에 대해 어떤 태도를 취했는지는 로마 저술가들의 글에서 조금씩 알 수 있다. 수에토니우스(Seutonius)는 그리스도교를 대중에게 위험한 새로운 미신에 굴복한 종파로 설명했고,[73] 타키투스(Tacitus)는 네로가 그리스도인들의 혐의를 조작했다고 기록하면서도 그들이 타락했다고 묘사했다. 그가 보기에 그리스도교는 로마에서 발생한 치명적인 미신으로, 쇠퇴기에 접어든 수도에서 번성한 부패하고 수치스러운 풍습들 중의 하나였다.[74]

이런 정도의 반감을 고려할 때, 그리스도교 집단은 시민 소요를 피해야만 했고, 바울과 클레멘트, 이그나티우스가 화목을 요청하며 주장했듯이 신도들 사이에 어느 정도의 자기통제가 이루어지고 있었다. 더욱 극적으로 카리스마를 드러내는 행위는 이런 자발적인 통제에 의해 억제되었다. 그렇게 시간이 지나면서 대부분의 카리스마의 기능은 그리스도교 예배에서 사라졌다.

키드는 교회가 성장함에 따라 은사가 그저 조용히 사라졌다고 지적하면서,[75] 마치 은사의 영향력이 잊힐 때까지 줄어든 것 같다고 말했다. 확실히 요한 크리소스토무스가 4세기 말에 솔직하게 이야기한 내용에는 카리스마가 잊혀가고 있는 상황이 포함되어 있다. 크리소스토무스는 '애매모호한' 바울의 카리스마 때문에 난감해했다.

2세기와 3세기에 카리스마가 사라지게 된 것은 이단에 대한 억압과 교회의 합리화가 복합적으로 작용했기 때문이었다. 궁극적으로 그것은 권위의 문제였다. 앤은 예언 카리스마의 사례에서 이 요인을 정확히 짚어냈다. 바울이 살던 시대에 예언이 '신의 정당성'을 가진 것으로 간주되었던 데 비해, 2세기에 교회구조가 합리화되면서 예언은 남아돌 뿐 아니라 역기능을 갖게 되었다.[76] 예언자들의 권위는 설교자, 신학자, 교회 지도자 등 새로운 교회 성직자들의 것으로 간주되었다. 이는 예언뿐 아니라 모든 카리스마의 경우에도 마찬가지였다. 바울의 모델에서 회중 전체에 카리스마로 분배된 공동의 권위는 교회 기구와 교리의 집중된 권위로 대체되었다.

　이러한 교회 체계 내에서 바울신학의 신비로운 요소들, 즉 직접적인 계시와 카리스마는 불필요한 것으로 내쳐질 수 있었다. 대단히 영적인 능력으로서의 카리스마는 너무 신비로운 개념인 데다, 마술이나 구식의 예언, 위험한 방종과 너무 밀접하게 관련되어 있었기 때문에, 한 마디로 말하면 너무 '원시적인' 개념이었기 때문에 교회가 용인해줄 수 없었다. 그리스도교는 기본적인 구원의 은사, 즉 카리스마를 제공했고, 이는 교회라는 중재 역할의 조직에 의해 보장되었다. 이 교리에 따르면 다른 카리스마는 필요하지 않았다.

5

우리는 이론을 만들지 말아야 한다.
우리가 해야 할 것은 오직 행동이다.
- 체 게바라

카리스마는 어디로 갔는가

A HISTORY OF CHARISMA

4세기 말, 카리스마가 중지되었다고, 다시 말하면 은사는 더 이상 뚜렷하지 않고 너무 불분명하여 당시의 그리스도교와 관계없었다고 본 요한 크리소스토무스의 견해는 교회에서 지배적인 생각이 되었다. 그러나 바울의 카리스마타는 1세기에 의미 있는 영적 능력을 시사하고 있었고, 2세기에 완전히 없어진 것이 아니라 3세기와 4세기까지도 사라지지 않고 남아 있었다. 교회가 4세기까지 신비적인 수사어구와 함께 초자연적인 카리스마타를 억제하는 데 성공했지만, 그 영적 능력이 남아 있다는 문제는 여전히 존재했다. 바울의 카리스마와 연관된 그 힘과 신비는 어디로 갔는가?

그에 대한 한 가지 대답으로, 카리스마라는 영적 능력이 교회의 정통 교리로 포함되어 공식적으로 인가된 다양한 형태로 나타났다고 보는 경우가 있다. 또는 교회가 중개해주지 않고 성령이 직접 카리스마라는 능력을 부여한다는 생각이 그 모습을 드러내지 않은 채로 계속 남아 있었다고 볼 수도 있다. 그 생각은 여러 세기 동안 제도화된 체계 안팎에서 개별 신비주의자나 이단자들과 관련되어 주기적으로 불거져나왔다.

성자나 치료자, 수도승, 예언자 등이 정통 교회의 영역 밖에서 비정통적인 영성을 행했다. 때로 그들의 신비주의적 성향이 교회에서 발휘되는 바람에 그들은 곧바로 제지당하거나 추방당했다.

이러한 모든 활동과 신념 속에서 '카리스마'라는 단어는 그리스 동방지역에서는 계속 존재했지만, 라틴 서방지역에서는 거의 사용되지 않았다. 초자연적인 은사가 아주 초기의 '원시' 교회 특유의 존재라고 금지되었다면, 처음에 그 은사를 가리키기 위해 사용되었던 말, 즉 카리스마도 활동하지 못하게 되었을 것이다.

만약 4세기부터 은사에 대한 생각이 중간 중간 어떤 과정을 거쳐왔는지 추적하려고 한다면, 특히 서방지역의 경우, 동의어를 통해 지도를 제작하는 것과 마찬가지 작업이 될 것이다. 카리스마와 같은 뜻을 가진 용어들이나 성령이 직접 주입한다는 개념과 비슷한 용어들은 여러 세기에 걸쳐 등장했다. 가장 흔하게 1세기의 카리스마와 관련된 종교 개념을 원시 그리스도교의 흔적으로 간주했기 때문에, 그 개념은 오랫동안 보이지 않았다. 그러나 표면까지 끓어오른 뒤 오랜 기간을 끌면서 희미해진 그 개념을 일별해보는 것은 가능하다. 그것은 여러 이름으로 알려져 있었고, 상황에 따라 의심이나 제지를 받았지만, 결코 완전히 시야에서 사라진 경우는 없었다.

힘 있는 교회, 권력의 중심이 된 주교

교회의 권위는 4세기에 여러 가지 새로운 상황이 전개되면서 높아졌다. 여러 상황들 가운데 가장 중요한 것은 콘스탄티누스 아우구스투스(Constantinus Augustus)가 312년에 그리스도교로 개종하면서 그리스도교가 박해를 벗어나 자유로워진 사건이었다. 324년에 황제가 된 콘스탄티누스는 다른 이교도보다 그리스도교를 총애했다. 교회가 여기저기에 세워졌고, 몇몇 교회는 황제가 직접 돈을 대주었다. 이교도 사원의 재산과 자원이 그리스도교에 충당되었던 것이다.

또한 콘스탄티누스는 교리상의 문제에 손을 대어, 325년에 200명이 넘는 주교들을 니케아(Nicea)에 소집하여 신학적인 논쟁거리들을 없애고 단일한 교리를 만들었다. 니케아공의회에서 그리스도교의 영역은 로마, 알렉산드리아, 안티오크 등 세 주교 관구로 분할되었다. 5세기에 이는 로마, 콘스탄티노플, 알렉산드리아, 안티오크, 예루살렘의 5개 주교 관구로 다시 확대되었다. 암묵적으로 로마가 제1의 관구로 이해되었지만, 전체 교회의 교리상의 방침을 결정하는 주요 공의회(Ecumenical Council)가 모두, 황제 권력의 중심지에 가까운 동쪽에서 열렸다는 점도 중요하다. 1054년 동서 교회가 공식적으로 분리되기 몇 백 년 전부터 그리스 동방과 라틴 서방의 교회가 강조하는 부분은 확연히 차이가 나기 시작했다.

4세기부터 교회는 정치권력과 새로운 관계를 맺기 시작했고, 테오도시우스(Theodosius) 황제가 380년에 그리스도교를 로마제국의 국교로 선언하면서 그 관계는 더욱 공고해졌다. 주교들은 더욱 큰 권력을 얻게 되었고, 국가는 이들을 행정 장관과 유사한 지위를 지닌 종교지도자로 인정했다. 그들은 기장과 예식용 복장을 채택했고, '성하(聖下)'로 불렸으며, 주요 도시에서 새로운 차원의 허세를 누릴 수 있었다. 그리스 동방 지역의 교회 예식은 극적이고 화려해지면서 신성한 경외감을 불러일으켰다.

라틴 서방에서는 영적 존경심이 로마 주교에게 부여되었다. 그는 6세기부터 뛰어난 교황(Pope)으로 알려지게 되었다. 5세기까지 교회는 세속적, 정신적 권위를 모두 갖춘 중요한 지주가 되었다. 교회의 관료제는 명망 높은 경력을 제공했고, 장대한 교회 건물과 사치스러운 예식을 자랑했다. 교회는 엄청난 재력과 정치적 영향력을 갖추면서 사회의 필수적인 부분으로 자리 잡았다.

이러한 시나리오는 바울시대의 현실과는 상당히 동떨어진 것으로, 당시 그리스도교에는 교회도 없고, 재원도 부족하고, 추종자도 거의 없는 상태였던 데다 자칫하면 국가의 박해를 받을 위험에 처해 있었다. 바울이 카리스마에 적용한 공동체 의식은 대체로 당시 그가 처한 긴급한 상황에 의해 발생했다. 일단 교회가 더욱 안정되고 세련된 종교권위체로서 발전하게 되면서, 바울의 이런 개념이 중요성을 잃게 된 것은 놀라운 일이 아닐지도 모른다.

앞 장에서 살펴보았듯이, 2세기부터 일부 카리스마적 능력들은 예언자나 영감을 받은 개인들에게서 주교와 같은 교회 성직자들로 이전되었다. 4세기부터 주교들은 자신들의 권위를 교회와 국가 양쪽으로부터 얻어냈지만, 일부 예외적인 사람들은 자신의 초자연적인 능력과 세속적인 행정능력을 결합시킨 것으로 간주되었다. 밀라노의 암브로스(Ambrose) 주교의 경우, 390년에 테오도시우스 황제에게 고해성사를 명령할 수 있을 정도로 권력이 대단했다. 그는 자신의 보호를 받고 있던 아우구스티누스¹에 의해 입증된 선견지명을 포함한 영적 능력을 가졌다고 알려져 있었다. 암브로스는 『성령에 관하여(On the Holy Spirit)』(기원후 380년)에서 다음과 같이 말했다.

_____ 하나님 아버지가 치료의 은총을 주시는 것처럼, 그리스도 역시 그것을 주신다. 하나님 아버지가 방언의 은사를 주시

는 것처럼, 그리스도 역시 그것을 주셨다.(2. 150~152)[2]

크리스토퍼 포브스는 이 글을 '확대된 현재'를 다룬 것으로 해석할 수도 있지만, 암브로스가 4세기 말에도 기적적인 치료와 방언이 남아 있었다는 사실을 입증하고 있다고 보는 것이 더 그럴듯하다고 지적한다.[3]

이러한 사례에서 보면, 카리스마를 지닌 성자의 전통이 주교에게 살아남아 있었다. 문제의 인물이 암브로스처럼 유명하고 훌륭하다면 이단이나 잘못된 신비주의라는 의심은 제기될 수 없었다. 그러나 많은 주교들이 영적인 능력보다는 세속적인 관심사나 야심으로 더 유명해짐에 따라, 이런 사례는 점차 줄어들었다.

교회는 나중에 성인으로 추대되는 몇 안 되는 사람들의 경우 교회에 의해 기적을 일으키는 능력을 행사할 수 있다고 인정했다. 영적인 경외심은 성찬식과 예배의식 중에 경험할 가능성이 더욱 높았는데, 성찬식을 '공포와 전율'의 장소로 간주할 정도로 성령의 힘이 성사를 통해 강렬하게 나타난다고 생각한 동방교회에서는 특히 그러했다.[4] 그리스정교회의 총대주교와 가톨릭 교황은 점차 자신들이 대표하는 교회에서 영적 능력의 중심이 되어가고 있었다.

아우구스티누스의 바울에 대한 해석은 카리스마가 아닌 은총

바울신학의 유산은 5세기에 그리스도교 사상에 막대한 영향을 미친 히포(Hippo)의 주교 아우구스티누스(354~430년)의 그리스도교 철학에서 찾을 수 있다. 바울은 아우구스티누스의 저서에서 강력한 존재였지만, 그의 중요성은 5세기 아우구스티누스의 신학에서 재조정되었다. 아우구스티누스는 바울의 은총 개념을 지지했는데, 은총이란 인간을 타락한 상태(원죄의 결과)에서 구해내기 위해 하나님이 아낌없이 준 선물이었다. 구원의 선물인 신의 은총이 아우구스티누스의 종교사상에서 두드러지긴 했지만, 다른 은총의 선물, 즉 카리스마타는 그렇지 않았다.

아우구스티누스는 400년경에 집필한 『고백록(Confessions)』에서 뒤틀린 내적 갈등 이후 자신이 그리스도교를 받아들이는 데 있어 바울의 개념들이 중심적인 역할을 했다고 자세히 설명했다. 전환점은 암브로스의 설교였는데, 설교의 후렴구였던 "글은 생명을 죽이지만, 성령은 생명을 준다"는 표현은 바울이 코린트인들에게 보낸 두 번째 편지에서 인용된 것이었다. 이후 아우구스티누스는 바울의 저서에서 자신이 이전에 지지했던 플라톤주의 철학자들을 능가하는 영적 능력과 '순수한 설득력'을 찾아내었다(『고백록』, 7:20).[5] 그의 유명한 개종을 촉발시킨 직관은 우연히 로마서의 한 구절을 읽고 난 뒤에 발생했다. 아우구스티누스는 바울의 서신을 안내서로 삼고, 코린트인들의 은사에 관해 다음과 같이 말했다.

> ＿＿＿ 그가 당신의 사랑이 성령에 의해 우리 가슴 속에 사방팔방으로 퍼졌다고 말하면 그를 이해할 수 있는 자는 누구든 당신의 사도를 따르게 하라. 또한 그가 '은사'에 관해 가르치고 우리에게 더욱 뛰어난 사랑의 방법을 보여줄 때도 그렇게 하라.
> (『고백록』, 13:7)

그러나 아우구스티누스가 강조한 부분은 카리스마타의 초자연적인 측면이 아니라 정신을 높여주는 성령의 힘과 그 결과로 나타나는 사랑이었다. 그는 카리스마에 대해 언급하지도 않았다. 하나님의 은총이 내린 선물은 아우구스티누스에 의해 보편화되었다. 즉, 그가 강조한 점은 그리스도인이 교회에 부여된 은총을 통해 영적으로 될 때(13:23), 변하기 쉬운 모든 것을 향상시키는 정신적인 빛의 선물이었다(13:10).

다른 저서에서 아우구스티누스는 카리스마가 중지되었다는 관점을 지지하는 듯 보이는데, 그가 이 문제에 관해 일관성을 보인 것은 아니었다. 그는 사도행전 2장 4절을 언급하면서 교회가 시작할 때 성령이 신자들에게 내려와 그들이 배우지도 않은 언어로 말했다고 지적했다. 그는 이런 형태의 방언은 그 시대에 맞는 성령의 표시이며, 이후 사라졌다고 덧붙였다. 그는 당시의 상황과 사도행전이 기록되던 상황, 즉 안수로 기적을 일으키는 능력을 부여할 수 있었던 상황을 대조시키면서 이렇게 말했다. "우리는 더 이상 그런 활동을 기대하지 않는다." 그러면서 아우구스티누스는 방언이나 그 밖의 영적 현시가 더 이상 일어나지 않는다면 어떻게 성령의 존재를 알 수 있는지 의문을 품었다.

_____ 만약 성령의 존재가 더 이상 그런 놀라운 일들에 의해 입증되지 않는다면, 무엇을 근거로 자신이 성령을 받았다고 확신할 수 있는가? (「요한의 첫 번째 서신에 관한 설계 6」, 10장)[6]

아우구스티누스의 대답은 이제 밖으로 표시되는 것보다는 내부에서 성령의 증거를 찾아야 한다는 것이었다. "자기 자신의 마음에 물어보라. 그가 형제를 사랑한다면, 하나님의 성령이 그의 안에 머무르는 것이다." 아우구스티누스는 『진정한 종교에 관해(On the True Religion)』에서도 카리스마가 중지되었다는 견해를 피력했다.

_____ 혼이 눈에 보이는 것을 계속 찾고 인간이 그것들과의 친밀성 때문에 점점 냉담해지지 않도록 이러한 기적들은 우리 시대까지 지속되어서는 안 되었다. (25.47)[7]

그러나 아우구스티누스는 말년에 기적에 대한 입장을 바꾸었다. 412년부터 427년까지 쓴 『신국론(*City of God*)』의 한 구절은 초자연적 질서의 은사에 대한 당시의 믿음을 수용한 듯 보였다. 22권 8장에서 아우구스티누스는 다시 한 번 기적적인 과거와 현재의 차이에 관심을 보인다. 그는 묻는다. "옛날에 있었다고 하는 그런 기적이 지금은 왜 일어나지 않는가?" 아우구스티누스는 은사가 중지되었다는 주장을 명확히 밝히는 대답을 제공했다.

> 세상이 믿기 전에, 기적은 세상을 믿게 만들기 위해 필요했다. 기적을 통해 확인받으려는 사람은 이제 자신을 제외하고 온 세상이 믿는 것을 믿기 거부하다보면, 무엇보다도 자기 자신에 놀라게 될 것이다.[8]

즉, 기적의 현시는 믿음을 불어넣기 위해 신앙의 아주 초기 단계에 필요했지만, 4세기가 지나 믿음이 확실해진 뒤에는 더 이상 필요하지 않았다는 얘기다.

그런 다음, 아우구스티누스는 어떤 기적도 그리스도교의 이름으로 이루어졌다고 믿지 않는 반대자들에게 반격을 가하려 했다. 그는 성경에 담긴 전거를 지적했을 뿐 아니라 그 당시에도 하나님의 이름으로, 부분적으로는 성사나 성인의 축제 및 기도를 통해 기적이 이루어졌다고 말했다.

그는 이런 기적이 이전 시대의 기적만큼 화려하거나 유명하지 않다는 점을 인정했다. 경전을 통해 국제적인 명성을 얻거나 '명예'를 얻지 못했기 때문이었다. 그런 기적들은 실제로 그 사건이 발생한 도시나 지방에만 알려졌다. 아우구스티누스는 자신이 몸소 목격하거나 직접 들은 18가지의 기적들을 열거하면서, 알고 있는 사례가 너무 많아서 자신이 할당한 지면에는 모두 적을 수가 없을 정도라는 얘기도 덧붙였다. 그가 열거한 기적들은 치료에 관한 것들이었는데, 마비와 암을 고쳤거나 시력을 돌려놓고 심각한 사고를 당한 뒤 회복하게 만든 경우도 있었으며, 네 번이나 죽은 자를 살려놓기도 했다. 악마를 좇은 경우도 두 건의 치료 사례에 포함되었다.

그는 세상을 떠나기 직전인 427~428년에, 과거의 작품들을 수정하기 위해 쓴 『취소(Retractions)』에서 기적의 중지에 관해 자신이 했던 말들을 되짚어보았다. 그는 『진정한 종교에 관해』에서 제기했던 "기적은 현재까지 지속되어서는 안 된다"는 자신의 이전 주장을 지지했다. 당시에 성령은 사도행전에 기록된 것처럼 세례 받은 자의 혀를 찾아가지도 않았고, 그리스도 설교자들의 그림자에 의해 병이 낫는 일도 발생하지 않았다.

아우구스티누스는 이렇게 선언했다. "당시에는 그런 일이 일어났더라도 나중에는 분명히 중지되었다." 그런 다음 그는 자신이 예전에 했던 주장을 누그러뜨렸다. 그는 예전의 주장을 "현재 어떤 기적도 그리스도의 이름으로 이루어지고 있다고 여겨지지 않는다"는 의미로 해석하지 말라는 것이었다.[9] 아우구스티누스는 『신국론』에서 상세히 다룬 치료의 기적을 언급하며 이런 입장을 뒷받침했다.

카리스마가 중지되었다는 아우구스티누스의 이전 입장과 모순되는, 『신국론』에 등장한 이 주목할 만한 구절에 관해 두 가지 의견을 제시할 수 있다.

첫째, 아우구스티누스는 5세기에 바울의 모든 카리스마가 1세기에서처럼 기능하고 있다고 선언한 것이 아니라는 것이다. 다시 말하면, 예언이나 방언, 그 외의 다른 은사에 대해서는 언급이 없었다. 기적은 거의 모두 치료와 관련되어 있었고, 의사들의 기술보다 그리스도교 신앙을 높이 평가했다. 의사들은 이 모든 질병과 고통 앞에 어찌할 수 없다고 고백했다. 몇몇 경우에서는 성물(聖物)과의 접촉이 의술보다도 더욱 효과적인 것으로 증명되었다. 따라서 아우구스티누스가 『신국론』에서 제시했던 더욱 광범위한 목표에 부합된 기적들은 좁은 범위로 한정시켜 고려해야 한다. 치료의 기적은 인간의 세속적인 도시에서 시도한 치료가 실패한 경우에 믿음으로 치료함으로써 성공한 것을 의미하며, 이는 하나님의 나라를 반영했다.

둘째, 아우구스티누스가 기적이라는 문제에 대해 일관되지 못했던 것은 아마도 5세기 초의 주류신학에 존재했던 긴장감을 반영하는 듯하다. 당시의 교회와 초기의 영적 교회가 다르다는 점을 인정하려는 생각과 은사 전체를 인정하지 않으려는 의도가 서로 충돌했던 것이다.

성자나 은둔자로 묘사된 신비주의 비 주류파

카리스마가 그 빛을 잃은 뒤 카리스마의 힘이 어떤 운명을 겪었는지 알아내는 또 다른 방법은 신비주의의 흔적을 따라가는 것이다. 3, 4세기에 신비주의는 구체적으로 사막의 은자나 성자의 모습으로 나타났다. 은자들은 이전의 예언자나 신비주의자들이 추구했던 금욕주의의 전통과 자기빈곤을 유지했다.

4세기 초에 이집트 사막에 위치한 안토니오(Antony) 수도원의 영적 추구는 점차 주류가 되어가는 그리스도교 신앙 대신 영적 대안을 추구하던 개인들에게 영감을 주는 존재였다. 로마라는 중심 기지로부터 떨어진 시골 지역은 도시보다 극단적인 금욕주의자나 영감을 받은 예언자들을 포함한 비 정통파를 수용할 가능성이 높았다. 몬타누스파를 비롯한 여러 이단 종파들은 아프리카와 근동지방에서 가장 오래도록 남아 있었던 반면, 개별 신비주의자들은 현자나 신비주의적 은둔자의 오랜 전통에 의지했다.

3세기에 페르시아의 예언자 마니(Mani)에 의해 설립된 그노시스파의 일종인 마니교(Manichaeism) 또한 여러 세기 동안 영향력을 행사했다. 한때 아우구스티누스도 그리스도교로 개종하기 전에 마니교의 열성적인 귀의자였다. 마니교는 4세기부터 교회의 가장자리에서 많은 이원론적 종파들을 풍성하게 키워주었다.

카리스마로 인한 능력, 특히 방언이 초기 몬타누스주의 운동에서 발생했다는 주장이 있다. 포브스는 4세기에 활동했던 수사 파코미우스(Pachomius)에 대한 이야기를 인용했는데, 이집트에 수도원을 세운 그는 전혀 배우지도 않은 언어를 말할 수 있는 능력을 하늘로부터 받았다고 한다. 포브스는 이 이야기가 분명 민간에 전해오는 신화라는 점을 인정했다. 이는 그 이야기를 쓰는 능력이 비록 성인에게만 부여되지만, 신이 그런 선물을 내려줄 수 있다고 믿었다는 의미였다.[10]

신비주의 성향에 대한 교회의 대응은 사막에 거주하는 이들을 상당히 통제된 공동조직으로 구성하는 것이었다. 소아시아 동쪽에서 카이사레아(Caesarea)의 주교 바질(Basil, 330~379년)은 이집트의 수행자들이 추구하는 은자로서의 생활에 제한을 가하려고 했다. 그는 그러한 추구가 개인의 필요에만 적합하고 사랑의 율법과는 상충된다고 지적했다.[11] 바질은 4세기 중반에 그리스도교 수도원을 위해 최초로 규칙을 세우는 등, 개인의 신비주의 추구에 제한을 두고 집단적인 규율을 부과했다.

5세기 초에 스키타이의 수도사 존 카시안(John Cassian)은 기도와 금욕주의적 질서를 강조하는 동양식 모델을 기초로 수도원을 세웠다. 카시안은 대중의 상상 속에 자리 잡은 수행자들과 고행자들의 '기적을 일으키는 행위'를 지극히 혐오스럽게 취급하면서,[12] 대신 수도원의 정통성과 엄격함을 강조했다. 6세기의 베네딕트회의 규칙(Benedictine Rule)은 이러한 원칙들을 따른 것이며, 개개인의 신비주의자가 아니라 강한 공동체 의식을 가진 충실하고 단련된 학생들을 배출할 것을 권장했다.

수도원 외에 그리스도교 성자들의 사례가 더 있는데, 이들은 대개 고립된 지역에서 초자연적 능력을 지닌 것으로 알려져 있었다. 그들은 재계(齋戒)와 자기빈곤을 포함한 신비주의적 전통을 따르며 은둔자로서 살아갔다. 아나톨리아(Anatolia), 시케온의 테오도르(Thedore of Sykeon, 612년경에 사망)가 대표적인 인물로, 존 애슈턴은 이 성자를 그리스도교 마술사로 설명했다.[13] 기적을 일으키고 악마를 물리쳤다는 테오도르는 나중에 성인이 되었다.

일부 지역의 그리스도인들은 머릿속으로 수도원과 교회를 구분짓기 시작했다. 수도사들은 사제와 주교보다 영적으로 더 높은 자격증을 지닌 것으로 여겨졌는데, 이는 교회를 비 영적인 주교들과 성령을 직접 받은 사람들로 구분지었던 터툴리안의 방식을 연상시킨다. 소아시아의 교회에서는 죄를 사하는 능력이 수도사의 특권이라는 생각이 지속되었는데, 그들만이 고행의 행동으로 성령을 부여하는 신성을 충분히 지녔기 때문이었다.[14]

신성에 참여하는 세례로 인식된 동방교회의 카리스마

그리스어와 시리아어를 쓰는 동방교회의 그리스도교 신학은 라틴 서방의 가톨릭교회와 근본적으로 다른 몇 가지 점을 발전시켜나갔다. 신의 은총의 선물이 인간을 자유롭게 해주어야 한다는 아우구스티누스의 원죄 개념은 동방교회에서 인정되지 않았다. 이 근본적 차이는 동방의 신학 논문과 동방교회의 전례에서 뚜렷이 나타나는 독특한 특징들의 증거가 된다. 동방에서 세례는 타고난 죄와 원죄를 씻어 없애는 것이 아니라 영적 계몽을 의미하는 포티스모스(photismos), 즉 성령과 교회에 대한 환영으로 이해되었다.

폴 메이엔도르프(Paul Meyendorff)는 동방 그리스도교를 세례 받은 개인을 신으로 만드는 목표를 지닌 '현저히 긍정적인 신학'이라고 특징지었다.[15] 신성에 참여하기 위한 수단이었던 세례는 동방교회의 전례에서 카리스마로 존중되었다. 즉, 그것은 새로운 삶을 약속하는 하나님의 아낌없는 선물이었다. 4세기 동방교회의 대표적인 신학자였던 나지안주스의 그레고리(Gregory of Nazianzus, 기원후 339~390년)와 니사의 그레고리(Gregory of Nyssa)는 세례 자체를 카리스마로 불렀다.[16] 전례를 구성하는 용어와 예식은 신도가 추구하는 신성화의 완벽한 표현으로 간주되었고, 따라서 동방교회에서는 성사에 큰 의미가 부여되었다.

동방교회에서는 경전과 교부들의 글에서 축적된 지혜로 이해된 전통도 중요한 위치를 차지했다. 정경(正經)으로 채용된 경전의 주석은 경전의 가치를 높여 축적된 인식이 여러 세대를 통해 전달되어 신학적 지혜의 '황금사슬'을 형성하는 것으로 간주되었다.[17] 또한 합의를 통해 이루어진 성서에 대한 깊이 있는 해석과 교리는 2세기에 이레나이우스가 주도했던 대로 이단에 대한 반박의 근거를 형성했다. 4, 5세기에 '교부(patristic)' 저술가들로 알려졌던 동방의 대표적인 신학자들은 이러한 주석의 전통을 유지했고, 그들의 일부 저서에서는 카리스마에 대한 언급을 찾을 수 있다.

나지안주스의 그레고리는 교회의 디아크리시스(diakrisis) 카리스마, 즉 성령을 식별하는 카리스마를 언급하면서 경전에 개략적으로 설명된 다양한 은사를 해석학적으로 접근했다. 그는 또한 카리스마타를 자랑하는 것이 성인이 할 일은 아니라고 썼다.[18] 알렉산드리아의 아타나시우스(Athanasius, 기원후 300~373년)는 널리 알려진 『안토니오의 생애(Life of Anthony)』를 쓴 성인으로, 눈물의 은사인 카리스마에 대해 기록했다.[19] 수도원의 환경에서 발생한 이 관례는 회개의 눈물을 통해 기쁨을 주는 은사로서 이해되었다.

카이사레아의 바질은 카리스마를 실용적으로 파악했는데, 그에게 카리스마란 교회에서 역할을 맡고 있는 모든 이들에게 선사된 신의 선물이었다. 바질은 수도원 생활을 위해 쓴 『규칙(Rules)』의 취지에 맞게, 카리스마로서 추구되는 실제적인 예식에 초점을 맞추었다. 즉, 다른 사람들을 인도하고 위로하고 충고하거나 경전을 설명하고 그것으로부터 영적인 이익을 끌어내는 일에 관심을 가졌다.[20]

안티오크의 요한 크리소스토무스는 자신이 『설교』에서 카리스마를 언급했던 구절들을 지적하며 해박한 해석학적 작품을 발표했다. 적어도 4년을 사막에서 홀로 지낸 크리소스토무스는 그 생활을 청산한 뒤, 은사를 믿는 당시 수도원의 풍토를 비판했다. 크리소스토무스는 카리스마에 대한 추구가 금욕주의적 규율을 완화하는 구실이 되어서는 안 된다고 생각했다. 카리스마는 사도가 죽은 자를 일으킬 능력을 가졌던 가장 초기 교회에 속한 것이었고, 그곳이 카리스마가 남아 있어야 할 곳이었다.[21]

키로스의 테오도레트(Theodoret of Cyrus, 393~466년)는 카리스마 은사가 고린도전서에 기록된 것처럼 '이전 시대'에 나타난 은총의 '뚜렷한 표시'라고 설명했다. 그는 은총이 '우리 시대'에도 여전히 전해지고 있지만, 그 시절과 같은 형태를 띠지 않을 수도 있다고 주장했다.[22]

전통을 중시하는 동방교회의 경향으로부터 발생한 혁신에 대한 의심과 보수주의는 이 전통이 성령에 의해 활성화되어야 한다는 확신에 의해 상쇄되었다. 밑바탕에 신비주의적 성향이 흐르고 있는 수도원의 영성은 동방 그리스도교에 상당한 정도로 영향을 미쳤다. 6세기경 콘스탄티노플에만 300개의 수도원이 자리 잡고 있을 정도였다.[23] 특히 비잔틴 교회는 신도들이 성령으로 충만한 상태에 도달해야 한다는 점과 함께 신앙의 신비적 요소를 강조했다.[24]

이런 분위기로 인해 카리스마를 다루는 예배와 신학이 주기적으로 쏟아져나올 수 있었다. 종종 그런 활동은 엄격한 질서와 규칙에 늘 구애받는 서방교회와는 달리, 때로는 수도사들의 느슨한 연합체로 구성되었던 동방의 수도원에서 발생했다. 수도원 환경은 가끔 교회의 공식적인 비난과 처벌의 대상이 되었지만, 때로는 신비주의를 추구하면서도 이단이라는 비난을 피할 수 있음을 의미했다.

이런 부분에서 가장 눈에 띄는 인물은 새로운 신학자 시메온(Symeon the New Theologian, 949~1022년)이다. 콘스탄티노플을 근거지로 삼았던 수도사 시메온은 카리스마를 지닌 수도사가 교회 주교, 황제와 함께 비잔틴 세계 권력의 3분의 1을 차지한다고 생각했다.[25] 시메온은 『신의 사랑의 찬송(Hymns of Divine Love)』과 같은 저서에서 신과의 접촉이 모든 사람들에게 가능하다고 주장하면서 성령의 직접적인 경험을 주장했다.

> 성령을 받기가 불가능하다고 말하지 마라. 인간이 신의 빛을 보지 못한다고, 또는 지금 시대에는 불가능하다고 말하지 마라. 이는 결코 불가능한 일이 아니다.(『신의 사랑의 찬송』 27, 121~32)[26]

중간 매체를 거치지 않는 영적 경험에 대한 이러한 요구는 몬타누스파와 터툴리안까지 거슬러 올라가는 제도적 교회에 대한 초기의 도전을 상기시켰다. 시메온은 영적으로 계발된 수도사들이 계층적 교회성직자들과 나란히 영적인 성직을 수행한다고 믿었다.[27]

한동안 시메온은 교회 주교들의 지지를 받지만, 결국 교회 당국과 충돌한 뒤에 추방되었다. 그럼에도 불구하고 그의 저서들은 이후 그리스정교의 신비주의적 형식에 영감을 제공했다. 동방교회에서 수도사의 영성이 가진 힘은 시메온과 그의 추종자들의 신학처럼 은사가 종식되었다는 관점을 대체하는 관점이 유지되고 때로는 번성하기까지 할 수 있었던 이유들 가운데 하나다. 그러나 종교관행이 제도적 방침으로부터 너무 멀리 떨어져 있을 경우에는 공식 교회가 이단의 혐의나 추방의 형태로 비난을 가할 가능성이 언제나 존재했다.

암암리에 전해진 카리스마의 영적 에너지

서방에서는 그리스어인 '카리스마'가 라틴어로 옮겨져 터툴리안의 저서나 라틴어로 작성된 초기 신학 작품에 등장했다. 카리스마라는 개념이 주류신학에서 지지를 받지 못하게 되면서 서방에서 이 말의 사용은 줄어들었다.

앞 장에서 지적했듯이, 그리스도인의 생활에서 카리스마의 역할을 열렬히 옹호했던 터툴리안은 라틴어인 도눔(선물)이 카리스마의 동의어로 사용하기엔 그 뜻이 너무 약하다고 생각했다. 그는 200년경에 글을 쓰면서 더 강한 뜻을 가진 도나티붐을 선택했다. 도나티붐은 황제가 백성들에게 아낌없이 베푸는 특별한 순간에 주는 선물을 가리켰다. 그렇게 격이 높은 선물만이 그리스도인에게 카리스마로 알려진 은사에 필적할 수 있었다. 그러나 결국엔 '도눔'이 그라티아(gratia, 은총)와 함께 라틴어로 된 신학 문서에서 은사를 가리키는 표준어가 되었다. 이는 그 자체로 카리스마타의 가치를 떨어뜨렸다. 카리스마타는 교회의 초기 단계에서 '선물'이라는 의미가 부여되었다가 나중에 성사나 정전과 같은 선물의 의미로 그 중요성이 침해되었다.

그러나 카리스마라는 말이 사라지면서 더 이상 사용되지 않았다고 해도, 서방교회에서 카리스마의 개념까지 중지되었다고 결론짓는 것은 경솔한 짓이다. 1세기의 카리스마와 관련된 영적 에너지는 다른 곳에서 출구를 찾았다. 제도화된 교회에 대한 불만은 터툴리안과 함께 사라지지 않았다. 교권에 반대하는 감정은 대안적인 교리와 예식의 여러 유형을 낳았는데, 이들 중 다수가 이단으로 비난받았다.

정통 교회에 대한 도전자들은 일반적으로 영감을 찾아 교회의 초기 단계로 시선을 돌렸다. 그들은 율법보다는 성령을 갈구했기 때문에 바울을 그들의 원천으로 주장했다. 이런 대안의 교리가 갖는 신비주의적 성향은 이름으로는 아니더라도 내용상 바울의 카리스마를 품고 있었다. 예언과 성령의 직접적인 주입, 무아경의 발언, 방언 등의 능력이 교회의 여러 부흥 관행(revivalist practices)으로 되살아났다.

따라서 이 장의 나머지는 카리스마라는 말이 대체로 사용되지 않고 있었음에도, 초자연적인 측면을 포함한 은사로서의 카리스마 개념이 어떤 과정을 거쳐갔는지 추적하는 내용으로 채워질 것이다. '카리스마'가 19세기에 신학계에서 정력적으로 다시 사용되고 20세기에 흔하게 사용될 정도가 된 것은, 비록 다른 이름으로 알려졌을지라도, 카리스마와 친숙한 환경에 다시 출현한 것을 의미했다.

카리스마의 동의어 '광신(enthusiasm)'

이미 이 과정은 R. A. 녹스(R. A. Knox)가 1950년에 발표한 『광신(Enthusiasm)』에서 독특한 방법으로 추적한 바 있었다. 녹스는 '광신'을 1세기부터 19세기까지 그리스도교 역사에 존재했던 카리스마적, 신비주의적 요소를 설명하는 데 적합한 용어로 사용했다. 녹스는 문제접근 방식이 특이했다.

카리스마나 무아경의 발언, 즉 은사에 대한 대부분의 연구가 중립적인 논조를 채택하거나 일상화되기 이전의 카리스마에 대해 베버 이후의 논리를 적용한 데 반해, 녹스는 그러한 시도를 공개적으로 경멸했다. 녹스가 보기에 그런 내용이 종교의 역사에서 한 장(章)을 구성한다면, 그것은 유감스러운 장이 될 것이었다. 녹스에게 '광신'은 교회 역사를 관통한 '파악하기 어려운 것'을 의미하는 경멸적인 용어로, 이는 주기적으로 발생하여[28] 혼란과 불화를 일으켜왔다.

녹스의 견해에 따르면, 여러 세기에 걸쳐 연주되어온 '푸가(모방대위법에 의한 악곡형식 및 그 기법-옮긴이)의 멜로디'는 매번 교회의 엘리트층에 의해 퍼졌는데, 이들은 자신이 동료들보다 성령에 더 어울린다고 간주했다. 녹스가 도표로 작성한, 정기적으로 되풀이된 상황에는 파벌 형성과 주류에 대한 반대가 수반되었고, 파벌 내에서도 서로를 죽이는 분열이 발생하면서 최초의 열정이 불가피하게 사그라들고 말았다. "예언은 소멸되고, 카리스마는 제도권으로 융합되었다."[29] 이 부분에서 녹스는 그리스도교 역사에서 정기적으로 나타나는 주제로서 카리스마의 일상화를 다룬 베버의 이론을 채택한다.

그는 그 과정에서 광신에 대한 동의어로 '카리스마'를 사용했다. 그가 선호한 용어는 종종 너무 거추장스러워서 흉내 내기도 어려운 '극초자연주의(ultrasupernaturalism)'였는데, 이 용어는 대대로 내려오는 영적 광신자의 목표를 포함한 것으로, 그런 사람은 다른 사람들보다 하나님의 은총으로부터 더욱 뚜렷한 결과를 기대했다.[30] 이 목표는 사도행전과 바울의 서신에서 자세히 설명된 것처럼 초자연적인 영향력으로 채워진 황금시대에 대한 초대교회의 비전에 의해 자극받았다.[31]

녹스는 합리적인 그리스도교 주류의 입장을 취했다. 그는 광신자들이 100건의 문서를 인용한 뒤, 다음과 같이 덧붙였다고 지적한다. "우리 또한 이 문서들을 이용할 때 당혹감을 느낀다."[32] 그는 광신이 가진 반제도적, 반주지주의적 특징을 확인해내면서, 그러한 특징들이 은총에 대한 다른 광신적인 신학으로부터 생겨났다고 지적했다. 바울의 신학에 대해서도 이런 의견을 말할 수 있지만, 녹스는 바울이 아니라 그의 추종자들을 비판하고 있었다.

녹스에 따르면, 그들은 반복적으로 바울의 가르침을 잘못 이해했다. 이런 실수는 맨 처음 코린트인들에 의해 저질러졌으며, 녹스가 보기에 그런 실수는 여러 세기 동안 모든 부흥주의에서 재발되었다. "정상적인 그리스도교라면 당연히 영감의 원천으로서 바울을 지적한다."[33] 되살아난 모든 광신에는 도취된 행동을 보이는 '증상'이 포함되어 있는데, 이는 영감을 받은 예언자나 사람들이 의식이 없어지는 몽환지경, 또는 머리에서 발끝까지 여러 시간 동안 사람을 소모시키는 발작에서 명백히 드러난다.[34]

이런 '증상'이 처음으로 드러나고 광신자가 처음으로 나타난 것은 코린트에서였다. 녹스는 현대 독자는 믿을 수 없을 정도로 코린트에서 은사가 많았다고 지적한다.[35] 바울이 카리스마로 인한 능력을 인정했기 때문에 녹스는 그것의 존재를 인정할 수밖에 없었다. 그러나 그는 초자연적인 특성을 보이는 믿음에 대해 경멸감을 내비치지 않고는 배길 수가 없었다. 그는 짐짓 겸손한 척하면서 1세기 코린트의 그리스도교 숭배가 '웨일스에 부흥운동이 고조되었을 때 변두리 지방인 베델(Bethel)에서 기대할 수 있는 그런 사태'와 비슷하다고 말했다.[36]

녹스는 고린도전서를 해석하면서 바울이 초자연적인 능력의 범위를 통제하고 제한하려 했다고 생각했다. 바울은 더욱 놀라움을 안기는 형태의 카리스마타에 유해할 정도로 몰두하는 것을 저지하려고 했다.[37] 녹스의 생각에 바울은 지나친 열중을 반대하는 자제(自制)의 편에 서 있었다. 따라서 녹스가 판단한 바울은 교회의 광신을 억제한 최초의 인물이었다. 제도와 카리스마 사이의 이러한 갈등은 교회 역사 내내 다른 곳에서도 다양한 형태로 다시 나타났다.

반대자의 관점에서 보면, 바울과 코린트인들 간의 관계에 대한 녹스의 해석은 광신자들의 해석만큼이나 편파적이며, 녹스는 분명히 그 점을 유감으로 여겼다. 그럼에도 불구하고 광신에 대한 그의 역사적 연구는 카리스마라는 말이 거의 사용되지 않았던 여러 세기 동안의 카리스마 연구에 유용한 자료다. 코린트를 출발점으로 삼은 녹스는 그리스도교의 카리스마 개념과 밀접하게 연관되어 있는 광신적인 부흥 사례들을 연구했다.

2세기의 몬타누스주의는 광신적 증상이 처음으로 심각하게 대대적으로 재발된 경우였다. 몬타누스파는 무아경의 예언으로 영적 교회를 세우기 위해 애썼다.[38] 교회에 의해 몬타누스파를 비롯한 여러 이단 세력들이 진압된 뒤, 중세시대 내내 주로 동방의 영적 추구에 영감을 받은 광신적인 믿음이 산발적으로 발생했다고 녹스는 지적한다. 종교개혁은 근대의 광신도 발생의 발단이 되었는데, 모든 종류의 분파 및 반란과 함께, 맨 처음엔 퀘이커(Quakers) 교도와 경건파(Pietists), 그 다음엔 감리교파(Methodism) 등이 등장했다.

이단의 시대, 정통 교회 틀 안으로 들어간 카리스마

녹스는 스스로 부정확하다고 인정하면서도, 몬타누스파나 마니교와 같은 초기의 운동으로부터 종종 중세교회에 의해 불법으로 선언된 신비주의적 종파로 이어지는 하나의 궤적을 그려냈다. 7세기에는 바울파로 알려진 종파가 아르메니아에서 출현했는데, 이들의 특징은 마니교의 이원적 관점을 고수했다는 점이었다. 또 다른 종파인 메잘린파(Messalians)도 그노시스주의와 비슷했지만, 일종의 그리스도교 부흥운동과 더욱 어울리는 믿음이었다. 그들은 몬타누스파의 모습을 물려받았으며, '광신자들'로 알려졌다.[39]

이후 발칸지역에서 활동한 이단인 보고밀파(Bogomils)는 바울파와 메잘린파의 대요를 흡수했다. 선조보다는 후손에 더 잘 알려진 카타리파(Catharists)는 불가리아의 보고밀파와 접촉한 뒤, 12세기 서유럽에서 세력을 키웠다.

그리스어인 카타로스(katharos, 순수)에서 이름을 딴 카타리파는 그노시스주의의 이원론을 지지했고, 그로 인해 순화된 삶을 추구했다. 카타리파는 이전의 여러 그노시스파와 마찬가지로, 물질세계가 본질적으로 사악하며 하나님이 아니라 악의 있는 유령에 의해 창조되었다고 주장했다. 그들은 그리스도교의 성사를 거부하고, 대신 자신들만의 의식을 채택했다. 그리고 자신들만의 주교와 부제를 임명하여 가톨릭의 성직을 대신했다. 이단으로 몰린 카타리파는 특히 남부 프랑스 지역에서 압제에 시달렸다.

카타리파는 가톨릭교회가 이단으로 간주한 여러 분파들 중의 하나에 불과했다. 교황 루시우스 3세(Pope Lucius III)는 1183년 교령에서 파사긴파(Passagins), 조세핀파(Josephins), 리용의 가난한 자들(Poor Men of Lyons), 파타린파(Patarins), 아르날드파(Arnaldists) 등 몇몇 종파를 추가로 이단 명부에 올렸다.[40] 교회는 1232년 무렵에 종교재판소를 세워 프랑스에서는 알비주아파(Albigensians)로 알려진 카타리파와 다른 이단의 확산 문제에 대응했다. 종교재판소는 이단을 판단하고 처벌하는 임무를 지닌 교회의 법정으로, 교황 그레고리 9세에 의해 승인되었다. 고문과 사형이 일상적인 처벌이었고, 1479년에 설립된 스페인 종교재판소로 악명이 높아졌다. 종교재판소는 1557년에 금서 목록을 작성했는데, 이단으로 비난받은 저서들이 포함되었다.

의심과 박해가 심했던 이 시대에는 용인될 만한 사상이나 관습이 이단의 입장과 종이 한 장 정도의 차이밖에 나지 않는 경우가 종종 있었다. 크리스토퍼 브루크(Christopher Brooke)는 여러 수도원 지도자들이 지지했던 '엄격한 금욕주의'는 세상이 착하게 창조되었다고 해도 완전히 사악하다는 생각에 의해 뒷받침되었다고 지적한다. 이러한 시각은 세상이 만들어질 때 사악했다는 카타리파의 이단적 입장과 거의 차이가 없었다.[41]

신비주의 그리스도교는 그것이 승인된 예배규정을 지키는 한, 교회에서 살아남을 수 있었다. 이단으로 금지된 종파는 성사에 대한 잘못된 견해를 지녔기 때문에 유죄였다. 그러나 정통 교회의 체계에서 종종 선견으로 뚜렷이 나타나는 신의 영감이라는 개념은 허용될 수 있었다. 예를 들어, 메잘린파는 '순수한 기도'가 하나님과의 영적 교섭을 찾는 유일한 수단이라고 믿었다. 그들은 세례나 다른 성사의 필요성을 거부했기 때문에 이단으로 비난받았다. 그러나 헤시카즘(Hesychasm)과 같은 동방의 신비주의 종파는 메잘린파와 비슷하게 이단의 비난을 받았지만 용케 살아남았다.

테살로니카 대주교 그레고리 팔라마스(Gregory Palamas, 1296~1359년)는 시메온 신학자와 그밖의 금욕적 영성주의자로부터 영감을 받아 14세기에 헤시카즘을 주창했다. 고요를 의미하는 그리스어에서 발생한 헤시카즘은 묵상에서 일종의 희열을 추구하는 신앙이었다. 헤시카즘은 이단의 비난을 이겨내

어 후기 비잔틴 세계에서 공식적으로 인정받은 종교로 남을 수 있었다.[42]

11~16세기 서방에서는 세 명의 유명한 여성 선지자가 교회에 의해 성인으로 추앙되었다. 자신이 세운 수녀원의 원장이었던 힐데가르트 폰 빙겐(Hildegard von Bingen, 1098~1179년)은 선견과 예언 능력으로 유명했고, 그녀의 의견을 들었던 통치자들의 존경을 한몸에 받았다. 그녀의 선견지명은 그녀가 작곡한 불후의 작품 속에서 표현되었다. 백년전쟁 후기 프랑스를 위기에서 구한 소녀 잔 다르크(Joan of Arc, 1412~1431년)는 자신에게 프랑스를 이끌고 영국군에 대적하라는 성인들의 목소리를 들었다고 주장했다. 영국군에 붙잡혀 이단자이자 마녀로 화형당한 그녀는 결국 1920년에 성인으로 인정받았다. 아빌라의 테레사(Teresa of Avila, 1515~1582년)는 수도원에서 카르멜회(Carmelite) 규율을 부활시켰는데, 금욕생활과 신비적 저서로 유명했다.

이 세 여성과 그 외에 성인으로 추앙된 많은 이들은 선견이나 다른 기적적인 능력을 고백하며 정통 교회의 전통 안에서 신비적 성향을 유지했다. 예언이나 직접적인 영감, 기적을 일으키는 개개인의 카리스마는 이런 유명한 사람들의 위업에서 명맥을 이어갔다.

그러나 이런 유명한 성인들의 업적과 바울이 설명한 카리스마에는 중요한 차이가 있었다. 바울의 카리스마가 가진 공동체적인 측면은 살아남지 못했다. 종종 힐데가르트나 테레사가 수도원에 몸을 숨기고 있었던 경우처럼 은사는 교회의 안전한 장치 안에서 기적을 행했던, 나무랄 데 없는 극소수에게만 가능했다. 성령과의 직접적인 접촉이 집단의 모든 이들에게 가능하다는 견해를 제안하고 많은 이들에게 영적 능력을 부여하겠다고 주장한 운동들은 이단으로 저지되었다. 그들은 이전 세기의 몬타누스파나 프리실리아누스파와 똑같은 운명을 겪고 말았다. 종교재판소는 더욱 철저하고 종종 폭력적인 제지를 가했다.

아퀴나스가 정의한 무상의 은총 카리스마

카리스마 현상에 관한 중세 가톨릭교회의 공식적인 입장은 철학자이자 신학자인 토마스 아퀴나스(Thomas Aquinas, 1225~1274년)에 의해 명확해졌다. 아리스토텔레스의 방법과 그리스도교 신학을 융합시킨 아퀴나스의 철학은 방대한『신학대전(Summa Theologiae)』에서 명확히 드러나는데, 이는 스콜라 철학의 전통에서 가장 중요한 업적으로 이후 서방의 그리스도교 사상에 지대한 영향을 미쳤다.

아퀴나스는 이성이 사실상 하나님의 행위를 감지할 수 있으며, 진실은 신앙과 관련된 초자연적 계시와 자연적 계시 모두를 통해 알 수 있다고 주장했다. 아퀴나스에게 초자연적 수단에 의한 계시는 대체로 경전과 고대의 예언자, 교회를 둘러싼 전통에서 나타났다. 그러나 그는 가끔씩 신의 계시를 희미하게 감지할 준비를 하기도 했는데, 실제로 그는 거의 죽기 직전에 신비로운 경험을 했다고 주장했다. 아퀴나스는 그리스도인이 이성과 신앙을 통해 죽을 때가 되면 하나님의 본질을 마침내 이해하는 성화(聖化)의 단계에 도달한다고 믿었다.

『신학대전』이라는 방대한 규모의 체계적인 장치에서 카리스마는 일종의 은총의 역할을 맡았다. 아퀴나스가 쓴 용어에서 은사는 그라티아 그라티스 다타(gratia gratis data)로, 일반적으로 '무상으로 준 은총'이나 '무상 은총'으로 옮겨졌다. 아퀴나스는 무상 은총이 믿음과 신성한 교리를 표시하기 위해 정해졌다고 말했다(IIIa 7.7).[43] 그는 치료와 기적, 예언, 영혼 식별과 방언, 방언 해석의 은총을 확인해기 위해 고린도전서를 추적하면서, 이것들이 '무상의 은총'으로 열거되었다고 지적했다. 아퀴나스는 이러한 능력이 탁월한 신앙의 확신을 의미하며 그런 능력을 갖춘 사람은 다른 사람들을 가르치기에 적합하다고 생각했다(III. 4). 그는 이러한 은총이 한 개인으로 하여금 다른 이를 도와 하나님에게 이르게 해주는 기능을 갖고 있다고 보았다.

무상의 은총에는 한 사람이 다른 사람에게 이성을 넘어서는 신성한 것을 가르치는 데 필요한 것은 무엇이든 포함되어 있다(III. 4). 아퀴나스는 초자연적인 특징을 가진 은총과 마찬가지로 이해력이나 충성심, 용기, 두려움도 무상의 은총으로 파악하였다.

무상 은총으로 다시 이름 붙여진 카리스마는 토마스 아퀴나스의 체계에서 수단으로서의 기능을 갖고 있었다. 무상 은총의 역할은 어떤 그리스도인에게 능력을 부여하여 다른 사람들을 구원받을 수 있는 곳까지 인도하게 하는 것이었다. 무상 은총은 사람들을 성스럽게 만들고 그들을 신성(神聖)으로 이끌어주는 성화의 은총에 비해 열등한 위치에 있었다. 아퀴나스는 이렇게 카리스마의 격을 떨어뜨린 데 대한 증거로서 또다시 바울을 인용했다. 그에 따르면, 고린도전서에서 바울은 자신의 청중에게 자비(아퀴나스의 성화의 은총에 해당)가 더욱 훌륭한 방법이라고 조언했다고 한다.

성화의 은총은 그것이 인간에게 곧바로 최종 목적과 하나가 될 것을 명하기 때문에 더욱 고상했다. 무상의 은총은 그 목적을 준비하는 것에 불과했다. 이전에 카리스마로 알려졌던 무상의 은총은 성화의 은총이 성스러움과 최종의 완벽함을 나누어주는 그 지점까지 사람들을 데려다줄 뿐이었다.

두 가지 은총을 철저하게 분리한 아퀴나스는 은사의 역할을 유지하면서도 제한했다. 그것은 주로 성화의 은총의 힘을 보완하는 기능이었다. 은사는 하나님이 인간의 능력과 활동에 특별히 간섭한 결과로 발생하는 일시적인 것으로 간주되었다.[44] 그것들은 인간의 타고난 능력의 범위를 넘어서는 수준까지 끌어올려 탁월한 신앙의 확신을 나누어주어야 하는 일시적인 요구가 있을 때 발생한다. 이러한 은사의 목적은 가르침이나 훈련을 통해 다른 사람들을 믿게 만드는 것이다. 예언과 같은 특이한 은사가 이런 능력에 영향을 줄 수도 있지만, 아퀴나스는 은총을 받는 제도적인 기능도 고려했다. 신성한 조직과 교회의 재판, 교황의 무과실성 또한 초자연적인 원천을 갖는 것으로 여겨졌다. 그것들은 무상의 은총이 더욱 영구적으로 나타나는 데 필요한 요소들이다.[45]

성스런 치료의 은사로 대변된 왕의 카리스마

토마스 아퀴나스가 빈틈없이 체계화된 교의상의 조직에 기적과 계시를 자리매김했다면, 이러한 신학적 장치 밖의 중세시대의 생활은 신비주의로 가득 차 있었다. 중세시대에 인정된 교회의 관례는 이교도의 요술로 비난받지는 않았지만 마법적인 의식에 매우 가까워지는 경우가 종종 있었다.

키스 토마스(Keith Thomas)는 중세교회가 기도문과 예배의식을 주문으로 이용하고 교회의식의 목적을 신도의 눈에 나타나는 영광(靈光)과 연관시키는 행위를 너그럽게 용인했다고 지적하면서, 교회가 마력의 거대한 저장소처럼 보였다고 말한다.[46] 그러나 최종 마력은 군주에게 있다고 여겨졌다.

왕이 손을 대어 치료하는 능력은 11세기부터 프랑스와 영국에서 공공연히 집행되었고, 그 의식은 18세기 초 앤 여왕의 치세에까지 계속되었다. 연주창(連珠瘡, 부스럼을 뜻하는 말-옮긴이)과 같은 여러 피부병은 왕의 손이 닿으면 낳는다고 해서 '왕의 악질(King's Evil)'로 알려져 있었다. 수천 명의 병자들이 왕이 성스런 치료 능력을 갖고 있다고 믿고 왕의 손길을 받았다.

1684년에 출간된 존 브라운(John Browne)의 저서는 『카리스마 바실리콘(charisma basilicon)』, 즉 왕의 카리스마 또는 왕의 치료의 선물에 관한 보고서다. 그는 이 책에서 연주창에 관한 해부학적 연구를 이런 질병이 왕의 손이 닿으면 치료될 수 있다는 확신과 결합시켰다. 브라운은 이러한 의식이 영국 왕들에 의해 640년 이상 치러져오면서 탄복할 만한 결과와 기적적인 사건들을 일으켜왔다고 지적했다.[47]

그보다 앞선 1597년에 발표된 윌리엄 투커(William Tooker)의 저술은 치료의 은사로서 왕의 카리스마를 언급했는데, 그 중에서도 기적적인 치료의 은총을 받은 엘리자베스 여왕을 자세히 다루었다. 영국의 왕들이 하나님으로부터 아픈 자를 치료하는 카리스마를 부여받았기 때문에 엘리자베스 여왕에게는 안수로 치료하는 능력이 있었다. 투커는 이러한 '하늘의 은총'이 종교 예식과 기도에 의해 뒷받침되었고, 여왕이 매일 안수로 병자들을 치료하는 탄복할 만한 결과가 발생했다고 덧붙였다.[48]

17세기 찰스 1세(Charles I)에게 부여된 기적적인 치료의 은사는 한 추종자에 의해 존엄한 폐하가 태어날 때부터 소유한 '초자연적인 치료 수단'으로 설명되었다.[49] 교회는 종교개혁 이후에도 왕의 이러한 마술 집행을 지지했다. 왕의 치료 의식은 1634년부터 성공회 기도서(Book of Common Prayer)의 일부가 되었다. 영국 국교회의 목사들은 왕이 줄지어 선 병자들에게 손을 얹는 동안 "병든 사람에게 손을 얹으면 모두 나을 것이다"는 마가복음의 구절(16:18)을 읽었다.[50]

이렇게 교회의 인가를 받고 왕이 치료 은사를 베푸는 것은 바울이 찬양했던 공동의 카리스마와는 거리가 멀었다. (18세기까지 지속된) 영광과 왕의 신성한 안수에 대한 중세의 믿음은 신비주의적 개념이었다. 그것은 치료의 은사가 포함되어 있는 카리스마타의 초자연적인 측면을 띠고 있었다. 그러나 이 은사는 이제 하나님에 의해 왕이라는 선별된 인물에 부여되었다고 믿어졌다. 여기서 중요한 원칙은 공동체가 아니라 세습이었다.

이제 카리스마는 제도에 귀속되면서 그 지위를 갖고 있는 왕이나 여왕은 누구든 치료의 능력을 얻게 되었다. 하나님의 선물을 출생이나 지위에 관계없이 누구든 받을 수 있다는 카리스마 최초의 정신은 이 관례를 통해 완전히 제도화되었다.

직접적인 계시를 주장하면서 신비주의를 비난한 개신교의 역설

16세기 종교개혁은 주로 합리주의에 자극 받아 추진되었다.

마르틴 루터(Martin Luther)를 비롯한 주도적인 인물들은 자신들이 판단하건대 부패행위와 비난받을 만한 관습(면죄부와 교회 성직의 매매), 성직자 계급제도 및 성사에 대한 지나친 강조에 의해 타락하게 된 교회의 개혁을 요구했다. 개신교는 교회를 비롯하여 중개자 역할을 하는 성인과 같은 교회의 상징적인 관례를 거치지 않고도 믿음에 의해 구원받을 수 있다는 대안으로 등장했다. 루터는 성경이 유일한 권위의 원천이기 때문에 교황의 권위를 거부해야 한다고 주장했다.

르네상스의 인본주의, 개인주의, 인쇄기술의 발달은 개신교의 등장에 필수불가결한 요소였다. 그러나 종교개혁은 20세기의 오순절 운동을 포함하여, 신비주의나 무아경의 성향을 지닌 수많은 종파와 분파, 종교운동을 양산했다. 개신교는 르네상스 시대에 탄생하여 계몽주의 시대에 형성된 종교 교리(더욱 정확하게는 다양한 교리)였음에도 불구하고, 성령의 직접적인 방문과 몸이 떨리는 현상 등의 신체적인 현시, 예언, 기적, 치료, 메시아 출현에 대한 확신 등을 특징으로 하는, 신앙의 '원시적인' 표현을 계속해서 부활시켰다.

이런 역설을 설명하는 방법은 여러 가지가 있다. 루터를 비롯하여 칼뱅(Calvin)이나 츠빙글리(Zwingli)와 같은 종교개혁자들은 가톨릭교회의 제도화되고 계층적인 일면을 거부하면서 하나님과의 직접적이고 개인적인 관계를 강조했다. 루터의 생각은 주로 아우구스티누스와 바울로부터, 특히 로마서에서 복음에 대한 믿음이 구원을 가져온다는 바울의 주장으로부터 발생했다. 루터는 공허한 예식과 숨 막힐 듯한 성직자 계급구조에 대한 무시를 정당화하며 바울로 직접 이어지는 신학적 루트를 다시 열었을 뿐 아니라, 이후의 세대가 바울이 강조했던 공동체와 은사를 재발견하도록 해주었다.

가톨릭 신학과 그리스정교의 신학은 초기의 교부들과 아우구스티누스나 크리소스토무스와 같은 4, 5세기의 '위대한 교부들'에게서 시작된 신학자들의 경전 해석, 즉 전통을 강조했다. 개신교에서 이는 성서에 대한 직접적인 참여로 대체되었다. 종교개혁 이후의 부흥주의자들은 종종 교의의 근거를 바울에 대한 해석에서 찾았고, 다수의 사례에서 그러한 해석은 신학교육보다는 영감을 선호하는 개인들에 의해 이루어졌다.

더 나아가 녹스는 종교개혁이 단순함에 대한 수요를 만들어 냈다고 지적하면서, 하지만 종교개혁은 충분히 그것을 충족시키지 못했다고 말했다. 그 결과로 "광신의 목소리가 높아질 수밖에 없었고 그들의 목소리는 확실히 컸다."[51]

또 다른 중요한 요소는 종교개혁을 촉진시키고 합리주의적 규범으로는 결코 제거될 수 없는 개신교 내의 저류를 형성하는 과정에서 신비주의가 맡은 역할이다. 종교개혁 이전의 역사에는 합리주의적 요소뿐 아니라 신비주의적 요소도 포함되어 있었다. 아시시의 성 프란체스코(Francesco of Assisi, 1181~1226년)는 '바보 성자(holy fool)'의 전통을 구체화했으며 하늘이 준 선견과 성흔(stigmata)을 받았다고 여겨졌다. 그의 반 계층적 인본주의는 초기 르네상스로 공급되었다.

12세기에 프랑스에서 시작되어 교회의 이단자 박해를 이겨낼 수 있었던 발도파(Waldenses)는 프란체스코와 유사한 가치를 지지한 여러 운동들 가운데 하나였는데, 프란체스코는 평신도의 생각을 높이 산 반면, 교회제도의 권위를 평가절하한 대표적인 인물이었다. 도미니크파(Dominican) 수도사들인 마이스터 에크하르트(Meister Eckhardt, 1260~1327년)와 요하네스 타울러(Johannes Tauler, 1300~1361년)는 하나님에게로 이르는 직접적인 영적 경로를 주장했으며, 그들의 신비주의는 예식과 공식적인 의식을 추방하려는 종교개혁 전단계의 성향을 반영했다. 재세례파(Anabaptist)는 알비주아파 등의 이전 종파들과 비슷하게 '영적 교회'를 찬양했다.

루터가 반박 논제를 못 박아 내건 지 불과 몇 해 만에, 개신교 지도자들은 '급진적 종교개혁 세력'이라고 불리게 되는 여러 집단들을 상대해야만 했다. 재세례파와 영성주의자, 예언자들이 모인 이들은 신과의 직접적인 접촉을 추구한다는 공통점을 갖고 있었다.[52] 그들이 강조한 내면의 영적 경험은 제도화된 가톨릭교회뿐 아니라 경우에 따라서는 성서의 중요성을 격하시키는 성향도 거부했다. 급진주의자들은 독일, 츠비카우(Zwickau)의 예언자들처럼 예언의 은사를 고백하거나, 재세례파나 수많은 영성주의자들의 경우처럼 자신들이 신과 일치되었다고 주장했다.

루터가 하나님과의 내면적 관계를 강조함으로써 처음에 그들에게 영감이 되어주었음에도 불구하고, 그는 급진주의자들의 신비주의적 성향을 인정하지 못하고 그들을 '몽상가' 또는 '통제가 안 되는 벌떼'라고 비난했다. 칼뱅은 더욱 심하게 불쾌해하면서, 급진주의자들을 '광신자', '불한당', '미친 개'라고 비웃었다.[53]

1520년에 루터는 직접적인 계시에 대한 주장을 버리고, 대신 성서의 절대 권위를 주장했다.[54] 그 결과 개신교는 신비주의를 불신하게 되었고, 이후 계시와 관련된 모든 주장은 의심의 눈길을 받게 되었다.[55] 신비주의 성향에 대한 이러한 비난(재세례파는 개신교와 구교 모두에게 박해받았다.)과 초기 개신교의 금욕주의적 성향에도 불구하고, 직접적인 계시를 주장하는 종교운동은 종교개혁시대의 초기부터 계속되어 상당히 활발했다. 성서와 믿음에 의한 구원을 기본적인 교리로 주장하는 복음주의 설교자들은 자유로이 자신들만의 교단을 세웠다.

17세기 중반에 영국에서 설립된 퀘이커교도들은 성직자나 성사를 통하지 않고 모든 신자들에게 계시가 일어날 수 있다고 주장했다. 퀘이커교도들은 성령이 직접 몸으로 들어올 수 있도록 스스로를 변화시켰는데, '안으로부터의 빛'을 포함한 여러 형태로 이 과정을 설명했다. 그들이 거리낌 없이 사회적 특권자와 엘리트들을 무시하던 행동은 신도들에게 갑자기 나타날 수 있는 경련과 마찬가지로 17세기 사회에 충격을 주었다.

한 관찰자는 계시를 받으면 "창자가 부풀어오르고, 신체와 관절이 무시무시할 정도로 떨리며, 소리 지르고 악쓰고 고함친다"고 설명했다. 프랑스 세벤(Cévennes)의 예언자들은 1706년에 박해를 피해 영국으로 도망쳤는데, 이들 역시 또 다른 형태의 무아경의 종교를 퍼뜨렸다. 이 예언자들은 어린이의 예언과 설교자들을 괴롭히는 경련의 형태로 뚜렷이 나타나는 성령의 분출이 결국 신의 계시로 이어진다고 주장했다.

1730년대에는 감리교 교회가 영국 국교회 내에서 복음주의적 운동의 일환으로 등장했다. 감리교의 공동 설립자 존 웨슬리(John Wesley)는 신비주의를 혐오한다고 주장했다. 그러나 초기의 감리교파도 광신이라는 비난을 받았다. 런던 주교는 그들에게 왜 그들이 예언의 성령이라고 주장하면서도 신의 계시의 직접적인 지시에 따라 생각하고 행동한다고 말하는지 근거를 대라고 했다.[57] 감리교 예배 중에 신도들이 경험한 발작에 대해 비판자들은 정신이상이나 히스테리라고 비난했다.

1730년대에 신앙부흥운동인 '대각성운동(Great Awakening)'의 일부로서 미국에서도 비슷한 계시가 일어났다고 알려졌다. 칼뱅주의자 조나단 에드워즈(Jonathan Edwards)는 사람들의 몸이 점점 차가워지고 무감각해졌고 손을 꽉 쥔 상태에서 온몸에 경련이 일어났다고 전했다.[58] 에드워즈는 성령의 정상적인 활동이 강화되는 현상으로 이해된 신앙부흥운동에 관해 많은 글을 썼는데,[59] 그에게 신앙부흥운동은 청교도를 포함한 정통 그리스도교의 위대한 전통 안에 자리 잡고 있었다. 그는 특이한 은사를 강조하는 데 대해 비판적인 입장을 취하면서, 이러한 은사를 바라는 행동은 '유치'하다고 비난했다.[60]

에드워즈는 성령이 구원을 가능하게 만들면서 통상적으로 하는 행위가 더욱 영광스럽고 적절하다고 생각했다. 조지 화이트필드(George Whitefield)와 같은 복음주의적 성향을 지닌 다른 설교자들은 부흥운동에서 경험되는 '새로운 탄생(New Birth)'이 성령의 증거와 같은 현상을 일으킨다고 가르쳤다. W. R. 워드(W. R. Ward)는 이런 접근방식이 '개신교 지하세계'의 장구한 역사에 의존하여 초기의 광신을 자극했다고 지적한다.[61] 미국의 대각성운동은 1744년이 되면서 잠잠해졌으며 1740년대 초에는 감리교 예배에서 나타나던 경련 역시 줄어들었다.

비하하는 듯하게 '흔들리는 퀘이커교도(Shaking Quakers)'라고 이름이 붙여진 셰이커교도(Shakers)들은 프랑스의 예언자들과 퀘이커교도의 성령으로부터 영감을 받아, 1747년에 독립된 종교운동으로 등장했다. 셰이커교도들은 선견을 얻었다고 주장하는 앤 리(Ann Lee)의 지휘 아래 1774년 미국에 식민지를 건설했다. 이 집단은 19세기 초에 미국에서 발생한 새로운 부흥주의운동의 일부가 되었다. 몇몇 종파의 신도들은 발작을 경험했거나 예언이나 꿈, 열광적인 문장, 무아경의 은사를 받았다고 알려졌다.[62] 장로교회가 이 운동을 인가하지 않자,

많은 신도들이 셰이커교로 개종했으며, 1820년대에 신자 수가 6천 명을 넘었다.

이후의 부흥운동에는 에드워드 어빙(Edward Irving)이라는 장로교 전도사를 중심으로 영국에서 발생한 어빙파(Irvingite)가 있었다. 1830년에 어빙은 오순절의 은사를 회복시키기 위해 공개적으로 기도했다. 그의 추종자들은 신도들에게서 방언과 예언이 터져나오자 그의 기도가 응답 받았다고 간주했다. 장로교회로부터 추방된 어빙은 가톨릭사도교회(Catholic Apostolic Church)를 세웠는데, 이 교회에서는 예배 중에 신도들이 방언으로 예언을 하고, 그 방언은 성령 안에서 활동하는 '타고난 사람(Gifted Person)'에 의해 해석되었다.[63]

녹스는 바울의 경우 예언과 방언의 은사는 서로 다른 카리스마였다는 점을 지적했는데, 어빙파와 같은 부흥운동자들에겐 이 두 은사가 하나의 영적 계시로 통합될 수 있었다. 종종 분간할 수 없는 언어로 전달된 예언은 알아들을 수가 없었고, 이는 그런 예언의 출처에 관한 의심을 불러일으켰다.

이러한 회의적인 접근법은 19세기에 신비주의에 대해 심하게 경멸감을 표시했던 주류 개신교 신학에서도 등장했다. 존 애슈턴은 20세기의 주요 신학자들인 디벨리우스(Dibelius), 바르트(Barth), 불트만(Bultmann)에게서도 이러한 경멸적인 시선이 지속되었다고 본다. 이들이 신비주의에 대해 품은 혐오감, 심지어 증오심은 루터에게까지 이어지기도 했다.[64]

그러나 그러한 비난이 새로운 부흥주의운동의 발발을 막는 데 아무런 역할도 하지 못했다. 그들은 각각 성령의 경험을 추구하고, 무아경의 계시에 빠져 있었다. 부흥운동은 19세기 후반기에도 지속되면서 20세기 초의 오순절 운동에서 절정에 달했다. 1960년대에 이 격렬한 성령의 경험에는 카리스마 갱신(Charismatic Renewal)이라는 이름이 붙여졌다. 이 내용은 7장에서 다룰 것이다.

6

국민을 다스리는 데는 빵과 서커스면 된다.
- 아돌프 히틀러

베버가 카리스마를 재창조하다

A HISTORY OF CHARISMA

막스 베버에 의해 이론화되고 정의된 카리스마는 토마스 쿤의 '패러다임의 변화(paradigm shift)'와 마찬가지로 그 용어가 처음 탄생했던 분야를 훨씬 너머 영향력을 행사한 용어들 가운데 하나다. 베버(1864~1920)는 1968년에 출간된 『경제와 사회(Economy and Society)』에서 카리스마가 세 가지 형태의 권력 중 하나라고 밝혔다. 『경제와 사회』는 베버 사후인 1922년에 미완의 상태로 독일어로 출간되었다가 1947년에 처음으로 영어로 번역되었고 그 분량이 1500여 페이지에 달하는 방대한 저서로 사회구조와 세계사에 관한 베버의 사회학적 지식을 집대성한 작품이다.¹

그가 『경제와 사회』와 그 밖의 서너 작품 여기저기에서 카리스마를 정의하고 카리스마에 대한 이론을 상세히 설명함에 따라 카리스마는 베버의 거대한 사회학적 장치의 한 요소를 구성하는 합법적인 지배에 관한 이론에서 중심적인 개념으로 자리 잡았다.

그런데 '카리스마'는 이 이론체계를 너무나도 빠르게 벗어나버렸다. 『경제와 사회』가 처음으로 영어로 번역된 뒤 겨우 12년이 지난 1959년에 이미 《더 타임스》의 서평지인 『타임스 문예부록(Times Literary Supplement)』은 다음과 같이 선언했다.

_____ 막스 베버가 살아 있었다면, 타고난 지도자에게 나타나는 '카리스마'에 대한 자신의 이론이 현재 이용되는 모습을 보고 틀림없이 놀랄 것이다.[2]

베버가 재창조한 카리스마가 일상용어가 되다

1960년대에 '카리스마'는 언론에서 빼어난 매력을 가진 정치인, 특히 케네디 일가를 언급하는 데 널리 사용되었다. 나중에 그 말은 다른 대중적 인물, 즉 배우나 팝스타, 기타 유명인들에게도 적용되었다. 베버의 개념이 대중화되면서 그 정의와 적용범위는 넓어질 수밖에 없었다. 사실 베버는 유명인이 아니라 권력과 리더십에 관심이 있었을 뿐이었다. 그러나 1950년대 이후 개인의 자극적인 매력이나 마음을 끄는 매력, 또는 추종세력을 지배하는 능력을 설명하기 위해 카리스마를 불러낼 때마다, 베버의 카리스마 개념은 약간의 변형을 거쳐 인용되었던 것이다.

분명 이 카리스마는 베버가 정의한 대로, 하나님의 은사라는 고대 그리스도교 개념으로부터 완전히 멀어진 세속적인 변형물이었다. 베버 본인은 자신이 '카리스마'라는 말을 그리스도교의 설교에서 빌려왔다는 점을 인정했지만, 이후의 사회이론가들과 주석자들은 그 용어가 처음에 종교적인 의미를 가졌다는 사실을 희미하게 이해하고 있을 뿐이었다. 베버와 그의 사상에 관해 몇 권의 저서를 발표한 볼프강 몸젠(Wolfgang Mommsen)은 1974년에 다음과 같이 지적했다.

> 베버는 이 개념을 초기 그리스도교 공동체로부터 얻어내었다. 그 공동체 내에서 카리스마는 하나님의 선물로 간주되었고, 그 선물을 이용하여 하나님은 특정인들을 지도자로 임명했다.[3]

몸젠을 비롯한 여러 학자들이 바울 서신과 같은 그리스도교 문헌을 대충이라도 읽어봤다면, 리더십으로서의 카리스마는 그 어디에서도 언급되지 않았다는 사실을 알았을 것이다. 그러나 그때까지 베버의 정의는 너무나도 철저히 사회사상과 대중의 담론 속에 정착되었기 때문에 종교 역사가마저도 그것에 홀릴 수 있었다. 1968년에 출간된 마르틴 헹겔의 『카리스마 있는 지도자와 그의 추종자들』은 베버의 카리스마 이론을 그리스도교 등의 종교 역사에 적용했고, 존 하워드 슈츠(John Howard Schütz)는 1974년에 1세기 그리스도교 집단에서 이루어진 카리스마의 부여는 (베버의) 권위를 부여하는 행위였다고 해석했다.⁴ 이 두 사례에서 베버의 카리스마 모델은 카리스마가 개별 지도자의 권위가 아니라 공동체에 대한 축복으로 이해되었던 초기 그리스도교 환경에 강제적으로 적용된 것이었다.

베버의 세속 개념이 몇몇 종교 학자들까지 당황하게 만들면서 종교적 개념을 대체할 수 있었던 이유들 가운데 하나는 그리스도교의 카리스마 개념이 20세기 초의 사회 전반에서 거의 존재감이 없었기 때문이었다. 베버가 『경제와 사회』를 집필하던 당시에는 그리스도교 신학 내에서 '카리스마'가 일정한 위치를 확보하고 있었지만, 그 위치는 그 특정 분야에서도 그리 중요하지 않았다. 1960년대에 카리스마 갱신운동이 일어날 때까지 카리스마의 종교적 의미는 거의 사용되지 않고 있었다. 20세기 전체와 21세기에 이르기까지 카리스마라는 개념이 일정한 지위와 의미를 가질 수 있었던 것은 베버의 재창조 덕이라고 할 수 있다.

이런 시각은 카리스마와 유명인에 대한 연구의 기본적인 가정이다. 찰스 린돔(Charles Lindholm)은 1990년에 발표한 카리스마 연구서에서 '카리스마'라는 말이 실제로 한 세대 전에는 알려지지 않았지만, 이제는 일반 대중이 쓰는 어휘의 일부가 되었다고 선언했다. 그는 베버가 처음으로 '카리스마'라는 말을 사회학에 들여온 사람이라고 인정했다.[5] P. 데이비드 마셜(P. David Marshall)은 1997년 출간된 『유명인과 권력(Celebrity and Power)』에서 베버가 카리스마라는 말을 다시 탄생시켰기 때문에 현대에 사용되는 카리스마라는 말은 베버가 그 말을 설명한 내용과 거의 같은 뜻을 지니고 있다고 지적했다.[6]

1969년에 루이스 코저(Lewis Coser)는 베버의 용어인 카리스마가 일상 언어의 일부가 되었다고 지적했다.[7] 어빈 쉬퍼(Irvine Schiffer) 역시 1973년에 출간한 카리스마에 대한 심리학적 연구서에서 베버가 카리스마라는 말의 개념을 처음으로 확립한 학자라고 인정했다.[8] 하지만 쉬퍼의 지적대로 베버가 이 개념을 아무것도 없는 백지 상태에서 만들어낸 것은 아니었다.

베버 이전의 '카리스마' – 하나님이 부여한 은총 혹은 재능

'카리스마'라는 말이 몇 백 년 동안 거의 사용되지 않았다고는 해도, 그것은 17세기까지 하나님이 부여한 은사라는 바울의 의미를 유지하면서 교회 라틴어의 형태로 그리스도교에서 살아남아 있었다.[9] 1597년 라틴어로 출간된 윌리엄 투커의 저서는 이 카리스마를 왕이 갖고 있는 하나님의 은사로서 상세히 설명하면서, 'Charisma siue Donum sanationis(카리스마, 즉 치료의 은사)'에 관심을 가졌다. 17세기에 그리스도교 신학자들은 이 말을 그리스어 형태로 되돌려놓았다. 1644년 존 불워(John Bulwer)는 『수화, 손의 자연스런 언어(Chirologia, or the natural language of the hand)』에서 치료의 기적적인 은사, 즉 카리스마를 언급했다. 1642년 몬태규 주교(Bishop Montagu)는 자신의 『그리스도 화신 이전 교회의 업적과 기념물(Acts and Monuments of the Church before Christ Incarnate)』에서 '은총의 카리스마'에 대해 언급했다.

이들 저서에서 그리스어인 χάρισμα를 옮긴 '카리즘(Charisme)'은 '무상의 선물, 즉 하나님이 특별히 내린 호의'라는 그리스도교의 엄밀한 의미를 지니고 있었다.[10] 그러나 이 그리스어는 1676년 런던에서 발표된 R. 메이휴(R. Mayhew)의 『카리스마 파트리콘, 아버지의 선물, 즉 죽어가는 아버지가 살아 있는 자식들에게 남긴 유산(Charisma Patrikon, a Paternal Gift, or The Legacies of a Dying Father to His Living Children)』에서처럼 더욱 일반적인 의미인 '선물'로 사용되기도 하였다.[11]

19세기까지 영어 '카리즘(charism)'은 영어로 출간된, 초대교회에 대한 신학 연구서에서 라틴어 '카리스마'나 그리스어 '카리즘(charisme)'을 대체했다. 1852년에 존 코니베어(John Conybeare)와 J. S. 호슨(J. S. Howson)이 출간한 『사도 바울의 삶과 서신(The Life and Epistles of St. Paul)』은 예언의 은사를 '그 은사를 소유한 사람이 영감의 힘, 즉 신의 힘으로 말할 수 있게 하는 카리즘'이라고 정의했다. 1862년에 『복음의 기독교계(*Evangelical Christendom*)』를 쓴 존 콜렌소(John Colenso)는 바울이 다양한 카리즘, 즉 은총에 대해 이야기했다고 지적했다.

영어 '카리스마'가 '카리즘' 대신 사용된 사례는 1875년 『브리태니커 백과사전』의 도입 부분에 등장하는데, 독일 신학자 프리드리히 슐라이어마허(Friedrich Schleiermacher, 1768~1834년)가 다른 어떤 학자에 대해 학문을 소개하는 특별한 카리스마(charisma)가 있다고 표현했다는 내용이 있다.[12] 슐라이어마허는 성서해석학이라는 학문을 신학적 기원에서부터 발전시킨 학자로서, 베버가 대학을 다닐 때 그의 책을 읽었을 것이다.[13] 슐라이어마허가 '특별한 카리스마'라는 표현을 사용한 것은 이 말이 재능이나 재주라는 더욱 폭넓은 뜻을 가진 것을 의미하며 20세기에 그 단어가 세속적으로 내포하게 될 내용을 어느 정도 예상한 것이었다.

그러나 (라틴어가 기원인 독일어에서 유래한) '카리스마'와 (카리스마의 영어 버전으로 지속되어온) '카리즘'의 가장 일반적인 정의는 '하나님이 부여한 은총, 재능'으로 남아 있었고,[14] 그리스도교 학자들 사이에서 별 다른 변화 없이 존재해왔다. 필립 샤프(Philip Schaff)에 의해 편집되어 1883년에 출간된 『종교 백과사전(*Religious Encyclopedia*)』은 교회 성직이 카리스마를 부여받지 않고는 불가능하다고 지적했다. 1885년에 영어로 번역, 출간된 오토 플라이더러(Otto Pfleiderer)의 『사도 바울의 영향력

(The Influence of the Apostle Paul)』은 복음의 자유와 개인의 카리스마적 교화에 관한 바울의 시대정신을 다루었다.[15] 20세기 초까지 '카리스마'와 '카리스마적'(charismatic)이란 말은 대체로 성서의 주석이나 신학, 기도서에서만 사용되었다. 19세기 말, 독일 신학계에서 카리스마에 관한 논쟁이 벌어지자, 베버는 그 용어를 재구성하는 데 필요한 영감을 얻을 수 있었다.

내재된 권력의 힘을 의미하는 단어로 카리스마가 채택되다

20세기 초 카리스마는 광범위한 일반적인 대화 속에서 거의 모습을 보이지 못했다. 카리스마라는 말은 거의 알려지지 않은 상태였다. 카리스마와 동일한 정서는 프레스티지(prestige, 위신, 위세의 뜻-옮긴이)라는 말로 표현되었다.[16] 19세기의 '프레스티지'는 '인상적이거나 위압적인 영향력, 또는 매력'이라는 뜻을 내포하고 있었다.

존 스튜어트 밀(John Stuart Mill)은 1838년에 나폴레옹이 세계를 위압한 '프레스티지'에 대해 언급한 바 있었고, 영국의 작가 조셉 콘래드(Joseph Conrad)도 1900년에 한 친구의 '뛰어난 프레스티지', '조용한 폭탄과 같은 프레스티지'라고 썼다.[17] 나중에 20세기가 되어서야 '프레스티지'는 '지위'의 의미를 획득했다. 1930년대에 그 말은 사회적 지위와 결부되었고, 1950년대에 들어서는 '위신을 의식하는(prestige conscious)' 등의 합성

어로 자주 사용되었다.[18]

 테오도르 아벨(Theodore Abel)은 1938년에 히틀러가 권력자로서 등장한 사건을 설명하면서 카리스마적 리더십이라는 베버의 이론을 채택했는데, 그는 베버의 카리스마를 소개하는 동시에 '프레스티지'를 예전의 의미로 사용했다. 아벨은 히틀러의 추종자들이 그에게 '초인적인 힘'이 있다고 믿음에 따라 그가 '최고의 프레스티지'를 부여받게 되었다고 지적하면서, 그것이 막스 베버에 의해 카리스마적 리더십이라고 명명된 것이라고 설명했다.[19] 머지않아 '뛰어난' 힘이나 재능의 의미는 '프레스티지'에서 '카리스마'로 넘어가게 되었다.

 20세기에 '프레스티지'가 겪은 의미상의 변화는 대중이 베버가 정의한 '카리스마'를 받아들인 점과 부분적으로 관련이 있었다. 20세기 중반이 되면서 사람들은 나폴레옹의 카리스마나 한 친구의 뛰어난 카리스마에 대해 언급하게 되었다. 베버의 용어는 예전에 '프레스티지'가 수행했던 의미상의 기능을 빼앗아갔다.

 베버가 카리스마 이론을 공식화한 20세기 초에, 그가 설명하고자 했던 타고난 권력에 가장 근접한 의미를 가진 말은 '프레스티지'였다. 그러나 베버는 프레스티지와 같이 당시 사용되던 단어를 배치하는 대신, 종교적인 의미를 내포한 고대의 단어를 도용하여 권력에 대한 자신의 사회학에서 그것을 핵심 용어로 재창조했다. 이 야심찬 목표에서 그가 주목할 만한 성공을 거두고, 이후 '카리스마'가 보편적으로 사용되고, 결국 프레스티지의 의미가 변화하게 된 이 모든 과정은 '프레스티지'란 단어가 베버가 말하려던 내재된 권력의 힘을 의미하기에 적합하지 않았음을 가리킨다('프레스티지'의 본래 의미는 착각 또는 마술의 속임수였다). '은사'라는 종교적 어원을 지닌 '카리스마'가 베버의 목표에 훨씬 더 적합한 수단임이 증명되었다.

각성된 세계에 대한 반성과 정신의 부활을 희망하다

카리스마는 베버의 마지막 10년 동안 그에게 무척 중요했기 때문에 베버의 정치사회학의 원형으로서 설명되었다. 그에게 카리스마는 역사상 유일하게 창조적인 힘을 의미하게 되었다.[20] 베버의 사상에서 카리스마가 갖는 중요성을 이해하려면, 베버가 살던 당시의 정치적, 지적 환경 속에서 그를 살펴보아야 한다.

베버의 지성은 19세기의 마지막 30년 동안 형성되었고, 그의 저술 작업은 20세기의 처음 20년까지 이루어졌다. 베버는 전성기에 달한 유럽의 민족주의와 그 민족주의가 제국주의로 변질되어 정치적으로 표현되는 과정을 목격했다. 그리고 그는 도시화가 국제적으로 이루어지고, 대중화·산업화 과정이 전개되고, 민간부문과 공공부문 모두에서 대규모의 관료주의가 자리 잡는 과정도 지켜보았다. 그는 여러 가지 면에서 현대의 시민이었다. 몇몇 주석자들은 베버가 독일이나 유럽 역사뿐 아니라 서양문화의 발전에도 결정적으로 중요한 접속지점을 차지했다고 주장해왔다.[21]

귀족 지배계급의 몰락과 관리계층의 등장, 정치적 대변동과 마르크스주의의 도전, 사회를 결속시키던 종교의 쇠퇴, 진보 이론이 동반된 과학의 승리, 대량생산, 대량설계에서부터 역사와 '사회과학'을 포함한 지적 분야에 이르기까지의 모든 문화적 시도에 대한 합리주의적 검토 등 베버는 이 모든 과정을 겪으며 살았고, 그것들을 자신의 저서에서 다루었다.

베버의 아버지는 정치가였는데, 국민자유당의 제국의회(Reichtag) 의원이었다. 그의 어머니는 인도주의에 관심을 가진 독실한 개신교신자였다. 가부장적인 부르주아 아버지와 자비로운 종교적 어머니 사이가 점차 멀어지면서 베버의 지적 발전에 중요한 요인으로 작용했다. 베버는 자신의 아버지로부터 자유주의적 회의론과 개인을 정치적으로 중요시하는 성향을 받아들였고, 어머니에 의해 종교적 신념이 사회에 미치는 영향을 접하게 되었다.[22]

베를린에 있던 부모님의 집에는 당대의 자유주의 지식인들과 정치인들이 자주 들락거렸던 덕분에, 베버에게 중요했던 정치사상과 행동 간의 연결 장치가 형성될 수 있었다. 그가 하이델베르크대학에서 공부한 분야는 법률, 정치경제, 중세사, 철학사 등이었는데, 그는 신학과 철학 분야의 책을 폭넓게 읽었다. 그가 학문적인 관심을 보인 분야였던 중세의 무역회사와 고대 농업조직의 역사는 그의 박사논문에 반영되었다. 그는 1896년 하이델베르크대학의 교수직 제의를 받아들였지만, 1897년 아버지의 사망 이후 신경쇠약에 걸렸다. 베버는 심리적으로나 신체적으로 상당히 건강이 나빠졌고 《사회과학 문서보관소(Archiv für Sozialwissenschaft)》의 공동편집인이 되었던 1903년까지 점점 더 쇠약해졌다.

베버의 지적 관심 분야가 상당히 광범위했던 이유는 부분적으로 독일 학계의 전통 때문이었는데, 당시 19세기 말의 독일 학계는 여전히 '만능학자(universal scholar)'를 배출할 수 있었다.[23] 지식인들은 여러 언어를 구사할 수 있고(베버는 스페인어, 이탈리아어, 러시아어, 히브리어를 배웠다.) 몇 가지 학문 분야를 전공해야 했다. 그리하여 역사, 철학, 신학, 심리학, 문헌학, 문학, 고전을 모두 통달한 니체(Nietzsche)와 베버 같은 뛰어난 독일 지식인이 탄생할 수 있었다. 그런 인물들은 20세기에 들어서 점점 드물게 나타났는데, 학계의 연구가 일반화보다는 전문화를 선호하게 되었기 때문이었다.

베버는 자신이 살던 시대의 지적 세계가 마르크스와 니체의 흔적을 지니고 있으며, 어떤 이론적인 체계도 근대성을 규정한 그 두 사람과 마주해야 한다고 생각했다.[24] 두 학자와 그의 관계는 양면적이었다. 즉, 경제, 역사, 사회에 관한 그의 이론은 두 사람의 이론 사이의 길을 교묘히 빠져나갔다. 베버는 서로 밀접한 관계가 있는 구성요소인 사회구조의 경제적, 정치적 요소들을 역사의 기초로 분석하려는 목표에서는 마르크스에 동조했지만,[25] 역사에 대한 마르크스의 '법칙'들은 착각을 일으킨다며 거부했다.

베버의 『프로테스탄트 윤리와 자본주의 정신(Protestant Ethic and the Spirit of Capitalism)』은 문화적 상부구조가 경제적 하부구조에 의해 결정된다는 마르크스의 확신에 의문을 제기했다. 베버가 보기에 자본주의는 종교 교리의 힘과 같이 수많은 인과적 요인들 때문에 발생했다. 마르크스가 정치 발전에 있어 생산수단의 지배를 결정적으로 중요한 요인으로 간주한 데 반해, 베버는 국가와 기업, 관료제 등 관리의 수단이 가장 중요하다고 보았다. 베버는 모든 정치적, 사회적 체제가 '피할 수 없는 보편적 관료제'의 지배를 받게 된다고 주장했다.[26] 따라서 그는 마르크스의 혁명에 대한 믿음이 없었고, 마르크스의 국가가 프롤레타리아트의 독재가 아니라 관료의 독재를 만들어낼 것이라고 예측했다.[27]

니체가 뛰어난 인간, 즉 초인(Übermensh)을 다수의 인간 위로 승격시킨 것은 베버의 카리스마 있는 지도자에 큰 영향을 미쳤다. 니체의 초인은 지도자라기보다는 결점 있는 인간을 '극복했음'을 암시하는 것이었다. 이 초인은 독립적으로 행동하는 아웃사이더이며, 관습을 타파하고, 자신만의 가치체계를 지키면서 기존의 규범과 도덕성을 전적으로 거부하는 사람,

한마디로 말하면 '선과 악'을 뛰어넘은 사람이었다. 베버에게는, 초인에서 구체화된 창조적인 인간에 대한 숭배가 마르크스가 내세우는 계급을 기초로 한 집단적인 동인인 프롤레타리아보다 더 매력적으로 보였다. 또한 니체의 영웅적 인물은 역사를 초월하여 니체의 특이한 역사철학에서 극적인 역할을 수행했다.

베버는 자신이 서술하는 더욱 체계적인 세계사에서 역사를 초월한 인물을 '이상형'의 형태로 구성하면서 역사 속에서 반복적으로 나타나는 카리스마 있는 인물들을 '이상형'으로 지적했다. 또한 베버는 문명의 역사가 쇠퇴하고 있다고 서술한 니체와 생각을 같이했다. 베버와 니체 두 사람은 근대사회의 약속을 신봉하지 않았고, 둘 다 진보주의를 거부했다. 니체는 진보주의가 근대적인 개념, 즉 거짓 개념에 불과하다고 보았다.[28]

마지막으로 두 사람은 니체가 사이비종교적인 차라투스트라(Zarathrustra) 체계에서 표현했던 "보라, 나는 구름으로부터 번개와 폭우를 알리는 사자이다. 그러나 이 번개는 초인이라고 불린다"의 경우처럼, 예언적 열변을 좋아했다.[29] 베버의 예언 방식은 훨씬 더 자제된 편이었지만, 그는 말년에 고대 유대 예언자들의 글을 읽고 영감을 얻었다. 이들은 베버에게 카리스마 있는 지도자의 화신이었다. 베버가 말년에 쓴 글과 연설 중 일부에는 예언을 연상시키는 내용이 포함되어 있다.

베버가 니체와 유사하긴 했지만, 중요한 차이점도 존재했다. 베버는 '초인' 아래에 있는 인간에 대한 니체의 배타적인 경멸감은 받아들일 수가 없었다. 니체의 영웅은 사회(니체 자신과 마찬가지로)로부터 멀리 떨어져 있고 소외되어 있었다. 이와 반대로 베버는 공동체 안에서 기능하는 '사회적 인간'으로서 뛰어난 인물을 이론화했다.[30] '자기 고집이 있는 천재', 즉 카리스마 있는 리더가 추종세력을 얻으려면, 높은 지위에 대한 자신의 우월성에 의기양양하기보다는 동료들과 공감할 필요가 있었다.

또한 베버는 니체의 소란스런 무신론에 관심이 없었고, 그런 지나친 행위를 '부르주아 속물의 가슴 아픈 잔재'라고 간주했다.[31] 니체가 그리스도교를 도덕적 질병의 형태로 비난하면서 그리스도교를 상대로 지적 전쟁을 벌인 데 반해, 스스로 종교와 잘 맞지 않는다고 설명한 베버는 가치 판단 없이 그리스도교를 포함한 종교의 사회적, 정치적 영향력을 절도 있게 분석하는 데 자신의 지적 능력을 바쳤다.

개인의 역할과 권리, 자유를 크게 강조한 베버는 명백한 부르주아에 정치적으로는 자유주의자였다. 그는 정치적 동인이라는 개인의 개념을 국가로 확대하여, 1895년부터 공개적으로 제국주의적 팽창정책을 지지했다. '자유주의적 제국주의' 이데올로기는 부분적으로 베버의 연설과 글을 통해 독일에서 사회적으로 받아들여지게 되었다.[32] 군비확장은 국가의 생명력을 확보하는 정당한 수단으로 간주되었다.

베버는 민족주의적, 제국주의적 관점을 옹호한 동시에, 헌법 개정과 의회 민주주의 형태를 지지하면서 독일의 정치체제에 대해 비판적인 글을 쓰기도 했다. 제1차 세계대전이 끝난 뒤, 그는 정부의 의회제도까지 심각하게 숙고했다. 베버는 민주주의와 자본주의 모두가 개인의 자유, 관대한 사회와 가장 조화되는 제도라는 생각을 바꾸지 않았지만, 생애 마지막 20년 동안에는 두 제도의 미래에 대해 점차 비관적인 입장을 갖게 되었다. 그는 시장과 영토가 한계에 도달하면 자본주의가 불가피하게 정체되고 민주주의가 확대되는 기계적인 관료제에 압도될 수 있다고 두려워했다.

베버는 세상이 "작은 기둥에 매달려 더 큰 기둥을 얻으려 애쓰는 나막신만으로 가득 차게 될까"봐 무서워했다. 그가 보기에 관료주의에 대한 열정은 사람을 절망으로 몰아넣을 정도였다. 베버는 관료주의적 이상을 추구하는 배타적인 지배로부터 나머지 사람들을 보호하려면, 자유로운 사회를 지지하는 사람들이 관료제 조직에 대항해야 한다고 강력하게 믿었다.[33]

베버는 부지불식간에 관료제를 점점 더 확대시키려는 강력한 추세를 합리화라는 원칙과 연결시켰다. 베버는 역사적으로 문명이 효율성을 합리화하여 생산수단과 체제를 다듬으려 했다고 지적했다. 그러나 더욱 효율적인 방법은 예상하기가 쉽기 때문에 자발적으로 이루어지지 않고 불가피하게 더욱 관료주의적으로 변했다.

베버에게 합리화란 '일상화', 탈인간화(depersonalization), 고정된 사회구조의 발달, 개인 자유의 상실을 의미했다. 베버는 이 합리화의 '철창'(iron cage)에서 비합리적이고 카리스마적이고 영감을 주는 것이 쇠퇴하고 있음을 한탄했다. 그러나 그는 과거의 비합리적인 세력이 비록 축소된 형태이긴 하지만 살아남아 있다고 믿었다. 그는 1918년 뮌헨대학에서 〈직업으로서의 학문(Science as a Vocation)〉이라는 제목으로 연설을 하면서 다음과 같이 공개적으로 말했다.

> 우리 시대의 운명은 합리화와 지식화, 그리고 무엇보다도 '세계의 각성'으로 특징지을 수 있다. 근본적이고 가장 숭고한 가치는 대중의 생활로부터 사라져가고 있다. 오늘날 가장 작고 개인적인 집단에서만, 다시 말하면 개인적인 인간 상황에서만 예언의 정신(pneuma)에 부합되는 무언가가 고동치고 있다는 사실은 우연이 아니다. 과거에 그 정신은 관솔처럼 대규모 집단들을 휩쓸어 하나로 연결시켜주었다.[34]

널리 알려진 이 구절에는 말년에 베버가 가졌던 세계관의 본질이 담겨 있다. 근대의 '각성된' 세계에 대한 한탄과 함께, 정신의 부활에 대한 지속적인 희망이 담겨 있는데, 여기 베버의 예언적인 연설에서 정신의 부활은 초기의 종교집단과 연결되어 있었다. 당대에 대한 언급이 다소 모호하지만, 같은 해에

〈직업으로서의 정치(Politics as a Vocation)〉라는 제목의 다른 연설에서 그는 의회 민주주의를 포함한 정치권에서 여전히 작동하고 있던 '개인의 은사(카리스마)'와 정신을 결부시켰다.[35]

일반적으로 말하면, 베버의 사상은 19세기 말 유럽에 팽배했던 두 가지 지적 사조의 영향을 받았다. 첫 번째 사조는 근세와 부분적으로 겹치는 후기 낭만주의였다. 베버의 연구에서 등장하는 여러 주제에는 후기 낭만주의적 성향이 두드러지게 나타난다. 근대화와 삶의 기계화에 반대하는 태도와 진보 개념에 대한 저항, 오점 없는 과거에 대한 향수가 뚜렷이 드러난다는 것이다. 드물게 나타나긴 하지만, 영감을 받은 창조적인 인간 천재에 대한 낭만주의적 예찬도 베버가 고안한 카리스마적 지도자의 구성요소였다. 역사가 W. E. H. 레키(W. E. H. Lecky)는 1867년에 발표한 글을 통해 영웅 같은 천재의 개념을 예술 영역에서 정치 영역으로 확대시킨 바 있었다.

　　　때때로 천재적인 사람들이 자기가 사는 시대의 지적 조건에 어울리듯이, 도덕적 조건과 어울리는 사람들이 등장한다. 그들의 완벽함이 갖는 매력은 동시대인들에게 강력하게 영향을 미친다. 그 결과, 그들을 향한 열정이 타오르고, 추종자 집단이 형성되고, 많은 이들이 자기 시대의 도덕적 조건으로부터 해방된다.[36]

베버의 카리스마적 지도자는 이 틀에 맞는 영웅적 인물이다. 즉, 드물게 나타나고 동료들을 해방시켜줄 힘을 부여받은 사람인 것이다. 몇몇 주석자들이 지적했듯이, 고인이 된 베버의 세계관에서 뚜렷이 나타나는 이분법은 카리스마와 합리화를 '영원한 라이벌'로 경쟁시켰다.[37] 그리고 베버의 카리스마는 특이한 지도자들을 통해 기능하기 때문에, 그 경쟁은 '영웅 대 관료',[38] 더 정확히 말하면 카리스마 있는 영웅 대 관료제의 경쟁이 되었다.

두 번째의 중요한 지적 사조는 신학적 전통과 개념의 세속화였다. 19세기의 독일 지식인들은 역사와 같은 학문 분야를 합리적인 기초 위에 확립시켰고, 이는 대표적으로 랑케(Ranke)의 역사서와 방법에서 뚜렷이 나타났다.

한편 헤겔(Hegel)의 관념론은 '신화적 요소를 없앤' 그리스도교로부터 역사철학의 추진력을 얻어냈다. 경험론과 관념론은 하나의 시도로 융합될 수 있었다. 랑케 자신은 말년에 관념론에 의존하여 세계역사를 저술했다. 19세기 말 철학자인 딜타이(Dilthey)와 리케르트(Richert)는 독일 역사주의의 철학적 기초를 놓으려고 애썼는데, 딜타이가 보기에 독일의 역사주의는 역사와 일반적인 인문과학을 하나의 학문으로서 명확히 확립했다.[39]

베버는 『돈의 철학(Philosophy of Money)』의 저자이자 문화의 역사에 대해 비극적인 관점을 지지하던 자신의 친구 게오르크

짐멜(Georg Simmel)의 저서 외에도 리케르트의 역사철학에 특히 영향을 받았다. 또한 베버는 종교에 대한 연구 덕분에, 예전에 종교적 전통과 관련되었던 방법들을 세속적으로 전용하는 데도 익숙했다. 성서에 대한 주석과 성서 해석학은 종교학자들의 기법이었지만, 세속의 지적 연구방법으로도 채택되었다. 세속 정치사상의 종교적 기원 역시, 19세기 말 독일의 역사학자들에게 영향을 미쳤는데, 베버의 친구였던 게오르크 옐리네크(Georg Jellinek)는 1895년에 발표한 연구서에서 인간 권리의 종교적 뿌리를 증명하였다.[40] 신학과 그리스도교 역사를 연구했다는 사실 덕분에 그는 이러한 학문적 합류를 발전시키는 데 이상적인 위치에 있었다. 그가 재구성한 '카리스마'라는 그리스도교 개념은 종교적 사상을 세속화하고 변화시키는 데 지속적인 영향력을 발휘했다.

마지막으로 그의 연구를 검토하는 데 있어 베버가 지식인으로서 가졌던 두 가지 특징을 이해하는 것이 필요하다. 첫째는 합리화에 대한 그의 모순적인 견해다. 그는 합리화의 사회적, 문화적 영향을 개탄하면서도 합리화의 유효성은 인정했다. 그의 독자적인 사회학 연구는 딜타이가 이러한 학문 분야의 확고한 학문적 구성요소로 공표한 합리화된 사회과학 안에 자리 잡을 수 있었다.

베버의 방법은 확실히 가치중립적이었다. 그에게 사회과학을 포함한 과학은 가치를 포함한 사회문화적 형식들을 냉정하게 설명해야 했다. 그래야 독자들이 합리적으로 행동방침을 결정할 수 있기 때문이었다.[41] 베버는 합리화가 생산성 향상을 대규모로 발생시켰다는 점을 부인하지 않았다. 합리화가 불가피하고, 그 결과로서 관료제가 불가피하다는 점을 인정한 베버는 말년에 비관주의에 무릎을 꿇었다. 또한 그는 근대 관료제의 극복할 수 없는 힘 때문에 카리스마가 관료제 조직에서 하나의 기능으로 격하되었음에도 불구하고, 카리스마의 형태로 합리화에 대한 대항세력을 제안하지 않을 수 없었다.

베버는 놀라운 지적 혁신자라기보다는 개념과 지식체계를 종합하는 데 뛰어난 인물이었다. '세상의 각성'과 '카리스마'처럼 그가 제안한 개념 중에 가장 유명한 개념들은 다른 고안자들로부터 빌린 것이었다. 전자는 프리드리히 실러(Friedrich Schiller)에게서,[42] 후자는 루돌프 좀(Rudolf Sohm)에게서 빌려왔다. 그는 다양한 학문 분야의 책을 읽고 모든 분야에 정통했기 때문에 서로 다른 구성요소로부터 여러 개념들을 만들어낼 수단을 갖추고 있었던 것이다.

루이스 코저의 지적대로, 그의 당대 정치와 사회에 대한 분석이 세계 경제 및 종교 역사에 의존했기 때문에, 그의 연구는 그의 시대에 경험한 사회적, 심리적 압박에 대한 고도로 창의적인 대응[43]이 될 수 있었다. 베버의 지적 능력의 창의성과 깊이는 그가 카리스마를 재창조한 데서 뚜렷이 드러난다. 그는 자신이 살고 있던 근대세계에 반하는 개념을 고안하기 위해 고대의 종교로 돌아갔던 것이다.

베버의 카리스마-초자연적, 초인간적, 특별한 능력의 소유자

베버가 처음 카리스마를 지나치듯 언급한 것은 『경제와 사회』에서가 아니라 본래 1904년과 1905년에 《사회과학 문서보관소》에 두 번에 걸쳐 발표된 『프로테스탄트 윤리와 자본주의 정신』에서였다.

베버는 종교의 사회학에 관한 시리즈로서 한 권에 다시 이 내용을 담아 1920년에 출간했다. 그리고 탤코트 파슨스(Talcott Parsons)가 번역한 영어판은 1930년에 출간되었다. 베버는 칼뱅파와 청교도를 위주로 한 개신교를 자본주의 정신의 기초로 설명한 그 유명한 내용 끝 부분에서 카리스마를 언급했다. 그는 경건주의(Pietism)인 진젠도르프(Zinzendorf) 분파의 금욕주의적 성향에 대해 다음과 같이 언급했다.

━━━ 금욕주의는 이득을 추구하지 않고 사도의 본보기에 따라 살아간 결과 12사도의 카리스마를 받은 성실한 노동자를 칭송한다.[44]

번역자였던 파슨스는 '카리스마'가 베버 자신이 만들어낸 사회학적 용어라고 잘못 말했다. 베버가 카리스마라는 단어를 전용하기 전에 그 단어의 역사가 어땠는지 파슨스가 몰랐다는 사실은 베버의 저서에서 카리스마가 재구성되기 전에 이 말이 거의 알려지지 않은 상태였음을 의미한다. 파슨스는 자신이 『경제와 사회』를 읽고 이해한 카리스마의 형식적인 정의를 제공했는데, 그것은 비합리적인 동기에 호소하는 리더십의 특징을 의미했다.[45]

『프로테스탄트 윤리와 자본주의 정신』의 끝 부분은 개신교의 금욕주의와 믿음이 경제체계의 거대한 질서에 양보하고 말게 될 현대세계를 향해 한 발자국 더 나아간 것이다.[46] 베버의 비관주의는 기계생산에 의해 사회가 '철창'이 된다는 그의 언급에서 이미 명백히 드러나 있었다. 그는 그런 사회의 미래를 미해결 상태로 놔두었는데, 아마도 이후에 그가 연구하게 될 내용이기 때문이었을 것이다.

> 앞으로 이 철창 안에 누가 살게 될지, 이 엄청난 발전이 끝날 때 전적으로 새로운 예언자들이 등장하게 될지 아니면 기계화된 무기력이 나타날지는 아무도 모른다.[47]

베버가 『경제와 사회』를 저술한 목적들 가운데 하나는 합리화의 역사적 전개과정을 추적하는 것이었다.[48] 그러나 이 막대한 연구에는 그보다 훨씬 많은 것이 포함되어 있다. 베버는 『경제와 사회』를 두 시기에 걸쳐 저술했다. 2부가 된 부분은 1910년부터 1914년까지 썼고, 1918년에 집필이 시작된 1부는 베버가 세상을 뜰 때 미완의 상태였다. 1부에는 사회적 용어와 범주들의 '개념 해설'이 포함되어 있고, 카리스마적 권력을 포함한 베버의 세 가지 정당한 지배유형이 소개되었다. 1부보다 훨씬 더 긴 2부는 세계사의 관점에서 본 사회구성체와 법률, 경제, 종교를 다루고 있다.

여기서 카리스마는 그 말 자체의 '변화과정'과 종교사에 대한 특별한 언급과 함께 분석되었다. 베버가 『경제와 사회』를 다듬고 완성할 시간이 없었기 때문에, 이 책은 어조가 균일하지 않고 일관성이 없는 작품으로 남아 있다. 제1차 세계대전을 기점으로 그 전후의 시기에 저술된 두 부분은 다른 중요사항을 추구했다. 더 일찍 작성된 2부에는 역사적 틀이 잡혀 있고, 나중에 작성된 1부는 더욱 정적이고 도식적인 개관이라 할 수 있다. 카리스마를 다룬 내용도 이렇게 다른 강조점에 따라 약간씩 다른데, 그로 인해 몇몇 해석자들은 가끔 베버가 『경제와 사회』에서 카리스마에 관해 모순되게 말했다고 주장한다.[49]

그러나 1부에는 베버의 카리스마에 대한 정의가 포함되어 있다는 이점이 있다.

　　　'카리스마'라는 말은 한 개인의 특징에 적용될 것이다. 그는 그 특징 때문에 초자연적, 초인간적, 또는 적어도 특별히 예외적인 능력을 부여받은 뛰어난 사람으로 간주된다.[50]

베버에게 이 보편적인 현상은 정당한 지배의 세 가지 유형, 또는 권력의 순수한 세 가지 유형 중의 하나를 구성했다.[51] 베버는 지배를 어떤 집단이 특정한 명령(또는 모든 명령)에 따를 가능성이라고 간단히 정의 내렸다.[52] 베버가 규정한 정당한 지배의 세 가지 유형은 다음과 같다. 첫째, 합법적으로 설립된 비인격적 체계에 복종해야 하는 합법적 지배. 둘째, 아주 오래된 전통의 신성함에 대한 확고한 믿음과 그 전통 아래서 행사하는 권력의 정통성에 의지하는 전통적 지배. 셋째, 예외적인 신성함과 영웅적 행위 또는 모범적 성격의 한 개인과 그 사람이 규정하거나 밝힌 규범적인 양식이나 질서에 대한 헌신이 밑받침되는 카리스마적 지배.[53]

해석자들이 베버의 논거에서 카리스마와 관료제가 대립되어 있음을 강조하지만, 카리스마가 지배에 관한 베버 사회학의 3자 구도 내에서 자기 자리를 차지하고 있다는 점을 잊어서는 안 된다. 베버는 '카리스마를 받아 능력을 갖게 된 지도자'의 중요한 역할을 강조함으로써 다른 두 가지 지배유형과 카리스마적 권위를 대조시켰다.

합법적 권력의 근거는 '법제화된 법칙'의 합법성으로부터 생겨난 반면, 카리스마적 권력은 뛰어난 지도자에 대한 추종자들의 '개인적 신뢰'에 기초를 두고 있다. 그리고 전통적 권력이 일개 지도자에게 존재할 수는 있지만, 그런 사회적 구성체의 복종은 그 사람이 전통에 의해 차지하게 된 지위 때문에 발생한다. 카리스마적 지배는 카리스마를 지닌 지도자의 영웅적 행위나 모범적인 특징 때문에 그에게 복종한다는 점에서 위의 두 가지 시나리오와 다르다. 카리스마적 권력은 그 지도자가 반복적으로 카리스마적 능력을 증명할 수 있는 한 계속될 수 있으며, 그의 추종자들은 그의 카리스마에 대한 믿음을 유지한다.[54]

신의 은총에서 비범한 지도자의 능력으로

베버는 카리스마적 권위라는 개념을 도입하면서, '카리스마'라는 용어에 관해 지적으로 도움을 받았음을 인정했다. 그는 '카리스마(은총의 선물)'라는 개념이 초기 그리스도교의 용어에서 빌려온 것임을 밝혔다. 베버는 교회 역사가 루돌프 좀이 비록 똑같은 용어를 사용한 것은 아닐지라도 처음으로 그 개념의 요지를 분명히 밝힌 사람이었다고 지적했다.[55]

『경제와 사회』 2부에서 그는 좀의 공헌을 자세히 설명했다. 그는 자신이 카리스마적 지배의 사회적 특징을 연구하게 된 것은 루돌프 좀 덕분이라고 인정했다. 그러나 좀의 연구는 초기 그리스도교 교회에 국한되어 있었다. 베버가 일으킨 혁신은 카리스마적 권력의 일반성을 제안한 것이었다. 그는 원칙적으로 이러한 현상은 종교 분야에서 가장 두드러지게 나타나긴 하지만, 보편적인 현상이라고 지적했다.[56]

베버는 『열광(Enthusiasmus)』을 쓴 독일의 개신교 신학자 카를 홀(Karl Holl)을 비롯하여 여러 종교 역사가들이 카리스마의 중요한 영향력을 명확히 밝힌 바 있다고 언급했다. 따라서 그것은 전혀 새로운 게 아니라는 것이었다.[57] 좀의 연구는 19세기 후반기의 독일 신학자들 사이에서 벌어진 초기, 즉 '원시' 그리스도교에 관한 논쟁의 일부가 되었다. 예를 들어, F. C. 바우어(F. C. Bauer)는 카리스마란 원래 모든 사람들이 그리스도교에 기여하는 재능과 자질에 불과하다고 주장하면서, 바울의 카리스마에 대한 사실적인 해석을 제안했다.[58]

좀은 『교회법(Kirchenrecht)』1(1892년)과 『교회 역사의 개요(Outlines of Church History)』(1887년, 영문판은 1895년 출간)에서 정부와 권력의 관점에서 본 초대교회의 변화를 다루었는데, 이 점이 좀이 기여한 중요한 내용이었다. 좀은 초대교회에서는 신도들이 은총의 선물(χάρισμα)을 통해서만 결속되었다고 지적했다. 사도, 설교자, 예언자들이 '순수하게 영적인' 정부를 구성했고, 그들은 합법적인 권력 없이 교회를 통치했다.[59] 좀은 교회가 주교에게 성직계급을 부여함으로써 명확하고 합법적인 조직을 발전시켜나간 '놀라운 변화과정'을 추적했다. 이제 교회는 더 이상 신자들과 그들이 지닌 카리스마의 조합을 기초로 한 영적 존재가 아니라 '성직'을 기초로 세워진 조직이었다.[60] 좀이 파악해낸 이러한 변화는 베버가 『경제와 사회』에서 '카리스마의 일상화'로 이론화한 역사적 과정의 일례였다.

베버는 카리스마적 권위에 대한 정의를 상술하면서, 카리스마를 지닌 인물의 뛰어난 능력이 신에게서 생겨난 것으로 간주되며 그 능력을 기초로 그 해당자는 '지도자'로 대접받는다고 주장했다.[61] 베버의 '카리스마' 재창조는 다음과 같이 요약될 수 있다. 그는 영적, 초자연적 능력을 연상시키는 그 말을 초기 그리스도교로부터 전용했지만, 바울의 카리스마에서 강조되었던 공동체 의식을 개별 지도자에 대한 강조로 대체했다. 베버는 공동체의 구성원들에게 부여된 공동의 축복이라는 바울의 카리스마 개념을 무시함으로써, 그 말을 특정한 지배 형식이자 추종자들에게 권력을 행사하는 뛰어난 지도자의 능력으로 다시 규정했다. 또한 바울의 카리스마는 그가 살던 시대의 작고 밀착된 그리스도교 공동체와 관련이 있었던 데 반해, 베버는 문화와 역사를 통틀어 명백히 나타나는 '뛰어난' 능력을 표현하기 위해 카리스마를 일반화했다.

베버는 카리스마적 권위의 기원을 다룬 1부에서, 대략적인 밑그림을 제시했다. 그는 '원시적인 환경'에서의 카리스마는 예언자, 사냥 지도자, 전쟁 영웅, 또는 치료나 법률에 관한 지혜로 이름난 사람들의 마술적인 능력에 기초했다고 지적했다.[62] 베버가 제시한 다른 역사적인 사례로는 전사, 무당, 비잔틴 지역의 광포한 싸움꾼이었다. 그리고 더욱 가까운 시대의 인물로는 모르몬교(Mormonism)의 창립자 조셉 스미스(Joseph Smith)와 문학자 쿠르트 아이스너(Kurt Eisner)를 들었다.

카리스마적 지배의 결정인자는 추종자들이 지도자를 인정하는지 여부인데, 그러한 인정은 아낌없이 주어지며, 처음에는 언제나 기적이라는 증거에 의해 보장되고 결국 그것이 지도자에 대한 '절대적인 신뢰'로 이어져야 한다.[63] 일단 지도자가 카리스마를 갖고 있다고 증명되면, 그의 추종자가 되어 지도자의 성스런 권위를 인정하는 것이 그 집단의 의무다. 베버는 이 순간을 '순수한 카리스마'라고 불렀고, '부름'(예언자가 경험하는 영적인 부름)이나 사명, 영적 의무로 선언했다.

카리스마를 지닌 지도자의 등장은 그것이 기존의 권위와 전통을 쓸어 없앤다는 점에서 혁명적이다. 다시 말하면, 카리스마적 권위는 '과거를 거부한다.' 카리스마를 지닌 지도자는 계급제도나 규정체계를 설치하지 않는다. 그들의 리더십은 관료제와 모든 합리적인 지배형식에 반대된다. 그것은 특히 모든 규칙과 맞지 않는다는 의미에서 비합리적이다.[64] 카리스마적 지배유형에 관한 베버의 일반적인 설명에는 전통주의 시대의 카리스마가 위대한 혁명세력이라는 선언이 포함되어 있었다.[65] 그리고 그것은 지도자와 추종자들 간의 감정적인 관계에 기초하고 있기 때문에 유지하기가 불안하고 불가능한 점도 있다.

베버는 1부에서 자신이 제시한 '순수한' 지배유형에 한계가 있음을 인정했다. 그 유형들은 역사적 사건에서 일반적으로 발견되지 않는 이상형이라 할 수 있었다. 그 유형들은 일상화나 다른 형태의 권위와의 결합을 통해 '카리스마 있는 관직'과 같은 지배구조가 발생하는 등의 변화를 겪으며 '경험적 권력 체계'와 점점 더 관련성을 가진다.[66] 순수한 형태의 카리스마적 권위가 일상적인 체계에는 맞지 않을 수도 있지만, 그러한 권위가 영속성을 얻으려면 일종의 타협이 불가피하다. 베버는 카리스마적 리더십이 성공을 거두려면 불가피하게 거쳐야 하는 과정으로서 카리스마의 일상화를 설명했다. 이 리더십은 안정성을 확보할 수 없기 때문에 전통화되거나 합리화되어야 하며, 아니면 두 과정을 모두 결합시켜야 한다.[67]

카리스마적 권위를 보여주는 여러 사례들은 카리스마를 가진 지도자가 죽거나 축출될 경우, 혹은 그 지도자가 더 이상 특별한 능력을 보여주지 못하여 추종세력을 잃을 경우에 끝나게 된다. 그러나 카리스마적 권위가 안정되어 있고 그 집단이 카리스마를 지닌 지도자가 사라진 이후에도 지속된다면, 승계의 문제가 중요해진다.

승계는 다음과 같은 여러 방법으로 이루어질 수 있다. 카리스마를 지닌 지도자가 대체 인물을 찾거나(달라이 라마의 경우), 신탁이나 적법화의 형식에 해당되는 그밖의 방법에 따른 계시가 있거나, 카리스마를 지닌 지도자가 자신의 승계자를 직접 지명하기도 하고 관리직원들이 승계자를 지명하거나(교황 선거), 카리스마를 물려주기도 하거나(왕이나 왕가의 신성한 권리), 카리스마를 정부의 직책으로 옮겨주는 경우도 있다.

카리스마의 세습은 개인의 카리스마를 정당한 지배의 전통적 형식으로 일상화한 것이다. 베버의 지적대로, 어떤 지도자가 세습에 의해 권력을 얻으면, 개인의 카리스마는 완전히 없어질 수 있다.[68] 베버는 중국과 인도의 종교를 연구하면서 세습되는 카리스마에 특히 관심을 가졌는데, 그는 이를 '가족의 카리스마' 혹은 '씨족 카리스마'라고 불렀다.[69] 베버는 친족의 카리스마가 '대가족'이 있는 중국과 일족의 카리스마가 카스트제도의 확립에 크게 기여한 인도에서 특히 강하다고 생각했다.[70]

베버는 『경제와 사회』에서 본래의 '개인적인' 카리스마와 권위를 직책이나 전통에 옮겨주는 일상화된 형태의 카리스마 간에 차이가 있다고 주장했다. 교체된 카리스마적 지도자는 적임 여부를 시험하는 추종자나 관리직원들에 의해 발탁된 것인데, 그들의 발탁은 카리스마를 만든다기보다는 발견함을 의미한다. 결국 카리스마는 '일깨워지거나' '시험받을 수'밖에 없으며, '가르침을 통해 배울 수'는 없는 것이다.[71] 따라서 베버는 불가피한 일상화를 거쳐 전통적, 합리적 형태로 변하기 전의 타고난 자기만의 카리스마를 카리스마적 권위 '본래의 기초'로 강조했다.

『경제와 사회』 2부는 비교 세계사적 관점에서 카리스마의 특징과 변화를 더욱 상세히 다루었다. 베버는 종교사회학이라는 긴 섹션을 시작하면서, 마나(mana), 오렌다(orenda), 페르시아의 마가(maga)와 같이 특별한 능력을 나타내기 위해 여러 문화에서 사용하는 용어들을 위주로 카리스마를 다루었다.

베버는 그런 능력을 나타내기 위해 카리스마를 제안했지만, 카리스마가 두 가지 중의 하나일 수 있다고 덧붙였다. 첫 번째 유형의 카리스마는 충분히 '인정받은(merited)' 경우의 카리스마로, 타고난 재능이라는 관점에서 어떤 물체나 사람에게 내재된 재능이다.[72] 마법의 물체 혹은 성스런 물체와 같은 사물에 카리스마가 부여되어 있다는 개념은 베버에 의해 형성되지 않았다. 『경제와 사회』에 나타난 그의 사회학적 관심은 개인에 의해 소유되거나 조직에 이전된 카리스마에 집중되었다. 베버가 보기에 타고났다는 것은 '제1의 카리스마(primary charisma)'의 특징으로, 어떤 방법으로도 획득할 수 없다.

두 번째 유형의 카리스마는, 카리스마를 계발하거나 불러내기 전에 그런 능력의 근원이 존재해야 하지만, 특별한 수단을 통해 사물에서 인위적으로 생산될 수 있는 경우다.[73]

베버는 자신의 종교사회학에서 예언자와 사제를 분명히 구분지었다. 예언자는 개인적인 부름에 답하고 단순히 자신의 개인적인 재능으로 능력을 행사하는, 순수하게 카리스마를 지닌 사람이다.[74] 반대로 사제는 신성한 전통 속에서 신을 섬김으로써 자신에게 권위가 있다고 주장한다. 사제가 자기만의 카리스마를 지니고 있다고 해도 합법적인 권위는 '성직계급의 직책'에 의해 부여된다.[75] 또한 예언자들은 영감을 받은 설교의 감정적인 특징 때문에 설교자들과도 구분된다. 베버는 고대 종교의 예언자들이 종교집단과 유지한 감정적인 유대감 때문

에 그들을 선동정치가나 선전가의 선조라고 간주했다.[76]

『경제와 사회』의 종교 부문 말미에서 베버는 자신의 카리스마 이론을 예수에 적용했다. 그는 예수를 '자신에 대해 독특한 감정'을 지닌 '마법적 카리스마'의 소유자라고 설명했다.

베버가 보기에, 예수의 특이한 자존심은 자신이 악마를 지배하는 데 필요한 카리스마와 바리새인이나 어떤 학자보다도 뛰어난 설교 능력을 모두 갖고 있음을 안다는 점에서 발생했다. 카리스마를 지닌 모든 지도자들과 마찬가지로, 예수도 자신의 뛰어난 능력을 추종자들로부터 인정받아야 했다. 베버는 예수가 자신의 퇴마 능력이 자신을 믿는 사람들 사이에서만 발휘됨을 확신했다고 지적했다. 베버는 예수의 카리스마적 능력이 스스로 메시아라고 생각하는 예수의 생각에서 확고한 구성요소라고 간주했다.[77]

베버는 카리스마적인 종교지도자의 전형적인 예로 예수에 초점을 맞춤으로써, 카리스마(예수가 죽은 지 20년 뒤에 바울이 정의 내렸던)의 의미를 공동체의 이익을 위해 이용할 수 있는 신의 은총으로부터 비범한 지도자들에게 내재된 능력으로 철저히 바꾸어놓았다.

합리적 권위와 카리스마적 권위가 융합되다

카리스마를 상세히 설명한 『경제와 사회』의 마지막 부분은 역사적으로 카리스마가 겪은 변화를 다루었다. 베버는 이 과정을 설명하기 위해 고대 종교에서 당대의(1913년) 미국 정치에 이르기까지 다수의 사례를 제시했다.

베버는 카리스마적 인물들이 자신의 집단을 상대로 '초자연적'(모든 사람이 그런 능력을 가질 수는 없다는 의미에서)인 심신의 특수한 재능을 증명하면서 고통의 순간에 '타고난' 지도자로서 등장한다고 자세히 설명했다.[78] 그는 그런 카리스마적 인물의 범위를 확대하여 의사, 예언자, 판사, 군사지도자, 수색원정대 대장 등을 포함시켰다. 이들 모두가 특별한 행동을 통해 자신의 카리스마를 입증함으로써 추종자들에게 권위를 행사하는 사람이다.

카리스마를 지닌 지도자는 위기의 순간, 특히 정치적, 경제적 상황에 대응한다.[79] 그 지도자는 운명이나 신에 의해 자신이 선택되었다고 느끼고 공동체를 상대로 자신의 소명을 선언한다. 베버는 다시 한 번 카리스마의 '개인적인 특징'과 특별한 개인이 카리스마를 타고난다는 점을 강조했다. 그는 카리스마를 지닌 사람의 힘과 사명은 외부의 질서에 의해서가 아니라 내부로부터 그 범위가 정해진다고 말했다. 이는 카리스마적 지배가 관료제나 '질서정연한 합리적 지배'와 정반대임을 의미한다.[80]

베버는 카리스마적 지배를 금욕주의, 군사, 사법, 마법 등 어떤 종류든 영웅적 행위와 결부지었다.[81] 카리스마를 지닌 지배자는 놀라운 사건에서 생겨나는 집단의 흥분과 어떤 종류든 영웅적 행위에 대한 굴복으로부터 탄생한다.[82] 카리스마적 지배의 초기 단계에서는 단일한 관리진이 '카리스마적 귀족'을 구성하는데, 대표적으로 지도자에게 충성스런 제자들을 들 수 있다. 그러나 은총의 덧없는 선물을 일상생활의 영원한 소유물로 바꾸려는 마음은 끊임없이 생겨난다. 그리하여 카리스마의 모든 사례는 경제적 합리성을 전혀 모르는 감정적인 생활에서부터 물질적 이해관계의 무게에 짓눌려 서서히 질식해 죽는 과정까지를 밟게 된다.[83]

베버의 카리스마에 대한 분석의 나머지 부분은 카리스마가 일상화되는 여러 형식들을 중점적으로 다루었다. 이 부분에서는 카리스마의 혁명적 힘이 일상생활의 일부가 될 정도로 길들여지는 방법에 대해 상세히 다루었는데, 이 방법은 1부에서 대략적으로 설명되었다. 더욱 정확히 말하면, 나중에 집필된 1부는 카리스마를 중심으로 지배체계를 세우는 방법에 관해 2부에서 제시된 내용을 도식화했다. 이는 경제적, 사회적 능력을 합법화하는 데 사용하기 위해 카리스마적이며 신성한 권위의 원천을 획득하는 과정이다. 이어 관리직이 신설되고(사제, 기사, 전사회의), 카리스마와 같은 '종교적 기운'으로 전통이 수립되고 고쳐진다.[84]

이 과정에서 기본적으로 그 순수한 형태로는 서로 모순되는 카리스마와 전통이 통합된다. 베버가 그러한 통합으로 인해 카리스마에서 카리스마 자체의 혁명적 힘이 제거되고 실제로 그 통합이 카리스마의 본질과 어울리지 않는다고 지적했지만, 그럼에도 불구하고 그러한 융합은 계속해서 재발되는 결과다.[85] 이러한 결합으로 발생하는 두 가지 결과는 전통에 합법성이 부여되고, 비록 약해지긴 해도 카리스마가 전통적 조직이나 합리화된 사회적 구성체에서도 계속해서 존재할 수 있다는 점이다.

베버는 일상화 과정을 논의하면서 합법적 지배유형들이 역사적으로 연속해서 나타난다는 점을 다루었다. 이 문제는 이후 일부 비평가들을 난처하게 만들거나 적어도 당혹케 했다. 베버가 당대의 정치적 삶에서도 카리스마의 사례를 확인할 수 있다고 주장했기 때문에 세 가지 지배유형을 단순히 진화되는 일련의 사건들로 정착시킬 수 없었다. 오히려 세 유형은 가장 다양한 조합으로 혼합되어 함께 나타났다. 그러나 그는 영원한 제도적 체계의 발전과 함께 약해지는 것이 카리스마의 운명이라고 선언했다.[86]

이 보편적인 '운명'은 최초의 카리스마적 권위가 부득이하게 전통적, 법률적 체계로 일상화되어가는 잠깐 동안의 과정을 의미한다. 베버는 마법적인 힘이 사물과 인간에 내재되어 있다고 여겨졌던 초기 단계의 사회를 지적했다. 그런 사회에서 카리스마적 힘에는 모든 특별한 능력, 즉 마법이나 영웅적인 특징을 지닌 행동이 수반되었고, 개인의 카리스마에 의한 신성의 조작이 영원한 예식이 되었을 때 일상화가 발생했다. 그 다음 단계에서 카리스마를 지닌 예언자나 마술사는 성직자가 되었다. 마찬가지로 전쟁을 수행할 여건이 안 되거나 전쟁 수행이 어려워지고 규율(일종의 합리화)이 필요해지면, 카리스마를 지닌 전쟁 영웅은 왕이 되는 것이다.[87]

베버가 비교사회학으로 제시한 여러 사례를 보면, 단순한 진화적 계보가 정말로 작동하는 듯 보인다. 카리스마가 제도화된 형태로 옮겨질 때, '순수한' 카리스마적 기초는 늘 카리스마가 희박해지는 방향으로 전개되었다. 베버는 카리스마가 그 소유자에 관계없이 어떤 직책에 따라붙는, 카리스마의 '탈인간화'에 대해 상세히 설명했다. 이는 카리스마가 혈연관계를 통해 이전될 수 있다는 믿음으로, 혈통 카리스마라 할 수 있다.[88] 그런 경우의 카리스마는 개인과 관계가 없어진다. 카리스마가 하나의 기관으로 옮겨지기 때문에 왕이나 기타의 직책은 특이한 성질이나 기운을 발산한다. 이런 '직책의 카리스마'는 의회가 군주의 이름으로 기능하는 입헌군주제의 경우처럼, 그 직책 자체가 정치적 세력을 잃은 고도로 합리화된 사회에서도 지속될 수 있다.[89]

따라서 지배유형의 역사적 연속성에 관한 베버의 이론적 입장은 모순되거나 아니면 적어도 결말이 나지 않은 듯 보인다. 그가 도표로 나타낸 일상화의 과정은 초기의 카리스마로부터 전통적 체계나 합리화된 체계 내에서 무력화되는 과정을 반복적으로 추적했다. 베버는 '카리스마와 카리스마의 변화(Charisma and Its Transformation)' 부문을 공장과 관료제 국가기관에서 명백히 드러나는 합리화 과정에서 마무리 발언을 도출하며 끝맺었다. "이 보편적인 현상은 카리스마의 중요성과 개별적으로 차별화된 행동의 중요성을 더욱 더 제한한다."[90] 베버는 항상 최초의 카리스마적 추진력을 길들이거나 무력화시키는 보편적인 현상을 단정했던 것이다.

한편, 베버는 비록 가장 세속적이고 고도로 질서 있는 사회이긴 하지만 카리스마가 지속된다는 점 또한 지적했다. 카리스마는 그런 상황에서도 전통적 형식이나 합리화된 형식과 다양하게 결합되어 살아남는다. 현대 민주주의의 거대한 관료주의적 장치는 여전히 당 지도자의 카리스마적 능력을 강조할 수 있다. 이는 카리스마를 지닌 영웅의 원칙과 당 조직의 평범한 능력이 서로 충돌함을 의미한다.

베버는 이런 충돌의 예로 1912년의 루스벨트 대통령선거 캠페인을 제시했다.[91] 베버는 모든 정당이 정통의 왕위 요구자나 선동 정치가의 카리스마를 지지하는 세력으로부터 출발했다고 주장한다. 만약 그 지지 세력이 일상화되고 영원한 조직으로 발전한다면, 그들은 지극히 중요한 대선 후보자 지명과 같은 당의 방침을 감독하는 관료조직에 굴복하게 된다.[92] 실제로 민주당 선거는 유권자들 앞에 내보이기 전에 당 기구에 의해 '걸러진' 후보자들 가운데 한 사람을 결정하는 일이다. 4년마다 한 번씩 치러지는 선거가 이미 식민지전쟁에 맞먹을 정도가 된 미국에서는 특히 엄청난 재원이 필요하다.

그러나 관료주의적인 당 기구의 통제력에도 불구하고, 카리스마는 민주적 정치과정에서 일정한 역할을 유지하고 있다. 베버는 선거운동자들의 '가두연설'에서 뚜렷이 나타나는 웅변의 카리스마를 지적했다. 웅변의 카리스마가 갖는 순수한 감정적인 효과는 종종 카리스마를 지닌 영웅에 대한 숭배로 이어지는 경우가 있는데, 이 경우 정치 후보자나 지도자가 지나치게 많은 감정적인 매력을 발산하기 때문에 당 기구조차도 이러한 카리스마에 빠져들게 된다.[93] 드문 경우지만, 그런 영웅은 국민투표에 의한 지명과 당 내에서의 추천을 강요함으로써 전문 정치인의 당에 대한 지배력을 약화시키려 한다. 그러나 베버는 특별한 상황에서만 카리스마가 조직을 상대로 승리를 거둔다고 주장했다. 통상적으로 당 조직은 수월하게 카리스마를 거세하는 데 성공한다.[94]

마지막으로, 현대 서양세계에서 카리스마가 갖는 지속적인 역할에 대한 베버의 믿음은 그가 1918년에 가진 두 번의 연설, 즉 〈직업으로서의 정치〉와 〈직업으로서의 학문〉에서 뚜렷이 드러났다. 그는 〈직업으로서의 정치〉 연설에서 자신의 카리스마적 지배이론을 '계시나 영웅적 행위 또는 개별 지도자의 자질'에 대한 개개인의 헌신과 신뢰라고 짧게 요약했다. 정치 영역에서 그러한 카리스마적 지배는 국민투표에 의해 선출된 지배자나 전사, 위대한 선동정치가, 혹은 합리화된 민주적 정치 제도의 '정당 지도자'에 의해 행사될 수 있었다.[95]

베버는 〈직업으로서의 학문〉 연설에서, 특히 이 장의 앞부분에서 언급한 유명한 구절에서 당대의 합리화된 환경에서조차 명백히 나타났던 고대의 '예언자적 정신'에 상응하는 고동치는 힘에 대한 관심을 유발시켰다.[96] 이 구절에 나타난 한탄조의 어조는 베버가 권위의 형식으로 카리스마를 재창조한 동기가 어떤 전후관계에서 생겨났는지를 의미했다. 베버가 보기에 현대 산업사회의 관료화 과정은 상실의 형식을 취했고, '각성된' 세계를 야기했다.

베버는 카리스마를 보편적인 권위의 유형으로 가정함에 따라 현대 서양사회를 적어도 두 가지 점에서 비판적인 관점으로 바라봤다. 먼저, 그는 현대 서양사회가 그 기술적, 경제적 발전에도 불구하고 이전의 덜 세련된 사회에 비해 영적 수준이 낮아졌다고 주장했다. 이러한 상실을 알리는 한 가지 지표가 바로 활기 있는 영적 세력을 대표하는 카리스마가 관료화되거나 길들여지고 있다는 점이었다. 두 번째로, 베버는 당시의 사회구성체가 모두 합리화되었음에도 불구하고, 과거의 비합리적인 세력이 여전히 살아남았다고 주장했다. 현대의 '철창'은 카리스마와 같은 힘을 완전히 사라지게 만들 정도로 억압적이지는 않았다. 베버는 카리스마적 권위가 현대의 관료주의적 정치세계에서도 기능하고 있다고 파악했다. 그가 보기에 고도로 합리화된 사회는 부단한 노력에도 불구하고 합리적 권위와 비합리적, 즉 카리스마적 권위가 융합된 상태로 남아 있었다.

1960년대 '카리스마' 정치인의 개인적 매력과 자질을 의미하다

베버가 카리스마적 리더십을 정당한 지배유형으로 다룬 연구는 사회학과 정치이론 분야에서 빠르게 지지 세력을 확보했다. 앨버트 살라몬(Albert Salamon)은 1925년에 「막스 베버」라는 평론을 발표했는데, 베버의 역사적 세계관을 합리화와 카리스마 간의 투쟁으로 요약했다. 그는 그 투쟁에서 카리스마를 지닌 영웅이 죽을 때까지 싸운다고 지적했다.[97] 베버를 다룬 살라몬의 여러 평론들 가운데 하나는 1935년에 영어로 변역되어 베버의 개념에 충실한 카리스마의 개념을 다음과 같이 제공했다.

> 사회학적 범주로서의 카리스마는 가치판단이 아니라 특별한 업적 때문에 지도자로 보이는 자질을 의미하는데, 그것은 그의 추종자들 앞에서 증거에 의해 정당화되어야 한다.[98]

베버의 카리스마적 리더십 이론은 정확히 테오도르 아벨이 1938년에 출간한 『왜 히틀러가 집권했는가(Why Hitler Came into Power)』에서 정확히 요약되어 히틀러의 등장에 적용되었다.

_____ 따라서 모든 추종자들에 의해 운명의 지배자로서의 특징들을 부여받은 지도자는 막스 베버의 용어에 따라, 카리스마적 지도자라고 부를 수 있다. 그런 지도자는 특정한 임무를 완수하기 위해 '특별한 은총'(카리스마)을 부여받은 것으로 간주된다.[99]

베버의 정치적 견해와 카리스마를 민주정치제도와 독재정치제도에 적용할 수 있는지 여부에 관한 논쟁은 나중에 다음 내용에서 다루어질 것이다.

헨더슨(Henderson)과 파슨스(Parsons)가 1947년에 『경제와 사회』를 번역하고 거스(Gerth)와 밀스(Mills)가 『막스 베버로부터(From Max Weber)』(1946년)에서 발췌한 글과 평론을 번역한 덕분에, 영국 독자들은 카리스마에 대한 베버의 노작을 접할 수 있었다. 1960년대가 되자, 어떤 사람을 비범하다고 여기게 만드는 개인의 특징으로 규정한 베버의 카리스마는 사회학적 담론 수준을 벗어나 더욱 광범위하게 사용되었다. 이 과정에서 카리스마라는 말의 의미가 약간 변하게 되었는데, 1940년대 말에 카리스마는 베버의 지배이론의 맥락 안에서 이해되었다. 즉, 리더의 재능이나 권위의 힘을 의미하는 것이었다. 그런데 1960년대에 들어 카리스마는 특히 정치인에게서 나타나는 강한 개인적 매력이나 자질을 의미하게 되었다.[100] 그 차이는 미미해서 무엇을 강조하느냐의 문제이며, 지배를 가능하게 만드는 지도자의 타고난 재능이나 능력에서 특정 정치인이 보여주는 개인적인 매력으로 그 초점이 다소 이동했다.

이러한 변화를 일으킨 중요한 요인은 존 F. 케네디가 미국 대통령으로 등장하고 TV를 통해 미국뿐 아니라 전 세계의 시청자들에게 그의 개인적인 매력이 전달되었다는 데 있다. 케네디는 1960년, 리처드 닉슨과의 TV 토론에서 자신감과 에너지를 발산하며 젊고 활기차고 매력적으로 보였다. TV로 중계된 이 사건은 매스미디어에 의해 전달되는 새로운 유형의 정치인이 탄생했음을 알렸다. TV를 통해 전달된 케네디의 매력은 신문과 라디오, TV와 같은 전자매체의 해설자들에 의해 '카리스마 있다'고 설명되었다. 케네디 대통령이 암살된 뒤, 그의 동생 로버트 역시 TV를 통해 전달되는 카리스마를 소유한 것으로 널리 인정받았다. 1967년에 시사주간지, 《스펙테이터(The Spectator)》는 다음과 같이 보도했다. "그와 같은 세대에 속한 많은 이들과 마찬가지로, 그도 케네디의 카리스마에 굴복했다."[101]

1980년대 중반에 출간된 『종교 백과사전』조차도 '케네디의 카리스마'에 대해 이야기할 때처럼, 어떤 개인의 특징으로서의 세속적인 카리스마를 인정했다.[102]

케네디의 전례에 의해 카리스마적 매력이 갖는 정치적 이점이 확실히 자리매김하면서, 1960년대의 다른 정치인들도 자신에게 카리스마가 있다고 공개적으로 주장했다. 1966년 그리스의 정치인, 안드레아스 파판드레우(Andreas Papandreou)는

《뉴욕타임스》에 이렇게 말했다. "게오르그 파판드레우(George Papandreou) 이후, 나는 그리스에서 가장 폭넓은 대중적 기반을 확보하고 있다. 나는 당에서 그런 카리스마를 지닌 유일한 사람이다."[103] 그리스 정치인이 미국의 일간지를 상대로 이러한 발표를 했다는 사실은 여러 면에서 시사하는 바가 크다.

카리스마는 정치인의 바람직한 자질로서뿐 아니라 일종의 정당성으로서 인용되었다. 개인의 카리스마는 폭넓은 대중적 인기나 정치적 권력 기반과 관련된 것이었다. 한편, 파판드레우의 아버지 게오르그(1965년까지 그리스 수상으로 재직)의 카리스마를 언급한 부분은 카리스마라는 타고난 재능이 케네디 가문과 마찬가지로 파판드레우 가문에도 존재한다고 암시했다. 마지막으로, 정치적 담론 속에 하나의 개념으로 자리 잡은 카리스마는 파판드레우의 발언에서 그 국제적인 범위를 여실히 드러냈다.

1960년대 중반 무렵, 카리스마는 언론의 정치 분석의 주제로서 국제적인 규모로 확립되어 있었다. 한 독일 학자의 저서로부터 세속적인 의미를 부여받은 고대 그리스의 단어는 미국의 일간지가 인터뷰한 현대 그리스 정치인에 의해 영어로 등장할 수 있었다. 카리스마는 전 세계 세속문화의 일부가 되었던 것이다.

독일 나치 독재정권을 옹호했다는 비판들

1922년에 처음『경제와 사회』가 출간된 이후 베버의 카리스마 이론을 비판적으로 수용하려는 움직임이 활발하게 나타났다. 이 과정에 기여한 몇 가지 요인들이 있는데, 나치정권의 정치적 영향, 전체주의적 선동 정치가와 카리스마의 연관성, 정치·사회 이론 안에서 경쟁하는 이해관계, 영어권 세계에서 제기된 베버의 사회학에 대한 상이한 해석, 카리스마를 이론적 용어로 받아들인 광범위한 학문 분야 등이 바로 그것이었다.

베버는 히틀러가 정치 권력자로 부상하기 전에 세상을 떴다. 그럼에도 불구하고 이후 정치 이론가들이 히틀러를 카리스마적 지도자로 특징지은 것은 두 가지 면에서 중요한 영향을 미쳤다. 첫째는 베버의 카리스마적 지배 개념이 집중적으로 검토되었다는 점이고, 두 번째는 베버 자신의 정치적 입장에 관한 추측이 이루어졌다는 점이었다.

이탈리아의 파시스트 지식인들은 1920년대 말에 베버를 인용하며 무솔리니에게 특별한 카리스마적 권위를 부여했다.[104] 테오도르 아벨은 히틀러야말로 베버가 말한 카리스마적 지도자라고 설득력 있게 주장했다. 아벨은 1938년의 글에서 히틀러를 나치운동의 '예언자'이자 '영웅'이라고 불렀다. 히틀러가 지도자의 '뛰어난 초인적인 힘'을 믿는 추종자들을 통솔했기 때문이었는데, 막스 베버는 이러한 추종세력을 카리스마적 리더십의 기반이라고 생각했다.[105] 독일의 철학자 카를 뢰비트

(Karl Löwith)는 1939년에 베버의 정치적 영향력에 대해 솔직한 평가를 내렸다. "그는 대개 비합리적인 '카리스마적' 리더십과 파벌을 갖춘 지도자의 지배를 옹호함으로써 독재자가 이끄는 국가로의 길을 적극적으로 닦아주었다."[106]

전쟁이 끝난 뒤, 독일 학계와 정치계의 새로운 세대는 베버의 정치이론 등을 포함하여 과거에 대한 재평가작업에 착수했다. 볼프강 몸젠은 1950년대 독일 지성계의 분위기를 설명했는데, 민주주의의 정착을 목표로 삼고 나치즘의 파국에 상당히 민감했던 이 세대는 독일 민주주의의 몇 안 되는 선조로서 베버를 바라보던 지배적인 시각에 이의를 제기했다. 몸젠은 베버가 제시한 '국민투표식 민주주의(plebiscitary leadership democracy)' 개념과 카리스마적 지도자의 이점이 모든 이의 머릿속에 여전히 생생히 남아 있던 파시스트적 지도부의 생각과 위험할 정도로 유사해 보인다고 지적했다.[107]

1959년에 몸젠은 독일 국민들이 아돌프 히틀러를 지도자로 적극적으로 맞이하는 과정에서 약간이긴 하지만 베버의 카리스마적 리더십이 도움을 주었다고 비난하면서, 직접 베버에 대한 평가에 앞장섰다.[108] 몸젠은 베버가 카리스마를 지닌 정치인이 당과 의회 관료들을 상대로 권력을 행사할 수 있는 '국민투표식 민주주의'를 선호함에 따라, 위험한 선례가 세워졌다고 주장했다. 그 결과, 카를 슈미트(Carl Schmitt)가 이론적으로 독재주의 국가의 정당성을 증명하고 독일 국가가 '순수한 국민

투표주의'에 굴복하게 되었다는 것이다.[109]

베버에 대한 이러한 수정주의적 시각은 독일을 비롯한 여러 곳에서 강한 저항에 부딪쳤다. 귄터 로스(Guenther Roth)의 지적대로, 수정주의는 베버의 사회학 저서들이 그의 정치적 견해를 나타낸다고 생각하는 경향을 보였다.[110] 이는 몸젠 스스로 1974년에 자기 책의 2판을 내면서 고치려고 시도했던 경향이었다. 당시 몸젠의 지적대로, 서독의 민주주의가 안정되고 국가 사회주의의 문제도 위급하지 않았기 때문에,[111] 베버의 복잡한 정치학과 그 역사적 맥락 또한 더욱 침착하게 평가될 수 있었다. 몸젠은 정치인의 공적 책임을 다룬 윤리학 등 베버의 정치이론이 갖고 있는 여러 모습들을 열거하면서, 그가 파시스트 지배와 정반대의 위치에 있었음을 지적했다.[112] 또한 그는 베버에게 적이란 늘 관료정치이고 베버의 정치적 시각에서 보면 카리스마는 순수하게 긍정적인 힘이기 때문에 카리스마가 갖는 한계나 그것이 잘못 이용될 수 있는 문제를 베버가 소홀히 했다고 언급했다.[113]

몸젠은 나치정권의 카리스마적-국민투표적 리더십은 베버가 예상했던 리더십과 전혀 다른 결과였다고 결론 내렸다. 몸젠은 만약 베버가 살아서 나치정권을 겪었다면 최선을 다해 싸웠을 거라고 주장했다.[114] 그럼에도 불구하고 몸젠은 베버 이론의 정치적 효과에 대해 공정한 평가가 이루어져야 한다는 예전의 신념을 버리지 않았다. 결국 그는 절충적인 입장을 선택함으로써 1959년의 평가를 수정했다. 그는 "약간이긴 하지만 베버의 카리스마 이론이 독일 국민으로 하여금 아돌프 히틀러 정도의 지도자를 쉽게 받아들이는 데 도움을 주었다"고 자극적이지 않은 표현을 써가며 조심스럽게 말했다.[115]

마르크스주의 비판자들의 표적이 된 베버의 부르주아 사회학

사회학과 정치이론 개념으로서의 카리스마에 대한 반대는 1960년대에도 계속되었다. 아서 슐레진저 주니어(Arthur Schlesinger Jr.)는 1960년에 발표한 논문에서 "베버의 유형학은 민주사회에 대한 연구에서 시작되지도 않았고 그런 연구에 들어맞지도 않기 때문에 카리스마 개념을 정치 분석에서 내버려야 한다"고 주장했다.[116] 슐레진저는 『희망의 정치(The Politics of Hope)』(1964년)에서 베버의 권력 이론, 특히 카리스마라는 유해한 개념이 이후의 분석에 미친 최면적인 효과를 개탄했다.[117] 슐레진저는 카리스마가 현대 민주정치질서의 실용적인 면과 아무런 관련이 없다고 주장했다. 그가 보기에 카리스마는 신비적이고 불안정하고 비합리적이며, 베버의 정의에 따르면 현대 산업사회의 현실을 다룰 수가 없었다.[118]

사회학자인 피터 워슬리(Peter Worsley)도 1968년에 발표한 『나팔을 울리리라(The Trumpet Shall Sound)』에서 카리스마라는 용어를 거부했다.[119] 또한 헤르베르트 마르쿠제(Herbert

Marcuse)가 1964년 하이델베르크에서 열린 컨퍼런스에서 베버의 부르주아 사회과학에 대해 비판을 가하는 등, 베버는 마르크스주의 비판자들의 표적이 되기도 하였다.[120] 다른 마르크스주의자들은 베버가 개인을 강조한다는 점을 겨냥했는데, 1973년에 볼프강 르페브르(Wolfgang Lefèvre)는 베버가 순진하고 낙관적인 자유주의를 지향했다고 비판했다.[121]

그러나 1970년대 이후 서구사회에서 마르크스주의가 지적 세력으로서 쇠퇴함에 따라, 베버의 지배이론은 더 이상 비판의 대상이 되지 않았다. 또한 마르쿠제는 『일차원적 인간(One-Dimensional Man)』에서 근대사회의 합리주의에 대한 베버의 분석은 마르크스주의 사상의 좌초를 예상한 것이었다고 지적했다.[122]

베버는 특히 영어권 세계에서 자신의 반대자들보다는 지지자들 때문에 더 고통을 겪었다고 말할 수 있다. 텔코트 파슨스는 『사회적 행위의 구조(The Structure of Social Action)』(1937년)에서 베버의 체계적인 이론을 요약했지만, 베버에 대한 그의 해석은 '창조적인 오역'으로 심한 비판을 받았다.[123] 파슨스는 베버와 에밀 뒤르켐(Emile Durkheim)의 사회학을 자신의 구조기능주의(structural functionalism) 방식의 기초로 삼았다. 1947년에 베버의 『경제와 사회』 1부를 번역하면서, 파슨스의 목표는 한층 더 진전되었다. 파슨스는 베버와 뒤르켐이 다르고 베버가 뒤르켐의 연구를 전혀 참조하지 않았음에도 불구하고, 『사회적 행위의 구조』에서 두 사람을 결합하려 했다.[124] 파슨스는 종교 부문에서 카리스마가 베버에 의해 만들어진 용어이며 마나(mana)와 같은 개념에서 알 수 있듯이 그것이 예외적인 자질을 의미하기 때문에 뒤르켕의 종교이론과 아주 흡사하다고 잘못 말했다. 그는 카리스마 개념이 뒤르켕의 사크레(sacré, 성스러움을 의미함-옮긴이)와 흡사한 점이 놀랍다고 지적했다.[125] 이런 단순한 비교로 인해 카리스마 개념은 베버의 종교사회학에서 많은 의미를 상실하고 말았다. 파슨스는 사회적 행위의 영역에서도 비슷한 이론적인 결합을 시도했다. 카리스마가 특정한 존중의 태도를 의미하기 때문에, 그러한 기능은 분명, 뒤르켕이 제시한 예의적 태도라 할 수 있으며, 카리스마적 권위는 도덕적 단계의 권위라는 것이었다.[126]

파슨스가 베버와 뒤르켕을 이런 방식으로 처리함에 따라, 베버가 그의 지적 선조들 중의 한 명이고, 귄터 로스의 호된 표현대로 체제이론가(systems theorist)가 되려다 말았다는 인상이 심어졌다.[127] 1950년대에 '베버-파슨스' 방식은 미국 사회이론에서 지배적인 지위를 누렸지만, 1960년대와 1970년대에 들어서 베버에 대한 이러한 해석은 도전받기 시작했다.

라인하르 벤딕스(Reinhard Bendix)가 1960년에 쓴 『막스 베버: 지적 초상화(Max Weber: An Intellectual Portrait)』는 베버의 비교사회학의 역사적 실체를 보여주면서 파슨스의 체제방식에 반격을 가했다.[128] 카를 뢰벤슈타인(Karl Löwenstein)이 1965년에 한 표현을 빌리면, 베버의 정치사상을 '우리 시대의 관점'에 끌어들이려는 시도가 여러 이론가들에 의해 이루어졌다. 뢰벤슈타인은 베버가 '국민투표식' 지배와 '전제군주식' 지배를 동일시한 점에 대해 반대했지만, 베버의 카리스마적 리더십 개념을 수정하여 민주정부와 더욱 조화될 수 있게 만들고자 했다.[129]

1970년대에 들어 영어권 세계에서는 베버와 파슨스를 분리시키려는 작업이 지속되었는데,[130] 1971년 앤소니 기든스(Anthony Giddens)의 마르크스, 뒤르켕, 베버에 대한 연구서는 사회이론에 대한 급진적인 수정작업의 일부로서 베버의 본질적인 일관성을 이해하지 못한 2차적인 해석의 실수를 바로잡으려는 목적도 갖고 있었다.[131]

베버의 정치 사회 사상을 수정하려는 시도들

1970년대에 들어 베버가 정의 내린 카리스마는 사회학, 정치학, 심리학 등 수많은 학문 분야에서 하나의 개념으로 인정받았다. 프로이트 학파의 정신분석가 어빈 쉬퍼는 『카리스마: 대중사회에 대한 심리분석학적 시각(Charisma: A Psychoanalytical Look at Mass Society)』(1973년)에서 카리스마가 특히 정치 분야에서 여전히 우리에게 존재한다는 전제로부터 출발했다.[132] 그는 카리스마가 민주문화의 현실을 처리하지 못한다는 슐레진저의 주장을 거부했다. 쉬퍼는 카리스마가 과거와 마찬가지로, 오늘날의 민주적 발전과정에서도 살아남아 미묘하게 매력

적이고 때로는 초기의 발달단계로 되돌리는 역할을 계속하고 있다고 보았다.[133]

그러나 쉬퍼는 베버의 카리스마 개념에 손을 대려 했다. 그는 카리스마적 권위에 대한 베버의 서술이 집단 내에서 작동하는 특이한 역동성에 주의를 기울이지 못했다고 지적했다. 베버는 카리스마적 지도자의 추종자들은 맹목적으로 추종하는 사람들에 불과하다고 생각했다. 그들은 지도자의 강력한 매력에 완전히 사로잡힌 사람들이었다.[134] 쉬퍼는 베버가 리더십의 결정적인 요인을 인식하지 못하고 있었으며 카리스마를 지닌 지도자 등 모든 지도자들이 어느 정도 사람들의 창조물이라고 주장했다. 쉬퍼는 일반 사람들보다 지도자에 초점을 맞추는 베버의 '엘리트주의'를 수정하고자 했다. 그의 목표는 카리스마적 지도자를 포함한 정치지도자들을 선택하는 문제에서 대중의 중요성을 극적으로 부각시키려는 것이었다.[135]

사회학에서도 베버의 카리스마 개념을 수정하려는 비슷한 움직임이 발생했다. 잭 샌더스(Jack Sanders)의 지적대로, 다수의 사회학자들은 카리스마를 지닌 지도자가 자기 혼자서 카리스마적이 될 수 없으며, 카리스마는 지도자 본인만큼이나 상황과 (적극적인) 추종자들에게 의지한다고 주장했다.[136]

로버트 터커(Robert Tucker)는 1968년에 지도자와 추종자 간의 상호의존관계에 대해 다음과 같이 썼다. "카리스마적 지도자들에 대해 이야기하는 것은 카리스마적 운동에 대해 이야기하는 것이다. 이 두 현상은 분리할 수 없다."[137] 이와 비슷하게 브라이언 윌슨(Bryan Wilson)은 1975년에 출간된 『고결한 야인: 카리스마의 근원과 현대의 잔존물(Noble Savages: The Primitive Origins of Charisma and Its Contemporary Survival)』에서 '카리스마에 대한 수요(charismatic demand)' 측면을 강조했다. 샌더스가 지도자에서 추종자의 역할로 강조점을 바꾼 것은 뒤르켕의 생각을 지지한 것으로, 뒤르켕은 어떤 사람에게서 자신들을 만족시키는 수단뿐 아니라 원칙적 염원을 찾을 경우, 사회가 다른 사람들보다 그 사람을 떠받들 것이라는 이론을 세운 바 있었다. 윌슨이 지지한 '카리스마에 대한 수요'는 카리스마가 집단성을 반영한 것이라는 시각의 변형이었다.

찰스 린돔은 1990년에 발표한 『카리스마(Charisma)』에서 뒤르켕에게서 영감을 받은 이 수정된 시각을 공유했다.[138] 로이 월리스(Roy Wallis)는 1982년에 쓴 글에서 카리스마의 사회적 구성에 의해 카리스마가 사회적 관계의 특별한 구조로부터 발생함을 알 수 있다고 주장했다.[139] 사회학, 심리학, 종교연구 분야의 카리스마에 대한 베버 이후의 논쟁에서 지도자와 추종자들 간의 관계는 여러 가지 부분에서 강조되었다. 로이 월리스는 카리스마라는 개념이 추종자들의 행동에 대한 해석보다 지도자의 행동에 대한 해석으로서 더 큰 역할을 지닌다고 주장했다.[140]

샌더스는 2000년에 발표한 글에서 지도자의 카리스마를 더 이상 집단에 의해 지도자에게 부여된 무언가로만 규정할 수 없다고 결론지었다.[141] 지도자에게 추종자들이 필요하긴 하지만, 그 추종자들이 아무렇게나 지도자를 선택하는 것은 아니다. 카리스마를 지닌 지도자는 반복적으로 뛰어난 지도자로서의 자질을 증명해야 하는데, 이는 베버가 강조한 점이었다.

그러던 가운데 카리스마적 리더십의 발생과정에서 사회적 위기가 갖는 역할이 무엇인지에 관한 논쟁이 뜨거워졌다. 윌슨은 불안이 커지고 정상적인 생활이 혼란스러워짐에 따라 카리스마에 대한 수요가 높아진다고 생각했다. 터커는 격심한 고통을 받는 상태가 되면 사람들이 어떤 사람을 그 고통으로부터 구원해줄 사람으로 간주하기 쉬워진다는 이론을 제기했다. 그 개인은 이러한 상황에 의해 '사명감'을 부여받지만, 그가 구원을 통해 추종자들의 지극한 헌신과 충성심을 일으킬 수 있는 이유는 카리스마적 지도자의 자신감 넘치는 확신이라고 터커는 주장한다.[142]

그러나 더욱 비판적인 사회학은 카리스마가 선천적인 것이라는 생각을 거부한다. 피에르 부르디외는 1987년의 글에서 베버가 카리스마를 타고난 신비로운 자질이나 자연의 선물로 순진하게 설명했다고 비난했다.[143] 부르디외는 사회적 구성체로 초점을 돌림으로써 카리스마의 신비성을 제거하려 했다. 그는 카리스마를 지닌 지도자는 단지 그가 나타나기 이전에 존재했던 감정과 열망을 구체적으로 표현하고 있을 뿐이라고 지적했다. 사회적 위기가 나타나면, 전통적 가치체계에 대한 도전이 발생할 가능성이 높아진다. 부르디외는 그런 시기의 지도자들은 그 현상을 정복했다기보다는 해석한 사람들이라는 마르셀 모스(Marcel Mauss)의 소견을 인용했다.[144]

부르디외의 철저한 유물론적 분석은 왜 특정인이 사회적으로 지도자의 역할을 맡아 살아가기 쉬운지 설명하려 했다.[145] 부르디외는 개인이 아니라 그 개인에 영향을 주는 사회적 관계에 초점을 맞춤으로써 내면의 카리스마적 능력이 리더십의 추진력이라는 생각에 의문을 제기했다.

베버의 카리스마 개념에 심리학적 인식을 추가한 오크스

반대의 관점에서도 몇몇 이론가들이 '카리스마의 사회적 구성' 논제를 거부했다. 이 이론가들 중에서 대표적인 인물은 심리학자인 렌 오크스로, 그는 1997년에 발표된 『예언자의 카리스마(Prophetic Charisma)』에서 카리스마를 지닌 종교지도자의 심리학적 프로필을 제시했다. 오크스는 여러 해에 걸쳐 카리스마를 지닌 지도자들을 연구한 결과를 토대로, L. 론 허바드(L. Ron Hubbard), 바그완 슈리 라즈니쉬(Bagwan Shree Rajneesh), 문선명(Sun Myong Moon) 같은 인물들이 객관적으로 볼 때 대규모의 추종세력에 영감을 불어넣어주는 예외적인 능력을 가진 비범한 사람이라고 주장했다. 그러면서 그들의 그런 특성을 부정하는 것은 단순히 상상력을 무력하게 만들 뿐이라고 했다.¹⁴⁶ 오크스는 예언자란 전통적인 가치에 반대되는 구원의 메시지를 조장하여 자신에게 지침을 기대하는 추종자들을 끌어들이는 사람이라고 정의내렸다. 위에서 언급한 인물들 이외에 현대의 예언자들 중에는 블라바츠키 여사(Madame Blavatsky, 신지학협회Theosocial Society), 앤 리(셰이커교), 조셉 스미스(모르몬교)와 그리 잘 알려지지 않은 다수의 신흥종교운동이나 종파 설립자 등이 포함되어 있다. 혁명적인 통찰력 덕분에 추종자들을 통솔하는 예언자의 개념은 카리스마적 종교지도자에 대한 베버의 설명과 아주 유사하다. 카리스마를 지닌 그런 지도자들 가운데 한 사람을 16년 동안 가까운 거리에서 지켜본 오크스는 그들이 주변의 동료들과는 본질적으로 다른, 독특한 성격 유형을 소유하고 있다고 주장했다.¹⁴⁷

오크스는 카리스마 있는 현대 예언자들의 성격 유형을 상술한 심리학적 테스트 방법을 개발했다. 놀랍게도 카리스마를 지닌 11명의 지도자들에 대한 심리측정 테스트 결과는 극단적이거나 독특한 성격적 특징을 전혀 보여주지 않았다. 표준화된 심리 테스트에 따르면 이 예언자들은 '보통의 평범한' 사람들로 드러났다.

이후 오크스는 수십 명에 달하는 현대의 예언자들에 대한 문헌조사 외에도 카리스마를 지닌 20명의 지도자와의 인터뷰와 그들에 대한 관찰을 기초로 더욱 질적인 분석을 추구했다. 오크스는 이러한 정보들을 이용하여 전형적인 카리스마적 지도자가 겪는 인생의 발달 단계뿐 아니라 그들이 가진 구체적인 특징들을 목록으로 작성했다. 그는 예언자들이 엄청난 에너지와 당당한 자신감을 드러내며, 이것이 망상으로 바뀔 수도 있다고 결론지었다. 오크스에 따르면, 그들은 사회적 인식 및 공감 능력이 뛰어나고, 영감을 주는 웅변과 사람을 교묘히 다루는 최고의 기술 등의 능력을 소유하고 있다. 또한 그들은 독립적이고 자신의 추종자들을 비롯하여 다른 사람들을 멀리 하는 경향이 있다.[148]

오크스는 이러한 특징을 통해 카리스마를 지닌 지도자들이 '자아도취적 성격'을 보여주는 두드러진 본보기라고 결론 내렸다. 오크스는 1970년대에 이루어진 정신분석학자 하인츠 코헛(Heinz Kohut)의 연구에 의존했는데, 그의 연구에 따르면 카리스마가 강한 인물과 자아도취적 장애를 앓는 환자가 상당히 유사했다. 두 집단은 '자신감이 엄청나고 놀라울 정도로 자기 회의를 하지 않는다'는 특징을 보여주었다.[149] 오크스가 보기에 베버의 '신비로운 카리스마 개념'은 카리스마에 대한 자아도취적 해석을 제시한 코헛과 여러 정신분석학 이론가들의 연구에 의해 설명할 수 있다.[150]

오크스는 이를 토대로 카리스마를 지닌 예언자의 발달상의 '자연사'를 정립했다. 이 자연사의 첫 단계는 유년시절에 주로 부모와 갖는 자아도취적 관계다. 예언자는 성인이 되어 사명을 깨닫고 받아들이는 과정을 경험하며, 다른 사람들로부터 사랑을 받기 위해 '신이 내린 역할'을 맡는다. 오크스의 설명에 따르면, 카리스마를 지닌 지도자들은 추종자들의 무비판적인 헌신을 필요로 하는데, 그들의 유년시절의 집착을 그대로 보여주는 이러한 극단적인 유형의 사랑이 그들이 느낄 수 있는 유일한 사랑이기 때문이다.[151]

오크스의 이론이 일반화와 억측의 요소를 포함하고 있지만, 베버의 카리스마 개념에 심리학적 인식을 추가한 것은 신중한 시도였다. 오크스는 카리스마가 다른 사람들에게 영감을 불어넣어주고 그들을 이끌어가는 특별한 개인의 선천적 자질이라는 입장을 카리스마의 사회적 구성을 주장한 심리학자나 사회학자들보다 더욱 적극적으로 받아들였다.[152]

한편 2007년 『카리스마: 은총의 선물, 그리고 우리에게서 그것이 없어져버린 과정(Charisma: The Gift of Grace, and How It Has Been Taken Away from Us)』을 발표한 필립 리프(Philip Rieff)도 카리스마를 이론화하는 데 색다른 기여를 했다. 이 책은 원래 1973년에 집필되다가 중단되었고, 이후 2007년, 필립 리프의 제자 두 명이 다시 원고를 모아 사후에 출간했는데, 카리스마 고유의 종교적인 힘을 현대의 변조된 세속적 해석으로부터 구해내려고 애썼다.

반(反) 정신의학적 관점을 취한 리프는 카리스마가 곳곳에 뿌려진 현대문화에서 카리스마형과 치료형으로 나누는 베버식의 이분법을 제시했다. 이 시나리오에서 베버는 카리스마를 하나의 유형으로 봉인해버린 이론가로 고발되었다. 베버는 카리스마의 '성스런 공포'를 세속화함으로써 초월적인 카리스마를 그것의 대조적인 형태인 규범적인 치료형으로 바꾸는 방법을 만들어냈던 것이다.[153]

그러나 리프의 주장은 변덕스럽고 일관성이 없다. 그는 고대 이스라엘의 예언자들과 초대교회의 바울이 제시한 카리스마까지 거슬러 올라갔지만, 초기 그리스도교가 카리스마적 권위를 인식한 '고급 문화(high culture)'를 보유하고 있었다고 지적했다.[154] 리프는 베버가 카리스마의 개념을 그리스도교의 상징으로부터 제거함으로써 자신도 모르게 그 개념을 파괴하고 말았다고 주장했다.[155] 그러나 현대 사회학으로부터 신학을 부활시키겠다고 의도했던[156] 그는 결국엔 베버의 카리스마 개념을 개인화된 권력의 일종으로 설명하면서 바울의 카리스마적 집단에 시대착오적인 방법으로 그 개념을 강요하고 말았다.

이론적 용어로 지속적인 생명력을 가지다

베버의 카리스마에 대한 비판적인 공격은 1960년대 이후로 크게 줄었다. 사실 리프조차도 베버의 카리스마에 대해 반대한다고 공언했지만, 베버의 카리스마를 흡수한 것처럼 보인다.

그런 가운데 정치학자인 앤 루스 윌너(Ann Ruth Willner)가 1984년 발표한 『웅변가: 카리스마적 정치지도자(The Spellbinders:

Charismatic Political Leadership)』가 눈에 띄는데, 이 책은 베버의 개념을 거부하거나 수정하려는 비판적 시도가 논리적이지도 않고 학문적으로도 지지할 수 없다며 일축했다.[157] 윌너는 베버의 고전적인 권력 분류법에서 채택한 '정치적 카리스마'[158]의 개념이 수많은 민주주의적, 사회주의적, 독재적 정치제도에서 어떻게 작동하는지 검토했다.

베버의 카리스마는 여러 분야에서 받아들여졌고, 수많은 시나리오에 적용되어왔다. 심리학자인 도리스 매킬웨인(Doris McIlwain)은 베버의 고전적인 카리스마적 리더십 분석을 참조하여 현대의 자수성가한 권위자들의 매력을 연구했다.[159] 윌리엄 클락(William Clark)은 『학계의 카리스마(Academic Charisma)』(2006년)에서 현대적인 대학으로 변화해오는 역사 속에서 등장해온 카리스마적 인물들을 연대순으로 기록했다. 클락은 단순히 카리스마의 개념이 베버로부터 생겨났다고 지적하면서, 세상의 각성과 합리화의 두 엔진인 관료제화와 상품화를 집중 조명한 자신의 주제를 요약하는 데 베버의 용어를 사용했다.[160]

근본적으로 다른 분야의 종사자인 호주 박물관의 유물 수집가 톰 그리피스(Tom Griffiths)는 같은 말을 이용하여 토착 원주민의 성물을 수령하는 문제에 대한 자신의 딜레마를 명확히 설명했다. "나는 한 민족을 몰아내고 세상이 눈을 뜨게 만드는 데 참여하고 있었는가?"[161] 문화이론가인 켄 겔더(Ken Gelder)와 제인 제이콥스(Jane Jacobs)는 성물에 관한 이러한 의문을 식

민지시대 이후에 이루어진 본국 송환과 카리스마에 관한 논의의 범위 안에서 다루었다.[162]

역사와 정치이론 분야에서 카리스마가 이론적인 용어로서 지속적인 생명력을 갖고 있다는 점은 2007년 발표된 『양 대전 사이의 유럽에 나타난 카리스마와 파시즘(Charisma and Fascism in Interwar Europe)』이라는 시론집에서 증명되었다. 저자들 중의 한 명인 로저 이트웰(Roger Eatwell)에 따르면, 카리스마는 특수한 역사적 상황을 충족시키기 위해 제안된 '집단 카리스마(coterie charisma)'나 '분파별 카리스마(cultic charisma)'처럼 변형된 형태로 양 대전 사이에 발생한 파시즘 연구에서 유용한 분석적 개념으로 이용되었다고 한다.[163]

다양한 분야에서 베버의 카리스마가 적용된 사례는 이외에도 많다. 또한 카리스마는 1960년대 이후 언론 논평이나 대중 담론의 상투어가 되었다. 슐레진저와 같은 비판가들은 이러한 '유해한' 용어가 현대의 정치제도에 적합하지 않다고 거부했고, 부르디외는 유물론적 분석으로 그 개념의 신비성을 제거하고 대체하려고 했다.

그러나 이러한 비판적 개입 때문에 베버의 카리스마 개념이 현대 사회사상의 '고전적인' 용어로 인정받는 과정에서 이탈된 것은 아니었다. 또한 베버의 유산을 많이 간직하고 있는 카리스마라는 말이 현대의 일상생활에서 사용되는 빈도가 줄어든 것도 아니었다.

7

훌륭한 말은 훌륭한 무기다.
- 풀러

20세기의 카리스마파 신자들

A HISTORY OF CHARISMA

1960년대에 시작된 카리스마 갱신운동은 어떤 그리스도인이라도 신으로부터 능력을 부여받을 수 있다는 바울의 신념을 부활시켰다. 방언, 치료, 예언 능력뿐 아니라 바울의 다른 카리스마들은 종교적으로 무아경의 순간에 발생하는 것으로 여겨졌다.

20세기의 이 카리스마파 신자들은 초기 그리스도교 신앙을 부활시키려는 계획의 일환으로, 은사로서의 카리스마에 관계된 바울의 서신을 문자 그대로 해석하려 했다. 그러나 은사의 갱생은 단독으로 터져나오지는 않았다. 그것은 1906년 미국에서 설립된 복음주의 그리스도교의 오순절 운동으로부터 생겨났다. 또한 오순절교파는 19세기에 번성했던 다수의 복음주의 운동이 최고조에 달한 경우였다.

　오순절교회와 카리스마파의 성장에 양분을 준 다양한 종교운동과 교파들은 성령의 직접적인 강림을 믿는다는 공통점을 갖고 있었다. 또한 그들은 은사에 관한 사도행전과 바울의 서신을 문자 그대로 해석한다는 점에서도 같았다. 그들은 사도시대의 그리스도교, 즉 바울을 포함한 초기의 사도들에게 전달된 영적인 신앙을 믿었다.

신정주의적 유토피아의 비극적 결말

　19세기에 영향력을 발휘했던 사람으로 존 알렉산더 도위(John Alexander Dowie)를 꼽을 수 있는데, 그는 스코틀랜드 태생의 회중(Congregational)교회(또는 조합교회) 성직자로, 1870년대에 호주에서 활동했다. 도위는 예수 그리스도의 치료 능력에 관한 복음서의 구절을 문자 그대로 받아들인 뒤, 치료의 복음을 설교하기 시작했고, 회중교회에서 물러나 자신의 예배당을 세웠다.

　도위는 카리스마가 초기의 사도시대 이후 교회에서 중지되었다는 그리스도교 주류 교회의 견해에 반대했다. 도위가 보기에, 성령에 의해 능력을 부여받은 성직자들의 안수치료는 여전히 가능했다. 실제로 이러한 능력은 결코 박탈된 적이 없었다.[1] 몇몇 복음주의 교회의 인물들은 1880년대에 미국에서 치료의 은사를 행사하고 있었고, 도위는 1888년에 미국의 신유(神癒)운동에 뛰어들었다.

1895년에 (비록 카리스마나 카리스마타라는 단어를 사용하지는 않았지만) 그는 바울의 은사를 구체적으로 언급하면서, 그리스도교 가톨릭교회(Christian Catholic Church)를 시카고에서 조직했다. 도위는 사도 바울이 고린도전서에서 상세히 설명한 모든 은사와 성직이 자신의 새로운 교회에서 나타날 것이라는 주장으로 자신의 복고주의적 비전을 뒷받침하면서 다음과 같이 선언했다.[2] "우리는 과거 1세기의 그리스도교 정신을 필요로 한다. 우리는 온전한 복음(Full Gospel)을 가르치고, 설교하고, 실천할 것이다. 이 교회에 아홉 가지 성령의 은사가 부여되길."[3] 1900년 도위는 새로운 영적 교회를 세우겠다는 자신의 비전을 시카고 근처의 대규모 부지 위에 시온(Zion)이라는 그리스도교 도시를 세우며 현실화했다.

그러나 은사가 교회 공동체에 적절히 분배되려면 신의 부름을 받은 사도가 필요했다. 도위는 현대의 사도는 성령에 사로잡힐 것이며 적어도 고린도서의 은사 중 하나가 나타나면 성령에 사로잡혔다는 신호라고 선언했다. 도위는 1904년에 자신이 네 가지 은사를 갖고 있다고 주장했다. 그는 자신이 하나님이 정한 사도이며 자신을 통해 사도의 임무가 복원되었다고 공개적으로 선언했다. 그가 사도의 역할을 맡게 되었다는 사실은 독실한 신자의 경우, 일단 은사를 받을 수 있다는 희망과

겸손함을 보여주어야 하지만, 언제든 은사를 받을 수 있음을 보장해주었다.[4]

사실상 도위는 신정(神政)주의적 집단의 지도자였다. 전성기 때에는 인원이 6천 명까지 달했던 시온은 모든 활동이 교회의 통제 아래 이루어지는 폐쇄된 환경을 가지고 있었다. 도위는 건강과 같은 문제에 대해 강경한 태도를 보였다. 그는 자신이 치료의 은사를 받았기 때문에 세속의 의학이 필요하지 않다고 주장했다. 그의 입장은 신유를 주장하는 다른 대표적 인물들에 비해서도 극단적이었다. 그는 그들이 의학이나 의사들과 타협할 경우 공공연히 비난했다.

그의 선언은 종말론적인 분위기를 띠고 있었다. 그는 기적적인 은사와 사도 임무의 복원은 임박한 재림을 예고한다고 선언했다.[5] 시온의 성공이 전 세계에 시온과 같은 많은 도시를 세우겠다는 더 큰 야망을 키워주는 동안, 그의 지도력은 점차 권위주의적이 되었다.

그러나 1906년 무렵에 일리노이 주의 시온 시는 재정적인 어려움에 부딪치게 되었다. 멀리 멕시코와 자메이카에서 새로운 시온 공동체를 세우기 위해 애쓰고 있던 도위는 재정적인 실수와 의심스러운 도덕성(그가 일부다처제를 지지했다는 소문이 있었다.) 때문에 교회 지도자의 자리에서 쫓겨났다.[6] 예언자와 사도의 기능에 대한 언급은 시온 교회에서 사라졌다. 도위는 시온의 경영진을 상대로 법적 투쟁을 벌였고, 시온 시는 재산

관리를 받게 되었다. 시온이라는 신정주의적 유토피아는 자멸했고, 도위는 1907년에 사망했다. 시온의 많은 시민들은 다른 복음주의의 부름을 향해 떠나야 했다.

도위의 시온 시는 여러 가지 면에서 의미가 있다. 20세기 초반에 시온 시는 이후 같은 세기 동안 여러 번에 걸쳐 되풀이되며 간결하고도 치밀하게 포장된 이야기로 전개되었다. 기성 교회의 가장자리에 위치한 독립적인 종교집단, 제도권 교회로부터 이탈하여 지금은 하나님으로부터 직접 권한을 부여받았다고 주장하는 자칭 지도자, 세속의 대세적인 가치를 거부하고 극단적인 시각으로 인도된 집단, 종말론적 분위기를 지닌 지도자의 설교, 종종 폭력적이거나 비극적인 결과로 끝나는 집단의 자멸과 파괴 등 이런 이야기의 구성요소들은 잊을 수 없을 정도로 친숙한 것들이었다. 시온 시의 경우, 집단이 해체되면서 신도들이 경제적 손실과 곤경을 겪는 데 그쳤지만, 이후에 스스로 지도자를 자청했던 인물을 추종했던 사람들은 훨씬 더 큰 피해를 입었다.

단기적으로 시온 시는 실패를 겪었음에도 불구하고 오순절 교회 등의 다른 종교운동에 영감을 주었다. 사실에 입각한 신약성서의 해석과 사도시대의 영적 조건이 복원될 수 있다는 도위의 확신은 그런 원칙들을 추구한 많은 사람들에게 영감을 불어넣었다. 도위는 은사가 중지되었다고 보는 시각이 잘못되었으며 1세기에 부여되던 은사가 20세기에도 허용될 수 있다는 사실을 철석 같이 믿었다. 1904년에 그는 "은사가 이 교회에서 점점 더 뚜렷이 드러날 것"이라고 썼다.[7] 도위는 은사에 관해 정확히 이야기했다. 그는 고린도전서에서 사도 바울에 의해 상세히 설명되었던 아홉 가지의 은사를 열거했다.[8] 신성한 능력에 대한 이러한 기원은 은사에 대해 어렴풋이 알고 있는 사람들에게 초자연적인 능력에 대한 바람과 영적인 현실에 대한 갈망을 일깨웠다.[9]

도위의 믿음에서 타당하면서도 석연치 않은 점은 그가 은사가 널리 퍼져 있다고 확신했을 뿐 아니라 스스로도 몇 가지 은사를 받았다고 믿었다는 점이었다. 스스로 주장하는 이 능력이 그의 권위의 기반이었다. 도위는 자신이 가진 고린도서의 은사가 20세기의 사도이자 종교지도자로서 자신의 위치를 신이 정당하다고 인정해준 것이라고 생각했다.

성령의 현시와 은사를 중시하는 오순절운동의 확산

오순절운동은 아주사 대부흥운동(Azusa Street Renewal)으로 알려진 로스앤젤레스의 한 집회가 사도신앙선교회(Apostolic Faith Mission)로 발전한 1906년에 유명해졌다. 그러나 이 사건 이전에도 미국에서는 오순절파가 활동을 벌인 사례가 많았다. 신학자인 윌리엄 아서(William Arthur)는 1856년에 출간한 『불 같은 방언(The Tongue of Fire)』에서 우리 시대의 오순절을 새롭게 만들어줄 성령을 요청했다.[10] 1860년대의 성결운동(Holiness Movement)은 사도행전에서 서술된 오순절에 성령이 강림한다면서 '오순절(Pentecostal)파'라는 용어를 사용하고 성령에 의한 세례를 행했다.

20세기 초의 대표적 인물은 찰스 폭스 파함(Charles Fox Parham)으로, 그는 캔자스 주 토피카(Topeka)에서 기도모임을 주도했던 사람이었다. 파함은 1900년에 시온 시를 방문했다가 그곳의 복고주의적인 양식과 성령에 대한 강조에서 영감을 얻었다. 하지만 그는 도위에게 성령이 부족하다고 생각했다.[11]

파함의 부흥주의 설교의 특징은 성령세례를 강조하고 성공적인 성령세례의 신호는 방언이라고 믿었다는 점이었다. 그는 '방언'을 말하는 사람은 알지 못하지만 인식할 수 있는 언어라고 정의 내렸다. 파함은 바울에 의해 맨 아래로 순위가 매겨졌던 카리스마를 고결한 영적 역할로 높여준 셈이었다. 파함의 오순절주의에서 방언은 성령이 진실로 방문했음을 보장하는 현시였다.

1901년부터 파함의 토피카 기도 모임에서는 방언이 일어났다. 그는 감리교 교파를 떠나 부흥주의 목사로 활동했다. 그는 1905년에 다시 시온 시를 방문하여 그곳에서 25명에게 성령세례를 해주었는데, 노르웨이어에서부터 중국어에 이르기까지 다양한 언어가 성령의 증거로 나타났다.[12] 파함의 제자였던 미국 흑인 윌리엄 J. 시모어(William J. Seymour)는 오순절운동을 확고히 세운 아주라 부흥운동을 주도했다. 파함 본인은 성적 비행 소문에 시달려 성장세의 오순절운동에서 멀어지게 되었다. 초기 오순절파 집단은 여러 인종들로 이루어진 특징을 갖고 있었다. 1920년대에 들어서면서 백인만으로 이루어진 오순절교회에 인종별 구분이 생겨났다.

　복음주의운동의 일환이었던 오순절주의는 최종 권위를 성경에 두었다. 그리고 자신들이 그리스도교 신앙을 수정한 근거를, 성령의 현시를 밝힌 사도행전과 그리스도교 공동체에 내려지는 은사를 자세히 설명한 바울에게서 찾았다. 초기의 오순절주의 지지자들은 이러한 근거로부터 종말의 불가피성을 암시하기도 했다. 방언을 포함하여 당시 발생하던 불가사의한 일들은 다음 대에 성령이 강림할 것을 알리는 현상으로 여겨졌다. 따라서 분열된 그리스도교를 복구하고 재림을 준비해야 했다.[13]

　뜨거워진 오순절운동의 열기는 처음 오순절파가 등장했던 개신교의 방해와 의심을 받았다. 오순절파는 단념하지 않고 하나님의 성회(聖會)(Assemblies of God)와 같은 자신들만의 교회와 종파를 세웠다. 이러한 교회에서 치러진 전례는 교의를 평가절하고 성령이 충만한 공동예배를 강조했다. 오순절파 교회들은 규모가 커지자, 그에 상응하는 영적 의식의 쇠퇴를 피하려 했고, 교회의 직무는 집단 전체를 책임지는 것을 의미했다. 신도들은 성직자들의 동료로 간주되었다. 오순절파 교회에서 모든 신도는 교회의 성직자로 간주되었다. 그들이 성령의 세례를 받았기 때문에 그들은 어떤 은사도 증명할 수 있는 능력이 있다고 여겨졌다.

20세기 전반기 내내 주류 교회들은 오순절운동에 대해 '부정한 종파'라는 부정적인 생각을 버리지 않았다.[14] 오순절파 신도들은 "정서적으로 불안하고, 정신적으로 편협하고, 사회적으로 불우하게 태어났다"는 등의 평가를 받았고, 그들이 찬양하는 성령의 표시는 진짜가 아니라고 비판받았다.[15] 20세기의 대표적인 신학자들인 디벨리우스, 바르트, 불트만은 19세기의 신학과, 더 깊이는 루터와 칼뱅까지 그 계보를 추적할 수 있는 신비주의에 대한 경멸감을 분명히 드러냈다.[16]

20세기 중반 불트만의 합리주의적 신학에는 초자연적 성향이 자리 잡을 수 없었다. 그는 1953년에 다음과 같이 썼다. "전등 빛과 라디오를 이용하고 현대의 의학적, 외과적 발견을 이용하는 동시에, 악마와 영혼으로 가득 찬 신약성서의 세계를 믿기는 불가능하다."[17]

이러한 무시와 주류의 반대에도 불구하고 20세기의 오순절운동이 보여준 성장세와 다양성은 놀라울 정도였다. 20세기 중반이 되자, 오순절파 복음주의는 '늦은 비 운동(Latter Day Rain)' 등 여러 가지 형태로 발생했을 뿐 아니라 개별 설교자들에 의해 독특한 스타일로 발전했다.

이 설교자들 가운데 대표적인 인물로는 영기를 판단하여 질병을 진단할 수 있다고 주장한 윌리엄 브래넘(William Branham)과 자신의 천막 모임에서 성령을 받은 신도들이 땅에 쓰러지는 광경을 연출했던 오럴 로버츠(Oral Roberts) 등이 있었다.[18] 로버츠를 비롯한 20세기 중반의 복음전도사들은 고대의 예언자와 초기 그리스도교 사도들을 연상시키는 표현으로 자신의 소명에 대해 이야기했다. 로버츠는 『부름(The Call)』과 같은 여러 책에서 하나님이 자신에게 직접 내린 명령을 설명했다. "이 시간부터 너의 신유는 시작될 것이다. 너는 병자들을 위해 기도하고 악마를 내쫓는 나의 능력을 갖게 될 것이다."[19] 로버츠는 성령에 사로잡힌 덕분에 자신이 전 세계에서 치료와 초자연적 해방을 새로이 강조할 수 있게 되었다고 믿었다.[20]

20세기 말에 오순절파로 분류될 수 있는 교회는 1만 1천 곳에 달하고, 오순절파와 카리스마파, 기타 부흥운동가들이 전 세계 그리스도교의 20퍼센트를 차지하고 있다는 주장이 제기되었다.[21] 오순절파의 성장은 빈국과 개발도상국, 즉 남미지역과 아프리카, 아시아 일부, 특히 한국에서 가장 빨랐다. 특히 한국의 여의도순복음교회는 오순절파로서 세계에서 가장 큰 그리스도교 교회로 알려져 있다.

성령으로 가득 찬 예배를 강조하는 카리스마 갱신운동

1960년대에 발생한 카리스마파 운동은 오순절파에 자극을 받았지만, 한 가지 중요한 점에서 오순절파와 달랐다. 오순절파가 처음의 개신교 종파를 떠나 자신들만의 교회를 형성한 데 반해, 카리스마파 신도들은 개신교든 구교든 그 종파 내에 남아 있으려 했다. 또한 카리스마파 그리스도교들은 오순절파보다 성령세례의 첫 증거로 방언을 크게 강조하지 않는 경향을 보였다.

카리스마파 운동의 선구자들은 1950년대에 미국과 영국에서 런던 신유 선교회(London Healing Mission)나 세계부흥을 위한 기도의 밤(Nights of Prayer for Worldwide Revival)과 같은 집단의 형태로 그 모습을 드러냈다. 미국 감리교 목사 토미 타이슨(Tommy Tyson) 같은 설교자들은 사도행전을 특히 강조했다.[22] 카리스마파가 개신교 내에서 대중의 관심을 처음 받은 것은 1960년 캘리포니아에 있는 미국감독교회(American Episcopalian Church)의 목사 데니스 베네트(Dennis Bennett)가 신도들에게 자신이 방언의 은사를 포함하여 성령의 세례를 받았다고 선언하면서부터였다.[23] 자신의 교회로부터 반대에 부딪친 베네트는 그 교회를 그만두고 시애틀, 세인트루크스(St. Lukes)의 작은 교회에서 목사로 활동했다.

그는 은사의 현시를 가져오는 성령의 방문에 대해 공개적으로 설교했다. 개신교 내에서 그가 거리낌 없이 자신의 입장을 내세운 행동은 1960년대 초에는 뉴스가 될 만하다고 여겨졌다. 《타임》과 《뉴스위크》를 포함한 미국 언론은 그의 성직활동과 그로 인해 교회에서 발생한 갈등을 보도했다. 그 결과 베네트의 새로운 신도 수는 급격히 증가했고, 전국적인 언론매체의 관심으로 인해 기성 개신교 종파에서 발생하고 있던 무아경의 예배에 대한 인지도가 높아졌다. 이런 형태의 찬양은 감리교, 장로교, 침례교, 루터교 등 다른 종파들로 빠르게 확산되었다.[24] 영국에서는 영국 국교회 목사, 마이클 하퍼(Michael Harper)가 비슷하게 1963년부터 성령으로 가득 찬 예배를 공개적으로 주장했다. 1965년이 되면서 카리스마파 운동은 독일, 케냐, 남아프리카, 뉴질랜드, 호주로 확산되었다.[25]

베네트 본인도 '카리스마파'라는 용어가 이런 형태의 그리스도교 신앙에 언제부터, 어떻게 적용되었는지에 관해 잘 모른다.

> 좋은 소식이 퍼지기 시작함에 따라, '카리스마파'라는 단어가 각자의 전통을 유지하면서도 성령의 자유로움을 받고 있는 유서 깊은 종파들의 신도들을 가리키는 데 사용되었다.[26]

일찍이 1936년에 이 용어가 오순절주의를 설명하는 데 사용된 적이 있었다. E. 언더힐(E. Underhill)은 자신의 책 『찬양(Worship)』에서 카리스마파 신앙이 균형을 잃은 광신의 '일시적인 효과'에 지나지 않는다는 주장에 대해 오순절파와 같은 '카리스마파 신앙'을 변호했다.[27] 카리스마파(charismatic)의 복수형인 'charismatics'는 그보다 더 일찍 『하낙의 교회법과 교회조직(Harnack's Constitution and Law of the Church)』(1910년)에서 초대교회를 언급할 때 사용되었다. 그 책에서 사도, 예언자, 설교자들은 '카리스마파'로 설명되었다.

한편, 1947년판 『브리태니커 백과사전』이 초대교회의 '카리스마를 지닌' 고위 권력자들을 언급한 내용을 보면, 'charismatic'이라는 말이 20세기 중반에 그리스도교의 환경에서 사용되고 있었음을 알 수 있다.[28] 베네트는 1960년대 초에 그 용어를 둘러싸고 다양한 형태의 혼란이 발생하고 있다고 언급하면서, 자신이 생각하는 정의를 제시했다.

> 카리스마파 신도는 성령에 세례 받고 매일 개인적으로 성령 속에서(성령이 부여한 '방언'이나 언어로) 기도하고 있는 신도이다.[29]

이 정의는 오순절파와 매우 흡사하다. 실제로 1960년대 초에 나타난 카리스마파 그리스도교는 신(新)오순절파로 알려지기도 했다. 그 둘의 중요한 차이는 성령 세례를 추구하는 예식이 전통적이거나 유서 깊은 종파 내에서 이루어진다는 점이었다.

이런 형태의 그리스도교 예식을 설명하기 위해 '카리스마파'라는 용어가 사용되어 기록된 것은 1963년 해럴드 브레더슨(Herald Bredersen)과 진 스톤 윌런스(Jean Stone Willans)가 종교잡지 《영원(Eternity)》에 보낸 편지에서였다.[30] 브레더슨은 1940년대에 오순절 성령세례를 받은 루터파 미국인 목사였는데, 다른 오순절파와는 달리 자신의 주류 종파를 떠나지 않은 사람이었다. 1963년의 편지에서 브레더슨과 윌런스는 전통 개신교 종파 내에서 오순절파 스타일의 예식을 가리키기 위해 '카리스마 갱신(Charismatic Renewal)'이라는 말을 만들어냈다. 그리고 이 말은 1960년대 중반에 '카리스마파' 갱신이나 운동을 나타내는 일반적인 의미가 되었다.[31] 브레더슨이 곧바로 카리스마 갱신과 인연을 맺는 베네트나 '스타' 설교자에 대한 대중의 폭넓은 관심을 끌어내지는 못했지만, 그는 종종 카리스마파 운동의 '아버지'로 불렸으며, 나중에 그리스도교 방송국의 〈카리스마〉라는 TV 프로그램의 사회자가 되었다.

1966년 무렵, '카리스마 갱신'과 '카리스마파 운동'은 그리스도교 내에서 일반적으로 인정된 용어가 되었다. W. A. 크리스웰(W. A. Criswell)은 『현대 세계의 성령(The Holy Spirit in Today's World)』(1966년)에서 자신이 '카리스마파 운동'으로 인해 당황했다는 사실을 털어놓으면서 그 단어를 언급했다. 1967년 뉴질랜드에서 열린 장로교총회에서도 '카리스마 갱신'에 대한 언급이 있었는데, "이런 형태의 예식이 오래전부터 '오순절파'의 유일한 특권으로 간주되어왔지만, 이제는 우리 교회의 일부 신도들에게도 영향을 미치고 있다"는 의견이 제시되었다.[32] 피츠버그의 젊은 가톨릭교 대학생들은 1966년 개신교의 카리스마파 신자들과 접촉하여 오순절파 세례를 받았다. 1967년 100명의 가톨릭 오순절파 신자들이 집회를 가졌고, 1972년에 그들의 숫자는 1만 1500명으로 증가했다. 이제 그들의 활동은 가톨릭 카리스마 갱신운동(Catholic Charismatic Renewal)으로 알려지게 되었다.[33] 1973년 3만 명의 가톨릭 카리스마파 신도들이 인디애나 주 노트르담에 모여 전국 회의를 개최했고, 1975년에는 1만 명의 카리스마파 신자들이 교황 바오로 6세의 승인 하에 로마의 성 베드로 성당에 모였다.[34]

로마 가톨릭교회는 카리스마파 운동을 일종의 갱신운동으로 인정했다. 1980년대에 교황 요한 바오로 2세는 교황의 축복과 격려를 베풀었다. 동방정교회로의 진출은 시메온 신학자와 같은 카리스마파 수도사들이 선례로 남아 있음에도 불구하고, 활발하게 이루어지지 못했다. 교회 지도자들 각자가 카리스마파의 입장을 채택했지만, 동방정교회 내부로부터의 저항은 거셌다. 일반적으로 볼 때, 카리스마파 운동은 로마 가톨릭교회로부터는 가장 적게 배척당했지만, 장로교나 루터파와 같은 일부 개신교 종파로부터는 극심한 반대에 부딪쳤다.[35]

1960년대 말 무렵, 독립적인 카리스마파 집단과 소수파들이 등장했는데, 그들은 스스로 "특정 종파와 관계가 없다"고 선언했다. 1970년대에 이들 독립적인 분파들이 성장해가자, 카리스마파 운동은 더 광범위한 기반을 확보하게 되었고, 이들 독립 집단뿐 아니라 신교, 구교 내의 추종자들을 아우르게 되었다.

1960년대 그리스도교의 위기와 급진적 청년문화

가톨릭교회와 개신교교회 내의 카리스마파 운동이 주류 교단 밖에서 활동할 수밖에 없었던 이전의 오순절파와는 대조적으로 번성했던 것은 수많은 요인들이 작용한 결과였다. 그 중의 한 요인은 1960년대의 제도화된 교회, 특히 가톨릭교회가 경험했던 '정체성의 위기'였다. 당시 가톨릭교회는 사제들이 대거 이탈하는 사태를 겪었다.[36]

일부 그리스도인들은 카리스마파 운동이 포용한 성령에 대한 찬양을 가톨릭 신학과 복음주의 신학에서 발견되는 '죄 중심의 신앙심'에 대한 건전한 해독제로 간주했다.[37] 카리스마파 의식의 특징이 된 성령 속에서의 찬송, 즉 집단이 무의식중에 방언으로 찬송하는 현상은 성령과 직접적으로 감정적인 접촉을 했다는 증거로 간주되었다. 그러한 무의식적 종교경험은 기도서나 기존의 다른 전례에 대한 간접적인 믿음에 상처를 입혔다.[38] 신에 대한 직접적이고 즉각적인 경험을 강조한 점은 구교와 신교의 죄 중심의 교리보다는 동방 그리스도교와 공통점이 더 많았다. 카리스마 갱신운동은 몹시 지친 서양 그리스도교에 새로운 영적 기운을 불어넣는 듯 보였다.

또 다른 기여 요인은 1960년대의 혼란스러웠던 문화적 환경이었다. 서구사회의 젊은이들에게 카리스마파 운동이 인기를 끌었던 것은 그 운동이 1960년대 말에 등장한 청년문화와 급진적인 반문화운동에 부합했기 때문이었다. 1966년에 『현대인을 위한 기쁜 소식(Good News for Modern Man)』이라는 새로운 성경해석본이 출간되어, '젊은이들과 이반자'들을 위한 성경으로 큰 인기를 끌었다. 이 책은 500만 부가 판매되었다. 이러한 성공은 『현대인의 성경(Living Bible)』이나 사이키델릭조의 글자와 덥수룩한 머리의 젊은이, 이제껏 가장 위대한 영적 활동가로서 설명된 예수가 등장하는 『길(The Way)』과 같은 다른 해석본들의 등장을 자극했다.[39]

이러한 해석본들은 쉽게 접근할 수 있다는 점을 부각시켰기 때문에 직역이 줄고 부연설명이 늘었으며 이전의 성경해석본보다 더 쉬운 용어를 사용했다. 〈지저스 크라이스트 슈퍼스타〉나 〈가스펠〉과 같은 록 뮤지컬은 예수를 반문화의 상징인 긴 머리의 반항아로 묘사했다. 카리스마파 운동의 반계층적이고 자발적인 특징은 1960년대 말에 등장한 청년문화의 반항적 특징과 잘 어울렸다.

1970년대의 카리스마파 운동은 중산층의 개신교도와 구교도 사이에서 크게 인기를 얻었는데, 이로 인해 항상 가난한 사람들이나 사회적으로 소외된 사람들과 관계가 있었던 오순절파는 불안감을 느꼈다. 하비 콕스(Harvey Cox)는 오순절주의에 대해 공감을 표시하면서, 1970년대 초의 카리스마파에 대해 느끼는 혐오감을 자세히 얘기했다. 그는 그들의 예식이 열의가 없고 오순절파를 모방했다고 생각했다. 하비 콕스를 비롯하여 오순절주의운동에 참여한 많은 이들은 카리스마파 그리스도교가 더욱 온건하게 길들여졌으며 전통 교회 내에 억압되어 있다고 보았다.[40]

이 모든 요인들 덕분에 카리스마파 운동은 다양한 기반으로부터 국제적인 규모로 빠르게 성장했다. 제임스 던은 1970년대에 부흥운동이 초기의 '신 오순절주의' 단계에서 '카리스마'와 '공동체' 등의 핵심어에 대한 강조로 이동해갔다고 지적했다. 1980년대 초에 카리스마파와 관련된 활력은 전통 교회를 위한 부흥의 원천으로 인정받았다. 1981년에 세계교회협의회는 「교회는 카리스마적이다: 세계협의회와 카리스마 갱신(The Church Is Charismatic: The World Council and the Charismatic Renewal)」이라는 제목의 보고서를 발표했다.[41] 처음에 오순절 교도였던 다비드 뒤 플레시스(David du Plessis)는 남아프리카에서 카리스마파 운동을 벌였다. 또한 카리스마파 운동은 미국 내 필리핀 가톨릭 사회에서 인기를 얻어 결국 필리핀까지 보급되었는데, 그곳에서는 신유의 은사가 두드러졌다.

1990년대에 미국에서 등장한 또 다른 부흥운동은 스스로를 초기의 오순절파와 카리스마파 운동에 이은 '제3의 성령운동'이라고 선언했다. 능력전도(power evangelism)라고도 알려져 있는 이 제3의 운동은 카리스마를 이용할 수 있다는 점을 계속

믿지만, 치료나 방언과 같은 기적적이고 극적인 은사를 강조하지 않고 성직과 교회에 대한 봉사와 같은 비기적적인 은사의 중요성을 강조했다.⁴² 20세기 말 무렵, 카리스마파 종파는 3천여 개에 달하는 것으로 추정되었고,⁴³ 오순절파와 카리스마파 간의 경계는 종종 분명하지 않았다. 일부 오순절파 교회들은 카리스마파 의식 중 일부 요소를 채택했다.

일반적으로 이러한 종파와 교회들 안에 존재하는 카리스마파 신앙은 평신도적인 특징과 모든 신도의 성직자 형태를 강조하는 공동의 행동으로 경험되었다.⁴⁴ 그러나 유명 설교자들과 텔레비전 전도사들이 추구한 다른 유형의 카리스마파 그리스도교가 더 큰 대중의 관심과 논쟁을 일으켰다.

오럴 로버츠와 같은 신 오순절파 복음전도사들은 라디오나 TV와 같은 방송매체와 그런 방송매체의 시청자 및 청취자들을 적극적으로 이용했다. TV를 통한 복음전도는 미국에서 1960년대에 등장했는데, TV를 통한 설교로 화려하고 극적인 부분을 강조하는 새로운 형태의 복음전도사들은 종종 주류 개신교 세력으로부터 내쫓겨 새로이 형성된 교회를 이끌었다. 이런 설교자들 중 다수가 치료, 예언의 은사와 기적을 일으키는 능력 등, 카리스마 능력을 갖고 있다고 선언했다.

로버츠는 1980년대에 하나님이 자신에게 죽은 자를 일으키는 능력을 주셨다고 선언했고,⁴⁵ TV를 통해 아픈 자와 죽은 자를 치료할 수 있다고 주장하는 이들도 있었다. 예를 들어, 복음전도사 진 스코트 박사(Dr. Gene Scott)는 매일 성찬식을 거행해 자신의 암을 치료했다고 주장했다. 그는 TV 프로그램을 통해 자신의 추종자들이 똑같은 성과를 거둘 수 있도록 지침을 제공했다. 스코트가 감독한 명상 상태에서의 성찬식은 성령이나 성령의 치료능력과 철저히 접속시키려는 의도로 이루어졌다.

공동체적 카리스마파 의식을 거행하는 신도들은 20세기 말에 가장 화려하고 부유했던 TV 복음전도사들을 둘러싼 추문과 논쟁을 개탄했다. 부분적으로는 몇몇 TV 복음전도사들이 사용한 이목을 끄는 방법들이 카리스마파 종교가 도덕적으로 저속한 평판을 얻게 된 원인이 된 것으로 간주되었다.[46]

카리스마 갱신운동에 나타난 방언의 은사에 대한 여러 오해들

일반적으로 카리스마파 운동은 바울이 정한 카리스마의 순서를 따르지 않았다. 그보다는 성령이 어떤 특정한 시간과 장소에 나타나든 개인과 집단은 다양한 은사를 경험할 수 있다고 생각했다. 카리스마파의 예식은 성령에 사로잡혔을 때의 황홀한 상태를 강조하는 경향이 있었다.

여기서 '황홀한 상태'는 두 가지 의미로 이해된다. 첫째는 본래의 그리스어가 의미하는 '정신이 나간 상태'로, 종교적인 열광 상태에 빠진 사람들이 보여주는 자유분방함과 맹렬한 흥분 상태를 설명하는 데 사용되었다. 그리고 더욱 일반적으로, 큰 기쁨이나 환희를 의미한다. 카리스마파 예식의 경험은 방언과 즐거운 음악, 손을 들거나 춤을 추는 행동, 극단적인 경우에는 성령에 사로잡혀 의식을 잃을 정도의 기쁨과 황홀함으로 묘사되었다.[47] 자발적 행위를 추구하는 점 또한 위에서 설명한 일종의 공동 방언인 성령 속에서의 찬송과 같은 새로운 행동을 일으켰다. 기적의 치료를 행하는 카리스마는 카리스마파 신도 집단이나 '치료의 성직'으로 축복 받은 개인에게 나타날 수 있는 은사들 중의 하나로 간주되었다.

카리스마를 행하는 개인들 중에는 주류 신학과 세속적인 사상에 정통한 사람들도 일부 있었는데, 이들이 보여주는 증거는 카리스마의 경험이 어떤 것인지 알 수 있게 해주었다. 반(反)신비주의 신학자 카를 바르트 신학의 영향을 받은 장로교 목사 톰 스메일(Tom Smail)은 1965년 자신에게서 부활된 카리스마가 맨 처음 방언으로 나타나, 이후 다른 은사들로 이어졌고, 구체적으로 예언과 '약간의 치료'가 가능했다고 설명했다.

그에 따르면 예언이란 특정한 사람과 사건에 관한 예측을 의미하는 듯 보였다. 스메일은 몇몇 사례에서는 예언이 정확하지 않았고 몇 번의 치료 시도가 '주목할 만한 결과'를 내지 못했다고 인정할 만큼 합리주의자였다. 그러나 다른 사례에서의 성공으로 그는 자신이 성령의 진정한 현시를 경험했다고 믿게 되었다.[48] 비슷하게 신학 훈련을 받은 침례교 목사 니겔 라이트(Nigel Wright)는 1982년 카리스마의 부활을 경험했다고 했다. 많은 신도들이 몸을 떨고, 방언을 하고, 하나님을 부르고, 예언을 하는 가운데, 몇몇 신도들은 땅바닥 위에 떨어진 물고기처럼 퍼덕거리고 있었다고 설명했다.[49]

성령에 의해 강렬한 능력을 부여받는 카리스마 갱신운동은 그 지지자들에 의해 제도화된 교회의 지나치게 지적이고 정서적으로 메마른 상태를 바로잡는 데 필요하다고 찬양받았다.[50] 이렇게 지적인 엄격함을 소홀히 하는 대신 감정을 강조하다보니, 성경에 나온 카리스마가 부정확하게 이해된 것은 당연한 일이었다. 카리스마파 운동은 바울이 은사를 설명하기 위해 사용한 그리스어로부터 그 이름을 따왔지만, 20세기의 카리스마파 신자들은 바울을 아주 부정확하게 해석했다. 바울이 카리스마들 중의 하나로 자세히 설명했던 예언은 미래 사건의 예측을 의미하지 않았다. 그것은 단순히 하나님에게 직접 영감을 받은 발언을 가리켰다. 따라서 미래의 사건을 예측하는 능력을 가졌다고 고백한 현대의 카리스마파들은 카리스마 고유의 정신에 따라 활동하고 있는 것이 아니다.

비슷하게 '지식의 말'로 확인된 카리스마파 예식의 다른 현상들도 바울이 카리스마 중의 하나로 설명했던 지식의 발언과 확실히 같다고는 할 수 없다.[51]

카리스마 갱신운동에서 비중이 가장 작게 다루어진 바울의 카리스마는 영혼을 분간하는 은사다. 바울이 고린도서에 개략적으로 설명한 아홉 가지 카리스마 가운데 하나인 '영혼을 구별하는 능력'은 성령의 현시를 열렬히 바라는 코린트인들 때문에 그 상황에서는 중요했다(고린도전서 14:12). 그들이 예전에 황홀한 상태에 빠져 있었다는 사실 때문에 사도 바울은 그런 것들이 그리스도교 정신에 위배된다는 훈계를 포함시켰다.

그는 코린트 신자들에게 다음과 같이 경고했다. "하나님의 성령으로 말하는 자는 누구든지 예수를 저주할 자라고 말하지 않는다"(고린도전서 12:3). 따라서 영혼을 구분하는 능력은 그것이 성령의 현시와 빙의(영혼의 옮겨붙음), 다른 흥분된 상태를 구분할 수 있다는 점에서 소중한 카리스마였다.

20세기 카리스마파 운동에서 그런 구분이 소홀히 여겨졌다는 점은 카리스마파 신자들에 의해서도 지적되었다.[52] 카리스마파 신자들의 순수한 열정은 바울이 코린트인들에게 충고했던 성령의 현시에 대한 열망을 다시 불러일으켰다. 톰 스메일은 진위가 의심스러운 기적과 빙의를 무비판적으로 받아들이는 다수의 카리스마파 신자들의 지나친 열정을 비난했다. 그런 사례에서는 하나님의 선물로 인정될 수 있는 것과 상상의 현상이나 인간이 만들어낸 결과물 간의 구분이 이루어지지 않는다.[53] 앤드루 워커(Andrew Walker)도 카리스마 갱신운동에서 나타나는 치료나 다른 기적에 대한 지나친 믿음에 관해 비슷한 주장을 펼쳤다. 그는 카리스마에 대한 일종의 '품질관리'를 요구했다.[54]

카리스마 갱신운동에서 뚜렷이 나타나는 바울과의 또 다른 차이는 방언의 기능과 지위에 관한 것이다. 카리스마파는 오순절파와 마찬가지로, 방언을 성령이 방문했다는 표시로 찬양하고 카리스마파 예식의 중심적인 부분으로 간주했다. 카리스마 갱신운동에 대해 회의적인 시각을 견지하는 신학자들조차도 방언을 처음 경험할 때 동반되는 해방감과 도취감을 높이 평가했다. 앤드루 워커는 새로운 세 가지 언어가 유쾌하게 퍼져나가고 성령에 취한 듯한 느낌을 받았다고 자신의 경험을 설명했고,[55] 톰 스메일은 방언을 말할 때 영적인 흥분이 발산되고 새로워지는 느낌을 받았다고 인정했다.[56]

방언은 카리스마파 운동에서 성령이 나타났음을 알려주는 은사로서, 공동체 예식에서 기쁨에 넘치는 유대감의 일종으로서 존중된다. 그러나 그에 상응하는 방언에 대한 해석을 강조하지는 않는다. 사실 방언은 이해하기 어려운 상태로 나타나는 경우가 종종 있다. 카리스마파 교회의 한 목사는 다음과 같이 감격해했다. "우리는 장황한 말을 이해하지 못한다. 하지만 우리가 소통하고 있다는 사실은 알고 있다."[57] 이는 엄밀히 따지면 고린도전서에 나타난 바울의 지시를 어기는 것이다.

사도 바울은 고린도전서에서 해석 없는 방언은 집단 전체에 무익하며 말하는 사람의 자만심만 높여줄 뿐이라고 선언했다. 그런 사람은 '허공'에 이야기하는 것이며 교회에 아무런 도움도 제공하지 못한다고 그는 주장했다(고린도전서 14:10). 바울이 보기에는 알아들을 수 있는지 여부가 교회의 발전에 가장 중요했다. 알아들을 수 있는 말로 옮겨지지 않은 방언은 집단 전체에 아무런 도움도 제공하지 못하며, 그 이유 때문에 방언은 고린도전서의 아홉가지 카리스마 중에 맨 아래로 매겨졌던 것이다. 20세기의 카리스마파는 바울을 충실히 해석했음에도 불구하고, 이 점에 관해서는 그의 권고를 무시한 듯 보였다.

방언을 강조하는 오순절파와 카리스마파에 대한 그리스도교 비판자들은 이 의식을 더욱 자세히 검토했다. 만약 방언이 다른 말로 옮길 수 있는 언어가 아니라면, 그것은 횡설수설에 불과한 것이며,[58] 방언을 말하는 것은 감정적으로 흥분된 집단이 이미 터득한 행동을 하는 것에 불과할 수도 있다.[59]

방언 현상에 대한 다른 해석들 중에는 '운동근육 자동증(motor automatism)', '무아경', '최면 상태', '심적 카타르시스', '집단정신', '기억 자극' 등이 있다.[60] 심리학을 기초로 한 방언 현상에 대한 이러한 분석은 그리스도교 교회의 회의론자들에 의해 방언과 관련된 열정을 누그러뜨리는 데 이용되어왔다. 그러나 결국 그리스도교 회의론자들은 방언이 많은 교회의 회중에 분열을 일으킨다는 점을 지적한다. 이 점은 사도 바울이 고린도서에서 최초로 지적한 부분이었다.

자신이 어떤 카리스마를 얼마나 지녔는지 어떻게 아는가

카리스마파 신앙에도 여러 가지 상이한 변형이 있고 자신이 카리스마적 능력을 부여받았다고 주장하는 설교자들이 지나치게 많기 때문에 카리스마에 대한 해석은 상당히 다양하다. 이러한 혼란은 현대 그리스도교들에게 이용 가능하다고 여겨지는 카리스마의 수와 관계가 있다. 오순절파와 카리스마파의 일부 옹호자들은 바울이 고린도전서 12장에 상세히 설명한 아홉 가지의 '고린도서 은사'를 엄격히 고수했다.

제임스 던은 고린도전서 12장의 목록을 대표적인 것이라기보다는 한정된 것으로 다룸에 따라 불필요하게 카리스마의 범위가 좁혀진다고 주장했다.[61] 바울이 로마서 12장에서 로마인들에게 제시한 다른 카리스마 목록을 고려해보면, 이러한 시각은 논리적으로 옳은 듯하다. 이 원리에 따라 일부 해석자들이 고린도전서와 로마서에 제시된 카리스마와 고린도전서 12장 27~30절, 에베소서 4장 11절에 언급된 교회의 직무와 역할을 결합시켰고, 그 결과 여러 계산 방법에 따라 21, 23, 24, 25, 27개까지 확대된 카리스마 목록을 얻을 수 있었다.

카리스마와 직무 간의 구분을 없애버림으로써 바울을 이렇게 극도로 느슨하게 해석하자, 카리스마에 관한 혼란이 가중되는 결과가 발생했다. 몇몇 설교자들은 성서의 은사 목록을 추가하여 이러한 혼란을 더 심화시켰고, 카리스마 목록에 추가될 수 있는 다른 현상을 찾기 위해 신약성서를 샅샅이 훑은 해석자들도 생겼다. 또한 특정 상황에 맞는 새로운 은사가 등장할 수도 있기 때문에 카리스마의 수를 정할 수 없다고 주장하는 사람들도 있었다.

이런 복잡한 측면을 단순화하는 한 가지 방법으로, '은사 테스트'가 시도되었는데, 이 테스트는 카리스마파와 복음주의교회의 일부 조직들에 의해 '발견의 수단'으로 개발되어왔다. 가장 잘 알려진 테스트는 1976년에 북미 침례신학교의 리처드 하우츠(Richard Houts)에 의해 개발된 것이다. 나중에 '찰스 E. 풀러 복음주의와 교회발전연구소(Charles E. Fuller Institute of Evangelism and Church Growth)'의 피터 와그너(Peter Wagner)에 의해 수정된 이 테스트는 '와그너에 의해 수정된 하우츠 질문표'로 불리게 되었고, 월드와이드웹에서 다운로드가 가능하다.[62]

이 질문표는 일종의 심리측정 테스트로서, 참가자가 125개의 문장에 '많은, 약간, 조금, 전혀 아니다'로 대답하는 형식을 취하고 있다. 대답에는 숫자로 된 점수가 매겨지고, 25개의 은사 목록과 관련하여 표로 작성된다. 이 목록은 고린도전서와 로마서에 열거된 바울의 카리스마와 신약성서에 언급된 목사, 전도사, 선교사와 같은 교회직을 결합시켜 확대 작성한 은사 일람표다. 와그너-하우츠의 은사목록에는 바울이 (고린도전서 13:3과 골로새서 1:9~12에서) 검토하긴 했지만 은사로 인정하지는 않은 '자발적인 가난'과 '다른 사람을 위한 기도', 그리고 바울은 아니지만 신약성서에 설명되어 있는 퇴마도 포함되어 있다.

이 테스트는 15(25의 잘못인 듯-옮긴이)개의 지정된 은사마다 관련 문장이 5개씩 있어서 총 125개의 문장으로 구성되어 있다. '봉사'나 '나눠주기', '친절'과 같은 은사는 "나는 교회 주변에서 특별한 일을 해달라는 부탁을 기꺼이 들어준다"나 "나는 주님의 일에 후하게 바치기 위해 돈을 잘 관리한다" "내 집은 머물 곳이 필요한 행인에게 언제나 열려 있다"와 같은 보통의 문장들로 표현된다. 더욱 극적이거나 초자연적인 은사는 "주님의 이름으로, 나는 즉석에서 병을 고쳐왔다"(치유)나 "나는 예수 그리스도의 이름으로 악마를 몰아냈다"(퇴마)는 문장으로 표시된다. 기적과 영혼을 분간하는 은사처럼, 방언과 방언의 해석에도 각각 5개의 문장으로 구성되어 있다.

참가자는 '지배적인'으로 불리는 가장 높은 점수의 은사 세 가지와 그 다음으로 높은 '하위의' 은사 세 가지 목록을 작성하도록 요청받는다. '은사 집단'이 결정되고 나면, 참가자는 어떤 성직 역할이 가장 적당한지 생각해보라고 요청받는다.

그리스도교 교회와 기관들에 의해 고안되어 선전되는 이러한 테스트들은 카리스마라는 개념을 인터넷이나 대중잡지 등에서 다량으로 발견되는 즉석 설문지 수준으로 떨어뜨렸다. 그런 테스트에 보통 등장하는 주제들은 "당신은 얼마나 열의에 차 있습니까?"나 "당신은 얼마나 정직하고 야심 있고 아름답고 믿을 만한가?"다.

'은사' 테스트의 단순하고도 속사포 같은 특징은 처음으로 카리스마를 신중하고도 침착하게 표현했던 바울이나 카리스마의 위상이나 기능을 심사숙고하느라 여러 해를 보낸 이후의 교부들과는 상당히 동떨어져 있다. 적어도 와그너-하우츠 질문표에는 테스트의 점수들이 자신의 은사가 어디에 존재하는지에 대한 임시적인 평가일 뿐이라는 단서가 붙어 있다. 즉, 은사에 대한 확인은 '주님 안에서 목사나 장로들'과 함께 이루어져야 하는 것이다.

또한 테스트는 교회의 성장과정에서 은사의 역할을 강화하고 방언과 방언의 해석을 똑같이 중요시한 바울의 생각을 어느 정도 반영했다. 그러나 그 테스트의 근거가 되는 기초가 흔들리고 있기 때문에, 은사의 역할이 조사과정을 거치지 않고 구성되어 있다는 점은 카리스마에 대한 피상적인 신학적 해석을 낳을 수 있다. 테스트가 선언하듯이, 은사 자체의 목적이나 위험성, 특징에 대한 의견보다는 자신의 은사를 발견한 오싹한 경험이 강조된다.

카리스마 갱신운동과 TV 복음전도사들에 대한 비판

카리스마파 그리스도교를 가장 눈에 띄게 옹호하는 사람들, 즉 초자연적인 은사를 받았다고 주장하는 TV 복음전도사들도 심한 비난의 대상이 되어왔다. 세속의 비판가들과 언론의 해설자들뿐 아니라 전통 교회 내의 비판자들은 많은 TV 복음전도사들이 금전적인 면에 치중하고, 개인적인 종파를 선동하고, 가난하고 배우지 못한 시청자들을 이용하고, 위선적인 도덕성을 지녔다고 공격해왔다.

20세기 말에 지미 스웨거트(Jimmy Swaggert)나 짐 베이커(Jim Baker) 등의 TV 복음전도사들이 저지른 불명예스런 행동들에 관심을 갖게 된 언론은 그런 설교자들이 돈벌이가 되는 TV 복음사업을 통해 축적한 개인적인 부를 집중 조명했다. 주류 교회에서의 비판은 이러한 자칭 성직자들의 신학적인 결점을 중심으로 이루어졌는데, 이들이 정통 그리스도교 교리로부터 너무나도 벗어났기 때문에 이단으로 비난 받아 마땅하다는 주장이 제기되어왔다.[63]

TV 복음전도사들은 주로 사도 바울이 명확히 밝힌 초대교회의 원칙들을 부활시키겠다고 주장했지만, 그들이 사도시대의 믿음을 벗어난 일탈행위를 빈번하게 저질렀다는 점을 지적하기는 어렵지 않다. 그들의 결정적인 결함은 많은 복음전도사들이 현대의 예언자로서 주장한 절대 권력이었다. 20세기 초의 존 알렉산더 도위처럼 많은 TV 복음전도사들은 자신들이 하나님으로부터 직접 영감을 받았다는 주장을 근거로 자신들에게 종교적 권력이 있다고 단언했다. 그런 카리스마파 교회지도자들이 예언자로서의 말을 그리스도교 공동체 내에서 시험받지 않은 것은 고린도전서에 나오는 바울의 지시를 어긴 것이었다.

바울은 고린도서에서 예언자의 말이 공동체 내의 다른 사람들에 의해 '평가'받아야 한다고 이야기했었다(고린도전서 14:29). 바울 자신은 자신의 설교를 교회 지도자들과 평가하여 자신이 달음질한 것이 헛되지 않았음을 확실히 했다(갈라디아서 2:1~2).[64] 대체로 TV 복음전도사들은 이러한 겸손과 자기 평가의 예를 따르지 않았다. 하나님으로부터 직접 계시를 받았다는 그들의 주장은 억제되지 않는 자만심을 발생시킨 경우가 많았다.[65] 게다가 사도 바울이나 복음서에서는 예언이나 설교를 통해 개인이 많은 재산을 모았다는 선례가 결코 존재하지 않는다. 실제로 예수의 설교에는 그와 반대되는 개념이 두드러진다.

일부 설교자들이 행한 치료와 그 밖의 기적들도 전통 교회 내에서 비판자들의 우려를 낳았다. 다수의 카리스마파 설교자들과 TV 복음전도사들은 회중 속의 병자들을 고쳤다는 주장을 통해 유명해졌다. 그러나 이런 주장들 중 어느 것도 객관적인 조사에 의해 입증된 적은 없었다.[66] 기적을 행했다는 다른 주장도 거짓으로 드러났으며, 공개적으로 행한 예언(예측)도 실패했다.[67]

현대의 기적적인 치료가 복음주의교회의 예배와 기도회 중에 발생한다는 확신에 대해 다양한 설명이 제기되었는데, 대부분이 참가자들의 감정적인 경험이 강렬했다는 점에 집중되어 있다. 열렬한 연사에 의해 크게 흥분한 상태에서 기적을 적극적으로 믿고자 하는 회중이 보여주는 집단적인 힘은 고조된 분위기를 만들어낼 수 있다. 음악과 춤, 투사된 영상과 조명이 대규모 행사에 모인 관객의 흥분과 기대를 강화시키는 효과를 낸다.[68] 병이 다 낫다고 하는 다수의 사례는 병적 흥분의 결과일 수도 있고, 당사자가 말하는 병은 애초에 정신적으로 생긴 병이기 때문에 암시에 의해 즉각적인 반응이 유발될 수도 있었다.[69] 확실히 많은 신도들이 병이 고쳐졌다고 주장하고, 그런 사례들이 증거자료에 의해 입증되기도 했다.[70] 그러나 치료와 그 치료의 영속성을 입증하는 착실한 조사는 이루어지지 않았다.

소소한 치료로부터 죽은 사람을 살려내는 기적에 이르기까지 TV 복음전도사들이 제시하는 여러 환상적인 주장들은 교회 내에서 터무니없다고 비난받아왔으며, 교회 밖에서는 대대적인 비웃음거리가 되었다.[71]

그러나 이런 어떠한 비난도 잘나가는 TV 복음전도사나 그들의 추종자들을 단념시키지 못했다. 베니 힌(Benny Hinn)같이 가장 성공한 '치료 복음전도사'들은 TV와 인터넷의 도움을 받아 자신의 십자군을 이끌고 전 세계를 돌아다니면서 늘 상당한 액수의 기부금을 챙겼다. 힌은 250명의 성가대와 함께 자신을 보러오는 청중들에게 기적의 치료를 나누어주겠다고 약속하면서 기적의 십자군을 이끌고 다닌다.

연합교회(Uniting Church)의 목사이자 학자인 데이비드 밀리칸(David Milikan)이 2008년 호주에서 8천 명이 모인 가운데 개최된 힌의 행사를 비판적으로 분석한 내용이 호주의 한 신문에 실렸다. 밀리칸은 힌의 치유 설교 중에 제기된 은사중지주의를 반대하는 주장을 다음과 같이 요약했다. 힌은 이렇게 선언했다. "예수는 복음으로 사람들을 치료했다. 예수는 어제처럼 오늘도 변함없이 같다. 따라서 예수는 오늘도 사람들의 병을 고치고 있다. 나는 당신의 목사가 무슨 말을 하든 개의치 않는다. 나는 당신의 의사가 무슨 말을 하든 개의치 않는다. 오늘 밤 여기 예수가 계시고, 당신의 병을 치료하기 위해 기다리고 계신다."[72] 힌의 복음주의 상표는 이전의 많은 복음주의전도사들과 마찬가지로, 치료의 은사를 보여주면서 자기 합리화나 '신권 부여'를 시도했다.

밀리칸은 힌의 조수들이 관중들 가운데에서 치료할 사람들을 선발하는 과정을 상세히 설명했다. 심각한 장애나 병약함을 보이는 사람은 누구든 무시되었다. 힌의 조수들은 심한 병을 앓고 있는 사람들에겐 관심을 갖지 않았다.[73] 조수들이 경미한 질병을 고백한 사람들과 예비 기도회를 여는데, 이들이 회복으로 해석될 수 있는 기미를 보여주면, 그들은 무대로 안내되었다. 그들은 아찔한 조명 아래서 힌에 의해 쓰러지게 되는데, 힌의 조수들은 무대에 오른 신도를 바닥에 눕혔다 일으켰다를 반복했다. 치료나 장기적인 회복에 대한 어떤 경험적인 증거가 부족함에도 불구하고 힌의 조직은 계속적으로 치료의 사명이 성공을 거두고 있다고 보고한다. 힌의 공식 웹사이트

는 호주 방문 중의 행사에서 '강력한 기적'이 이루어졌다고 주장했다.[74]

밀리칸은 힌이 부를 추구한 데 대해 가장 엄중한 비난을 가했다. 힌의 연설 중 20분은 청중으로부터 거액의 헌금을 부추기는 데 할애되었다. 힌이 브리즈번에서 가진 세 차례의 행사에서 호주 달러로 80만 달러가 모금되었다고 보도되었다. 그의 목회에 제공된 돈은 차치하고, 7개의 침실과 자동차 10대가 들어갈 수 있는 주차공간을 갖춘 힌의 '교구관'은 미 달러로 350만 달러에 달한다고 한다. 자칭 카리스마파 치료사는 겸손을 사치로 바꾸어놓으면서 예수를 자기 자신의 이미지에 맞게 변형시켰다.[75]

TV 복음전도사와 스타급 설교자들의 기묘한 영역 외에 더욱 겸손하고 공동체적인 카리스마파 의식의 관행 역시, 교회 내부로부터 철저한 비판을 받았다. 1990년에 존 지지울라스(John Zizioulas)는 카리스마파 그리스도교를 상대로 그리스정교의 엄격한 추방명령을 내렸다.

교회의 모든 일이 주교의 이름으로 이루어진다는 사실이 명확히 밝혀지지 않은 상태에서 단순히 사제의 권리나 사제의 '은사'에 의해 자신의 영적 업무를 수행하고 활동하는 '카리스마파'들이 우리 시대에만 지나치게 많다.[76]

이 그리스정교의 입장에서 보면, 교회 공동체는 '감독 중심적', 즉 2세기 초의 클레멘트 주교나 이그나티우스 주교에 의해 처음으로 언명된 방식대로, 주교가 중심이 되어야 한다. 따라서 주교가 승인하지 않으면 카리스마파 의식은 공인받지 못하며 개탄의 대상이 된다.[77]

카리스마파 내부에서도 카리스마파의 관습에 대한 비판이 제기되어왔다. 톰 스메일은 카리스마파 의식이 가졌던 초기의 장점, 즉 죄를 강조하는 전통 교회에 대한 반발이 약점이 되었다고 주장했다. 카리스마파 의식이 회개를 위한 일상적인 환경을 유지하지 못했기 때문에 그것은 피상적이라든지 비현실적이라는 인상을 주었다.[78] 스메일은 모든 전례의 구속을 거부한 카리스마파의 행동이 처음엔 해방감을 안겨주는 요소로 칭송받았지만, 종종 방종으로 이어지는 결과가 발생하거나 판에 박힌 전례상의 방법을 채택함으로써 시간이 지나면서 자발성이 감소하게 되었다고 덧붙였다.[79]

카리스마파 운동을 가장 끈질기게 공격한 사람들 중에는 목사이자 방송가인 존 맥아더(John MacArthur)가 있다. 그는 20세기의 카리스마파에 의해 그리스도교 내부에 발생된 교리상의 혼란과 무질서를 한탄했다.[80] 맥아더는 카리스마 갱신운동에서 야기된 극단주의와 혼란이 이 운동의 교리에 내재된 '잘못된 생각' 때문에 생겨났다고 보았다. 그는 다음과 같이 정리했다.

_____ 하나님이 여전히 성경 외에 진실을 계시하고 계신다는 생각, 성령세례가 구원 뒤에, 그리고 구원과는 별개로 이루어진다는 가르침 때문에 두 부류의 신자들이 생겨난다. 그리고 카리스마파의 가르침에 내재된 신비주의는 사람들이 이성을 모욕하고 감정을 높이 평가하고 자신들도 이해하지 못하는 힘에 자신의 정신과 영혼을 열게 만든다.[81]

신비주의를 불러오고 두 부류의 신자 집단으로 분열시킨다는 비난은 2세기에 교회가 몬타누스파에 제기한 이단의 비난을 떠올리게 만든다. 실제로 맥아더는 카리스마파 운동을 '신 몬타누스파'로 부를 수 있으며 적어도 한 명의 카리스마파 저자는 몬타누스파가 카리스마파 전통의 일부라고 주장한 사실을 불쾌한 마음으로 지적했다.[82] 맥아더는 은사가 중지되었다는 견해를 명확히 밝혔다. 그는 신약성서의 완성으로 교회법이 완결되었고 치료를 포함한 기적과 마찬가지로 신의 계시도 교회법이 완결됨에 따라 중단되었다고 생각했다.[83] 반대의 주장은 어떤 것도 '환상에 근거한 것'이며, 새롭고 은밀한 종교적 경험에 대한 필사적인 감정적 요구에 의해 발생한 사기성의 주장이라고 생각했다.[84]

맥아더는 카리스마파 운동을 비판한 다른 사람들의 의견에도 의존했는데, 그들 중의 한 사람은 이 운동을 '신비주의의 정점'이라고 격하시켰다.[85] 주류 그리스도교 신학 내부에서 터져

나온 신비주의에 대한 이러한 비난은 2세기부터 그노시스파를 비롯하여 이단으로 간주된 여러 변형된 종파들에 대한 긴 탄핵의 역사를 그대로 되풀이했다. 그러나 카리스마파가 개인의 경험과 신의 직접적인 계시를 지나치게 강조하면서 반지성주의적, 비교리적 신앙을 추구한다는 비난은 카리스마 갱신운동이 이전의 수많은 부흥운동과 마찬가지로 소수 그리스도교 집단 사이에서 상당한 인기를 끌게 된 요인이기도 했다.

'놀라운 경험'으로 받아들여진 성령의 방문에 대한 갈망은[86] 20세기 초의 오순절파 운동과 20세기 후반기의 카리스마파 운동에 활기를 불어넣었고, 21세기에도 여전히 수많은 변종 신앙에 영감을 주고 있다.

바울의 카리스마파와 베버의 카리스마 사이의 경계가 흐려지다

'카리스마파'라는 용어는 1960년대 초부터 주류 교회에서 행해지던 한때 '오순절파'로 불렸을 의식 유형에 적용되었다. 1972년에 발터 홀렌베거(Walter Hollenweger)가 출간한 『오순절파: 교회 내의 카리스마 운동(The Pentecostals: The Charismatic Movement in the Churches)』은 이런 용어사용을 반영했다. 그러나 카리스마파 운동과 1960년대 서양 문화에서 널리 사용되던 베버의 카리스마 사이에는 연관성이 없는 듯 보였다. 20세기 말의 그리스도교 신학자들과 종교 역사가들은 카리스마파 그리스도교와 세속적인 카리스마 개념 사이의 구분을 유지했다. 폴 히버트(Paul Hiebert)는 1985년에 카리스마파 운동에 관한 기사에서, 베버가 리더십 유형에 관해 모범적인 연구를 이루어냈다고 지적하면서 그리스도교 내의 새로운 운동을 창시한 인물들은 '카리스마 있는' 지도자인(베버의 의미로 사용) 경우가 흔하다고 썼다.[87] 1995년에는 앤드루 워커가 카리스마파 그리스도 신자들 가운데에서 발생한 기적적인 치료 현상을 논하면서, 카리스마 있는 인물들(대중적, 세속적 의미로 사용)이 대규모 집단에 미치는 영향을 언급했다.[88]

이러한 사례들을 살펴보면, 베버의 카리스마적 지도자 개념은 20세기 말의 카리스마파 운동과 엄격히 구분되어 있다. 1975년부터 출간되어온 그리스도교의 범종파간 출판물인 《카리스마》라는 잡지는 베버의 정의가 아니라 그리스도교의 '은사'로부터 그 이름을 따왔다.

제임스 던의 지적대로, 1970년대의 카리스마파 운동 내에서 공동체가 강조된 점은 확실히 1세기 바울의 카리스마 개념에 의존한 것이며, 베버가 제안한 리더십의 종류로서의 개인주의적 카리스마 개념과는 반대되었다. 1960년대에 무아경에 빠진 그리스도교 신자를 설명하는 용어로서의 '카리스마파'는 베버나 베버의 이론에 의지하지 않고 그리스어로부터 직접 얻어진 듯 보인다. 이 용어를 그리스도교의 담론에 도입한 기본적인 동기는 당시 인기가 높아지고 있던 이 의식을 그것이 기원한 오순절파와 구분지어야 한다는 필요성 때문이었다.

'신 오순절파'는 개신교에서 용인되어온 예식 유형을 설명하는 용어로 적당하지 않았고, 이후에 교황이 '신 오순절파'로 알려진 관행에 축복을 내려줄 것으로 기대할 수도 없었다. 카리스마파 예식은 하비 콕스의 주장대로, 오순절파보다 더 온건했기 때문에 전통 교회에서 인정받을 수 있었다. '카리스마파'라는 용어는 카리스마파의 선조와 카리스마파 자신을 구분 짓고 카리스마파의 특별한 부흥주의 형식을 나무랄 데 없는 바울의 선례와 조율하는 데 적합했다.

그러나 그리스도교의 카리스마와 세속적 카리스마 모두 대략적으로 같은 시기인 1960년대에 대중의 주의를 끌었다는 점은 주목할 만하다. 1960년대의 카리스마파 그리스도교의 출현은 광란 상태의 청중을 지배하는 록 스타 현상과 같은 청년문화의 등장과 유사했다. 동시에 존 F. 케네디와 같은 중요한 정치인들은 언론에 의해 '카리스마적'이라고 설명되었다.

이러한 문화적 발전은 적어도 두 가지 공통적인 특징을 공유했다. 첫 번째 특징은 매스미디어의 역할이었다. 케네디는 잡지나 신문뿐 아니라 TV 방송을 통해 널리 알려지게 된, 사진 촬영에 적합한 외모 덕분에 매력적이고 '카리스마 있는' 정치인으로 보였다.

은사의 능력을 갖고 있다고 주장한 복음주의 그리스도교 설교자들도 1960년대의 TV 매체에 적응하여, TV 복음전도사로서 많은 신자들과 접촉할 수 있었다. 빌리 그레이엄(Billy Graham)은 1950년대와 1960년대에 전 세계를 돌면서 대형 강당에서 부흥집회를 열고 언론매체를 통해 자신의 전도 범위를 넓혀나갔다. 1960년에 미국의 작은 교회, 즉 데니스 베네트의 감독파 교회에서 벌어진 사소한 논쟁까지도 전국적으로 언론에 보도되면서 대대적인 관심의 대상이 되었다.

두 번째의 타당한 특징은 격렬한 감정적 경험을 추구했다는 점이다. 1960년대부터 대형 강당이나 경기장에 모인 많은 청중들은 열정을 바치는 대상이 복음전도사든 록 스타든, 고함치고 비명을 지르다 기절하는 등 신들린 듯 행동했다. 카리스마파 그리스도교는 체계적인 종교의식보다 경험을 중요시했다. 카리스마파 신도들은 감정적이고 변화를 일으키는 순간에 절정을 이루는 강화된 영적 상태를 추구했다. 1960년대와 1970년대의 많은 젊은이들은 음악, 마약, 종교 등의 자극을 통해 그런 극단적인 감정적, 영적 경험을 추구했다.

따라서 세속과 종교는 여러 가지 면에서 교차되었다. '솔'뮤직은 남부 침례교회의 복음성가를 세속화한 것이었고, 서양의 실험적인 젊은이들은 비서구적, 비전통적 종교양식을 적극적으로 채택했다. 호기심이 많거나 인습에 얽매이지 않는 사람들이 추구한 극도의 감정적 상태는 그리스도교와 세속의 전통주의자들에 의해 비합리적이라고 비판 받았다.

베버의 사회학에 등장하는 비합리적인 힘인 '카리스마'는 그리스도교와 세속적 환경 양측의 지지자들에 의해 칭송받았다. 오럴 로버츠, 빌리 그레이엄, 팻 로버트슨(Pat Robertson) 같은 복음주의 설교사들은 카리스마의 두 가지 의미 모두에서 볼 때, 카리스마적이었다. 그들은 매력적이고 청중을 사로잡았으며(베버), 영적으로 능력을 부여 받은 사람들이었다(바울). 그리스도교 내에서는 분리돼 있던 두 가지 의미가 폭넓게 사용되면서 그 경계가 흐려지기 시작했다. 기본적으로 이는 대규모의 청중을 끌어들이고 유지할 수 있는 TV 복음전도사들과 부흥주의 스타일의 설교사들이 공개석상에 많이 등장했기 때문이다.

베버의 카리스마는 추종자 무리에 활기를 불어넣을 수 있는 지도자의 개인적인 자질이다. 그런데 복음주의 설교사들이 점점 더 이런 식으로 행동하고 있는 것으로 보였다. 그들은 대규모의 청중을 매료시켰기 때문에 '카리스마적'이었다. 그리고 그들 각자가 가지고 있는 카리스마는 TV매체를 통해 보이지 않는 더 많은 사람들에게 전달된다고 간주되었다.

일부 카리스마파 그리스도교 지도자들은 케네디 가문의 카리스마를 연상시키는 방식으로 가족 왕국을 세웠다. 예를 들면, 빌리 그레이엄은 자신의 아들 프랭클린을 빌리 그레이엄 사역(Billy Graham Ministries)의 후계자로 임명했다. 스타 설교사들은 이런 방식을 통해 바울의 카리스마에 빠져 있는 공동체적 카리스마파 신자들보다 베버의 카리스마를 지닌 사람으로서 더 널리 알려질 수 있었다.

8

만일 당신이 배를 만들고 싶다면,
사람들을 불러모아 목재를 가져오게 하고
일을 지시하고 일감을 나눠주는 일을 하지 말라.
대신 그들에게 저넓고 끝없는 바다에 대한
동경심을 키워줘라.
- 생텍쥐베리

미디어 시대의
카리스마와 유명인

A HISTORY OF CHARISMA

'명성(fame)'과 '유명인(celebrity)'이라는 말은 라틴어의 파마(fama)와 셀레브리타스(celebritas)로부터 유래했다. 로마인들에게 파마는 뉴스, 여론, 개인의 평판 또는 대중에게 알려진 사람의 명예와 명성을 의미했다. 그리고 셀레브리타스는 사람들이 많이 모인 축제 때처럼 바쁘거나 사람들로 혼잡해진 상태를 의미했다.

그러다가 그 의미는 대중이 찬양하는 사람의 평판이나 명성으로 확대되었다.[1] 로마인들에게 명성은 공적 덕목으로, 로마 제국의 영광을 실현한 사람들이 거둔 군사적 승리 등 위대한 업적을 찬양하는 것이었다. 이러한 명성의 개념과 개인이 위대하거나 주목할 만한 업적이 없어도 "유명하기 때문에 유명하다"는 21세기의 유명인의 개념 사이에는 뚜렷한 차이가 있다.

카리스마는 단순히 유명인을 뜻하는 동의어로 전락했는가

그러나 2천 년의 차이가 있는 이 두 문화에도 공통의 특징은 있다. 명성을 널리 알리는 데 미디어 기술이 중심적인 역할을 한다는 사실과 대중의 환호를 추구하고 자신의 이미지를 대중의 질서 속에 투영시키려는 개인의 적극성이 바로 그러한 특징들이다. 율리우스 카이사르(Julius Caesar)와 아우구스투스는 자신의 위대함을 선전하기 위해 책과 초상화, 심지어는 화폐까지 만들었다. 현대의 유명인들도 방송과 인터넷을 통해 기능하는 선전조직을 갖고 있다. 이 모든 것이 위대한 과거나 후손, 아니면 단순히 지속적인 인기를 목적으로 하는 공적인 페르소나(다른 사람의 눈에 비치는 실제와 다른 모습-옮긴이)를 형성해 왔으며, 이 페르소나는 개인의 자아와 복잡한 관계를 갖는다.

그러나 현대의 유명인에게는 독특한 점이 있다. 이것은 이 유명인이 활동하는 장치, 즉 소비자 자본주의와 이미지, 사운드, 문서를 재생하고 전송하는 데 능한 미디어기술과 직접적으로 관련이 있다. 20세기의 유명인은 하나의 상품이고, 엄청난 이익을 위해 대중에게 판매될 빛과 소리의 공장에서 생산되는 구조물이자 끝없이 반복되고 재생산되고 선전되는 이미지다. 현대의 유명인을 상업용 기계로 해석하는 것은 단순히 개인의 비판적인 이론도 아니고, 학문적으로 지나친 과장도 아니다.

미국의 대중문화는 이미 1960년대 초에 스스로에 대해 되돌아보고 있었다. 20세기 후반기에 가장 유명한 서양 예술작품으로 손꼽히는 앤디 워홀(Andy Warhol)의 스크린 인쇄물은 당시 마릴린과 엘비스, 엘리자베스 테일러와 같은 유명인들의 이미지를 캠벨 수프의 캔 제품과 코카콜라 병처럼 재생산했다. 워홀은 유명인의 기계적인 모습을 연속된 반복으로 노출시켰다. 유명인은 매력적이고, 흥분을 자아내고, 제작되고, 대량생산되고, 선전되고, 소비되는 상품으로서의 특징을 가진 제조된 물체로 표현되었다. 현대의 스타는 빛나도록 만들어졌지만, 기본적으로는 판매를 위해 만들어진 것이었다.

저널리스트인 앤드루 앤소니(Andrew Anthony)는 2002년에 발표한 글에서 현대의 유명인을 소비주의와 매스미디어를 형성하는 세력으로 평가했다. 그는 조잡하지만 '명성+소비자 사회= 유명인'이라는 등식을 만들 수 있다고 말했다. 그리고 그는 할리우드가 구축한 미디어조직의 중심적인 역할을 강조했다. "20세기 명성의 역사는 할리우드의 역사다. 그리고 할리우드의 역사는 모두 유명인의 승리에 관한 것이다."[2] 할리우드는 전례가 없는 매력과 화려함을 지닌 스타들을 배출해냈다. '카리스마'라는 단어는 할리우드의 스타 시스템이 1920년대와 1930년대에 정착될 당시에는 일반적인 표현수단에 속하지 않았지만, 1960년대가 되면서 널리 유행했다.

할리우드의 스타들은 마음을 사로잡을 정도의 매력으로 열렬히 숭배되었고, 스타들은 카리스마를 갖춘 지도자들처럼 헌신적인 추종자들을 끌어들였다. 2001년에 영화 역사가 사만다 바르바스(Samanda Barbas)는 1920년대를 되돌아보면서 당시의 할리우드 스타들에 대해 이렇게 기록했다. "부유하고 카리스마 있고 성공을 거두고 흠모의 대상이 된 그들은 현대성을 대변하는 가장 두드러진 사람들이 되었다."[3] 따라서 카리스마 역사의 과제는 카리스마와 유명인 사이의 관계를 규정하는 것이라 할 수 있다. 20세기 스타들의 퍼레이드에서 카리스마는 단순히 유명인을 뜻하는 동의어로 전락한 것인가?

알렉산더에서 바넘(Barnum)까지 명성의 역사

고대문명에서 명성은 파라오, 왕, 여왕, 위대한 군사지도자 등 사회적 계층구조의 맨 위에 자리 잡고 있었다. 왕국과 왕조에 부여된 명성은 6장에서 설명한 베버의 관직이나 가문의 카리스마 개념과 일치한다. 군사적인 공훈에 의해 발생되는 영광은 율리우스 카이사르의 경우처럼 정치권력과 명예를 얻는 수단으로 이용될 수 있었다. 그 외에 위대한 군사적 위업은 서사시나 전설, 역사기록으로 영원히 남을 수 있었다.

리오 브로디(Leo Braudy)는 『명성의 광기(*The Frenzy of*

Renown)』에서 명성의 역사를 추적하면서, 인정받고 싶어하는 욕구는 '문화적으로 적응하려는 특징'이며,[4] 고대 문명과 현대 문명에서 상이한 형태를 취해왔다고 주장했다. 브로디가 보기에 명성의 역사는 이집트의 신격화된 군주나 페르시아, 중국의 위대한 왕조가 아니라 알렉산더 대제가 스스로 이름을 지은 행동에서 시작되었다.[5]

브로디가 다룬 명성의 역사가 알렉산더에서 시작된 이유는 그의 명성이 자신이 물려받은 사회적 위치가 아니라 그의 업적, 즉 놀라울 정도로 단계별로 관리된 선전에 의거했기 때문이었다. 알렉산더의 군사적 모험은 호메로스 시대 영웅들의 모험을 그대로 흉내 냈다. 그는 정복사업과 자신의 이름을 딴 도시들을 이용한 것뿐만 아니라 자기 시대의 미디어를 관리함으로써 스스로 '대제'가 되었다. 여기서 그의 미디어는 그의 원정에 동행했던 저술가와 예술가들이었다. 알렉산더는 그림과 조각의 묘사 대상이 되었고, 그의 업적은 그의 역사가이자 선전 담당자였던 칼리스테네스(Callisthenes)에 의해 서술되었다.

브로디가 보기에 알렉산더는 '유일한 사람이 되려는 욕구'를 강하게 내보였고, 이는 군사적 영광을 넘어 '상상력에 의한 문화적 지배'로 확대되었다. 칼리스테네스는 일종의 '홍보 담당자'로 활동하면서 알렉산더의 업적을 호메로스식의 용어로 그리스 도시국가들에게 선전하고 알렉산더가 그리스 문화의 합법적인 상속자라고 주장했다.[6]

알렉산더의 성공은 이후의 로마 지도자들에게 하나의 지침으로 남게 되었다. 로마의 강력한 대중문화는 명성을 국가의 이익이나 표면적인 이익을 위한 공개적인 행동으로 단언했다.[7] 브로디는 로마인들에게 명성이 또 다른 중요한 의미를 가졌다고 주장하는데, 그들의 종교에는 발전된 내세의 개념이 없었기 때문이었다. 공개적인 행동으로 얻은 명성은 죽은 뒤에도 살아남을 수 있는 유일한 방법이었다.[8] 폼페이우스(Pompeius)는 알렉산더의 망토와 기장을 두르고 알렉산더 대제를 동경의 대상으로 삼았고, 율리우스 카이사르는 알렉산더의 이름 짓기를 한 단계로 높여 자신의 전쟁 비망록을 저술했다.

플루타르크(Plutarch)의 표현으로는 과도하게 자신의 영광을 좋아했다는 키케로(Cicero)는 스스로 명성을 추구하면서도 명성을 정치적 덕목과 분리할 수 없는 로마인의 국가적인 프로그램으로 규정하는 데 기여했다.[9] 키케로에게 명성은 '고귀한 평판'으로, 실제로 눈에 보일 정도의 존재감을 갖는 영예이자 영광이었다. 그는 폼페이우스가 용감한 행위뿐 아니라 평판으로도 승리를 거두었다고 지적했다.[10] 로마가 공화정에서 제국으로 바뀌면서, 황제의 명성을 선전하는 향상된 수단이 필요하게 되었다. 아우구스투스는 화폐를 정치적으로 광범위하게 이용했는데, 화폐에는 그의 초상뿐 아니라 '아우구스투스의 자유(Libertas augusti)'와 같은 정권의 슬로건도 담겼다.[11]

그리스도교 시대에 들어서면서 대중적인 명성에 대한 로마식의 개념을 급진적으로 반대하는 개념이 도입되었다. 아우구스티누스는 『고백록』에서 자신의 웅변술을 대중 앞에서 드러냄으로써 '굴욕적인 영광'을 얻으려고 했던 이전의 포부를 버리고 내면적으로 하나님과 영적인 관계를 맺는 데 전념했다.[12]

그리스도교 문화에서 명성은 빼어난 영적 순수함을 지닌 성인들에게 부여되었는데, 그들 중에는 금욕주의적 방식을 채택한 경우가 흔했다. 아타나시우스가 4세기에 집필한 성 안토니(St. Anthony)의 전기 『안토니오의 생애』는 내면의 순수함을 생각나게 만드는, 사막에서의 영적인 수양을 칭송했다. 그러나 처음 몇 세기 동안 그리스도교가 무의미한 영광을 표현하는 데 관심을 보이지 않았더라도, 교회의 권력과 특권이 확대되면서 일반에게 보이는 모습도 점차 화려해졌다. 주교, 사제, 총대주교들은 영적인 청렴뿐 아니라 의례상의 화려함도 보여주었다. 내면의 진실과 공개된 과시 사이의 갈등은 유럽 문화에서 중세 내내, 그리고 르네상스 시대까지 지속되었다.

브로디는 단테와 초서의 작품 속에서 명성에 대한 이중적인 태도가 나타난다고 지적했는데, 단테는 『지옥편(Inferno)』에서 자기 자신에게 시의 창조자라는 명성을 부여하는 한편, 죽은 자의 평판을 결정하는 권한을 가졌다. 그러나 『신곡(Divine Comedy)』은 전체적으로 내면의 선에 대한 영적인 동경을 표현했다. 브로디는 단테가 하나님에 의해 영감을 받은 '모범적인 진정한 명성'을 규정함으로써, 한편으로는 대중적인 명성에 대한 로마인의 욕구와 다른 한편으로는 그런 명성의 공허함을 거부하는 그리스도교 사이의 모순을 해결했다고 주장했다. 이런 고결한 명성은 '단순히 공개적인 과시'를 넘어 영적인 특징을 가졌다.[13]

브로디에 따르면, 초서의 시 『명예의 집(The House of Fame)』에서는 로마의 명예와 그리스도교 명예의 전통들이 서로 정통으로 맞부딪치고 있다.[14] 초서는 명성의 매력과 명성에 대한 혐오감 모두를 표현했는데, 시에서 그는 독단적으로 호의를 베풀면서 명성 그 자체를 이해했지만, 명성을 얻으러 왔냐는 질문을 받았을 때에는 그렇지 않다고 대답했다. 초서는 세속적인 갈채에 대한 욕구에 의심을 품으면서 자신이 사랑의 기운을 추구하는 바람에 명성의 집에서 끌려나왔다고 밝혔다.

후대에 대한 르네상스의 재발견은 페트라르카(Petrarch)의 작품에서 제대로 구현되었다. 그의 『유명한 사람들의 운명(The Fates of Illustrious Men)』은 과거의 경험이 제공하는 교훈을 밝히고 명성의 힘을 드러내려는 목적을 가졌다. 그는 후대(後代)가 볼품없는 사람도 "잘생기고 유명하고 존경받는 사람으로 변화시킬 수 있다"고 기록했다.[15] 브로디는 인쇄기의 영향으로 책을 읽는 대중이 늘어나기 시작한 가운데, 르네상스 시대의 초상화는 존경 받는 사람들의 그림을 통해 더욱 적극적으로 독특함을 전파했다고 설명했다.[16] 왕실과 귀족들의 후원이 점차 중요성을 잃어가면서 책을 읽는 사람들과 예술작품의 애호가 및 시장이 점진적으로 늘어났다는 사실은 명성의 역사에서 상당히 중요하다.

17세기에 존 밀턴(John Milton)은 자신의 고된 집필작업을 격려하는 자극제로서 명성을 이야기할 수 있었다. 브로디는 밀턴이 여전히 하나님에게 진정한 영광을 돌리긴 했지만, 현세에서의 높아진 명성이 진정한 영광을 반영할 수 있다고 지적했다.[17] 18세기에 책은 명성의 새로운 장소가 되었다. 알렉산더 포프(Alexander Pope)는 『명예의 전당(The Temple of Fame)』에서 포프가 받아들일 만하다고 여기는 도덕적 명성을 부여하며 저자들을 선전해준 책들을 강조했다.[18]

널리 칭찬받거나 찬양받는 상태로서의 '유명'의 의미는 18세기에 널리 쓰였다. 사무엘 존슨(Samuel Johnson)은 1751년에 자신이 '유명'하다고 말할 수 있었다.[19] 물려받은 계급적 특권을 이용하지 않고도 자신의 이름을 알릴 수 있다는 생각은 특히 미국에서 선호되었는데, 예를 들어, 벤자민 프랭클린(Benjamin Franklin)은 부분적으로 자신이 쓴 『자서전(Autobiography)』을 이용하여 자신의 대중적 프로필을 만들어갔다.

브로디에 따르면, 장 자크 루소(Jean-Jacques Rousseau)는 '진짜' 자신의 모습대로 인정받겠다는 결심을 통해 명성의 역사에서 '철저히 현대적인 견해'를 표명했다. 루소의 『고백록(Confessions)』은 자신의 발전하는 감정과 믿음을 설명한 글로, 내면의 특징을 기초로 사회적 특권의 지원을 받지 않는 '자연스런 명성'을 주장했다.[20] 그러나 루소는 자신의 명성이 숨이 막힐 것 같다고 생각했다. 그는 '명성과 성공'에 짓눌린 볼테르(Voltaire)의 운명을 피하고 싶어했다.[21]

데이비드 흄(David Hume)은 루소의 은둔한 사회철학자로서의 모순된 페르소나가 '특이하다'면서, 그를 변호하는 글을 썼다. 흄은 루소가 유명해지기 위한 기술을 쓴 것은 사실이 아니라고 주장했다. 실제로 루소는 '고독에 대한 사랑'을 갖추고 있었다.[22] 브로디는 루소의 이런 모순된 상황이 자신의 독특함을 선전하면서도 대중의 시선을 피하는 근대의 '수줍음 많은 스타'의 예라고 주장했다.[23]

루소가 자기표현으로서 저술에 전념했던 점은 천재에 대한 예찬을 키웠던 낭만주의 운동에 자양분을 공급했다. 이제 명성은 나폴레옹과 같은 위대한 군사지도자든 예술가든, 독특하고 영감을 받은 사람들의 소유물이 되었다.

19세기 초, 대중들이 바이런 경(Lord Byron)에 매료된 현상은 귀족이 사실상 명성의 공급자가 아님을 의미했다. 바이런은 자신의 작품과 행동 때문에 유명해지길 원했던 귀족이었다.[24] 브로디는 19세기 중반에 '명성의 시장'이 너무 혼잡해져서 토마스 칼라일(Thomas Carlyle)과 랄프 왈도 에머슨(Ralph Waldo Emerson) 모두 위인의 유형학을 고안해냈다고 지적했다.[25] 칼라일의 『영웅과 영웅 숭배에 관해(On Heroes and Hero-Worship)』 (1840년)는 예언자, 시인, 사제, 왕(나폴레옹 등), 문인(존슨, 루소

등) 등 다양한 영웅의 유형을 구분했다. 에머슨의 『대표적 인물들(Representative Men)』(1850년)은 신비주의자, 철학자, 무신론자, 세계의 인물(나폴레옹), 저술가(괴테) 등과 같은 범주로 약간 다르게 분류했다. 위인이 중요하다고 생각하는 칼라일의 믿음에는 그런 사람들이 명성을 의식적으로 중요하게 생각함으로써 자신의 소멸을 계획할 수 있다는 의견이 포함되어 있었다. 칼라일이 보기에 '명물'이 되어가는 이러한 과정은 영웅을 단순한 유명인으로 변화시켰다.[26]

19세기 후반에는 유명인과 명성 사이의 차이를 인지할 수 있었는데, 유명인이 명성보다 등급이 낮았다. 1863년에 매튜 아놀드(Matthew Arnold)는 다음과 같이 썼다. "그들(스피노자의 후계자들)은 유명했고, 스피노자는 명성이 있었다." 찬양받는 사람으로서의 '유명인'의 의미 또한 19세기 중반 무렵에 등장했는데, 처음에는 다음과 같이 인용부호가 붙었다. "다들 그렇게 부르는데, 그 '유명인'들 중 누구라도 봤습니까?" 1849년에 다이나 뮬록(Dinah Mulock)도 그렇게 썼지만, 이후에는 인용부호가 없어졌다.

1856년에 에머슨은 '부와 유행의 유명인들'에 대해 글을 썼다.[27] 19세기 말에 여세를 모으던 '명성의 엔진'에는 신문과 잡지에서 사용되는 사진, 즉 언론에 널리 알려지는 홍보가 포함되었다. 그리고 1898년 『후즈 후(Who's Who)』와 같은 전문적인 인명사전이 미국에서 간행되었다.[28]

20세기의 유명인이 등장하기 전 마지막으로 중요했던 19세기의 인물은 타고난 극적인 여러 재주들을 보여주던 순회 서커스단의 단장, P. T. 바넘(P.T. Barnum)이었다. 바넘의 방식은 여러 가지 면에서 20세기 할리우드 영화사의 방식을 미리 보여주었다. 즉, 아무리 외진 곳에서도 판촉을 중요시하고, 연예산업의 흥분을 자극하고, 추종자들을 끌어들이고, 흥행을 '민주적 극장'으로 계획하고, 브로디의 표현을 빌리면 '명성을 민주화'하겠다는 약속을 끝까지 지키는 방식을 추구했던 것이다.[29]

'스타'는 19세기 연극계에서 돋보일 정도로 뛰어난 연기자를 설명하기 위한 용어로 사용되었다. '스타'가 연극계의 용어로 등장한 것은 1827년, 스코틀랜드 언론에서였다.[30] 언론은 그날의 가장 유명한 연기자를 가리키기 위해 스타라는 말을 자주 사용했다. 1895년에 영화가 처음으로 공개되었지만, 1910년 전까지 영화배우에게 스타라는 말은 적용되지 않았다. 당시 관객들이 영화사에 배우의 신원을 밝혀달라고 요청하긴 했지만, 영화 속 연기자들은 그때까지 이름이 크게 알려지지 않은 상태였다.

1910년에 발생한 한 사건이 할리우드 영화계에서 유명인이 떠오르기 시작한 사례로 종종 인용된다. 영화사 대표인 칼 래믈(Carl Laemmle)이 자기 영화의 새로운 주연 여배우인 플로렌스 로렌스(Florence Lawrence)의 이름을 언론에 발표했던 것이다. 이렇게 처음으로 영화배우의 신원을 공표한 행동은 영화사가 조직적으로 계획한 최초의 선전 행위로 평가받았다. 래믈은 로렌스가 죽었다는 허위 언론보도를 계획했다가 결국 곧바로 언론에 그 내용이 사실이 아니라고 반박했다. 이러한 야비한 언론 플레이의 결과로 영화배우들을 둘러쌌던 침묵은 사라졌고, 사만다 바르바스의 표현을 빌리면, "영화스타제도가 탄생했다."[31] 철학자이자 사회학자인 에드가 모린(Edgar Morin)은 스타제도가 "15년간 세상에 알려지지 않은 채 진화해오다가 이제야 생산체계에 접목되었다"고 직설적인 어조로 설명했다.[32]

이 과정에서 중요한 기술적인 발전은 1910년에 D. W. 그리피스(D. W. Griffith)가 자신의 영화에서 자주 이용했던 클로즈업 기술이었다. 이 기술 덕분에 관객들은 화면 속 배우를 가까이서 볼 수 있었는데, 연극무대에서는 가능하지 않은 일이었다. 곧 '스타'라는 용어가 영화배우들에게 적용되었다. 1913년에 '영화계 스타'라는 말이 언론에 등장했고, 1914년에 이미 미국의 영화산업은 '가장 위대한 영화계 스타들'을 칭송하고 있었다.[33] 이제 배우들은 영화사의 이름 없는 사원들이 아니라 화려한 연기자로서 대중의 의식 속에 빠르게 자리 잡았다. 영화계 스타는 이전의 '그림 속 인물'과는 달랐다. 배우의 사생활이 영화배우를 둘러싼 이야기의 일부가 되었기 때문이었다.

1914년부터 《포토플레이(Photoplay)》와 같은 영화잡지 기사들은 배우의 역할보다는 '새로운 유형의 영웅'인 배우들에게 초점을 맞췄다.[34] 1910년 이후 이탈리아, 러시아, 덴마크 등의 영화제작 국가들이 자국의 영화스타들을 배출해냈다.[35] 그러나 배우의 사생활과 대외생활을 엄격하게 통제하는 방식은 1920년대에 할리우드의 스튜디오 시스템이 등장하고 나서야 나타났다.

할리우드의 황금시대와 스타 공장

데이비드 로빈슨(David Robinson)은 세계 영화사에서 1920년대 초에 가장 유명했던 할리우드의 영화배우들이 예술적으로나 경제적으로 상당히 중요한 인물들이었다고 지적한다. 그에 따르면, 메리 픽포드(Mary Pickford), 더글러스 페어뱅크스(Douglas Fairbanks), 찰리 채플린(Charlie Chaplin) 등 무성영화 시대의 최고의 스타들은 세계에서 가장 유명하고 가장 급료를 많이 받는 사람들이었다.

할리우드 경제체제에서, 특히 분배방식에서 스타들이 담당한 역할은 중요했다. "미국 영화계에 시베리아에서 아프리카, 런던에서 도쿄에 이르는 시장을 확보해준 것은 그들의 얼굴과 그들의 명성이었다."[36] 모린은 스타제도가 자본주의의 독특한 제도라고 단정하고, 서양의 영화시스템과 영화에서 스타를 제거하려 한 소련의 시스템(적어도 스탈린의 영웅숭배가 나타나기 전에 있었던)을 비교했다.[37] 칼 래믈은 할리우드의 경제적 활력에 스타가 미치는 영향력에 관해 명확히 밝혔다. "스타의 생산은 영화산업에서 가장 중요한 필수품이다."[38]

1920년대부터 1950년대 초까지 미국 영화를 지배했던 할리우드의 스튜디오 시스템은 '성공의 조립라인'이자 '스타 집단', 연예와 영광, 유명인을 만들어내는 '합리적인 천국'으로 특징지어졌다.[39] 할리우드의 '황금시대'를 견인했던 이 시스템은 일종의 공장, 즉 꿈의 공장이자 할리우드의 스타 공장으로 해석되는 일이 잦았다. 영화계 최고의 유명인 계층을 차지한다고 여겨진 영화스타는 이 시스템의 산물이었고, 영화사의 재산이었다. 조슈아 갬슨(Joshua Gamson)은 1920년대의 영화 출연자들이 본질적으로 영화사가 소유하고 관리하는 상품이었다고 지적한다.[40]

공장이라는 은유는 영화, 선전활동, 홍보, 유명인 등 주요 영화사들이 관리한 제품의 범위를 가리키는 데 적절한 선택이다. 그러나 '공장'은 이 영화사들을 설명하는 말로는 정확하지 않다. 조금 길고 복잡하긴 해도 '수직적으로 통합된 생산과 배급 독점업체'라는 말이 더 정확하다. 영화사가 미국 영화산업을 지배할 수 있었던 것은 자체의 배급망과 극장 체인을 소유하는 수직적 독점사업 덕분이었다. 영화사들은 창작에 참여하는 사람들, 즉 작가와 감독, 배우, 촬영기사, 연출가, 작곡가, 편집자, 세트 설계자, 메이크업 아티스트, 기타 기술자 등을 계약을 통해 지배함으로써 제작과정 전체를 장악했다. 고도로 합리화된 스튜디오 시스템에서는 예술적 과정에서 나타나는 예측할

수 없는 요인들을 제거하기 위해 모든 노력이 시도되었다.[41]

이렇게 통합된 시스템은 1927년 발성영화가 등장한 뒤 몇 년 동안 완전히 자리를 잡았다. 이 시기는 초기 대공황 시절과 같은 시기로, 대공황으로 인해 영화산업에서는 더 철저한 합리화가 이루어졌다.[42] 1930년에 미국의 거의 모든 영화제작은 MGM, 파라마운트(Paramount), 워너(Warners), 폭스(Fox), RKO 등 5개의 대형 영화사가 포함된 8개의 영화사에 의해 이루어졌다. 효율적인 생산체계와 타이트한 일정 덕분에 MGM, 파라마운트, 워너는 1년에 40편 정도의 영화를 제작할 수 있었다. 따라서 계약 배우들은 1년에 서너 편의 영화를 끝내야 했다.

주요 영화사들이 발표하는 영화들은 각자 특유한 스타일과 장르, 스타 군단에 따라 구분될 수 있었다. MGM은 가르보(Garbo), 진 할로우(Jean Harlow), 클라크 게이블(Clark Gable) 등 하늘에 있는 별보다 많은 스타들을 보유하고 있었고, 돈이 많이 드는 스케일 있는 영화를 선호했다.

파라마운트의 스타들 중에는 캐리 그랜트(Cary Grant), 클로데트 콜베르(Claudette Colbert)와 희극영화배우들인 매 웨스트(Mae West), W. C. 필즈(W .C. Fields), 마르크스 형제(Marx Brothers) 등이 있었기 때문에 그들은 섬세한 코미디물에 장점이 있었다.

워너브라더스의 주요 스타들은 베티 데이비스(Bette Davis), 제임스 카그니(James Cagney), 험프리 보가트(Humphrey Bogart)

등이었는데, 이들은 분위기가 어두운 작품들에 출연했다. 폭스의 배우였던 존 웨인(John Wayne)과 스펜서 트레이시(Spencer Tracey)는 다양한 장르, 특히 서부극의 주연을 주로 맡았다.

대형 영화사의 뛰어난 능력은 유명인을 만들고, 유지하고, 통제하는 역할로까지 확대되었다. 엘리스 캐시모어(Ellis Cashmore)가 『유명인/문화(Celebrity/Culture)』에서 지적했듯이, 배우들은 영화사 경제시스템의 '주요 재료'였고, 영화사의 기계장치는 특정 배우들을 스타로 바꾸는 역할을 맡았다.[43] 이러한 주재료들은 각자의 원료를 갖추고 있었는데, 배우 지망생들은 신체적으로 매력적이어야 했고 사진을 잘 받아야 했다.

신인 발굴 담당자들이 전국에서 그런 조건을 갖춘 지망생을 골라내고, 그들은 스타의 희망을 품고 할리우드에 도착했다. 그리고 그들은 사진촬영과 스크린 테스트를 받았다. 만약 가능성이 보이면, 영화사는 그들을 받아들이고 필요하다면 성형을 해주기도 했다. 치아를 고르게 교정하고 코를 곧게 펴주는 정도의 얼굴 성형은 흔했다. 그러고 나면 사교예절 교육뿐 아니라 연기와 대사 연습도 시켜주었다.

모린이 보기에, 특히 여성 지망생의 경우 이 과정은 다음과 같이 요약될 수 있었다. "스타 제조과정은 본질적으로 본래 미인을 매력적으로 부풀리는 작업이었다."[44] 영화사는 일단 배우에게 중요하지 않은 역할을 맡기다가 관객이 호의적인 반응을 보이면 큰 배역을 주었다. 바르바스는 특히 MGM이 특징 없는 배우를 멋지고 매력 있는 유명인사로 변화시키는 능력으로 유명했다고 전한다.[45] 만약 배우가 유명해지면, 대중 앞에 보이는 모습은 영화사의 홍보담당부서에 의해 감독을 받게 된다.

영화사의 이러한 권한은 유명인의 탄생과 가장 직접적인 관계를 가졌다. 대표적으로 1921년의 패티 아버클(Fatty Arbuckle)의 스캔들이 가장 시끄러웠는데, 1920년대 초에 스캔들의 여파로 각 영화사는 일반에게 공개되는 정보에 대해 엄격히 통제하기로 결정했다. 배우의 사생활은 일반인의 예리한 시선을 벗어난 곳에서 이루어졌다.

영화평론가 데이비드 덴비(David Denby)는 할리우드 스타들이 본질적으로 공인이라고 지적했다. 그리고 그들이 대중 앞에서 보여주는 모습과 선언은 그들을 '도움이 되고, 친절하고, 자신의 엄청난 행운에 고마워하는' 사람들로 묘사하기 위해 계획된 것이었다.[46] 유명인의 사생활에서 충격적이거나 저속한 부분은 절대로 드러나지 않았다. 그들의 가정생활은 건전하고 칭찬할 만한 특성을 보여주기 위해 통제되었다. 바르바스는 영화사의 홍보팀이 새로운 스타의 '세미픽션적인' 일대기를 지어낸 경우가 많았고 그들의 실제 사생활은 날조되었다고 말한다.[47] 모린은 이러한 기능을 '스타의 사생활에 대한 체계적인 정리'라고 설명하면서, 겉으로 보기에 은밀한 낭만적인 만남도 '달빛과 섬광 전구'의 조명 아래 조작되었다고 지적했다.[48]

이 과정에서 언론매체들은 영화배우의 걸러지고 조작된 사생활을 선전하는 영화사 홍보부서와 공범이 되었다. 대부분의 기자들과 잡지사의 작가들은 영화사 홍보팀이 배포한 보도자료를 기꺼이 받아주거나 홍보팀과 공모하여 스타들의 '진실 없는 이야기'를 만들어내는 데 노력을 기울였다.[49] 모린은 엄청난 양의 영화 가십란과 잡지들이 스타 시스템의 영양분이 되는 플랑크톤을 지속적으로 만들어냈다고 지적했다.[50] 1920년대부터 영화배우들의 얼굴이 광고에서 자주 사용됨에 따라 영화계 유명인사들은 미국 소비문화에 정착하게 되었다.[51]

할리우드의 유명인들 중에서 가장 화려하고 눈부신 사람들은 스타였다. 자신이 좋아하는 스타에 대한 팬들의 강한 애착은 1926년 이탈리아 배우 루돌프 발렌티노(Rudolf Valentino)의 장례식을 둘러싸고 발생한 소동에서 뚜렷이 드러났는데, 이러한 현상은 전통적인 사회 엘리트층의 비판을 자아냈다.[52] 바르바스는 이 사건이 벌어진 뒤에 《뉴욕타임스》에 다음과 같은 애처로운 소견을 전했다. "영화는 엄청나게 많은 사람들에게서 새로운 정신적 태도를 만들어냈다." 《뉴욕타임스》는 인기 있는 영화배우는 수백만 가정에서 자주 입에 올리는 화젯거리가 되지만, 여러 권의 책을 쓴 저자들은 그렇게 많은 사람들의 주목을 받을 엄두도 내지 못한다고 지적했다. 바르바스는 1920년대 말에 영화가 문학이나 종교보다 사람들에게 더 깊은 인상을 심어준 것으로 보이고 스타들이 정치지도자들보다 더 큰

존경심과 관심을 받았다고 결론 내렸다.[53]

스타에 대한 애정은 1957년 에드가 모린의 분석에서 드러나듯이, 1950년대에도 계속해서 열렬했다. 최초로 팬에 대해 진지한 연구를 시도한 학자들 가운데 한 사람인 모린은 영화 팬들이 잡지사와 영화사, 팬클럽에 보낸 편지를 검토하여 열성팬의 관점에서 본 스타들에 대한 '숭배'를 연구했다. 모린은 자신이 좋아하는 스타들에 대한 팬들의 헌신이 일종의 사랑이자, 때로는 종교적 특징을 갖는 숭배의 문제라고 해석했다. 모린은 스타가 충실한 신자들의 수호성인이라고 지적했다.[54] 이러한 헌신적인 추종자들에게 스타는 신성과 세속, 성스러움과 현실에 양다리를 걸치고 있는 신성화된 영웅으로 존재한다. 다시 말하면, 스타들은 팬들의 눈에 사람의 모습을 한 신(神)인 것이다.[55]

스타를 둘러싼 이러한 신성화된 아우라가 영화계 스타들의 특징이 되자 영화사들이 그런 아우라를 만들어냈다는 사실에 대해 역사적인 관점이 부여되었을 뿐 아니라 비판적인 분석도 이루어졌다. 독일의 평론가 발터 벤자민(Walter Benjamin)은 자신의 유명한 평론「기계적 재생산 시대의 예술작품(The Work of Art in the Age of Mechanical Reproduction)」에서 예술작품을 의식에 기생하는 의존성으로부터 해방시키는 기계적 재생산의 일반적인 능력을 찬양했다.[56] 그는 많은 복사본의 생산이 원작과 연관된 존경심을 줄여준다고 말했다. 벤자민은 기계적 재생산의 시대에 쇠퇴하는 것은 예술작품의 아우라라고 주장했다.[57] 많은 사람들이 유명한 작품의 복사본을 소유할 수 있다면, 예전에 이런 작품에 권위와 가치를 부여했던, 거의 종교에 가까운 '아우라'는 사라져버릴 것이었다. 그러나 벤자민은 기계적 재생산의 영역에서 발생하는 반대적 충동 또한 언급했다. 그는 영화산업이 영화스타에 대한 '숭배'로 시들해지는 '아우라'에 대응했다고 지적했다.

이러한 조작된 숭배는 영화사 밖에서 그 인물을 인위적으로 선전하는 작업을 의미하며, 이는 영화산업의 자금력에 의해 가능했다. 벤자민이 보기에 영화계의 스타는 그 개인의 독특한 아우라가 표현된 것이 아니라 상업적 제품의 일종이었다. 개인의 매력은 상품의 엉터리 매력인 것이다.[58]

1957년 모린이 스타는 씹는 껌처럼 세계시장에 적합한 표준인 상품의 특징을 모두 갖고 있다고 지적했던 것처럼 벤자민 역시, 뛰어난 통찰력으로 유명인의 날조된 아우라를 암시하는 마릴린 먼로와 엘비스의 스크린 인쇄물이 등장할 것이라고 예측했다. 모린이 보기에 '스타-상품'은 다른 종류의 상품과는 달리, 소비할수록 닳거나 줄어들지 않았다. 스타의 이미지를 증식하면 스타의 가치는 손상되기는커녕 증가하고, 더욱 매력적으로 보인다.[59] 그럼에도 불구하고 숭배자들로부터 종교에 가까운 헌신을 끌어낼 수 있는 조작된 아우라는 기술적 수단을 사용하는 상업적 책임의 결과였다. 모린은 스타들이 매력이나 신비로운 가치를 부여받았고, 그들의 생산원가를 훨씬 초과하는 가격에 판매된다고 결론 내렸다.[60]

스타의 비범한 자질을 표현하는 말, 카리스마

만약 스타가 자신을 흠모하는 팬들에게 주문을 걸며 아우라를 발산했다면, 이 아우라는 카리스마와 같은 것이었을까? 팬들이 자기가 좋아하는 스타들에게 보이는 비합리적이고 종교에 가까운 애정은 카리스마를 지닌 지도자에 대한 추종자들의 애정과 같은 것이었을까? 당시 '카리스마'라는 말이 1920년대부터 1950년대까지 절정에 달한 영화계 스타들을 설명하는 데 이용되지 않았지만, 영화계 스타들을 둘러싼 언론 보도나 잡지 기사, 선전, 비평 등은 다른 어휘를 사용하면서 스타들에게서만 보이는 특징들을 거론했다.

'개성'은 초기 할리우드 주위에서 이루어진 담론 가운데 나중에 카리스마와 연관된 특징들을 설명하는 데 사용된 말이었다. 사만다 바르바스는 '개성'이 매력, 마력, 자력 등 각별한 특징들의 집합을 의미했다고 지적한다.[61] 일찍이 스타 시스템이 막 시작되던 1910년에 영화배우 마벨 트런넬(Mabel Trunnelle)은 업계 잡지인 《영화 세계(Moving Picture World)》에서 극찬을 받았는데, 그녀의 첫 영화에서 그녀의 개성이 두드러졌기 때문이었다.[62] '매력(magnetism)' 또한 1910~20년대에 뛰어난 영화배우를 지칭하는 데 사용된 용어였다.

MGM 임원은 한 영화 잡지를 상대로 천진한 소녀였던 루실 르쉐르(Lucille LeSueur, 나중에 조안 크로포드Joan Crawford로 개명)에게서 받은 인상을 다음과 같이 묘사했다. "나는 그녀가 그 드문 것, 즉 개성을 갖고 있다는 점을 알았다. 그녀는 아름답다. 하지만 아름다움보다 더 중요한 것은 화면 속의 매력으로 알려진 특징이다."[63] 바르바스는 팬들이 팬클럽 간행물이나 잡지와 영화사에 보낸 편지에서 스타들을 찬양할 때 개성과 자력, 매력과 같은 어휘들을 사용했다고 기록했다.

1927년에 한 팬은 메리 픽포드(Mary Pickford)에게 보낸 편지에서, 그녀가 '자석과도 같은 개성', 즉 그녀가 하는 일에 활력을 불어넣고, 형언할 수 없는 무언가를 부여받았다고 썼다.[64] 형언할 수 없는 무언가는 또한 '잇(It)'으로 알려졌는데, 1926년 세상에서 가장 드문 재능들 가운데 하나로서 글로리아 스완슨(Gloria Swanson)처럼 특이한 스타에게서만 발견된다고 막연하게 정의되었다. 또한 '잇'은 재즈 시대에 성적인 의미가 붙었는데, 1927년의 '잇-걸(It-girl)' 클라라 보우(Clara Bow)에게서 구체적으로 표현되었다. 뭐라고 말할 수 없는 '잇'은 재즈 시대의 개성을 가리키는 명칭, 또는 더욱 직접적으로 말하면 '성적 매력'이라는 꼬리표가 붙었다.[65]

영화계의 일류 스타들을 둘러싼 홍보 또한 타고난 재능의 개념을 영구적인 것으로 만들었다. 할리우드 영화계 스타들을 브로디가 서술한 명성의 역사의 관점에서 고찰한 조슈아 갬슨은 스타들을 둘러싼 상업적인 이야기(영화잡지, 홍보, 언론기사)들이 명성 높은 엘리트 계층을 길러낸다고 주장했다. 이 주장에 따르면, 영화계의 스타는 공적인 선행이나 행동이 아니라 타고난 재능을 갖춘 스타의 본성 때문에 탄생했다. '운 좋은 기회'처럼 스타의 등장에서 행운이 관련될 수는 있지만, 궁극적으로 중요한 것은 스타가 되는 데 필요한 것을 갖추고 있는 개인의 내적 자질이었다. 재능은 중요했지만, 스타의 탄생을 보장하는 데 충분하지 않았다.

1919년에 《포토플레이》는 스타로서 살아남은 사람들은 적응력과 타고난 재능으로 결합된, '그 드문 것'을 갖추고 있다고 전했다.[66] 드물게 탄생하는 이런 사람들이 갖고 있는 정확한 자질은 여전히 설명하기 힘들었다. 1940년의 한 잡지 기사에서도 그 자질은 "말로 나타낼 수 없다"고 설명되었다.[67] 이 기사에 따르면, 스타의 성공은 정의할 수 없는 내면의 특성에 기초한다고 했다.[68]

만약 1930년대와 1940년대에 '카리스마'라는 말을 이용할 수 있었다면 이들 스타들이 지닌 이러한 특수한 요인, 즉 타고난 자질을 정확히 짚어내는 데 확실히 인용됐을 것이다.

에드가 모린은 1957년에 영화계 스타들을 향한 국제적인 열광에 대해 글을 쓰면서, 스타의 전제에 박혀 있는 바로 그 수수께끼를 다루었다. 모린은 스타를 둘러싼 이야기와 스타가 될 수 있는 가능성에 대한 이야기는 평범한 사람이 성공하여 정상에 오르기 불가능하다는 점을 강조한다고 생각했다. 그리고 이 이야기는 스타 지망생들에게 가뭄에 콩 나듯 찾아오는 '신데렐라' 성공 이야기를 깨닫게 만든다고 했다. 『당신도 스타가 될 수 있다(Tu seras star)』와 같이 희망적인 제목을 가진 소책자들은 스타가 되는 비법은 존재하지 않는다고 주장한다. 중요한 것은 타고난 재능으로, 기적적이고 초월적인 은총의 선물만큼의 재능이었다.[69]

모린이 '은총의 선물'을 언급한 것은 카리스마가 본래 갖고 있는 종교적 의미를 암시했다. 실제로 스타의 '기적적인' 성공을 신의 선물로 설명한 것은 스타를 둘러싼 이야기까지 거슬러 올라갈 수 있는데, 영화계의 거물 사무엘 골드윈(Samuel Goldwyn)이 "스타를 만드는 것은 신이지만, 그들을 찾아내는 일은 제작자의 몫이다"라고 선언했을 때, 그는 바로 이런 생각을 대담하게 밝힌 것이었다.[70]

1970년대에 들어, 특별한 능력을 타고났다거나 뛰어나다고 생각되는 사람들의 자질을 의미하는 베버의 '카리스마'는 널리 사용되게 되었고, 영화계 스타들에게도 적용되었다. 영화평론가 몰리 해스켈(Molly Haskell)은 1974년에 쓴 글에서 몇몇 여자 스타들이 순전한 의지와 재능, 카리스마로 자신들의 하찮은 배역을 초월했다고 주장했다.[71] 리처드 다이어(Richard Dyer)는 자신의 책 『스타(Stars)』(1979년)에서 베버가 정의한 카리스마를 영화계의 스타들에게 적용하는 문제를 다루었다. 그러나 다이어는 스타의 특별한 자질을 카리스마로 간주하기보다는 스타를 숭배해야 할 필요성을 발생시키고 스타 자체를 배출시킨 특수한 사회적 구조 내에서 '스타의 카리스마'를 파악하려 했다. 다이어의 관점은 1960년대에 사회학과 다른 학문 분야에서 발전된 카리스마에 대한 사회적 구성론의 관점이었다. 이 설명에 따르면, 마릴린 먼로의 이미지는 1950년대의 미국의 이데올로기적 세계를 관통했던 바로 그 긴장감을 구체화했기 때문에 그녀의 '카리스마'는 실제로 성적 관심과 순결이 충돌하는 시류를 명확히 요약한 것이었다.[72]

그러나 카리스마에 대한 이러한 이데올로기적 해석보다는 스타를 단순히 카리스마적으로 설명하는 해석이 더욱 일반적이었다. 영화평론가 데이비드 덴비는 2007년에 쓴 글에서 할리우드 영화사 시스템의 스타들을 "카리스마 있고, 영원히 특이한 사람들로 유명인을 넘어 대중들에게 감정적으로 강력한 무언가를 의미하는 사람들"이라고 표현했다.[73] 엘리스 캐시모어의 표현(2006년)을 빌리면, 스타들은 평범하지만 특별한 뭔가를 가진, 재능 있는 사람들이며, 카리스마와 매력, 말로 표현할 수 없는 무언가가 그들을 스타로 만들었다.[74]

영화산업에서 '스타'가 갖는 의미와 홍보나 비평, 예능 잡지 등의 스타들과 관련된 이야기들은 1910년 직후, 스타라는 말이 생긴 이래로 일관성이 없었다. 때로 스타는 유명한 영화배우를 의미하는 말로 널리 사용되었고, 한편으로는 '믿을 만한 히트배우'로서 흥행성적과 관련된 정의가 중요할 때도 있었다.[75] 그러나 가장 일반적으로 통용되는 '스타'의 의미는 정예의 영화배우, 유명인들 중에서도 가장 유명한 유명인이었다. 따라서 '진정한 스타'란 엄청난 흥행실적과 높은 명성을 우아하게 결합시킨 인물이었다.

2008년에 《타임》의 한 기사는 이 정의를 따를 경우, 그런 스타는 단 한 명에 불과하다고 주장했다.[76] 가르보, 게이블, 조안 크로포드, 게리 쿠퍼, 리타 헤이워스(Rita Hayworth) 등 뛰어난 배우들은 유명한 영화배우들 중에서도 두드러진다고 생각되었다. 그들은 '유명인을 초월한' 몇 안 되는 연기자로서 특별한 어떤 자질이 있었기 때문에 다른 모든 사람들보다도 뛰어날 수 있었다.

현대의 전문적인 용어 중에서 그러한 자질은 바로 카리스마이며, 덴비는 이런 비범한 스타들의 뛰어난 자질을 의미하기 위해 카리스마라는 말을 이용했다. 그 이전에 이러한 자질은 '개성' 또는 '잇'으로 표현되었다. 일찍이 1910년대부터 이러한 자질을 가리키기 위해 사용된 말은 희귀성과 선천성이라는 두 가지 특징을 강조했다.

그것은 모든 영화 스타들이 소유한 것이 아니라 극소수의 집단이 소유한 것이었다. 그것은 '개성'이나 '매력'으로 알려진 '그 드문 것', '뭐라고 정의할 수 없는 어떤 것'으로, '드물게 보는 재능' 또는 '그 사람의 내적인 자질'이었다. 이런 산만한 방법에 의해 일반적인 스타의 유형과 비할 데 없는 재능을 지닌 뛰어난 엘리트 간의 구분이 이루어져왔다. 할리우드의 인위적인 역사 속에서 날조를 초월하는 그 '드문 것'을 가진 예외적인 사람들의 자리가 마련되어 있었다. 나중에 그 자질은 카리스마로 불리게 되었다.

영화사의 독점구조 와해와 유명인의 출현

할리우드의 영화사 시스템은 1940년대 후반에 무너지기 시작했다. 1948년 대법원은 빅 5 영화사들이 누렸던 제작-배급-상영의 독점 고리를 끊어버렸다. 이미 일부 배우들은 대안의 관리체계를 조직하기 시작했는데, 예를 들어 버트 랭커스터(Burt Lancaster)는 에이전트인 해롤드 헤치트(Harold Hecht), 제작자인 제임스 힐(James Hill)과 제휴를 맺었다. 1950년에 배우 제임스 스튜어트(James Stewart)는 영화 〈윈체스터 73(Winchester 73)〉의 계약 조건을 성공적으로 협상하여 좋은 모범을 보였다.

1950년대에 들어서면서 유력한 에이전트에 의해 대표된 배우들이 더 많은 재정상의 지배력(영화 수익의 비율을 포함하여)을 요구하고 배역 선택에서 더 큰 자율권을 행사함에 따라, 영화사의 통제력은 약해졌다. 영화배우들은 점차 자기 이미지의 소유자가 되어갔다.[77] 그러나 그들이 영화사의 지배로부터 얼은 자유는 그들이 더 이상 영화사 홍보팀의 보호를 받지 않게 되었음을 의미하기도 했다.

배우의 공적 이미지의 일부로서 영화사에 의해 엄격하게 단속받던 스타의 사생활이 노출되자, 점점 관리하기가 어려워졌다. 신문사와 잡지사가 고용한 사진가들은 망원렌즈로 무장한 채, 예전에는 접근할 수 없었던 스타의 사생활에 대한 사진을 연예인 가십산업에 공급하기 시작했다.

예를 들면, 1954년 알프레드 히치콕(Alfred Hitchcock)의 영화 〈이창(Rear Window)〉의 줄거리는 제임스 스튜어트가 배역을 맡은 신문사 사진기자의 망원렌즈에 대한 소유권을 다루었다. 이처럼 끈질기고 완강한 사진기자들에겐, 페데리코 펠리니(Federico Fellini)의 1960년 영화 〈라 돌체 비타(La Dolce Vita)〉에서 유명인을 성가시게 따라다니는 사진기자의 이름을 따서 '파파라치(paparazzi)'라는 이름이 붙었다.

1950~60년대에 대표적인 여가활동으로 영화를 대체한 TV는 일반적으로 할리우드의 황금시대에 탄생한 스타들보다는 덜 화려하고 시시한 유명인을 탄생시키고 소비하는 새로운 공급처였다. 대단하든 시시하든 모든 유명인사들과 동반된 선전 장치는 제2차 세계대전 이후 단계적으로 확대되었다.

찬양받는 사람을 의미하는 유명인이라는 말은 일찍이 19세기 중반에 이용되었지만, 20세기 전반기에도 흔하게 사용되지는 않았다. 리처드 쉬켈(Richard Schickel)은 『보통의 명성

(Common Fame)』에서 1940년대에 '유명인'이라는 말은 신문이나 라디오, 잡지, 일상 대화 속에서 거의 사용되지 않았다고 지적했다. 대신 '성공을 거둔' 사람이나 '유명한' 사람이라는 말이 사용되었다.[78]

1950년대 초반에 미국 소비문화에서 명성을 만들어내던 기계인 광고와 TV가 유명인의 문화를 발전시키기 시작했다. 이 새로운 대중생활의 측면은 1954년에 발표된 조지 큐커(George Cukor)의 영화 〈평범한 여인의 행복(It Should Happen to You!)〉에서 풍자되었는데, 이 영화에서 주디 홀리데이(Judy Holliday)가 배역을 맡은 '이름 없는 아가씨'는 맨해튼 거리의 광고판에 자신의 이름인 글래디스 글로버(Gladys Glover)를 붙여놓는다. 이 단순한 자기 선전의 행동으로 그녀는 문자 그대로 자기 힘으로 유명해졌다. 그녀는 곧 그녀의 사인을 받으려는 팬들에 둘러싸여 정신을 차리지 못할 지경이 되었다. 단순히 이름이 알려졌다는 이유로 유명해진 그녀는 TV 제작자와 계약을 맺었고, 품위는 없지만 인기 있는 TV 출연을 통해 더 알려지게 되었다.

〈평범한 여인의 행복〉은 부분적으로 TV가 주도하는 새로운 유명인 문화에 대한 할리우드식 비판이었다. 영화에서 잭 레몬(Jack Lemmon)은 양심적인 다큐멘터리 영화 제작자로 나오는데, 그의 영향을 받은 글래디스는 결국 자신의 새로운 사회적 위치를 가짜라며 거부해버린다. 그러나 이 영화가 TV의 영향력을 조롱하는 데 관심을 갖긴 했지만, 이 풍자극은 확대되는 선전도구와 탐욕스러운 TV의 욕구가 미치는 문화적 영향을 폭로했다.

당시 서서히 모습을 드러내고 있던 이 유명인 문화에서는 사회적으로 유명해지기 위해 중대한 업적이 필요하지 않았다. 할리우드 영화스타들이 소유한 타고난 재능이나 훌륭한 외모도 필요하지 않았다. 단지 대중 앞에서 이름을 가지면 되었다. 또한 〈평범한 여인의 행복〉은 유명인이란 어휘와 함께, 스타와 유명인 간의 차이가 1950년대 초에 확고해졌음을 드러냈다.

영화에서 새로운 '평범한' 유명인사의 선전수단을 연구하던 광고팀은 다음과 같은 캠페인을 제안했다. "스타들도 사용하고, 유명인들도 사용한다. 하지만 더욱 중요하게는 글래디스 글로버 양과 같이 평범한 미국 소녀들이 좋아하는 것이다."[79] 여기서 풍자된 시각에 따르면, 현대의 명성은 스타, 유명인, 유명인으로 변할 수도 있는 보통사람, 이런 계층구조로 단순화될 수 있었다.

1959년에 미국에서 출간된 『명사 인명록(Celebrity Register)』은 2200명의 유명인의 전기로 구성되었다. 이 책의 편집자들은 이 책이 개인의 위치를 평가하는 데 단순화된 새로운 경험적 방식을 채택했다는 점 때문에 『후즈 후』와 같은 이전의 출판물보다 우수하다고 주장했다. 한 사람의 사회적 위치를 정확히 판단하기란 불가능하지만, 한 사람을 유명인으로 판단할

수는 있으며, 그 사람을 다룬 신문기사가 얼마나 되는지 평가하기만 하면 되는 것이었다.[80]

대니얼 부어스틴(Daniel Boorstin)은 1962년에 출간한 『이미지(The Image)』에서 단순히 언론에 등장한 빈도를 기초로 공인을 평가하는 이런 유명인 문화를 가차 없이 비판했다. 부어스틴이 보기에 유명인은 '인간의 사이비 사건'이며, 매스미디어와 홍보부서가 만들어낸 생산물이었다. 부어스틴은 유명인이란 유명하기 때문에 알려진 사람이라고 주장했는데, 이후 이러한 주장은 다른 사람들에 의해 여러 차례 반복되고 바꾸어 말해졌다.[81] 그는 뉴스거리가 되어 그 상태를 유지할 수 있는 사람은 누구든 유명인이 될 수 있다고 주장했다. 매스미디어가 지어낸 단순한 상상의 산물인 유명인들은 명성 그 자체를 원한다. 그들은 그렇게 소문났기 때문에 소문난 사람들인 것이다.[82]

부어스틴은 유명인 탄생의 역사를 1900년경까지 거슬러 올라가 살펴보았다. 당시 서구사회는 명성을 만들어내는 과정을 발견한 상태였다.[83] 그는 미국 대중잡지에 대한 연구결과를 인용하면서 20세기의 처음 30년 동안 나타난 변천과정을 지적했다. 1901~14년에는 인물연구에 관한 기사 중 75퍼센트 정도가 정치인과 기업계 및 전문직 종사자들을 다루었다. 1922년 이후, 그런 기사 중 절반 이상이 연예계 인물들을 다루었다. 그리고 1960년대 초반 무렵에는 인물을 다룬 거의 모든 잡지

기사는 TV, 영화 등의 연예계나 스포츠, 나이트클럽 종사자들을 다루었다.[84]

부어스틴은 이런 인물들의 명성을 이전 시대의 위대한 영웅적 업적에 근거한 명성과 비교했다. 영웅들은 자수성가했던 반면, 현대의 유명인들은 '대량 생산'되었고, 인간의 위대함에 대한 과장된 기대감을 충족시키기 위한 목적으로 날조되었다.[85] 부어스틴은 유명인이 대중적인 수단으로 유발되고 강화된 친근감을 통해 미디어에서 발생된 일종의 위조된 명성이라고 생각했다. 『명사 인명록』이 입증하듯이, 유명인이란 단순히 이름이 알려진 사람들이며, 일단 뉴스가 되면 스스로 뉴스거리가 되는 사람들이다.[86]

더 나아가 부어스틴은 선전에 의해 만들어진 현대의 유명인은 언론매체를 통해 전파되는 불리한 가십 형태의 선전에 의해 파멸할 수도 있다고 주장했다. TV와 라디오 시대에 유명인의 흥망성쇠는 무척이나 신속하게 이루어질 수 있기 때문에 거의 흔적이 남지 않으며 무시해도 좋을 정도의 미미한 감정적인 영향을 미친다. 유명인들은 이전보다 더 빨리 만들어지며, 이전보다 더 빨리 사라지는 것이다.[87]

한편, 유명인의 정체를 폭로하려는 노력은 대중의 지지를 높이는 역효과가 날 수 있는데, '언론에 많이 언급되면서 다른 방향으로 작용할 수 있기' 때문이다.[88] 부어스틴은 최종적으로 위대한 업적 때문에 이상을 대표하거나 존경받을 수 있는 영웅

들과는 달리, 현대의 유명인은 많이 알려진 일반인보다 결코 위대하지 않다고 주장했다.[89]

부어스틴이 1962년에 지적한 대로, 일반인이나 평범한 사람들에게 일시적으로 미미한 명성을 부여하는 유명인 문화의 이러한 추세는 『이미지』가 출간된 이후 몇 십 년 동안 더욱 강화되었다. 이 책의 25주년 기념판에서 부어스틴은 VHS나 케이블TV와 같은 새로운 통신기술이 '사이비 사건'을 증가시키고 자극했으며, 생각조차 할 수 없는 차후의 새로운 통신기술들이 틀림없이 이 과정을 더욱 촉진시킬 것이라고 주장했다.[90] 차후에 나타나게 되는 새로운 통신기술인 인터넷과 리얼리티 TV 장르는 부어스틴이 1962년이나 1987년에 목격했던 것보다 훨씬 더 광범위하고 더욱 빈약하게 '인위적인 명성'을 확산시켰다.

브로디는 현대문화에서 명성의 개념이 기괴하게 과장되었다는 애처로운 주장으로 1986년에 출간된 명성의 역사를 마무리했다.[91] 이러한 과장은 1990년 말에 〈빅 브라더(Big Brother)〉나 〈아이돌(Idol)〉과 같은 리얼리티 프로그램을 방송하는 리얼리티 TV 장르가 세계적으로 인기를 끌면서 새로운 차원에 진입했다.

이런저런 리얼리티 프로그램들은 젊은 층에서 엄청난 인기를 끌었는데, 그 중에는 그런 프로그램에 적극적으로 참여하는 사람들이 많았다. 이런 프로그램에 출연하기 위해 오디션을 받는 수천 명의 청소년들은 일단 프로그램 PD들에게 선택되어 무대에 오른 뒤, 시청자로서 참가자의 운명을 결정하는 또래들을 만족시키려 한다. 프로그램의 최종 우승자들은 다른 미디어 출연으로 자신의 지위를 선전할 수 있는 경우, 한동안 적은 명성을 누린다. 명성을 얻고 싶어하는 욕구는 TV에 출연하고픈 욕구가 되었다. 그것은 마치 TV에 출연만 하면 참가자가 일시적인 아우라를, 즉 미미한 명성을 얻을 수 있는 것처럼 보였다.

이런 새로운 유형의 TV는 새로운 유형의 유명인을 탄생시켰다. 엘리스 캐시모어는 과거의 할리우드 스타시스템의 관점에서 이 새로운 현상의 특징을 이렇게 설명했다. "그것은 마치 엑스트라가 주연으로 상승된 듯했다. 예전에는 눈길도 받지 못했던 사람들이 영화스타나 록 싱어에 견줄 정도의 위치로 올라갔다."[92]

브로디가 명성의 역사에서 마지막 단계로 생각했던 민주화 과정은 개인들이 웹캠과 블로그를 통해 스스로를 선전하는 인터넷에서 결론에 도달했다. 특정한 웹사이트들도 명성의 민주화에 기여했는데, 2005년 영국의 연예기획사인 워너비 페이머스(Wannabe Famous)는 회사의 웹사이트에 "누구든 스타가 될 가능성을 갖고 있다"고 선언했다. 이 웹사이트는 리얼리티 TV에 의해 장벽이 무너졌기 때문에 연예인 지망생의 재능은 회사의 전문적 지식과 조언이 결합될 경우, 스타덤의 새로운 공식을 만든다고 주장했다. "재능이 많든 적든, 워너비 페이머스 사는 여러분의 꿈과 야망을 실현시켜줄 기회를 제공할 것입니다."[93]

2008년 한 연예인 지망생은 자신의 야망을 이렇게 설명했다. "나는 평범한 소녀로 남고 싶지 않아요. 나는 남보다 돋보이고 싶어요. 나는 사람들이 내 이름을 알고, 나를 지지해줄 팬들을 갖고 싶어요. 나는 알려지고 싶어요." 1954년 광고판을 이용해 자신의 이름을 알렸던 무명인을 통해 조지 큐커가 풍자했던, 유명해지고 싶어하는 이러한 욕구는 인터넷에서 더 강력한 수단을 얻었다. 이 웹사이트는 사이트 방문자들에게 포스팅의 형태로 자신의 존재를 알리는 것이 유명인으로 가는 길을 열어줬다고 설명한다.[94]

만약 거의 모든 사람들이 어느 정도의 명성을 성취할 기회를 가진다면, 이러한 발전으로 인해 실제 유명인들의 가치가 떨어지는 결과가 발생한다. 스타들이 대중으로부터 멀리 떨어져 있어서 팬들 사이에 일종의 경외심을 불러왔던 할리우드의 황금기에 비해 현대의 유명인들은 보통사람들과 훨씬 더 가까운 사람들로 취급받는다.

데이비드 덴비는 언론매체들이 유명인들에 관한 가십이나 스캔들을 심할 정도로 친숙한 톤으로 보도한다고 지적했다. 그는 《유에스 위클리(Us Weekly)》의 고정기사에는 '스타-그들도 우리와 똑같다(Stars-They're Just Like Us!)'라는 제목이 붙어 있으며, 이러한 주장을 입증하기 위해 지칠 줄 모르고 파파라치의 사진들을 공급한다고 주장했다.[95] 가장 평범한 일상 활동까지 포함하는 유명인들의 사생활은 그런 잡지나 웹사이트에서 계속적으로 다루어지고 있다.

덴비는 이런 발전에 의해 영화배우들을 둘러싼 매력적인 아우라가 사라졌다고 결론 내렸다.[96] 덴비에 따르면, 옛날식의 스타들이 몇몇 남아 있긴 하지만 과거보다 훨씬 적으며, 그들은 시들어 사라지고 말았다는 것이다.[97] 이런 주장은 신문이나 잡지에 탄식조로 자주 표현되는데, 2007년 한 신문의 주말판 기사는 오늘날의 유명인이 과거 스타시스템 출신의 최고 스타들보다 훨씬 못하다고 단언했다.[98]

유명인들의 수준이 보통사람들 수준으로 내려갔는지는 유명인 제조라는 교묘한 술책을 자세히 검토하는 과정에서 드러날 수도 있다. 2007년, 《뉴위클리(New Weekly)》의 한 기사는 할리우드 스타들이 인위적으로 젊음을 유지하기 위해 이용하는 방법을 조목조목 열거하며 포문을 열었다가, 눈꼬리 주름이나 처진 살 등 자신들의 진짜 늙어 보이는 모습에도 편안해하는 유명인들이 여전히 존재하긴 한다고 지적했다.[99] 이 기사는 표면적인 화려함 뒤에 숨어 있는 유명인들의 평범함을 드러내면서 그들도 실수를 저지를 수 있음을 폭로하는 연예잡지의 전형적인 성향을 보여주었다.

때로 이러한 보도는 가학적인 관음증으로 방향이 바뀌기도

하고, 때로는 유명인들이 더욱 화려한 조명을 받을 때 다시 그들을 칭찬하는 쪽으로 돌아가기도 한다. 칭찬성 기사든 폭로성 기사든, 이런 유명인에 대한 보도 분량 자체는 덴비가 정확히 짚은 현대 유명인들의 상황을 입증한다. "성형수술 자국이든 둔부에 찐 살이든, 스타라는 존재의 모든 부분은 언론에, 그리고 대중에게 속해 있다."[100]

1990년대 이래로 유명인에 대한 학문적 연구는 부어스틴이 1962년에 비판한 대로, 상품화된 유명인을 강조하다가 유명인을 만들어내는 과정에서 추종자들의 역할로 초점이 바뀌었다. 추종자들의 참여는 여러 가지로 나타나는데, 리얼리티 TV 프로그램의 투표자로서 유명인의 탄생에 직접 기여하는 경우도 있고, 유명인으로 추정되는 사람에 대해 인터넷에서 긍정적, 부정적 반응을 보이는 경우도 있고, 팬들이 가십이나 스캔들 등 유명인의 생활에 대한 정보를 자기 자신의 정서적 생활에 관련시키는 경우도 있다.[101]

그러한 이론적인 저술에서 유명인이란 뒤르켕의 표현에 따르면 집단성이 투영된 것이며, 현대적인 용어를 빌리면 적극적으로 참여하는 추종자의 생산물 또는 구조물로서 간주된다. 따라서 추종자들은 유명인에 대한 기사와 가십을 자기 목적에 맞게 이용하면서 유명인을 '유통'시킨다. 그러나 미디어 연구에서 '통속적인' 새로운 견해를 따른 이러한 이론적인 저술 중 다수가 유명인의 문화적 의미에 관해 비판적인 판단력이 부족하거

나 서로 다른 유형이나 차원의 유명인들을 구분하지 못했다.[102]

특히 저널리즘에서 등장한 다른 유형의 해석들은 현대의 유명인에 대해 더욱 비판적인 입장을 취한다. 저널리스트인 버나드 주얼(Bernard Zuel)은 모든 사람들이 어느 정도의 명성을 이룰 수 있다는 꿈은 새빨간 거짓말일 뿐 아니라 과도한 희망을 품은 사람들에게는 심리적으로 해로울 수 있다고 지적했다.[103] 현대의 유명인들조차도 지금의 명성에 대한 해석을 공개적으로 비판했다. 배우인 레이첼 와이즈(Rachel Weisz)는 이렇게 얘기한 적이 있다. "나는 유명인이 저속하다고 생각한다. 유명해지기는 너무나 쉽다. 드레스를 입고 나타나 상의를 벗으며 쇼를 하면 된다."[104] 그러나 현대의 유명인이 여러 곳에 흔하게 있고, 그들이 서양 문화를 대표하는 역할을 맡고 있다는 점은 논의되지 않았다.

유명인, 하지만 카리스마는 없는

현대의 유명인이 그렇게 광범위하게 퍼져서 과거 어느 때보다도 더 많은 연예인과 공인들이 유명인으로 간주된다면, 그에 부합되게 카리스마적으로 간주되는 공인들의 수가 증가했는가? 명성의 전파에 부합되게 카리스마가 일반인들 사이에 자유롭게 확산되었을까?

이 문제에 관해 언론의 시사해설자들은 완강하다. 매스미디어의 장치 내에서 만들어진 유명인과 그런 장치에 의존하지 않는 카리스마 사이에는 분명한 차이가 있다는 것이다.[105] 1999년에 '잇 팩터(The It Factor)'라는 제목으로 카리스마를 다룬 주말신문의 기사에서 제시된 연예계 내부자의 증언에 따르면, 유명인과 카리스마가 반드시 공존하지는 않는다.[106] 이 기사를 쓴 저자들은 호주의 연예 에이전트, 해리 M. 밀러(Harry M. Miller)의 말을 인용했다. "때때로 거물급 록스타나 영화계 스타들을 만날 수 있는데, 모든 치장을 뺀 상태에서 그들을 만나면, 그들에겐 아무런 카리스마도 느껴지지 않는다."[107]

팝스타나 운동선수, 정치인들의 행동까지도 평가한 다수의 비평들은 종종 조롱하는 말투로 이들에게 카리스마가 부족하다고 말하며, 카리스마와 유명인을 명확히 구분한다. 어떤 팝 콘서트를 비평한 글에 따르면, 콘서트를 연 가수가 샌드위치 가게 점원 정도의 카리스마와 무대 위에서의 존재감을 가졌다고 지적했다.[108] 한 신문기사는 성공은 했지만 카리스마가 없는 골프선수에 관해 어떤 심판이 한 말을 보도한 적이 있었다. 그 심판은 기자들이 그 선수에게 카리스마가 부족하다고 불평하는 소리를 듣고, 이렇게 대답했다고 한다. "카리스마가 없는 사람을 카리스마가 있는 사람으로 만들 수는 없지요."[109]

리얼리티 TV의 성공으로 인해 유명인을 만들어내는 과정은 황금시간대의 TV 프로그램에서 팝스타나 유명인이 만들어지는 과정처럼 점차 명료해졌다. 이들은 뚜렷한 재능을 보여주지도 못하고 카리스마도 발산하지 못하면서 단지 유명하기 때문에 유명한 사람들을 다루는 비평가들과 언론의 분석자들로부터 냉소주의를 유발했다.

저널리스트인 앤드루 앤소니는 소설가인 마틴 에이미스(Martin Amis)의 말을 인용했다. "누구든 아무런 재능이 없어도 (바보 같은 TV에서 자신을 비하함으로써) 유명해질 수 있다." 저널리스트들은 유명인으로서의 덧없는 지위를 가진 리얼리티 TV 출연자들과 명성이 지속되는 다른 형태의 유명인 사이의 차이에 대해 자주 이야기한다.[110] 예를 들어, 저널리스트인 로라 드 마시(Laura Demasi)는 한 여성잡지가 예전에 〈빅 브라더〉에 출연했던 경쟁자의 결혼식에 4페이지를 할애했다고 지적하면서, 그 잡지가 그녀를 다이애나 비 같은 유명인으로 착각한 것 같다고 말했다. 그러고는 실제로 아무도 리얼리티 TV의 과거 스타에 대해 조금도 관심이 없다고 신랄하게 결론지었다.[111] 그런 냉소적인 비판은 대중문화를 다루는 고급 잡지의 겸손한 기사에 불과하다고 주장할 수도 있다. 그러나 확실하게 제조된 근래의 유명인들과 지속적이고 의미 있는 명성을 지닌 유명인들 사이의 구분은 팬들 역시 지지한다.

2007년에 한 팬이 오랜 기간 동안 찍어온 유명인의 사진들이 책으로 출간되었다. 리처드 심프킨(Richard Simpkin)은 20년이 넘는 기간 동안 찍은 유명인들의 사진을 『리처드와 유명인(Richard & Famous)』이라는 제목의 책으로 펴냈다. 그는 이 책을 홍보하는 과정에서 유명인에 대한 현대의 '숭배'에 대해 비판적인 의견을 제시했다. 그는 다음과 같이 주장했다. "통제 불능의 상황입니다. 요즘엔 패리스 힐튼(Paris Hilton)이기 때문에 유명한, 패리스 힐튼 같은 사람들이 있습니다." 단순히 팬으로서 배우와 음악가, 정치가, 운동선수, 심지어는 종교인사의 사진까지 찍었던 심프킨은 현대 유명인들의 모습에 대해 비판적이었다. "나는 현대의 유명인들을 1회용 유명인이라고 부릅니다. 그들은 미래에 사라지게 될 인공적인 유명인들입니다." 그는 이러한 인물들과 이전 세대의 스타들을 구분지었다. "바로 그 때문에 그레고리 팩이나 오드리 헵번 같은 전설적인 인물들이 너무나도 소중한 것입니다. 그들은 결코 잊히지 않을 것입니다."

심프킨은 단순한 유명인과 카리스마의 차이도 지지했다. 20년이 넘도록 수백 명의 유명인들을 가까이서 지켜보았음에도 불구하고 그는 그들을 카리스마적이라고 부르는 데는 말을 아꼈다. 그는 자신의 책을 홍보하는 인터뷰에서 록스타인 마이클 허친스(Michael Hutchence)와의 만남을 설명하면서 딱 한 번 카리스마라는 말을 썼다. "5분이나 10분 정도 그와 이야기를 나누었는데, 그는 내가 이제껏 만나본 사람들 중에 가장 카리스마 있는 사람이었다."[112]

언론이 만들어낸 리얼리티 TV의 유명인과 카리스마를 지닌 연예인 사이의 차이는 팝 음악 분야에서 특히 뚜렷이 나타난다. 〈아이돌〉 개념과 같은 리얼리티 TV의 국제적인 성공은 수 많은 아이돌 우승자(또는 우승에 가까웠던 지원자들)들을 탄생시켰는데, 그들은 곧바로 팝스타와 같은 상업적인 성공을 누렸다. 그러나 팝 음악계에선 신뢰하기 어려운 'TV 스타 발굴 프로그램'의 우승자들에 대해 높은 점수를 주지 않으려는 성향이 뚜렷하다.[113]

대중문화를 다룬 언론의 보도내용에서 '카리스마적'이라는 설명은 보통의 명성을 초월한 듯 보이는 몇 안 되는 사람들에게만 적용된다. 카리스마는 베버가 단정한 대로, 비범한 사람들의 타고난 특별한 자질로 간주된다. 그런 사람들은 유명인의 아우라를 꾸며내는 미디어의 기술 없이도 몸소 카리스마를 발산한다고 여겨진다. 이런 진기하고 믿을 만한 자질은 '진정한 유명인'과 만들어진 유명인을 구별하는 요인으로 규정되었다. 저널리스트인 리처드 진먼(Richard Jinman)은 마이클 허친스가 기자회견에 나타난 모습을 이런 관점에서 설명했는데, 그는 이 록스타의 도착으로 회견장의 기압에 약간의 변화가 일어났고, 이는 진정한 유명인에게 수반되어 나타나는 현상이라고 말했다. 록음악이라는 특수한 상황에서 이러한 카리스마는 록의 주요 구성요소인 성(性)과 위험을 발산하는 것으로 여겨진다.[114] 이와 비슷한 존재감과 다른 사람들에게 미치는 영향력은 정치인들에게서도 감지되었다. 한 전직 신문기자는 호주의 전직 정치인, 제프 케네트(Jeff Kennett)에 대해 이렇게 말했다.

"케네트가 걸어 들어오자, 방 전체의 분위기가 바뀌었다."[115]

카리스마는 미디어가 필요 없는 존재로 이해된다. '잇 팩터' 기사에서 리즈 포터(Liz Porter)와 수 윌리엄스(Sue Williams)는 카리스마가 매스미디어의 탄생 전에도 분명히 존재했던 '진짜' 요인이라고 주장했다. "바이런 경은 현대의 매스미디어의 도움 없이도 자신의 카리스마로 유명해졌다. 네드 켈리(Ned Kelly) 역시 그랬다." 현대 세계에서도 카리스마는 미디어의 교묘한 술책과 관계없이 존재한다. 이 기사의 저자들은 유명인이 아닌 사람들에게도 카리스마가 존재한다는 전직 미식축구 코치의 생각을 기록했다. (카리스마의) 진정한 자질은 한 번도 잡지 표지를 장식하지 않았던 운동선수에게서도 발견될 수 있다.[116] TV 명사로 변한 전직 축구선수는, 세상 물정에 밝아 웬만한 것엔 꿈쩍도 하지 않는 TV업계 종사자들 모두가 그의 출현에 모두 머리를 돌려 멍청하게 입을 벌리고 바라볼 정도의 카리스마를 소유한 사람으로 묘사되었다.

포터와 윌리엄스에 따르면, 그런 타고난 카리스마는 언론매체에 노출되면 공기가 통하면서 더 많은 추종자들에게 카리스마적 존재감을 투영하게 만들 수 있다. 그러나 카리스마의 진정한 속성은 미디어의 지원 없이도 스스로를 알린다는 점이다. 앞서 얘기한 축구선수가 젊었을 때, 그는 존재감을 발산하는 사람으로 표현되었다고 한다. "그의 모든 태도는 환상적이었다. 그는 사람들이 쳐다볼 수밖에 없는 그런 사람이었다."[117]

단순히 언론의 해설자들만이 어떤 가수가 타고난 재능을 가졌다고 하지는 않는다. 제작자, 연예 에이전트 등 다른 전문가들도 연예인들을 이런 관점에서 정기적으로 평가한다. 예를 들어, TV 제작자인 로라 워터스(Laura Waters)는 배우이자 작가인 크리스 릴리(Chris Lilley)에 대해 이렇게 말했다. "그는 타고난 재능을 가졌습니다. 그는 이런 놀라운 재능을 갖고 태어난 듯합니다. 그것은 만들어진 게 아니라, 그냥 그의 모습입니다."[118]

따라서 유명인은 일종의 꾸며낸 것으로 이해되는 반면, 카리스마는 그렇지 않다. 일반적으로 한 개인은 카메라와 조명, 선전기구, 마케팅의 도움으로 유명인이 될 수 있다고 추정된다. 그러나 카리스마는 만들 수가 없다. 그것은 대중매체와 홍보활동이 출현하기 전에도 존재했고 지금도 타고난 재능으로 지속되는 '진짜 자질'이다.

많은 현대 유명인들에 대한 평가에서 카리스마는 신빙성의 지침으로 사용된다. 수만 명의 유명인들이 있다고 해도 그 중 소수만이 '진정한' 유명인이며, 카리스마의 소유자로 간주된다. 할리우드 스타들 중에서도 극소수만이 그 '드문 자질'을 지닌 것으로 여겨졌다. 이미 만들어진 미디어의 유명인 시대에 그 자질은 점점 더 희귀해지고 있다.

9

어려움에 맞서는 희망, 불확실성에 맞서는 희망,
바로 이것이 희망의 대담성이다.
결국, 그것은 하나님께서 우리에게 주신
선물이자 이 국가의 토대이다.
- 버락 오바마

카리스마의 과거와 현재, 그리고 미래

A HISTORY OF CHARISMA

근래에 《차이나데일리(*China Daily*)》의 한 기사는 카리스마를 리더십 기술의 일부로 언급했다. 일본의 한 영화 제목은 〈카리스마(Charisma)〉였다. 인도 영화계 발리우드(Bollywood)의 여배우 이름은 카리스마 카푸르(Karisma Kapoor)다.[1]

카리스마라는 말은 주로 음역이나 서양의 단어를 직접적으로 사용(만다린어의 경우처럼)하여 국제적으로 널리 확산되었다. 폴란드어의 경우, 카리스마라는 말은 '카리즈마(charyzma)' 또는 '카리즈마트(charyzmat)'로 표현되는데, 후자의 단어는 예언자의 카리스마처럼, 종교적인 영역을 내포하고 있다. 키릴 문자를 사용하는 우크라이나어는 이 단어를 'kharyzma'로 발음

한다. 다른 언어들도 비슷하게 각자 언어의 철자에 맞게 '카리스마'라는 말을 바꾸어 자신들의 어휘에 추가했다. 카리스마라는 단어가 여러 언어로 전유(專有)되어 사용되었다는 것은 그들 언어에 이미 정확한 동의어가 없었음을 의미한다. 카리스마라고 불리는 것을 표현하기 위해 음역된 형태로 '카리스마'를 사용해야 했던 것이다.[2] 그러나 이 단어가 국제적으로 사용되고 있다고 해도, 서양문화에서 '카리스마'의 의미와 적합한 사용법은 여전히 잘못 정의된 상태다.

필자는 현대 미디어에서 카리스마가 어떻게 사용되고 있는지 살펴봄으로써, 이렇게 지속되고 있는 카리스마라는 말의 미래와 그 관련 의미들에 관하여 의견을 제시하려 한다. 또한 리더십 이론이나 심리학과 같은 학문 분야에서 이루어진 카리스마에 대한 분석도 훑어보면서 현대 정치에서 카리스마가 하나의 용어로서 갖는 역할도 다룰 것이다. 그러나 일단은 현재 카리스마가 어떤 일반적인 풍미를 갖고 있는지 알아내는 것이 첫 번째 할 일이다.

말로 표현할 수 없는 그 무엇, '잇'

카리스마의 현대적인 의미는 정확히 무엇인가? 단순화된 정의에 따르면, 카리스마는 '강력한 매력' 또는 '개인의 강한 매력이나 남을 끌어당기는 힘'으로 표현된다.[3] 베버의 정의, 즉 어떤 사람을 뛰어나다고 여기도록 만드는 개인의 특정한 자질은 카리스마의 대중적인 의미가 근거하는 기초로 남아 있다. 확실히 카리스마는 베버가 지배의 일종으로서 규정한 카리스마적 리더십으로부터 수정되고 확대되었다. 이제 카리스마는 종교지도자나 정치지도자뿐 아니라 팝스타에게도 존재하는 자질로 간주될 수 있다.

그러나 현재 일반적으로 사용되는 카리스마의 의미는 바울의 종교적인 담론이 아니라 베버의 사회학에서 시작되었다. 카리스마는 집단 전체에 확산된 은사로서가 아니라 뛰어난 특정 인물이 소유한 예외적인 자질로 간주된다. 그러나 현대의 광범위한 대화 속에서 사용되는 카리스마에는 '강력한 매력'과 같은 축소된 정의로 표현될 수 있는 카리스마보다 더 많은 것이 존재한다.

인류학자인 찰스 린돔은 1990년에 쓴 글에서 '카리스마'가 이제 일반 대중이 쓰는 어휘의 일부가 되었으며 열렬한 헌신과 놀라운 군중 현상을 개념화하고 분류해야 하는 필요성을 채워주고 있다고 주장했다. 린돔은 또한 카리스마의 의미가 다음과 같이 확대되었다고 지적했다.

───── 카리스마는 화려한 영화 스타나 흥분시키는 스포츠 영웅, 케네디와 비슷한 정치인들에게 쏟아지는 숭배, 즉 특별한 전문적 지식을 지닌 사람에 대한 단순한 존경 수준을 넘어서는 찬

사까지도 의미하게 되었다.[4]

린돔이 보기에 카리스마에 대한 이야기를 이론적인 틀 속에 위치시키는 일은 그 말을 서로 다른 상황에 처한 다양한 인물들에게 적용하기 때문에 어렵다. 종교 종파들의 지도자들은 자주 카리스마 있는 인물로 설명되지만(린돔은 짐 존스Jim Jones와 찰스 맨슨Charles Manson을 카리스마 있는 종파 지도자로 분석했다.), 카리스마의 의미는 유명인, 운동선수 등 특별하게 뛰어난 자질을 보여준다고 생각되는 인물은 누구든 포함시키는 정도로 확대되었다.

현대에서 어떻게 카리스마가 사용되는지에 대한 올바른 평가는 현대 미디어 보도에 나온 카리스마라는 말을 분석하는 작업을 통해 가능하다.[5] 카리스마는 기자나 평론가, 시사해설자, 대중들에 의해 정기적으로 특정 정치인이나 배우, 음악가 등의 자질로서 거론되고 있다. 카리스마의 현대적 의미, 또는 그 의미의 범위를 판단하려는 시도는 이런 유형의 질문을 묻고 답하기 좋아하는 미디어에 큰 영향을 받는다.

《호주 선데이(Australian Sunday)》는 1999년에 일요 보충판으로 1면 전체를 카리스마라는 주제에 할애한 적이 있었다. 카리스마 있는 인물로 여겨지는 12인의 사진과 '카리스마'라는 글자 아래에는 세 가지 질문이 제시되었다. '그것은 무엇인가?', '누가 그것을 갖고 있는가?', '왜 그런가?' 이 보충판에는 세 질문 중 두 번째 질문을 답하는 데 도움이 되도록 사진을 실었다. 선택된 12인에는 토니 블레어(Tony Blair) 영국 총리, 밥 호크(Bob Hawke), 폴 키팅(Paul Keating) 전 호주 총리들, 정치인인 셰릴 커노트(Cheryl Kernot), 종교지도자 달라이 라마(Dalai Lama), 배우 오드리 헵번과 케이트 블란쳇(Cate Blanchett), 권투선수 무하마드 알리(Muhammad Ali), 작가이자 학자인 저메인 그리어(Germaine Greer), 그리고 두 명의 TV인사들이 있었다. 기사에는 여성, 남성, 정치인, 권투선수, 배우, 운동선수, 미디어 명사 등 카리스마가 있다고 여겨지는 이러한 인물들 외에도 넬슨 만델라나 마하트마 간디(Mahatma Gandhi), 빌 클린턴(Bill Clinton), 임란 칸(Imran Khan), 험프리 보가트, 주디 데이비스(Judy Davis)의 사진들과 역사적 인물인 네드 켈리, 바이런 경도 소개되었다.[6]

이 커버기사를 쓴 리즈 포터와 수 윌리엄스는 누가 그것을 가졌느냐를 판단하기는 어려움이 없다고 주장했다. "누가 그것을 가졌는지, 결코 가질 수 없는지 판단하기는 쉽다." 그러나 '그것이 무엇인가?'라는 질문에 대답하기는 어렵다고 했다. "우리에게 영감을 주는 사람들이 가진 자질인 카리스마를 정의 하기는 매우 어렵다." 포터와 윌리엄스는 기사 내용에서 한 줄짜리 표를 작성하기도 하고 여러 차례에 걸쳐 정의 내리기를 시도했다. "'잇 팩터'야말로 어떤 사람이 늘 무리로부터 두드러져 보이는 이유이다." 그러나 그 '잇 팩터'는 너무나도 모호한 요약이기 때문에 기사의 저자들은 연예 에이전트, 홍보 담당자, 기자, 여론조사자 등 다수의 전문가들로부터 카리스마의 더욱 정확한 특징을 얻어내려 했다.

한 홍보 컨설턴트는 카리스마가 남을 설득할 수 있는 능력과 엄청난 매력이 결합된, 눈에 보이는 존재라고 설명했다. 그리고 어떤 연예 에이전트는 카리스마가 '활력'과 관련 있으며, 어떤 정치부 신문기자는 카리스마가 '에너지'로부터 시작된다고 지적했다. 포터와 윌리엄스는 카리스마가 다수의 추종자들을 지배할 수 있는 개인적인 매력과 능력이라고 주장했다. 그것은 모두를 포용하는 친밀감을 주는 능력으로, 다른 사람들이 그 사람의 모습에 '분노를 느끼는' 경우도 있지만, 대부분은 다른 사람들에게 사랑받게 만드는 재능이다. 한 정치부 신문기자는 이런 친밀감을 주는 능력에 관한 한 빌 클린턴이 늘 최고의 인물로 꼽힌다고 말했다.[8]

이 특집기사는 카리스마가 확인하기는 쉽지만 정의하기는 매우 어렵다는 점에서 다른 미디어의 보도들과 일치한다. 정치에서의 카리스마를 다룬 2002년의 한 신문기사에서는 '카리스마라고 불리는 그 정의하기 어려운 것'이라는 표현이 등장했다.[9] 같은 기사에서 카리스마는 '끌어들이는 힘'과 '어떤 매력'으로 불렸다. 카리스마가 있다고 여겨지는 인물들에 대한 또 다른 언론기사에서 카리스마는 '어떤 방에 걸어 들어갔을 때 노력하지 않아도 주목을 받는 능력'이라고 묘사되었다.[10]

어떤 영화감독의 경우, 카리스마의 힘은 '두려움을 안겨주고', '모든 것을 삼켜버릴 것 같다'고 간주되었다.[11]

매력으로부터 두려움을 안길 정도의 강렬함까지, 카리스마로 추정되는 광범위한 특징들은 부분적으로 카리스마를 가졌다고 여겨지는 인물들이 다양하기 때문에 발생한다.

2007년 어느 날, 서로 다른 신문들이 유고슬라비아의 티토(Tito)와 같은 카리스마적 1인 독재와 일생에 한 번 발생하는 골프선수의 믿기 어려운 카리스마를 분석했다.[12] 어떤 독자는 신문사에 보낸 편지에서 오사마 빈 라덴(Osama bin Laden) 같은 카리스마 있는 지도자들이 사회의 무지하고 속기 쉬운 사람들에게 미치는 힘을 경고했다.

같은 해, 동일한 신문의 독자들은 세계 최고의 카리스마 있는 무용가 중의 한 명이 방문한다는 기사를 보았다.[13] 그리고《런던 서평지(London Review of Books)》는 최근 출간된 전기문에서 스탈린에게 전적으로 새로운 차원의 카리스마와 매력이 발견된다는 사실을 다루었고, 슬로우 푸드(Slow Food)회의의 한 연사는 열띤 연설을 전달한다는 점에서 카리스마가 있다고 설명되기도 했다.[14] 한 신문기사는 베버가 카리스마 있는 지도자와 추종자 간의 관계를 설명했던 식으로, 체첸의 테러 지도자를 매력과 카리스마로 설명했다. "추종자들은 그를 두려워하는 동시에 존경한다. 그리고 그를 위해서라면 목숨도 바칠 준비가 되어 있다."[15] 그러나 카리스마의 그 동일한 특징은 미디어에서 무용가와 팝스타, 배우, 골프선수에게도 자유롭게 적용되었다.

대부분의 미디어 해설자들은 카리스마가 설명하기 어렵다고 생각한다. '잇 팩터' 기사에서 인터뷰를 했던 몇몇 이들은 카리스마를 눈에 보이는 강력한 존재감이나 매력과 결합시켰지만, 그런 특징들 중 어느 것도 카리스마의 본질적인 요소가 아니라고 주장하는 사람들도 있다. 한 잡지기사에서 버마의 정치지도자, 아웅산(Aung San)은 '겉으로 보기에 다른 사람을 위압하는 존재'는 아니지만, 기이한 자력 같은 것을 지닌 카리스마 있는 인물로 설명되었다.[16]

2007년 카리스마 현상을 깊이 파고든 한 신문 칼럼니스트는 카리스마가 단순히 미모나 화려함과 동일시될 수 없다고 지적하면서, 자신이 만났던 두 명의 카리스마 있는 인물들 중에서 한 명은 결코 미남이라 할 수 없는 토니 블레어였고, 다른 한 명은 당시 몹시 시든 자두처럼 보인 밥 딜런(Bob Dylan)이었다는 고백으로 자신의 주장을 뒷받침했다.[17] 문제의 칼럼니스트, 매기 앨더슨(Maggie Alderson)은 블레어는 "특이하게 강렬한 푸른 눈빛으로, 딜런은 언제나 그가 오직 나만을 바라보고 있다는 인상을 줌으로써 강력한 존재감을 발산했다"고 전했다.

이 칼럼에서 앨더슨은 유명인을 평가하는 것에 대한 진위성의 지표로 카리스마를 사용했다. 그녀가 카리스마를 사용한 방식은 카리스마를 유명인과 날카롭게 구분지은 앞 장의 분석

방식과 일치한다.

그녀는 자신이 25년간 신문기자로 활동하면서 많은 유명인사들을 만났지만, 정말로 카리스마적인 인물은 고작 세 사람밖에 만나지 못했다고 주장했다. 세 사람 중 마지막 세 번째 인물은 다이애나 비였는데, 앨더슨은 다이애나 비의 물리적인 존재감에 대해 다음과 같이 설명했다. "그녀에게선 정말로 환한 빛이 보였다. 그녀는 보통 사람들보다 더 많은 공간을 차지한 듯 보였다." 앨더슨은 나중에 다시 가까이서 다이애나 비를 보게 된 기회에 대해 이야기하면서 그녀의 카리스마와 연예계의 교묘한 솜씨를 구분지었다. "나는 내가 전에 봤던 더욱 순수하고 꾸밈없는 카리스마 위에 외모에 치중하는 할리우드 스타일의 허영이 한 겹 자랐다고 생각했다. 그러나 그 꾸밈없는 카리스마가 화장에 의해 지워지지는 않았다. 그녀는 여전히 최고급 화장품으로 얻을 수 있는 미모를 훨씬 능가하는 환한 빛을 갖고 있었다."

앨더슨은 진정으로 카리스마 있는 이 세 사람에 대한 기억에 의지하여 카리스마의 특징을 정확히 짚어내려고 시도했다. 그녀의 칼럼 제목과 부제목에는 '일종의 마법', '희귀하고 깜짝 놀랄 만한 아우라'라는 표현이 제시되었다. 그러나 결국 그녀는 더욱 분명하게 주제를 밝힐 수는 없었다. 그녀는 다른 유명인들과의 만남에서는 딜런이나 블레어, 다이애나와 가까이 있었을 때 경험했던 그 '전율'이 생기지 않았다는 점을 지적하면서 다음과 같이 선언했다. "나는 여전히 무엇 때문에 그런 전율이 생겼는지 모르겠다." 그녀는 《선데이 타임스》 기자인 크리스티나 램(Christina Lamb)이 다이애나에게서 받았던 인상을 인용함으로써 이 세 사람에 대한 자신의 생각이 순전히 주관적일 수 있다는 주장에 대해 반박했다. "그녀는 전에 내가 넬슨 만델라를 만났을 때에만 느낄 수 있었던 무언가를 갖고 있었다. 그것은 사람들로 하여금 그녀와 함께 있고 싶은 마음을 갖게 만드는 일종의 아우라였다."

그녀는 다이애나에 대한 이야기와 빌 클린턴처럼 드물게 있는 카리스마적 인물들에 대한 여러 이야기들을 통해 '단지 자신만 그렇게 느낀 것이 아니라는' 사실을 넌지시 비추면서, 카리스마는 본래 갖추어진 자질인 것이 틀림없다는 결론을 내렸다. "명성, 외모, 권력, 부, 영광, 이런 것이 모두 아니라면 도대체 무엇인가? 그것은 선천적인 것이 틀림없다. 나는 그것이 전율을 안긴다고 생각한다."[18]

앨더슨은 다른 미디어의 해설자들과 마찬가지로, 카리스마에는 가늠할 수 없는 무언가가 있다고 결론지었다. '잇 팩터' 기사를 쓴 저자들도 비슷하게 카리스마는 정의 내리기가 정말 힘들다고 생각했다. 앨더슨이 보기에 진정한, 꾸밈없는 카리스마는 너무나도 희귀한 존재이기 때문에 아주 특별한 몇몇 인물들만의 타고난 자질인 게 틀림없었다. 다른 논평자들도 카리스마는 특별히 뛰어난 사람들에게 부여된 '재능'으로 생각했다. 따라서 이렇게 갖추기 힘든 자질과 명백히 만들어진 유명인의 명성이 다르다는 사실은 카리스마는 타고나는 것이며 만들어질 수 없다는 확신을 강하게 만든다.

카리스마적 리더를 초자연적이고 초인간적이거나 적어도 구체적으로 빼어난 능력이나 자질이 부여되었다고 간주하는 베버의 정의는 연예인들에게도 카리스마가 있다고 여겨지는 시대에서도 여전히 타당하다. 이 장과 앞 장에서 최근 미디어에서 카리스마가 어떻게 사용되었는지 살펴본 바를 토대로, 다음과 같은 정의를 추론할 수 있다. 넓게 보면, 카리스마는 타고난 특별한 자질로서, 그 자질을 갖춘 특정한 사람들은 다른 사람들과 구분되고 다른 사람들의 마음을 끌어들일 수 있다.

현대 정치를 보도하고 분석하는 경우에도 일반에게 인정된 이러한 의미에서 크게 벗어난 미디어 기사는 거의 없다. 그러나 카리스마가 존재하며 그것이 특정 개인들의 특수한 측면을 설명한다는 점에 대해서는 의견이 일치하지만, 그것은 말로 나타낼 수 없거나 적어도 모호하게 정의되는 특징을 여전히 갖고 있다.

샌드위치에도 카리스마가 있다

카리스마라는 말이 서구문화에 상당히 널리 보급되어 있기 때문에 그 말과 연관된 수수께끼 같은 특징은 그 의미를 흐리는 데 일조하기도 한다. 카리스마와 그 말뜻의 미래는 그 말이 사용되는 범위가 점차 증가함에 따라 결정될 수 있다. 베버는 엄격하게 카리스마라는 말을 지도자들에게만 적용했다. 그러나 카리스마의 현대적인 의미는 그 말의 적용 범위에 의해 확대되었다.

가까운 미래에 카리스마는 모두 과장된 표현을 특징으로 하는 홍보, 마케팅, 자기계발 서적 및 웹사이트 등의 홍수 속에 지나치게 사용됨에 따라 큰 어려움을 겪을 수도 있다. 카리스마라는 말은 1960년대에 대중적으로 사용되기 시작한 이래로, 점차 융통성을 갖게 되었다. 그리고 이 말이 무차별적으로 사용됨에 따라, 이러한 융통성은 개념을 알 수 없는 단계까지 왜곡될 수도 있다.

일찍이 1960년에 베버의 카리스마 개념을 비판했던 아서 슐레진저는 이 말이 '영웅적'이라거나 '민중 선동가 같은', 심지어는 단순히 '인기 있는'의 훌륭한 동의어로서 은유적으로 사용되기 때문에 이 말의 의미를 파악하기가 어렵다고 불평했다.[19] 21세기 초에도 카리스마는 너무나도 광범위한 인물들과 사물들에 적용되면서 과도하게 사용되는 바람에 그 말뜻을 파악하기가 더욱 어려운 상황이 되고 말았다. 타고난 자질로서의 카리스마의 의미는 이 말이 자기계발서나 수업에서 자주 사용될 경우 획득할 수 있는 자질로 변질될 수 있다. 예를 들어, 2007년에 출간된 어떤 책은 사춘기 소녀의 아버지들에게 다음과 같은 조언을 제시했다.

> 아이들에게 카리스마 있는 어른이 돼라. 그 어린 소녀들이 성장하면서 자신들이 안전하고 존중 받으며 어른들이 자신의 이야기를 잘 들어준다는 느낌을 받을 수 있도록 강한 힘의 원천이 되도록 하라. 그런 특징을 가진 카리스마 있는 어른과 탄력성 사이에는 강한 상관관계가 있다.[20]

이 조언은 이 시대의 아버지들에게 딸을 위해 '카리스마 있는 어른'이 되라고 촉구한다. 이 전문가에 따르면, 카리스마적 특성은 어느 아버지든 획득할 수 있는 것이다. 그것은 몇몇 특별한 사람들만이 가지는 신비로운 자질이 아니다. 이런 맥락에서 카리스마의 특징은 안정감과 격려를 제공하는 능력과 힘, 동정심, 감성이다. 사실 이러한 자질들은 전통적인 부모들이나 훌륭한 부모들의 특징으로도 설명될 수 있으며, 대체로 카리스마와는 관련이 없었다. 여기서 '카리스마적'이라는 형용사는 '분발케 하는'이나 '강력한' 정도의 동의어로 기능하는 듯 보인다.

베버의 의미에서 카리스마적 인물이 영감을 주고 강제하는 능력과 조화를 이루긴 했어도 이 말이 10대 소녀들의 아버지에게 적용된 경우엔 그 독특한 의미 중 많은 부분이 빠져나가고 말았다. 이 외에도 카리스마에 관해 일반적으로 통용되는 개념으로부터 이 글이 크게 벗어난 점은 적당히 부지런하게 노력하면 카리스마를 얻을 수도 있다는 가정이다. 이 글에 등장한 카리스마는 아버지라면 (그 책을 읽어) 현명하게 획득해야 할 기술로 주장되었다.

또한 카리스마는 그 의미에서 많은 부분을 없애는 방법을 통해, 생명 없는 물체에도 존재하는 것으로 여겨졌다. 어떤 도시(베를린)는 건축평론가에 의해 카리스마가 있다고 칭찬받았는데, 그 비평가는 실제 거리의 생활과 미치광이 같은 상점들, 기이한 카바레가 베를린에게 카리스마를 부여했다고 말했다.[21] 어떤 호수(코모Como 호수)도 순수한 카리스마로 칭송받았고,[22] 연극(핀터Pinter의 〈귀향The Homecoming〉) 역시 한 연극비평가에 의해 카리스마를 지닌 것을 표현되었다. "나는 이 작품의 카리스마에 마음을 뺏겼다."[23]

신체기관(심장)까지도 카리스마를 지녔다고 칭송받았는데, 『심장의 역사(A History of Heart)』 서평에 따르면, 이 책은 가장 카리스마 있는 이 신체기관의 변화하는 의미보다 더 많은 것을 다루고 있다고 한다.[24] 카리스마가 도시나 호수, 연극, 신체의 일부에 존재한다고 생각하는 것은 카리스마가 비범한 인물의 특별한 자질로 해석되는 한, 이해하기 힘들다. 그리고 샌드위치에 그 말이 적용되는 경우엔 더더욱 이해하기 힘들다. 2007년 신문의 주말 보충판에 실린 음식 관련 기사에서 양상추가 주제가 된 적이 있었다. 이 기사의 부제목은 독자들에게 양상추를 깨물 때 카리스마를 더해주는 드레싱을 얹어 레트로 클래식(Retro Classic, 고전적인 과거의 아름다움-옮긴이)을 다시 찾아보라고 권장한다.[25]

이 기사의 부편집자는 양상추에 카리스마를 부여했다. 더욱 정확히 말하면, 샐러드드레싱이 양상추 본래의 특성, 즉 아삭아삭함을 향상시켜줌으로써 양상추에 카리스마를 부여한다는 것이다. 드레싱을 부은 이 양상추를 쪼개 샌드위치에 넣으면, 그 드레싱은 중요한 요소를 추가해주는 것이며, 카리스마 있는 샌드위치가 탄생하게 된다. 그런 샌드위치는 근접 촬영된 사진으로 사랑스럽게 묘사되어 있는데, 사진에서 가장 중요한 요소, 즉 카리스마 있는 양상추 드레싱이 두드러진다.

이 샐러드드레싱이 예언이나 방언과 같은 은사인 바울의 카리스마를 소유하고 있을 것 같지는 않다. 또한 베버의 정의에서 규정된 대로, 그 샌드위치가 특별히 뛰어난 리더십 능력을 보여주지도 않는다. 샐러드드레싱이나 샌드위치가 카리스마를 어떻게 소유할 수 있는지 상상하기는 상당히 어렵다. 샌드위치는 결코 타고난 재능을 갖고 있지도 않으며 내재된 자질을 부여받지도 않았다.

추측컨대 이 부제목 속의 카리스마는 '풍미'나 '특유의 맛' 내지 '특징'의 동의어인 듯 보인다. 아마도 '카리스마'와 '크런치(crunch, 아삭아삭함-옮긴이)'의 앞 글자가 같다는 점은 이 부편집자의 편집 기술에서 두드러지는 부분인 듯싶다. 샐러드드레싱과 샌드위치에 카리스마가 있다고 한 이유가 무엇이든 간에 여기서 카리스마는 아주 기이한 분야에서 사용되었다.

카리스마가 이렇게 사용되면서, 카리스마라는 말에서 그 의미가 사라져버리는 위험한 결과가 나타나며, '카리스마적'이 '뛰어난'이나 '인상적인', '힘찬', '예외적인'과 같은 말들의 동의어가 되어버린다. 만약 카리스마의 일반적인 사용이 여기에서 제시된 예에서처럼 무차별적으로 이루어진다면, 이 말의 앞날은 특징 없는 새로운 단계로 진입하게 될 것이다.

신문이나 잡지, 마케팅, 광고 분야에서 카리스마가 지나치게 사용될 경우에도 비슷한 결과가 발생할 것이다. 2008년 어떤 팝 음악평론가는 과도한 사용 때문에 카리스마라는 말의 위상이 추락했다고 지적했다. 그래서 이 평론가는 위상이 추락된 카리스마라는 말을 사용하는 대신 연주자의 개성과 깊이, 매력, 관능의 세기를 장황하게 설명하는 쪽을 택했다.[26]

오용과 지나친 사용은 카리스마의 독특한 특징을 희석시킬 수 있다. 만약 그런 일이 일어나면, 카리스마적이라는 말은 '특별하다'는 정도의 의미밖에 가질 수 없다. 그러나 그런 의미상의 변화가 일어나면, 서양문화는 그 문화가 카리스마에게 맡겼던 그 특정한 문화적 역할을 포기해야 할 것이다. 서양문화는 더 이상 개인의 아우라나 매력, 불가사의한 힘, 심지어는 특정 인물의 '잇 팩터'를 의미하는 단어를 필요로 하지 않을 것이다. 이런 미래가 발생할 수도 있으며, 그럴 경우에 카리스마는 더 이상 이런 특징을 의미하지 않게 될 것이다. 대신 카리스마는 '비범함'의 동의어로 조용히 자리를 잡거나 심지어는 더 이상 사용되지 않고 사라질 수도 있다.

그러나 현대 미디어에서 사용되고 있는 현 상황으로 판단해보건대, 카리스마가 수행하고 있는 문화적 기능은 중요하며, 더 이상 사용되지 않을 정도로 쇠퇴하지는 않을 것 같다. 현대 문화에서 카리스마는 여러 가지 기능을 수행하기 때문에 필요하다. 카리스마는 명성의 영역에서 진짜와 가짜를 구분해주고, 왜 극소수의 인물들만이 그들과 접촉한 사람들에게 전율을 일으키는지 설명해주고, 몇몇 뛰어난 사람들이 발휘하는 자석 같은 매력을 의미하고 있다.

스스로 배워서 카리스마를 계발할 수 있다

1990년 말부터 비즈니스계에서 성공을 위한 기법을 가르치는 동기부여식의 서적들이 카리스마를 자세히 다루어왔다.

이러한 책들은 카리스마가 타고난 것이라는 의미를 버렸으며, 독자들에게 카리스마를 나눠주겠다고 약속한다. 종종 이런 책들이 카리스마가 위대한 비즈니스 리더들을 구분 짓는 비범한 자질이라는 생각을 유지하고 있기 때문에, 때로는 카리스마에 관한 모순된 메시지를 발생시킨다. 그러나 자기계발서 장르의 표본인 이 책들은 카리스마를 배울 수 있고, 적어도 계발할 수 있다고 설득해야 했다.

도 랑(Doe Lang)의 『새로운 카리스마 비법(The New Secrets of Charisma)』(1999년)은 카리스마가 타고나는 것이고 어느 정도는 모든 사람들에게 존재하기 때문에 그것을 끌어낼 수 있다는 확신을 전달한다. 그녀는 이렇게 주장한다. "본질적인 카리스마는 생득권이다. 그 중 일부는 타고나며, 일부는 계발되어야 하며, 일부는 재발견되어야 한다."[27] 『새로운 카리스마 비법』은 이 내적 능력을 계발하는 수단으로서 제시되었다. 서론에서 저자인 랑은 카리스마가 1960년대부터 1999년까지 사용이 크게 늘었다는 사실과 함께, 간단한 역사적 관점을 제시했다. 그녀는 대부분의 사람들이 카리스마라는 말을 케네디 가문과 연관된 것으로 기억하고 있지만, 그 말이 1960년대에 크게 보급되지는 않았다고 주장했다.

그녀는 1990년대에 커뮤니케이션이 폭발적으로 성장하면서 그 말이 널리 유행했다고 보았다. 7만 개의 출판물을 조사한 결과에 따르면, 1999년까지 10년 동안 카리스마라는 말의 사용은 미국에서만 100퍼센트가 넘게 늘었다고 한다. 랑은 카리스마가 일반적으로 사용될 뿐 아니라 리더십 연구과정에도 포함된 덕분에 상당한 지위에 오르게 되었다고 결론 내렸다.[28]

랑은 또한 '공석에서 말하기' 강좌를 맡았던 경험에 의존하여 '카리스마란 무엇인가?'라는 질문에 대한 2천 명의 응답 자료를 소개했다. 자료에 따르면, 사람들은 '매력, 호소력, 흡인력, 역동성, 존재감, 자력, 개성, 자신감' 등의 많은 동의어와 연상되는 단어들을 제시했고, 과장되고 고유하고 즉시 친숙해지지만 불가사의하다고 설명했다고 한다.[29]

카리스마의 의미에 대한 이러한 대중의 의견은 최근의 여러 미디어의 보도 내용과 일치하며, 랑이 카리스마를 13가지 종류로 분류하는 출발점이 되었다. 이 13가지 종류는 '스포츠 카리스마', '비즈니스 카리스마' 등 대개 유명한 카리스마적 인물들이 업적을 달성한 영역으로 구분되었으며, 예외적으로 '본질적인 카리스마'가 선정되었다. 본질적인 카리스마, 즉 이 내적인 자질은 각각의 사람들이 정확한 지도로 활용할 수 있는 자연의 기본적인 에너지이기 때문에, 명사나 업적에 의존하지 않는다.[30]

이 책의 나머지 부분에는 카리스마를 보호하고 유지하기 위한 지시사항과 연습이 포함되어 있다. 랑은 카리스마가 너무 신비로워서 계발할 수 없는 것이라고 인정할 수 없었다. 그녀가 제시한 지시사항들은 대개 뉴에이지 분위기로 전달되는 자신감 및 자존심 형성과 관련되어 있다.

D. A. 벤튼(D.A. Benton)의 『임원의 카리스마(Executive Charisma)』는 카리스마적인 임원들이 단순히 타고나는 것이 아니라 만들어진다고 주장한다. 벤튼은 임원의 카리스마를 "빈틈없는 조치와 신중한 공손함으로 다른 사람들로부터 효과적인 반응을 얻어내어 필요한 일을 끝마치게 만드는 능력"이라

고 정의했다.

저자는 이 정의가 다소 애매모호하다는 점을 인정하면서도 독자들에게 임원의 카리스마는 실재한다고 보장했다. "당신은 그것을 보면 알 수 있다. 당신은 이 무형의 것을 직접 가졌을 때를 기억하고 있다."[31] 이 문장 때문에 발생하는 혼란, 즉 임원의 카리스마가 실재하는지 아닌지 여부에 대한 혼란은 지도자들이 소유한 말로 표현할 수 없는 그것을 계속적으로 언급하기 때문에 줄어들지 않는다. "사람들이 따르기로 선택한 지도자들은 '그것'을 갖고 있다." 이는 이들이 타고난 지도자이며, 카리스마의 '그것'을 부여받았음을 의미하는 듯 하다.

그러나 임원의 카리스마 기술을 가르칠 목적을 가진 이 책은 그러한 가정을 지지할 수 없다. 그 결과, 독자들은 임원의 카리스마로 자신의 평판을 올리고 영감을 줄 수 있다고 확신하게 된다. 하지만 자기모순적인 요소는 임원의 카리스마를 꾸며낼 수 없다는 주장과 함께 다시 떠오른다. 독자들은 책을 읽으며 사업에서 자신을 카리스마 있게 만들어주는 기법들을 배울 수 있다는 것과 자신의 카리스마가 진짜이고 만들어질 수 없다는 것 모두를 믿도록 고무된다. 이러한 모순에 대한 벤튼의 해결책은 이론적으로 임원의 카리스마는 진정한 개성의 연장선상에 있기 때문에 자신의 책을 통해 독자들이 본인이 가진 것을 꾸밀 수 있다고 주장하는 것이었다.[32]

벤튼이 제공한 전략에는 임원 카리스마를 갖추기 위한 여섯 가지 성스런 단계들이 포함되어 있다.³³ 또한 이 책은 "주된 색깔을 선택하라"와 같이 의복 선택 등의 구체적인 조언을 제공하며, 악수와 미소 짓기, 유머, 대중연설, 잘 듣는 법에 대해서도 알려준다. 자기 수양을 위한 지시사항들이 연달아 소개됨에 따라 선천적이든 후천적이든 카리스마는 기본적인 리더십의 요령 목록에 가려 존재감이 줄어든다.

토니 알레산드라(Tony Alessandra)의 『카리스마: 성공에 이르는 매력을 형성하는 7가지 열쇠』도 독자들에게 비슷한 약속을 한다. 책 1페이지에 실린 서평에는 다음과 같은 '칭찬'이 담겨 있다. "카리스마를 갖고 태어날 필요는 없다. 그것을 얻는 방법을 배울 수 있기 때문이다."³⁴ 책의 뒤표지에는 미래의 독자들에게 이렇게 충고하는 글귀가 실려 있다. "당신이 최고경영자이든 점원이든, 카리스마는 빠른 시일 내에 학습할 수 있는 것이다." 그러나 카리스마에 대한 알렉산드라의 접근방식은 벤튼의 방식보다 더욱 사려 깊다. 그는 카리스마가 타고나는 것으로 간주되지만 지도자와 추종자 사이의 관계에서만 나타난다는 찰스 린돔의 주장을 인용했다.³⁵

알렉산드라는 고대 그리스시대로부터 베버에 이르기까지 카리스마의 역사를 한 단락으로 요약하면서 빌리 그레이엄과 짐 존스뿐 아니라 루스벨트와 히틀러도 카리스마를 지닌 인물로 간주되었다는 관찰에 입각한 의견을 제공했다.³⁶ 알렉산드라는 카리스마가 분간하기는 쉽지만 설명하기 어렵다고 단정하면서, 다음과 같은 자신의 정의를 제시했다. "다른 사람들과 신체적, 감정적, 지적으로 관계를 맺음으로써 그들에게 긍정적인 영향을 미치는 능력."[37]

그는 이러한 능력은 대부분의 유능한 관리자들이 갖고 있지만, 하나님으로부터 받은 손쉬운 재능은 아니며 반드시 타고 나야 하는 것도 아니라고 주장했다. 도리어 카리스마는 인간적인 매력을 생산해내는 일련의 사회적 기술로 이해해야 했다. 그는 독자들에게 그런 기술들이 자신 안에 존재하며 단지 계발되기를 기다리고 있다고 납득시키려 했고, 잠재된 카리스마를 모든 독자로부터 끌어내는 것이 책을 쓴 목적이었다고 밝혔다.[38] 그리고 그 목적을 달성하기 위한 방법은 일곱 가지의 카리스마 요소를 최대화하는 것이었다.[39]

알렉산드라는 카리스마를 이러한 구성요소로 분해함으로써, 카리스마의 신비성을 제거하려고 한 동시에, 독자들에게 카리스마의 힘을 이용하도록 허락했다. 이 책은 카리스마가 애매모호해서 연구하거나 학습하기가 어렵다는 일반적인 생각에 이의를 제기하고자 했다. 그러면서도 이 책은 카리스마의 본질적인 특징에 대한 믿음을 버리지 않았다. 알렉산드라는 카리스마적인 인물들을 둘러싼 특별한 광채와 매력을 언급하면서 독자들에게 "당신에게도 계발되기를 기다리고 있는 이러한 타고난 자질들이 있다"고 보장해주었다. 만약 독자가 그 내적인 잠재력을 계발해준다는 이 책의 지시를 그대로 따른다

면, 그 사람은 평범한 무리 중의 한 사람이 아니라 촉매 역할을 하는 사람이 될 것이었다.[40]

스스로 배우는 카리스마를 내용으로 하는 서적의 마지막 예로서, 데스몬드 길포일(Desmond Guilfoyle)의 『카리스마 효과(The Charisma Effect)』는 카리스마가 유전되거나 하나님이 주는 특징이 아니며[41] 정도는 다르지만 모두에게 내재된 자질이라는 공통의 주장을 따르고 있다. 그는 15개의 질문지를 통해 독자에게 내재된 '카리스마의 구성요소'를 확인해냄으로써 독자의 '잇(it)' 비율을 판단하려 했다.

또한 저자는 카리스마적인 의사전달과 설득이 궁극적으로 추종자의 인식력에 의해 결정되기 때문에 카리스마는 다른 사람들이 받는 인상을 관리함으로써 향상될 수 있다고도 주장했다.[42] 이러한 전제로부터 출발한 『카리스마 효과』는 자신의 공적 성격을 개조하고 긍정의 반응을 유발하는 데 필요한 조언과 자기 향상을 위한 여러 가지 지시사항들을 제공한다.

이러한 책들 덕분에 카리스마는 특이하게 변형된 자기계발서 장르의 주요 요소로 자리 잡았다. 비슷한 책들에서 '카리스마'는 '자신감'이나 심지어는 '사람들에게 영향력을 발휘하는 방법' 등으로 쉽게 대체될 수 있었다. 실제로 주요 구성요소가 대체호환될 수 있다는 것은 카리스마가 이런 서적의 뒷부분에서는 잊힌다는 의미다. 저자들은 카리스마가 신비하고 가늠할 수 없는 자질로서 이해되는 대중적인 견해를 받아들이면서도 쉽게 따라할 수 있는 기법을 통해 이 자질을 나눠주거나 적어도 계발할 수 있다고 주장한다는 점에서 자기 모순적인 입장에 처해 고전한다.

이런 유형의 출판물들이 축적되어 나타나는 영향은 카리스마가 신중한 방법으로 얻을 수 있는 속성이라는 생각을 강요함으로써 카리스마라는 말의 신비성을 제거하고 카리스마의 의미를 왜곡시킬 수 있다는 것이다. 그러나 이런 책들은 자기계발에 대한 대중심리학의 역사에서 하나의 에피소드로 전락하여 결국엔 더 나은 자신을 만드는 다른 공식을 담은 새로운 물결의 서적들로 대체될 가능성이 높다.

이런 동기부여적인 서적들 외에, 카리스마 부족으로 고생하는 경영 지도자들과 정치인들에게 도움을 제공하는 '커뮤니케이션의 대가'들로부터도 카리스마에 대한 교훈을 얻을 수 있다.《더 타임스》에 의해 카리스마의 대가로 임명된 미국의 커뮤니케이션 전략가 리처드 그린(Richard Greene)은 1999년에 영국 상원의원에 초대되어 그들의 연설에 카리스마를 주입하고, 그들을 더욱 클린턴처럼 만드는 데 주력했다.

위에서 언급한 저자들과 마찬가지로, 그린도 자기 나름대로 카리스마를 분류했는데, 동기를 부여해주는 안내를 통해 향상될 수 있는 네 가지 유형의 커뮤니케이션으로 구분했다. 그린은 말, 목소리 톤, 신체언어가 어느 정도까지는 배울 수 있는 카리스마의 귀중한 비밀이라고 생각했다.[43] 이러한 기술에 대한 적성이 바로 카리스마라는 그의 주장은 카리스마는 배울 수도 만들어낼 수도 없다는 다른 미디어 해설자들의 인식과 배치된다. 그의 방법은 자기계발서의 저자들과 마찬가지로, 개개인의 커뮤니케이션 기술을 향상시켜 다른 사람들에게 영향을 미치는 능력을 키우는 것이다. 여기서 카리스마는 그 기술들을 모두 합친 것이며, 커뮤니케이션 대가들은 도움이 필요한 그 불행한 공인들을 격려하여 기술을 키워줄 수 있다.

리더십 이론과 심리학에서 표현된 연구실의 카리스마

1990년대부터 학계에서는 경영에서 카리스마가 갖는 역할을 더욱 학문적으로 분석하는 작업이 진행되어왔다. 이러한 학제간 연구의 구성요소에는 경영이론과 실무연수, 조직행동, 응용심리학, 사회심리학이 포함되어 있다.

1998년 여러 논문들을 조사하던 제이 콘거(Jay Conger)와 라빈드라 카눈고(Rabindra Kanungo)는 앞에서 도 랑이 대략적으로 설명했던 자기계발 서적의 성장세와 비슷하게, 1990년대에 카리스마에 대한 학문적 관심도 증가되었음을 알게 되었다. 콘거와 카눈고는 자신들이 1988년에 발표한 『카리스마적 리더십(Charismatic Leadership)』이 리더십 연구 분야에서 사실상 유일한 연구서였다고 말했다. 그런데 1990년대에 조직 내의 카리스마적 리더십에 대한 경험주의적 연구사례가 수십 건에 달한 사실에서 알 수 있듯이 카리스마에 대한 관심은 증폭되었다.[44] 부분적으로 이러한 학문적 개화기는 경험주의적 연구에서 소위 카리스마적 지도자들이 다른 관리자들보다 더 높은 실적 등급을 받고 더욱 유능한 지도자로 존경받으며 동기부여된 추종자들을 더 많이 발생시킨다는 결과가 나왔다는 점 때문에 가능했다. 한마디로 이러한 경험주의적 연구를 통해 우리는 카리스마 있는 비즈니스 지도자들이 조직 내에서 '카리스마적인 효과'를 발생시킨다는 점을 알 수 있다.[45]

관련 학문 분야인 심리학 분야의 연구는 베버였다면 결코 상상하지 못했을 방법인 실증적 실험방식으로 (베버에 의해 정의된) 카리스마를 다루었다. 리더십 이론과 조직행동이론, 심리학 분야의 학자들은 다양한 형태의 방법론에 이어, 카리스마에 대해 시험할 수 있는 가설들을 제안했다. 그들은 이러한 이론적 모델들을 조작할 수 있게 만들어 실험을 통해, 때로는 연구실 환경에서 검사했다. 콘거와 카눈고가 설명했듯이 그들의 목표는 대부분의 사람들 머릿속에 든 카리스마적 리더십의 구성요소에 대한 순진한 이론을 더욱 정확하고 과학적인 이해력으로 대체하려는 것이었다.[46]

카리스마에 대한 연구는 리더십 이론에서 입증된 더 넓은 이론적인 틀 안에서 이루어졌다. 리더십 이론은 1980년대 이래로 관리와 리더십의 차이, 변혁적 리더십과 상호작용적 리더십의 차이, 제도적 상황과 지도자 및 추종자 사이의 관계에 관한 논쟁 등 개념상의 여러 모델들을 통합시켜왔다.[47] 콘거와 카눈고는 변혁적 리더십 이론, 카리스마적 리더십 이론, 비전 제시형 리더십 이론, 귀인 모델(attributional model) 등, 네 가지 주요 이론상의 모델을 개발했다.[48] 콘거와 카눈고가 개발한 마지막 모델은, 카리스마는 추종자들에 의해 만들어지는 속성으로 간주되어야 하고 다른 리더십 행동의 특징과 동일한 경험적 분석 및 행동분석을 받을 수 있으며, 받아야 한다고 가정했다.[49]

콘거와 카눈고는 카리스마적 리더십의 정도를 알려주는 여섯 가지의 실증적 연구를 통해 자신들의 모델을 조작 가능하게 만들었다.[50] 그들의 모델은 오차와 혼란을 경계하며, 미세하게 조정된 실증적 데이터를 산출하는 통계기법으로 무장되어 있었고, 관리자에 관한 부하직원들의 상세한 설문서가 포함되어 있었다.[51] 이 연구결과는 카리스마를 측정하는 콘거-카눈고 척도의 유효성을 뒷받침할 뿐 아니라 이 통계상의 방법을 베버가 개념화한 카리스마적 리더와 연관짓는 데도 이용되었다.

두 학자는 다섯 가지 요인으로 공식화한 자신들의 모델이 베버가 이론화한 카리스마적 리더십의 두 가지 주요한 양상, 즉 추종자들이 지도자의 비범한 자질을 인식한다는 점과 카리스마적 지도자가 추종자들의 요구에 민감하다는 점에 대해 증거를 제공한다고 주장한다.[52] 카리스마를 구성요소들로 해체하고 관리자의 행동에 대한 인식을 검사하는 이 실증적 접근방식은 베버의 카리스마 개념을 승인했다.

그러나 두 사람은 기업조직에서 카리스마의 역할에 관해 경고의 목소리를 높였다. 카리스마적 지도자가 여러 경우에 기업에 이익을 안길 수 있지만, 카리스마적 인물들 중에는 이기적이고 기만적이어서, 카리스마적 자질을 기업의 채무로 바꾸는 사람도 있을 수 있기 때문이었다.[53]

버나드 배스(Bernard Bass)도 『변혁적 리더십(Transformational Leadership)』(1998년)에서 비슷한 방법을 이용했는데, 카리스마를 변혁적 리더십의 한 가지 요소로만 취급했다는 점이 달랐다. 배스는 다요인 리더십 설문지(Multifactor Leadership Questionnaire)를 이용하여 카리스마적 리더십과 관련된 요인들을 평가했다.[54] 그는 그 방법이 실증적 정보를 추가해줌으로써 베버가 개념화한 카리스마를 개선시켰다고 생각했다. 본래 배스는 베버의 카리스마 기준이 느슨했다고 간주했기 때문이었다.

일단 이러한 기준들이 조작 가능해지고 변혁적 리더십의 네 가지 특징들 중의 하나로 포함되고 나자, 카리스마적이라고 인식되는 지도자들의 행동을 분석하는 데 유용해졌다.[55] 배스는 산업계와 군부의 카리스마적 지도자는 개인화되기보다 사회화되어야 한다는 조건을 추가했다. 개인화된 카리스마적 지도자는 개인적인 지배와 공격성, 자아도취, 격렬한 언동을 보이기 때문에 조직 내에서 환영받지 못한다. 반대로 '사회화된' 카리스마적 지도자는 합법적인 기존의 권력 채널을 이용하면서 집단의 이익에 도움을 주고 다른 사람들을 발전시키고 그들에게 권한을 부여한다.[56] 배스가 인정하지는 않았지만, 그는 사실상 베버가 표현한 '일상화된' 카리스마를 생산적인 변혁적 리더십의 구성요소로서 지지하고 있었다.

리더십 이론 분야에서 이루어진 다른 연구 계획들은 상이한 접근방식을 이용함으로써 서로 다른 결론을 도출했지만, 카리스마가 리더십의 한 요소임을 입증했다고 주장했다. 제인 하웰(Jane Howell)과 피터 프로스트(Peter Frost)는 「카리스마적 리더십에 대한 실험 연구(A Laboratory Study of Charismatic Leadership)」(1989년)에서 경험적으로 볼 때 카리스마는 다른 리더십 스타일로부터 분리되고 구분될 수 있다고 주장했다. 그들은 실증적 연구를 통해 카리스마가 이미 잘 알려진 다수의 리더십 요소들의 총합으로 단순화될 수 없다는 결론을 내렸다. 그들의 주장에 따르면, 카리스마는 질적으로 다른 현상이었다.[57]

더 나아가 하웰과 프로스트는 카리스마적 리더십을 통제된 실험실 환경에서 연구할 수 있으며, 따라서 카리스마는 일부 학자들이 생각해왔던 것처럼 파악하기 어렵지 않다고 주장했다.[58] 그들의 실험에서 배우들은 카리스마적 지도자, 사려 깊은 지도자, 조직화에 능한 지도자 등 세 가지 리더십 유형에 따라 대학생들을 위해 두 시간짜리 과제를 부과하는 연기를 했다.[59] 과제자료에 대한 분석 결과, 카리스마적 지도자 밑에서 공부한 학생들이 행동방침을 제안한 수를 포함하여 가장 높은 과

제 성적을 받았다.[60]

그러나 이 실험의 한 가지 특징은 배우들이 카리스마 있게 연기하도록 배웠다는 점이었으며, 그에 따라 하웰과 프로스트는 개인이 카리스마적 행동을 보여주도록 훈련받을 수 있다는 결론을 내렸다.[61] 따라서 이 실험의 결과는 타고난 자질로서의 카리스마 개념을 뒷받침해주지 않았다. 도리어 카리스마는 상관적이라는, 다시 말하면 추종자들에 의해 지도자에게 카리스마가 있다고 여겨진다는 콘거와 카눈고의 주장을 승인해주었다.

마지막으로 주목할 연구는 낸시 로버츠(Nancy Roberts)와 레이먼드 브래들리(Raymond Bradley)의 「카리스마의 한계(Limits of Charisma)」(1988년)다. 이 연구 프로젝트는 사례연구방식을 이용하여 카리스마적 리더십에서 조직의 환경이 어떤 역할을 하는지 조사했다. 로버츠와 브래들리는 일반적인 사용방식을 근거로 카리스마를 세 가지 다른 차원으로 분류하는 작업으로 연구를 시작했다.

첫 번째는 사회적 범주로서의 카리스마로, 특정 개인이 마법적이거나 신비롭다고 할 수 있는, 설명할 수 없는 설득력을 갖고 있는 경우를 가리킨다. 이런 능력을 가졌다고 여겨지는 사람은 다른 모든 사람 사이에서 돋보인다. 두 번째는 사회적 관계로서의 카리스마로, 카리스마적 지도자와 추종자들 간의 강력하고 모든 것을 포함하는 관계를 반영한다. 세 번째는 독특한 형태의 사회조직으로서의 카리스마로, 혁명적 카리스마

적 구조에서 집단 에너지가 폭발적으로 증가하는 경우를 가리킨다.[62]

로버츠와 브래들리는 미국의 한 여성 교육감을 다룬 자신들의 사례연구에서 이 세 가지 차원의 카리스마가 모두 활발히 나타났음을 알게 되었다. 교육감이었던 그녀는 교사들과 학부모들에게 뛰어난 재능을 갖춘 '비전 있는 사람'으로 간주되었고, 학군 내에서 사교집단 같은 추종세력을 확보했다.[63] 널리 인정받았던 그녀의 카리스마적 리더십은 지역사회에 활기를 불어넣어 생산적인 카리스마적 조직으로 변모시켰고, 그 덕분에 곤란한 예산 문제도 창의적인 방법으로 처리할 수 있었다. 그녀는 뛰어난 성공을 거둔 결과, 주지사에 의해 교육국장으로 승진되었다. 그러나 새로운 자리로 옮긴 뒤에는 그녀의 카리스마가 세 가지 차원 중 어떤 차원에서도 분명히 드러나지 않았다.

로버츠와 브래들리는 카리스마가 한 직책에서 다른 직책으로 옮겨가지 못한 이유를 조사했는데, 모든 이유들이 그녀가 옮겨간 더 커진 두 번째 조직의 구조와 관련이 있었다. 교육감일 때 그녀는 지역의 지원을 활성화함으로써 자금 위기에 대처할 수 있었다. 교육국장이 된 그녀는 개조가 요구되는 위기 대신, 안정을 요구하는 의제를 처리해야 했다. 교육감일 때 그녀는 과감한 결정을 내릴 수 있었지만, 교육국장이 되자 주지사의 묻는 말에 대답하고 제한된 권한을 행사할 수밖에 없었다. 또한 교육국장이라는 직책은 한 조직의 생산적인 에너지에 나쁜 영향을 미치는 충돌하는 이해관계자들의 요구 속에서 균형을 잡아야 했다. 교육국장은 많은 시간과 재원을 '요령을 익히고, 다급한 불을 끄고, 관료주의적 절차를 처리하는 데' 들였다. 그 결과, 그녀의 개인적인 영향력은 제한받을 수밖에 없었다. 미디어에 보도될 정도로 대대적으로 홍보된 그녀의 대중연설에는 번득임과 활력이 부족했다. 고무된 카리스마적 사회와 멀어진 교육국장은 직원들의 사기가 낮다는 사실을 지적받는 동시에 사직결정을 통보받았다.[64]

로버츠와 브래들리는 이 사례연구로부터 카리스마가 복잡한 상호작용들을 요구하는 '창발적 과정(emergent process)'이라는 결론을 내렸다.[65] 조직의 환경은 카리스마적 리더십의 주요한 기여 요소로 드러났다. 저자들이 제한적으로만 베버를 언급했지만, 그들의 사례연구는 베버의 카리스마적 권위 개념의 두 가지 주요 요소를 설명해주었다. 즉, 초기에 지도자가 대응하게 되는 사회적 위기의 기폭효과와 관료주의적 장치 내에서 카리스마의 불가피한 축소가 바로 그것이다.

로버츠와 브래들리는 다른 리더십 학자들의 연구결과에 반대되는 결론을 추가로 제시했다. 그 교육감의 카리스마가 다른 상황에서 재현되지 못했기 때문에 저자들은 카리스마를 계획적으로 만들어내려는 노력에 엄격한 제한을 가했다. 그들은 많은 자기계발서 저자들이나 동기부여 대가들뿐 아니라 배스와 그밖의 다른 리더십 이론가들의 주장과는 반대로, 카리스마가 지도자나 조직에 의해 만들어질 수 없다고 주장했다.

또한 그들은 하웰과 프로스트의 주장과 반대로, 카리스마가 실험실에서 모의 실험되거나 제조될 수 없다고 주장했다.[66] 결국 로버츠와 브래들리는 베버의 정의대로, 카리스마의 비합리적인 특징과 역할을 인정했다. 그들은 카리스마가 목적 있는, 합리적인 행동의 범위 밖에 존재한다고 주장했다. 카리스마에는 폭발하기 쉬운 예측 불가능한 잠재력이 충전되어 있다는 것이다.[67] 실제로 짐 존스와 같은 카리스마적인 종파 지도자들의 예에서 알 수 있듯이 카리스마의 예측하기 어렵고 파괴적인 잠재력이 대단하기 때문에 저자들은 카리스마에 대해 조심해야 한다고 강조했다. "우리는 정말 이 어두운 면을 고의적으로 해방시킬 위험을 무릅쓰려 하는가?"[68]

학계에서 카리스마에 관해 또 다른 의견을 제시한 사람은 존 코터(John Kotter)였다. 그는 본래 1990년에 발표한 「리더들이 정말로 하는 일(What Leaders Really Do)」이란 제목의 논문에서 로버츠와 브래들리가 이론화한 대로 비합리적이거나 예측 불가능한 카리스마의 성질에 관해 전혀 관심이 없었다. 코터는 카리스마 없이 자신의 이론적인 리더십 모델을 세웠다.

_____ 리더십은 신비적이고 설명할 수 없는 것이 아니다. 그것은 '카리스마'나 다른 색다른 성격상의 특징과 아무런 관계가

없다. 그것은 선택받은 소수의 분야가 아니다.[69]

대신 코터는 단순하게 그리고 합리적으로 정의할 수 있는 리더십과 관리의 차이를 개략적으로 밝혔다. 그의 주장에 따르면, 리더십은 방향을 정하고 사람들을 정렬시키고 사람들에게 동기를 부여하고 변화를 주도하는 일과 관련 있다는 것이다.[70] 「리더들이 정말로 하는 일」이라는 논문제목과 본보기로 이용한 성공적인 리더십 사례연구에서 알 수 있듯이, 코터의 실용주의적인 접근방식에서는 카리스마라는 이름을 가진, 본질적이거나 신비로운 어떤 것이 자리를 잡을 여지가 없었다.

근래에 심리학 분야의 학자들은 카리스마의 '신비'를 일축하기보다는 그것을 조명하려고 시도해왔다. 이 점에서 로날드 리지오(Ronald Riggio)와 프랭크 베르니에리(Frank Bernieri) 등의 심리학자들은 카리스마를 퉁명스럽게 거부하는 코터의 방식보다는 6장에서 설명한 렌 오크스의 방식에 더욱 가깝다. 베르니에리는 종종 신체적인 몸짓에 의해 잠재의식 상태에서 유발되는 연설가와 청중 간의 유대감이나 동시성(同時性)을 카리스마와 결부지어 생각했다.

이 연구방식에 따르면 카리스마 있는 연설가는 청중의 주파수에 섬세하게 맞추어져 있고, 즉석에서 연주되는 재즈처럼 군중심리를 이용할 수 있다. 베르니에리가 보기에 카리스마적인 인물은 필요한 몸짓에 능숙하면서도 어떤 청중을 상대로도

행동할 수 있는 타고난 능력을 갖고 있다.[71] 이러한 이유 때문에 베르니에리는 카리스마를 배울 수 없고 카리스마적 인물은 다른 사람들을 자신들과 동시성을 갖게 만드는 타고난 '유인력'을 지니고 있다고 생각했다. 그러나 베르니에리는 커뮤니케이션 기법을 통해 카리스마에 가까이 갈 수는 있으며 '유인력'이 없는 사람도 제2의 천성으로 비슷한 기술을 키울 수 있다고 주장했다.[72]

리지오는 카리스마를 지닌 사람들은 고차원의 감정이입 능력과 표현 능력을 결합시키는, 본질적으로 뛰어난 커뮤니케이터라는 유사한 결론을 내렸다. 이 장에서 설명한 다수의 학자들과 해설자들처럼 학생들과 청중들이 늘 카리스마적 인물이 누구인지 짚어낼 수는 있어도 카리스마를 정의 내리기는 어려워한다는 사실을 알아낸 리지오는 자신만의 측정기법을 고안해냈다.

그의 사회적 기술 목록(Social Skills Inventory) 질문서는 카리스마적 인물들과 관련하여 감정적으로 표현이 풍부한, 열정적인, 달변인, 사변적인, 자신만만한, 다른 사람들에게 반응을 잘 보이는 등 여섯 가지 설명어를 제시했다. 리지오는 카리스마를 이러한 구성요소들로 분해했음에도 불구하고 카리스마와 관련된 수수께끼 같은 부분을 고수했다. 그는 이렇게 말했다. "이 모든 기술을 갖춘다고 해도 카리스마적인 사람이 될 수 있는지는 분명치 않다."[73]

현대 정치에서 카리스마는 여전히 중요한 요소인가

　리더십 이론과 조직행동, 심리학 등 여타 분야에서의 전문가들이 카리스마를 가장 훌륭하게 분석하는 방법이나 그것이 실행 가능한 개념인지, 존재하는 개념인지 등 카리스마의 여러 측면에 대해 논쟁을 벌여왔지만, 현대 정치에 관한 담론은 그리 논쟁이 이루어지는 분야가 아니다. 국내와 국외 정치에 대한 미디어의 보도는 정기적으로 카리스마를 언급한다. 기자들과 여러 정치 해설가들이 때로는 카리스마의 파악하기 어려운 특징이나 잘못 정의할 수 있는 부분을 언급하지만, 현대 정치 환경과 관련된 요인으로서 의문시되는 경우는 거의 없다.

　기자들만이 카리스마의 개념을 정치발전에 적용하지는 않는다. 학자, 컨설턴트, 정치분석가, 정치인, 대중 등 모두가 카리스마를 중요한 정치요소로 인용한다. 분석가들은 한 정당의 성공이 카리스마 있는 지도자 때문이라고 간주하기도 하고, 어떤 정당의 지도부가 카리스마가 부족한 점을 그 당의 형편없는 선거결과의 원인으로 간주하기도 한다. 정당들은 자체적으로 유권자에 대한 매력도를 포함하여 당 지도부의 문제에 대해 여론조사를 실시하고 포커스그룹을 운영한다. 때로 신문사들은 여론조사원을 고용하여 포커스그룹을 상대로 비슷한 문제들에 대해 조사하기도 한다.

　예를 들어, 2007년 호주의 한 미디어 기사는 그러한 포커스그룹을 기초로 작성되었는데, 포커스그룹의 한 참가자는 문제의 정치인에 대해 다음과 같이 이야기했다. "그는 카리스마와 지도자로서의 이미지를 강력히 전해주지 못한다."[74] 가끔 미디어에서는 정치문화와 카리스마가 현대 정치조직 내에서 살아남을 수 있는지 여부에 대한 재고가 이루어지며, 지도적인 정치인이 카리스마를 갖춘 것으로 여겨지는 경우엔 그 미지의 요인이 미디어 논평의 최전면에서 다루어지는 경우도 있다.

정치적 카리스마의 기준, 케네디 풍에서 클린턴 풍까지

존 F. 케네디는 여전히 정치적 카리스마를 판정하는 기준이다. 카리스마가 있다고 여겨지는 현대의 어떤 정치인도 어느 단계에 이르면 케네디에 비교되며, '케네디 같은'이란 형용사가 붙게 된다. 케네디의 카리스마는 그가 대통령이던 당시의 정치 담당기자들을 포함하여 많은 관찰자들에 의해 주목받았다. 예를 들어, 저널리스트인 헬렌 토마스(Helen Thomas)는 케네디를 어디로 보나 좋은 느낌을 발산하는 '매력적이고 영감을 주는' 사람으로 묘사했다.[75]

1960년대에 케네디의 정치적 감정적 영향력에 대한 평가는 케네디 대통령을 숭배했던 미국의 예술가, 로버트 라우셴버그(Robert Rauschenberg)의 설명에서 얻을 수 있다. 라우셴버그는 케네디와 대통령 지위는 하나였고 그가 대통령이란 어떤 사람이어야 하는지, 즉 함께 있어서 편한 사람이 아니라 특별한 사

람이어야 한다는 사실을 재천명했다고 생각했다.[76]

케네디의 영웅 같은 페르소나는 1964년 라우센버그가 제작한 일련의 실크인쇄 작품들에서 뚜렷이 드러났다. 큐레이터이자 평론가인 로니 페인스타인(Roni Feinstein)은 손가락으로 어딘가를 가리키는 케네디의 모습은 케네디의 인간적인 매력과 능변이 그대로 드러났던 대통령의 TV 기자회견을 상기시킨다고 설명했다. 그는 이 사진을 다른 그림들과 나란히 놓음으로써, 대통령의 과장된 모습을 더욱 강조했다.[77] 예를 들어, 〈레트로액티브 1(Retroactive 1)〉에서 케네디는 로버트 휴즈(Robert Hughes)의 표현대로, 아담과 이브를 내쫓는 하나님을 떠올리게 하는 기법으로 하찮은 인간들을 향해 위압적으로 손가락을 가리키며 하나님과 같은 자세를 취한 듯 보인다.[78]

'케네디 풍'이란 말은 가장 유명한 케네디뿐 아니라 그의 동생인 로버트 케네디까지도 가리키기 때문에, 그 말은 어느 정도 가문의 카리스마를 의미한다. 6장에서 설명한 대로, 일찍이 1960년대 중반부터 안드레아스 파판드레우와 같은 다른 정치인들도 카리스마라는 지극히 중요한 자질이 정치인으로 활약하는 자신의 가족 내에 존재한다고 주장했다. 스스로 가족들이 카리스마를 갖고 있다고 주장했던 다른 정치 가문들 중에는 파키스탄의 부토(Bhutto) 가문이 있다. 2007년에 베나지르 부토(Benazir Bhutto)가 암살당한 뒤에, 그녀가 그녀의 아버지에게 뚜렷이 나타났던 그 유명한 부토 가문의 카리스마를 지

녔었다는 주장이 제기되었다.[79]

카리스마가 가족에게 존재한다는 주장은 베버가 철저하게 묘사했던 대로 카리스마가 옮겨지는 경우를 보여주는 예다. 또한 더욱 냉소적으로 말하면, 그것은 가족들의 정치적 운명을 지원하기 위한 정치적 전략으로도 간주될 수 있다.

그러나 카리스마가 관찰자들, 특히 정치적 추종자들과 미디어 분석가들에 의해 감지되고 확인되어야 한다는 점도 잊어서는 안 된다. 정치인은 단순히 그렇다고 주장한다고 해서 카리스마 있는 사람이 되지는 못한다. 확실히 기자들은 가족이 모두 카리스마를 지녔다는 정치인에게서 그런 자질이 부족함을 금세 확인해낸다. 2008년 피델 카스트로가 쿠바의 대통령직에서 내려왔을 때, 기자들은 그의 뒤를 이은 동생 라울(Raul)에겐 카리스마가 없음을 알아차렸다. 실제로 형과 같은 카리스마가 없는 라울이 쿠바의 공산주의체제를 유지할 수 있는지가 의문시되었다.[80] 피델 카스트로의 엄청난 카리스마는 그가 거의 반세기 동안 집권할 수 있게 해준 강력한 정치력으로 인정받았던 반면, 적어도 미국 언론은 그의 동생에겐 똑같은 자질이 부족하다는 사실이 쿠바의 미래에 중요한 요소로 작용할 수 있다고 간주했다.[81]

서양의 정치세계에서 케네디 풍의 카리스마를 지녔다고 가장 빈번히 꼽히는 정치인은 빌 클린턴으로, 그의 지도자로서의 매력은 『클린턴 카리스마(Clinton Charisma)』라는 책에서 자세히 분석된 바 있다.[82] 클린턴의 재임 중에 그가 카리스마를 지닌 사람으로 너무 자주 거론되었기 때문에 결국엔 '클린턴풍'이란 형용사가 탄생하게 되었다. 클린턴은 대통령직에서 물러난 뒤에도 현대 정치인들의 카리스마 수준에 대해 전문가로서 자문을 해주었다.

2007년 《가디언(*Guardian*)》은 영국 총리인 고든 브라운(Gordon Brown)의 카리스마가 그의 전임자였던 토니 블레어에 비해 어느 정도인지 클린턴의 의견을 구했다. 브라운이 블레어보다 카리스마적이지 않다고 생각하는지 묻자, 클린턴은 카리스마를 지닌 인물이 되는 방법에는 여러 가지가 있다고 대답했다. 클린턴은 브라운의 뛰어난 지적 능력과 성실성 모두, 그 자체로 카리스마를 지닌다고 주장했다.[83]

케네디 이후의 세계에서 클린턴은 정치적 카리스마를 지닌 우상이자 기준점이 되었다. 그에게 직접 자문을 구하지 않은 경우에도 카리스마는 그의 이름을 통해 언급되었다. 앞 장에서 언급한 대로, 커뮤니케이션 전문가이자 '카리스마의 대가'는 런던까지 건너가 영국 상원의원들을 '더욱 클린턴 같은' 정치가로 만드는 일에 뛰어들었다.

카리스마 있는 정치인들의 쇠퇴

빌 클린턴과 같은 뛰어난 인물들이 있는데도 불구하고, 종종 미디어 분석은 서양 민주주의에서 카리스마 있는 지도자들이 줄어들고 있다고 지적한다. 이러한 쇠퇴를 설명하는 데 몇 가지 이유들이 제시되었는데, 첫 번째는 카리스마의 자질이 드물게 나타난다고 인식되기 때문이다. 전직 대통령들인 케네디와 클린턴에서 명확히 드러나듯이, 진정으로 카리스마 있고 성공을 거둔 정치인은 한 세대에 한 번 나올까 말까하다.

또 다른 요인은 카리스마의 변덕스러운 특징으로 카리스마적 매력이 독재자, 선동정치가, 사이비종교지도자와 연관되면서 감지되는 불안정성 때문이다. 정치 전기작가 데이비드 바네트(David Barnet)는 카리스마가 민주주의에서 발견할 수 있는 가장 위험한 개념들 가운데 하나라고 말했다. 바네트가 보기에 역사상 가장 카리스마 있는 인물은 분명 아돌프 히틀러였다.[84]

역사가인 폴 긴스보그(Paul Ginsborg)는 아르헨티나의 메넴(Menem), 이탈리아의 베를루스코니(Berlusconi), 태국의 탁신 치나왓(Shinawatra)과 같이 '어느 정도 카리스마가 있는 인물들'에서 뚜렷이 드러나듯이, 미디어를 기초로 한 포퓰리즘(populism, 대중영합주의-옮긴이)에서 발생하는 21세기 민주주의의 위협요소들에 관해 의견을 제시했다.[85]

만약 베를루스코니와 같이 대중영합적인 정치인들의 카리스마가 긴스보그 등의 분석가들에 의해 민주주의적 가치와 제도에 위협요소로 간주된다면, 적어도 영어권 민주주의사회에서 더욱 흔히 제기되는 주장은 현대의 정부가 점차 관료주의적으로 변해간다는 점과 관련이 있다. 풍요롭고 안정된 서양 민주주의의 정치는 대체적으로 이데올로기적이라기보다는 '전문 관료적(technocratic)'이라는 주장이 있어왔다.[86] 이러한 일반적인 상황으로 인해 주요 정당들의 지도부에서 카리스마가 나타날 가능성이 줄어들 수 있다. 2007년에 발표된 율리우스 카이사르의 일대기에 대한 서평마저도 카이사르의 위엄을 카리스마 면에서 고전하는 현대 정치지도자들과 비교했다.[87]

호주의 정치평론가 폴 라인엄(Paul Lyneham)은 이제 대부분의 사람들이 국가를 운영하는 일을 공인회계사의 대형 업무 정도로 생각한다고 주장하면서, 다음과 같이 과장된 질문을 던졌다. "그렇다면 당신은 카리스마를 지닌 회계사를 만난 적이 있습니까?"[88]

우연히도 '카리스마 게임'을 다룬 다른 신문사의 기사도 1996~2007년 호주의 총리를 지냈던 존 하워드(John Howard)가 세무사 정도의 카리스마를 지녔다고 지적했다.[89] 하워드에게 카리스마가 없다는 사실은 "정치는 사람들을 이끄는 일이다"라고 선언했던, 그의 전임자 폴 키팅(Paul Keating)과 대비되어 지적되었다.[90] 대체적으로 키팅은 카리스마 있는 지도자로 인식되었지만, 비전이 있는 동시에 분열을 일으키는 인물이었다. 그런 맥락에서 어떤 분석가는 하워드에게 카리스마가 없다는 점을 정치적 강점으로 환영했다. 이 분석가는 하워드가 가진 매력의 열쇠는 카리스마가 없다는 바로 그 사실이라고 생각했다. 그는 평범한 외모가 이 정치인의 최대의 정치적 자산이며, "우리가 그 지도자에게서 자신의 단점을 깨닫게 됨으로써 용기를 얻게 된다"고 지적했다.[91]

조지 W. 부시(George W. Bush)의 부임 초기에 미국 정치에서도 인기에 관해 비슷한 의견이 제시되었다. 한 여론조사에 따르면, 부시는 국민들이 바비큐 파티에서 만났을 때 가장 좋아할 후보자였다.[92] 평범한 '평민적인' 정치인들이 현대 민주주의에서 거둔 이러한 승리는 합리화의 시대에 카리스마적 리더십이 겪을 운명에 관한 베버의 우울한 예측을 그대로 보여주는 것이다.

카리스마적 정치인의 쇠퇴에 기여한 또 다른 요인은 TV의 역설적인 영향력과 관련 있다. 한편으로, 존 F. 케네디는 최근에야 중요한 정치 매개자로 등장한 TV에 정통했기 때문에 카리스마적 대통령으로 알려지게 되었다.

1960년에 닉슨과 케네디 간에 이루어진 토론은 TV로 중계된 첫 번째 대선토론이었다. 라디오로 토론을 들은 사람들 중 대부분은 닉슨이 이겼다고 생각했다. 하지만 대다수의 TV 시청자들은 TV화면을 잘 받고 젊음이 넘치는 케네디에 감명을 받아 그가 승리자라고 간주했다.[93] 케네디의 매력과 활력을 불어넣는 능력은 TV를 통해 국제적인 차원에서 널리 선전되었다.

그러나 한편으로는 1960년대 이래로 정치가 TV로 중계되면서 발생한 일반적인 결과는 케네디 풍의 정치인들이 아니라 그들의 반대자들에게 도움을 주었다. 미디어 이론가인 조슈아 메이로비츠(Joshua Meywrowitz)는 TV보도의 영향으로 정치 영웅이 일반인의 수준으로 낮아지는 특징이 나타난다고 지적했다.[94]

메이로비츠는 미디어가 근접 촬영을 강조하고 공인의 사생활을 파고들며 정치인에게 타격을 입힐 수 있는 행동(실수나 한심한 동작 등)은 무엇이든 포착해내는 특성 때문에 위대한 지도자가 탄생할 가능성이 사라졌다고 주장한다. 정치인은 카메라 앞에서 가능한 실수를 하지 말아야 하고, 가능한 많은 유권자들의 관심을 끌어야 한다. TV와 인터넷은 사람들 앞에서 보여주는 당당한 태도가 아니라 예전부터 숨겨온 비밀스런 행동에 초점을 맞춘다.

정당이 바랄 수 있는 최고의 결과는 호감이 가는, 아니 적어도 유권자(TV시청자) 대다수가 싫어하지 않는 지도자를 임명하는 것이다. 이런 불가피한 상황으로 인해 자신의 대중적 이미지를 평범한 사람들 수준으로 맞추는, 신중하고 성격 좋고 잘 생긴 정치인들이 우세해지는 상황이 조장되었다. 비전 있고, 화려하고, 예측하기 힘들거나 분열을 일으키는 행동을 보이는 카리스마 있는 정치인은 이러한 설명에 들어맞지 않는다.

베버의 '웅변의 카리스마'가 입증된 버락 오바마

베버가 관료주의적 정당기구의 성장으로 인해 카리스마가 점차 위축될 거라고 예측했지만, 한편으로 카리스마의 한 요소는 그 야박한 환경에서도 살아남을 수 있다고 주장했다. 2007~2008년의 미국 대선 캠페인은 미디어의 엄청난 관심을 받았는데, 그러한 관심 중 많은 부분은 정치적 카리스마라는 주제에 집중되었다. 민주당 대선후보 지명 유세와 이후의 대선경쟁에 대한 분석은 1913년에 이루어진 베버의 미국 정치제도 분석 중 얼마나 많은 부분이 21세기 초에도 여전히 타당한지 판단할 수 있는 기회가 되었다.

1913년 베버가 4년마다 열리는 미국 대선 캠페인이 이미 식민지 전쟁과 매한가지가 되었다고 주장했지만, 그것은 매스미디어 시대 이전의 일이었고, 특히 TV 광고가 생기기 전이었다. 2004년 대선 캠페인에 대략 미국 달러로 7억 2천만 달러가 소요되었는데, 2008년 대선에는 훨씬 이 수치를 능가했다. 연방선거위원회(Federal Election Commission)에 따르면, 2008년 정당의 후보자 지명 캠페인에도 최소한 1억 달러의 '참가비'가 필요했다. 이 후보들이 당의 대선후보로 지명받기 위한 캠페인이 여러 달 동안 지속되었기 때문에 이들은 1억 달러가 훨씬 넘는 자금을 조달해야 했다.

민주당 후보였던 버락 오바마는 2008년 1월, 한 달에만 3200만 달러를 모금했던 것으로 보도되었다. 다른 후보자들은 개인 재산으로 지명 캠페인을 이끌어나갔다. 공화당의 한 후보는 대략 3500만 달러의 개인 돈을 쓴 뒤 2008년 지명 캠페인에서 물러났다.[95] 모금된 자금 대부분은 TV나 다른 미디어에서의 광고로 지출된다. 따라서 21세기 초의 대선 캠페인에는 식민지시대 이후의 전쟁 비용에 맞먹는 비용이 필요하다. 베버가 이러한 비용이 정당 후보자들의 범위를 제한하는 요인이라고 언급했던 부분은 여전히 타당한 셈이다. 또한 이 막대한 비용 때문에 그러한 캠페인을 관리하는 효율적인 당 기구의 필요성이 더욱 강조된다.

캠페인에 필요한 조직적 기술과 자금 모금 능력 외에도, 홍보와 미디어 관리는 현대 정치 캠페인에서 없어서는 안 되는 요소다. 당기구가 후보자들에게 빈틈없는 통제력을 행사하는 또 다른 이유는 명예실추 사건이나 실수가 미디어에 의해 포착되어 전송될 위험이 상존하기 때문이다.

베버는 관료주의적 당기구가 이렇게 통제력을 행사한다고 해도, 민주정치 과정에서 카리스마가 여전히 일정한 역할을 담당하고 있다고 주장했다. 그는 선거운동 과정에서 명백히 드러나는 '웅변의 카리스마'가 상당한 영향력을 계속적으로 행사할 것이라고 주장했다. 카리스마 있는 웅변이 갖는 '순전히 감정적인' 효과가 종종 '카리스마적 영웅에 대한 숭배'를 가져올 것이라는 그의 예측은 2007~2008년에 버락 오바마가 민주당 후보로 지명되어 결국 대통령에 당선된 성공적인 캠페인의 예에서 입증되었다. 베버는 카리스마 있는 웅변이 '가두연설'에서 분명히 드러난다고 주장했는데, 매스미디어의 시대에 활력 있는 연설의 감정적인 에너지 또한 TV와 라디오, 인터넷을 통해 전달되었다.

2007년 오바마는 기자들에 의해 카리스마가 있다고 여겨진 유일한 후보였다. 그는 '가장 흥분을 일으키는 후보', '카리스마 있는 연사', 그리고 '새로운 스타일의 정치'를 약속하는 정치가로 묘사되었다.[96] 그의 카리스마는 현대 정치인에게서는 드문 신뢰성과 연관 있었고, '모든 정치인이 만들어지는 것'은 아님을 보여주었다.[97] '변화는 가능하다'라는 그의 캠페인 메시지는 전국을 돌며 이루어진 열정적인 가두연설에서 전달되었고, 그는 청중들을 일종의 종교적인 광란의 상태에 빠지게 만들었다.[98]

언론의 보도는 오바마와 그의 민주당 경선 상대였던 힐러리 클린턴(Hillary Clinton)을 비교하는 데 집중되었다. 이 경선을 사전에 다룬 《워싱턴포스트》는 오바마의 '매력'과 클린턴의 '완력'을 비교한 민주당 전략가의 말을 인용했다. 이 전략가는 거의 베버와 같은 말투로 두 후보를 비교했다. "이 경선은 에너지와 카리스마로 무장한 세력과 돈과 조직으로 무장한 세력 사이의 격투가 될 것이다."[99]

언론 보도에서 클린턴은 전통적인 방법과 지원에 의존하는 전통적인 정치인으로 묘사된 반면, 오바마는 견고한 당기구

밖에서 활동하는 카리스마 있는 정치인으로 묘사되었다.《타임》은 클린턴이 자신은 결코 오바마나 케네디, 자신의 남편처럼 카리스마 있는 정치인이 될 수 없다는 개인적인 실망감을 버리고, 대신 실용주의적이고 온정적인 페르소나를 채택했다고 지적했다.[100] 클린턴의 선거 캠페인은 오바마의 입증되지 않은 환상적인 매력과 비교하여 그녀의 경험과 조직적인 능력을 강조했다. 그녀의 둔감해 보이는 정치적 이미지는 일종의 반(反)카리스마로 기능하게 되었는데, 오바마의 영감을 주는 캠페인의 여러 측면들이 기자들의 꼼꼼한 심판을 받게 되자, 그녀는 미디어의 지지를 얻을 수 있었다.

《타임》의 또 다른 기사에서는 '영감 대 실질적 내용'이라는 이분법이 제기되었다. 오바마는 화려한 웅변이 넘치지만, 클린턴은 단순히 더 많은 것을 안다는 것이었다.[101] "오바마의 지나치게 모호한 웅변에 실질적 내용이 부족한 것으로 드러날 수 있다면, 오바마의 영감은 강점인 동시에 약점으로 해석될 수 있었다."[102] 또한 오바마의 넘치는 카리스마와 매력은 일부 분석가들이 골치 아플 수 있는 '대중의 메시아 신앙(mass messianism)'으로 지적한, 사이비종파와 같은 추종세력을 발생시키는 것으로 여겨질 수 있었다.[103]

버락 오바마가 정치적 카리스마를 지닌 인물로서 존 F. 케네디를 연상시킨 것은 2008년 1월, 오바마가 에드워드 케네디 상원의원을 비롯한 케네디 일가의 지지를 받았을 때 절정에

달했다. 저널리스트인 수잔 골든버그(Suzanne Goldenberg)는 이러한 지지가 미국의 정치상황에서는 대관식에 가까운 일이라고 지적했다. 케네디의 망토를 오바마에게 건네준 이러한 행위는 기뻐 날뛰며 환호하는 군중 앞에서 케네디 상원의원이 과거 민주당의 영웅으로부터 더 젊은 세대로 왕위 계승이 이루어졌다고 명확히 밝히는 가운데 이루어졌다. 오바마는 케네디 일가에 의해 케네디의 적법한 정치 후계자로 임명되었다.[104]

오바마 캠프는 이 상징적인 행동을 발빠르게 이용하여 오바마가 케네디에 필적한다는 점을 강조하는 TV광고를 방송했다. 이 광고는 존 F. 케네디 대통령의 모습으로 시작되어 두 세대의 케네디 일가와 나란히 선 오바마의 모습으로 끝이 났다. 캐롤라인 케네디(Caroline Kennedy, 존 F. 케네디의 딸)의 목소리는 다음과 같이 선언했다. "한때 우리에겐 국민들이 미국에 대해 희망을 느끼게 만들고 우리를 더 위대한 일을 하도록 하나로 묶어주던 대통령이 있었다. 오늘, 버락 오바마는 우리에게 그와 똑같은 기회를 주고 있다. 그는 다시 한 번 우리가 우리 자신을 믿도록 만든다."[105]

이후 미디어에 등장한 큰 제목들은 오바마를 새로운 세대의 JFK라고 칭했다.[106] 케네디 일가가 오바마를 케네디의 후계자로 임명하자, 개리 트루도(Garry Trudeau)는 연재 시사만화인 〈둔즈베리(Doonesbury)〉에서 오바마를 '최초의 흑인 케네디'라고 부르며 오바마가 백인인 케네디보다 두 배의 희망을 제

공하고 두 배의 카리스마를 가져야 할 것이라고 비꼬았다.[107]

　오바마의 '대관식'은 2008년 8월 민주당 전당대회에서 "그런 지도자들은 드물게 나타난다. 그러나 일생에 한두 번 모두가 그들을 가장 필요로 할 때, 그들은 나타난다"는 내용의 오바마와 존 F. 케네디를 결부짓는 연설들과 함께 거행되었다.[108] 이러한 선언들은 당 내에서 오바마의 위상을 격상시켰다. 그러나 이 민주당 후보자는 더욱 용의주도했다. 오바마는 전당대회에서 자신의 후보직 수락 연설이 상당히 웅변적일 것이라는 기대를 깨고 '일처리에 능숙한 느낌을 주는' 연설로 선회했다. 이 결정은 오바마의 영감을 주는 웅변은 순진함과 경험 없음을 감추고 있다는, 존 매케인(John McCain) 공화당 후보자의 주장에 반격을 가하기 위한 전략의 일부였다.[109] 한 기자의 표현에 따르면, '방안을 가득 채우는 뚜렷한 카리스마를 지니지 않은' 매케인은 오바마를 둘러싼 메시아 신앙을 주기적으로 조롱하며 그를 '구조자(Deliverer)'라고 불렀다.[110]

　공화당의 전략은 오바마에게서 나타나는 개인숭배를 실속 있고 경험 많은 지도력에 대한 초라한 대체물이라며 공격을 가하는 것이었다. 이 공격은 9월 공화당 전당대회에서 공화당 부통령 후보로 새로이 등장한 사라 페일린(Sara Palin)에 의해 주도되었다. 페일린은 오바마가 두 권의 회고록은 집필했지만 중요한 법률을 작성한 적이 한 번도 없으며, 그가 자아도취에 빠져 있고 실질적인 내용이 부족하다고 비난했다. 그녀는 종교나 다름없는 오바마를 둘러싼 구세주의 기운을 위험한 양동 작전이라며 비웃었다. 그녀는 다음과 같이 주장했다. "물길을 돌리고 세상을 치료하는 일을 마치고 나면, 그는 정부를 확대하고 국민들로부터 더 많은 돈을 가져갈 것이다."[111]

시사평론가들은 매케인이 자신의 러닝메이트로 페일린을 선택한 결정 자체를 TV가 불붙인 버락 오바마의 불가항력적인 카리스마에 반격을 가하기 위한 조치로 해석했다.[112] '평민적인 아웃사이더'[113]로서의 페일린의 매력은 적어도 선거유세 초기에는 많은 유권자들에게 반향을 일으켰고, 공화당의 대의에 개인 정치적인 요소를 안겨주었다. 그녀의 지지자들은 자주 그녀를 카리스마 있는 인물로 설명했고, 그녀가 청중에 활기를 불어넣는 능력에 매료되었다.

그러나 미디어 분석가들은 좀 더 말을 아꼈다. 나오미 울프 (Naomi Wolf)와 같은 비평가들은 페일린이 에바 페론(Eva Peron)처럼 겉만 번지르르한 위선적인 인민주의자라며 페일린을 평가절하했다.[114] 페일린을 지지하던 보수주의적 평론가들도 그녀가 카리스마는 있지만, 제한된 범위 내에서 그렇다고 설명했다. 어떤 평론가는 부통령 토론 동안 보여준 페일린의 '중산층의 카리스마'에 대해 언급하면서, 중산층의 미국이 중산층 후보가 보여준 카리스마에 매료된 것이라고 말했다.[115]

그러나 공화당이 페일린의 대중적인 매력을 강조하자, 경험 부족과 내용 부족이라며 오바마에게 가해졌던 바로 그 비난이 그녀에게도 가해지는 위험이 대두되었다. 점차 시간이 지나면서 선거 캠페인이 세계 금융위기의 물결에 휘말리자, 다수의 유권자들이 페일린을 준비가 없는 부통령 후보자로 생각한다는 여론조사 결과가 계속해서 나왔다.

기간 상으로 거의 2년 동안 이루어지고, 비용 면에서도 이전 대선 캠페인 비용을 훨씬 초과하는 등 길고 험난했던 선거 캠페인은 오바마에게도 피해를 입히는 듯 보였다. 조심스럽게 11월을 향해 까치발로 다가가고 있는 그가 카리스마적 개혁자의 환영 같다는 지적이 대두되었다.[116] 선거가 가까워지자, 미디어의 논평은 금융위기의 심각성과 신뢰할 수 있는 지도자의 필요성을 강조하기 시작했다.

학계의 어떤 평론가는 《월스트리트저널》을 통해 '카리스마 정치'의 위험성을 경고했다. 이 기사에서 푸아드 아자마이(Fouad Ajamai)는 '집단성이 그 집단의 지도자에 투영되는 현상'에 관한 뒤르켕의 관점을 채택했다. 오바마를 지지하는 대규모 군중을 관찰한 아자마이는 오바마가 자신들의 바람을 그에게 투영시키려는 추종자들에게 '빈 서판(blank slate, 인간의 마음은 아무것도 적히지 않은 깨끗한 서판書板 같은 상태에서 시작해 경험을 토대로 이성과 지식을 쌓아간다는 뜻-옮긴이)'으로 인식된다고 설명했다. 아자마이는 엄청난 규모의 오바마 부대가 아랍과 이슬람사회를 파괴했던 카리스마의 정치를 상기시킨다고 생각했다. 그는 오바마의 승리는 우리의 문제가 지도자의 마

법으로는 해결되지 않을 것이라는 냉정한 판결문을 전달해줄 것이라고 예측했다.[117]

그러나 11월 선거에서 오바마의 승리는 더욱 더 긍정적인 반응을 일으켰다. 오바마의 승리연설을 지켜본 민주당 지지자들의 도취감은 선거 결과에 대한 언론 보도에도 그대로 전해졌다. '영감을 주는', '변혁적'이란 단어들이 빈번히 사용되었고, 어떤 기자는 "놀라운 변혁적인 승리가 잭 케네디의 승리를 생각나게 하며, 이렇게 많은 이들을 눈물짓게 만들 정도로 영감을 주는 정치인은 드물다"고 지적했다.[118] 또 다른 시사평론가는 전례가 없을 정도로 많은 선거자금을 모금한 정비된 선거운동을 칭찬하면서, 오바마가 예언자이자 돈벌이 재주가 있는 사람이라고 설명했다.[119]

《워싱턴포스트》의 E. J. 디온(E. J. Dionne)은 오바마가 모든 것을 탈피하려는 이른바 '포스트 에브리싱(post-everything)' 세대의 대선후보였다며, 변혁적인 특징을 지닌 오바마의 성공을 다음과 같이 요약했다. "오바마는 인종을 포함하여, 우리가 익숙해져 있는 거의 모든 범주를 깨뜨렸다."[120]

《타임》의 기념호에 실린 다양한 기사들은 오바마의 승리가 안고 있는 여러 측면들을 다루었는데, 우리도 모르는 사이에 베버의 카리스마적 리더십 이론을 생각나게 만들었다. 신임 대통령이 물려받은 경제적 '혼란' 상황에 주목한 마이클 그룬왈드(Michael Grunwald)는 혼란을 물려받는 것은 위대한 대통령의 전제조건이나 마찬가지라고 지적했다.[121] (베버는 카리스마적 지도자들은 엄청난 위기의 순간에 등장한다고 주장했다).

오바마가 거둔 승리의 변혁적인 측면을 깊이 파고든 낸시 깁스(Nancy Gibbs)는 계획적이든 실수든, 이제 과거는 권력을 잃는다고 선언했다.[122] (베버는 카리스마적 권력이 과거를 거부한다고 주장했다). 엄청난 변화와 흥분이 지배하는 분위기는 카리스마가 중요한 혁명세력이라는 베버의 주장을 그대로 되풀이했다. 보수주의적 정치인조차도 오바마의 카리스마가 전 세계적으로 이목을 집중시켰다고 인정하면서, 베버의 '카리스마의 일상화 과정'을 연상시키는 방식으로 이 에너지가 약화될 것이라고 내다봤다. "시간이 지나면서, 불만이 쌓여갈 것이다. 인생은 변화의 사도들이 약속했던 이상향보다 더 지루하고 더 비속해진다."[123]

버락 오바마가 자신을 회춘시켰다고 주장한 오바마의 선거운동 자원봉사자는 베버가 자신의 카리스마 개념의 근원으로 인정했던 종교적 측면을 부각시켰다. 이 자원봉사자는 오바마를 마틴 루터 킹 주니어와 연관지었다. "그들 모두, 내면에 빛이 있습니다. 그리고 하나님이 있습니다. '희망'이라는 말은 강력합니다."[124]

마지막으로, 《타임》의 베벌리 게이지(Beverley Gage)는 '신참 대통령'의 유형을 군사 영웅, 전문적 관료, 카리스마를 지닌 영건(Young Gun)으로 분류하면서, 오바마를 테디 루스벨트

(Teddy Roosevelt), 존 F. 케네디, 빌 클린턴과 함께 세 번째 범주에 위치시켰다. 그들 모두 대통령직에 올랐을 때 40대였고, 야심찼으며, 국가적 변화를 위한 개혁적 프로그램을 주창했고, 엄청난 개인적인 자질을 지닌 사람들이라는 것이다. 그러나 게이지는 오바마가 카리스마 있는 영건으로 간주되었던 이전의 대통령들보다 자제심이 많다는 조건을 달았다.[125]

버락 오바마의 성공은 정치 과정에 대한 베버의 분석이 여전히 타당함을 증명해준다. 정당정치의 활동은 상당히 합리화되고 통제되는 수준에 도달했지만, 일개 후보자가 카리스마적 자질을 기초로 폭넓은 지지와 미디어의 시선을 끌어들일 수 있었다. 오바마의 선거운동은 그의 카리스마적 웅변술이 반복적으로 과시된 가두연설에서 그 힘을 유지할 수 있었다.

베버가 설명했던 '감정적인 효과와 카리스마적 영웅에 대한 숭배'는 이러한 가두연설로부터 나타났다. 카리스마가 넘치는 그의 웅변은 오바마의 미디어 출현으로 확대되고 확장되었다. 일부 기자들과 반대자들이 오바마에게 가한 비판조차도 카리스마가 표현될 때의 위험으로 파악된 부분을 목표로 삼았다. 실질적 내용보다 영감을 높이 평가하고, 그것이 갖는 감정적인 특징, 비합리적이고 사이비종교 같은 추종세력을 끌어들이는 성향 등이 바로 비판의 도마 위에 올랐다. 이 모든 것을 볼 때, 카리스마가 민주정치제도에서 중요한 요인으로 지속될 것이라는 베버의 예측은 정당한 것으로 입증되었다.

10

진정으로 강한 사람은
치열하면서도 온화해야 한다.
- 마틴 루터 킹

카리스마라 불리는
그 알기 어려운 것

A HISTORY OF CHARISMA

필자는 이 마지막 장에서 1장에서 제기되었던 몇 가지 문제로 돌아가려 한다. 1세기의 카리스마와 21세기의 카리스마 사이의 관계가 현대문화에 존재하는 세속적 카리스마와 그리스도교의 카리스마, 이 두 가지 카리스마의 연관성과 함께 다시 다루어질 것이다. 이러한 문제들을 다시 검토해보면, 카리스마가 현재 맡고 있는 문화적 역할이 설명될 수도 있을 것이다.

카리스마의 연속성과 불연속성

현대에 통용되고 있는 카리스마의 의미는 미디어로 넘쳐나는 서양문화를 특징짓는 사회적, 경제적, 기술적 요인들의 끊임없는 변화에 의해 형성되어왔다. 현대에 들어 개성을 강조하는 성향과 상대적으로 세속화된 서양 사회의 특성이 이와 관련되어 있다. 이러한 두 가지 요인만으로 사도 바울이 명확히 밝힌 종교적, 집단주의적 카리스마와 확연히 다른 현재의 카리스마의 의미가 생겨났다.

바울은 초자연적인 능력이 수반되는 기적적인 은사로서의 카리스마에 대해 이야기했다. 즉, 그것은 하나님으로부터 받은 선물로, 새로운 그리스도교 집단의 모든 일원들과 공유되어야 했다. 반대로 21세기의 카리스마는 정치인이든 연예인이든 관계없이 '흡인력' 또는 '자기만의 매력'을 가졌다고 여겨지는 사람들과 관련이 있다. 그것은 하나님의 은총으로 부여되는 것이 아니며, 다양한 형태로 나타나 주로 집단의 이익을 위해 사용되지 않는다.

그렇다면 카리스마의 역사가 근본적으로 분리된 상태였다는 관점에서 서술하기 위한 강력한 논거가 성립된다고 볼 수 있지만, 만약 이 역사를 '카리스마라는 말의 이력'으로 간주한다면, 실제로는 한 가지 이력을 추적하게 될 것이다. 이 이력은 카리스마라는 말이 완전히 사라졌던 깊은 단절이 특징이다. 그리고 그리스 어원을 가진 이 말이 다시 나타나면서, 새로운 인식론상의 구성에 의해 결정된 새로운 의미를 갖게 되었다.

이렇게 카리스마는 완전히 새로운 사회적, 문화적 상황에서 두 번째의 이력을 시작했다. 이 새로운 환경 때문에 카리스마라는 말은 이전의 의미와 완전히 다른 것을 의미하게 되었다. 이 말은 긴 침체기에서도 살아남았지만, 여러 세기에 걸쳐 심각하게 의미가 변한 다른 말들처럼 20세기의 카리스마도 그 새로운 세상에 의해 모양이 결정되었고, 겨우 이름만으로 연결되어 있는 고대의 선조보다는 21세기 서양문화의 정치적, 경제적, 사회적, 문화적 결정 요소들 때문에 존재하고 있다.

이러한 주장은 그것이 고대의 카리스마와 현대의 카리스마의 의미 사이에 연속성이 존재하지 않음을 증명할 수 있다면, 전적으로 설득력을 지니게 될 것이다. 그러나 빈약하긴 하지만 그때와 지금의 카리스마를 연결해주는 끈이 존재한다고 주장할 수 있다. 이 주장의 열쇠는 현대의 카리스마가 모호한 입장에 처해 있다는 사실에 있다. 매스미디어에서 언급되는 카리스마는 이 존재물의 파악하기 어려운 특징, 즉 정확하게 그 말을 정의하기 어렵다는 점을 부각시킨다.

여기서 유명인과의 비교가 도움이 되는데, 카리스마는 그 불가사의한 성질에서 유명인과 다르다. 유명인은 매스미디어에 의해 만들어질 수 있지만, 카리스마는 다르다고 여겨진다. 누군가는 카리스마를 가지고 있지만, 또 다른 사람은 카리스마를 가지고 있지 않다. 카리스마는 만들거나 살 수 없는 것이다. 개인을 위해 만들어질 수 있다는 점에서 유명인은 비본질적인 반면, 카리스마는 어떤 사람에게 본질적인 성질로 간주된다. 명성이나 위신마저도 이러한 속성들이 업적 또는 물려받은 사회적 지위에 의해 얻어진다는 점에서 카리스마와 다르다. 반대로 카리스마는 단순히 어떤 사람에게 본래부터 타고난 속성으로 여겨진다.

카리스마가 몇몇 개인들에게 부여된 타고난 자질로 이해되지만, 그 기원 문제에 관해서는 여전히 이해할 수 없는 부분이 남아 있다. 어떤 사람이 합리적인 분석을 허용하지 않는 방식으로 카리스마를 부여받았다고 하자. 그것은 하나의 '선물'이라고 일컬어질 수 있다. 카리스마를 타고난 사람은 아마도 관심을 받을 것이고, 그 사람을 따르는 추종자들도 생겨날 것이다.

이 비범한 자질은 사이비종교지도자들이나 그들의 광신적인 추종자들에게서 드러나듯이 위험하다고 여겨질 수도 있다. 아니면 그것은 전율을 안길 정도의 정치지도자나 더욱 강렬한 인상을 주는 연예인을 탄생시킬 수도 있다. 카리스마의 이런 불가사의한 측면은 아무리 변했다고 해도 사도 바울이 상세히 설명한 카리스마라는 개념의 신비주의적이고 종교적인 측면이 지속되었음을 의미한다. 2천 년을 사이에 두고 그 말에 부여된 의미들은 똑같지는 않지만, 일종의 연속성을 부여할 정도로 비슷하다. 이 개념은 2000년이 지난 뒤에도 특별한 선물이라는 핵심적인 의미를 유지하고 있었다.

그렇지만 이 연속성을 과장하지 않는 것이 중요하다. 베버의 뒤를 이어 현대에서 사용되는 카리스마는 1세기에 사용되던 그 단어에 뚜렷이 담겨 있던 종교적이고 신비주의적인 의미가 상실된 상태다. 미디어의 해설자들이 어떤 정치인의 카리스마에 대해 이야기할 때, 그들은 보통 하나님으로부터의 선물이나 초자연적인 능력을 가리키는 게 아니다. 카리스마는 여전히 선물(gift)로 간주되지만, 신에게서 유래했다는 언급은 빼고, '타고난(gifted)'의 의미로 간주된다.

눈길을 끌 정도의 매력이라는 카리스마의 현대적인 의미는 실제로 바울의 그리스도교 건설보다는 텔레마코스를 묘사한 호메로스의 다음과 같은 설명에 더 가깝다. "아테네가 그에게 그런 초자연적인 은총(카리스)을 주었기 때문에 그가 다가오자 모든 눈이 그에게로 향했다."[1] 자석과도 같이 끌어들이는 힘, 즉 매력이 주요 요소다.

그러나 오늘날의 카리스마는 1세기의 카리스마나 심지어는 호메로스에서 '초자연적인 은총'으로 예시되었던 카리스마와 마찬가지로, 어떤 개인들이 소유한 놀랍고 희귀한 자질로 이해된다. 그 말이 종교적인 의미를 상실했지만, 그럼에도 불구하고 어느 정도의 신비에 가려진 채로, '타고났다는' 의미를 지니고 있다.

타고났다는 의미를 둘러싼 신비한 분위기는 타고난 재능을 지닌 사람들에게 매료되는 대중문화에서 뚜렷이 나타난다. TV의 연예인 선발 프로그램은 최고 수준의 재능을 보여주는 천재를 발굴하며 기뻐하고, 공상과학소설은 초인간적인 능력을 가진 영웅들에게서 구체적으로 나타나는 초자연성에 이 개념을 확대시켰다.

종교적 카리스마와 세속적 카리스마가 겹쳐지다

바울의 카리스마를 연구한 지그프리트 샤츠만은 현대에서 대중적으로 사용되는 베버의 카리스마와 신약성서에 담긴 카리스마의 의미 사이에 유사한 점이 거의 없다고 생각한다.[2] 7장에서 지적한 대로, 20세기 말의 그리스도교 신학자들과 종교 역사가들은 카리스마파 그리스도교와 세속적 의미의 카리스마를 엄격히 구분했다. 21세기 초에 그리스도교의 카리스마파 운동은 교회 내에서나 일반 사회 모두에서, 1960년대와 1970년대만큼 눈에 띄지 않았다. 카리스마파 그리스도교가 주류 미디어의 관심을 받는다면, 그것은 주로 백만장자의 흥행사인 TV 복음전도사나 과격한 종파와 관련이 있는데, 두 경우 모두 현대 종교의 추레한 모습이라고 간주되고 있다.

카리스마는 여전히 종교의 역사를 연구하는 학계의 주제이며 설교 중에도 언급되지만, 대체로 가장 초기의 교회와 관련되어 언급된다. 세속적 의미의 카리스마가 어디에서나 존재하고 그리스도교식의 카리스마는 제한되어 사용된다고 보면, 하나는 다른 하나보다 훨씬 더 이목을 끌고 양쪽이 거의 연관성이 없는, 두 가지의 카리스마가 존재하는 것처럼 보일 수 있다.

이 두 가지 카리스마 사이에 연관성이 있다면, 겉으로 드러나기보다는 함축적인 연관성이라고 할 수 있다. 아마도 세속적 카리스마는 계층적 관계와 같은 사회현실에 대한 종교적인 해설을 평가절하한 서양사상의 세속화 때문에 현대문화에서 유행하고 있을 것이다. 이전 세기에서 '군주의 신권'을 다룰 때처럼 사회적 권위와 계층제도는 종교에 의지하여 설명되고 정당성을 인정받았다. 18세기까지 교회는 안수치료를 행하는 '왕실의 카리스마'가 군주 개인에게 존재한다고 주장했다. 세속문화는 지도자와 추종자 간의 관계 등 사회적 관계에 대한 세속적 해석을 요구한다. 카리스마라는 개념은 그 기능을 수행하기 위해 동원된다.

세속적 카리스마와 종교적 카리스마 사이의 또 다른 연관성은 비록 변화된 형태이지만 1세기부터 현재까지 살아남은 '타고났다'는 일반적인 개념과 관련이 있다. 카리스마 있는 연사들과 지도자들은 자주 '타고났다'고 표현된다. 세속적인 경우와 종교적인 경우 모두, 다양한 사업들은 개인의 타고난 재능을 향상시켜 그들에게 능력을 부여하는 일과 관련 있어왔다. 9장에서 소개된 카리스마 자기계발서와 7장에서 설명된 카리스마를 확인해내는 그리스도교 카리스마파의 지침은 비슷한 접근방식을 지지한다. 두 경우 모두 잠재된 카리스마의 능력을 계발하려 하는데, 모두 카리스마가 개인 안에서 확인되어 계발되어야 할 타고난 재능이라고 생각한다.

카리스마 있는 인물들에 대한 미디어의 설명에서도 세속적 의미와 종교적 의미가 중복되는 경우가 있다. 2008년 버락 오바마의 열광적인 추종자들은 일부 해설자들에게 '대중 메시아 신앙'의 느낌을 불러일으켰고, 오바마의 영감을 주는 연설은 마틴 루터 킹 주니어의 큰 소리를 지르던 전통을 따르고 있다. 존 F. 케네디와 함께 20세기의 가장 카리스마 있는 지도자들 가운데 한 사람으로 인정받았던 킹 목사는 반향을 일으킨 자신의 연설에서 종교적인 내용과 정치적 내용 모두를 통합시켰다. 그가 연사로서 청중에게 활기를 불어넣은 힘은 카리스마에서 중요한 구전을 통한 전달력에 의존한 것이었다. 초기 그리스도교에서 카리스마를 받은 예언은 그 종교가 아무 기록된 원문도 없이 입으로 전달되는 전통을 갖고 있을 때 번성했다. 4장에서 설명했듯이, 교회가 성서의 정전을 발전시킴에 따라 걸출했던 예언자들은 줄어들었다.

20세기에 케네디와 킹을 포함한 카리스마 있는 정치인들은 TV의 시청각 도구를 통한 방송으로 뛰어난 웅변가로서의 명성을 얻었다. 실제로 카리스마 있는 인물들의 지속적인 이미지를 대중의 머릿속에 각인시키는 과정에서 TV가 미친 영향은 과소평가할 수 없다.

1960년대 전반기에 케네디와 킹, 피델 카스트로, 무하마드 알리 등 각자 자기 분야에서 뛰어난 언변을 보여준 이들은 TV를 통해 다른 나라에 있는 청중들에게까지 알려졌다. 그리고 다들 최고로 카리스마 있는 인물들로 간주되었다. 21세기에도 구전의 전통은 버락 오바마와 같이 카리스마 있는 인물로 여겨진 정치인들의 감동적인 가두연설의 형태로 카리스마와 계속해서 연관지어졌다. 이 연설들이 철저히 각본에 의해 준비되고 프롬프터 기계를 보며 읽혀진다고 해도, TV방송을 통해 그들이 직접 전달하는 연설에는 카리스마 있는 지도자와 성공한 사람의 자질이 전해진다.

카리스마, 파악하기 어려운 미지의 것

한편으로는 카리스마가 존재하지 않는다고 주장할 수도 있다. 카리스마 같은 것은 없으며 카리스마로 오인되어왔던 것은 실제로 몇몇 사람들이 보여준 자신감이나 매력, 대담함, 웅변술, 조종 능력 내지 과시 능력이라고, 합리주의적이고 유물론적인 근거에 기초하여 그럴듯하게 주장할 수도 있다. 더 나아가 카리스마는 선구자적 인물들이 특정 형태의 권력관계로 권력을 정당화하는 데 이용된 이데올로기적 속임수나 신비화 도구로 기능했다고 주장할 수도 있다. 앞에서 살펴봤듯이, 실제로 막스 베버가 이러한 비난을 받기도 했다.

그러나 이 주장은 서양문화에서 카리스마가 지속되었다는 생각과 비교되어야 한다. 카리스마라는 자질은 미디어의 정치 분석, 대중문화, 유명인에 대한 토론 등 21세기의 이야기 속에서 두드러지게 나타난다. 요즘에도 어떤 공인이 카리스마를 가졌는지 아닌지에 대한 논의가 끊임없이 이루어진다. 이 모든 이야기 속에서도 카리스마는 정의하기 어려운 막연한 측면을 유지하고 있다. 그것은 계속적으로 '그 파악하기 어려운 것', '미지의 요인', '잇 팩터', 알 수 없는 요인, 정의 내릴 수 없는, 신비로운, 수수께끼 같은 요인으로 지칭되고 있다.

카리스마는 서로 다른 시대에 서로 다른 문화에 의해 사용되고 개조되어온 개념이다. 이 개념은 문화별 욕구를 충족시키기 위해 변해왔다. 카리스마라는 말이 바울과 베버에 의해 만들어지고 다시 탄생하지 않았다면, 존재하지 않았을 가능성이 높다. 그러나 바울은 자신의 편지에서 언급한 소규모의 그리스도교 공동체 너머의 누군가에게 카리스마를 적용하려 하지 않았다. 베버도 유명인을 언급하기 위해 카리스마를 염두에 둔 것이 아니었다. 이 두 장본인의 의도는 늘 그렇듯, 길고 복잡한 문화 역사에 비추어봤을 때 제한적인 관련성만을 지닌다.

현대의 서양세계에서 카리스마는 유명인이나 위신과 같은 다른 말로는 충족되지 않는 문화적 욕구에 응답해주고 있다. 부르디외, 코터 등 여러 이론가들이 제공한 합리적인 분석은 일반 대중을 통해 알 수 있듯이, 이 욕구를 충족시키지 못한다. 베버에 의해 이론화되고 베버의 비판가들에 의해 비난 받은 카리스마의 비합리적인 측면은 중요한 요소다. 매일 흔히 쓰이는 카리스마는 예측하기 어렵고 가늠하기 어렵다고 여겨진다. 그것을 병에 담거나 파괴하거나 만들 수는 없다. 기껏해야 유명인은 인공적인 대체물이다. 카리스마는 경고나 이유 없이 사람들에게 다가오는 것으로 간주된다. 카리스마는 단순히 사람들을 비추는 것이다.

　카리스마의 파악하기 어렵고 정의하기 어려운 특징은 현대 문화에서 카리스마가 끈덕지게 존재하는 이유에 대한 실마리를 쥐고 있다. 카리스마에는 신비로운 무언가가 존재한다. 그것은 1세기에 상술되었던 바울의 신학에서도 신비로운 개념이었다. 그리고 20세기 베버의 사회학에서는 반(半) 신비적인 개념이었다. 베버의 카리스마는 신비롭고 종교적인 기원의 흔적을 유지하고 있었다. 실제로 베버가 근대성의 합리화에 이론적 반격을 모색하고 있을 때, 카리스마의 비합리적인 성질이 베버의 관심을 끌었던 것이다. 카리스마가 서양문화에서 하나의 개념으로서 살아남고 실제로는 번성하기까지 한 것은 현대 세계가 완전히 각성된 것은 아니라는 베버의 믿음에 정당성을 제공해준다.

　카리스마는 가장 관료주의적인 정치와 경영의 지배가 이루어지고 있는 현대 세계에서 그 매혹적인 특징 때문에 존재하고 있다. 그것은 인간관계에서 신비롭고 설명하기 힘든 무언가를 의미한다. 카리스마는 하나의 개념으로서 이성과 신앙 사이의 공간에서 맴돌고 있다. 그것은 왜 몇 안 되는 어떤 사람들이 같은 시대를 사는 사람들을 매료시키는지 설명하면서,

그 가늠하기 힘든 부분을 의미하고 있다. 그것은 명성을 포함하여 뭐든지 만들 수 있는 책략의 시대에 진위 여부를 가늠하는 지표로 사용된다. 그것은 한 신문기사의 표현을 빌리면, 왜 어떤 사람들은 늘 무리 가운데서 돋보이는지를 설명해준다.

어떻게 이런 일이 일어날 수 있을까? 그것을 이성적으로 분석하여 만족스러울 만큼 설명할 수 있는가? 아니면 그것은 어떤 타고난 재능의 결과인가? 문화는 그 부분에서 확신하지 못한다. 혹은 판단내리길 원하지 않는지도 모른다. 바로 그 때문에 문화는 카리스마라는 말을 사용한다.

주
참고문헌
색인

「주」

■1장■

1. _____ Pierre Bourdieu, 'Legitimation and Structured Interests in Weber's Sociology of Religion', p. 129.
2. _____ John P. Kotter, What Leaders Really Do, p. 51.
3. _____ 6장에서 분석한 오크스의 카리스마 연구 내용은 베버의 카리스마 개념을 거부했다기보다는 수정한 것이다.
4. _____ Susie Tucker, Enthusiasm: A Study in Semantic Change ; P. N. Furbank, Reflections Oil the Word 'Image'; Neil Kenny, The Uses of Curiosity in Early Modern Germany and France ; John Lyons, Before Imagination: Embodied Thought from Montaigne to Rousseau.
5. _____ Tucker, Enthusiasm, p. 5.
6. _____ Ibid., p. 165.

7. _____ Terence Ball, 'Political Theory and Conceptual Change', p. 41.
8. _____ Edward Said, *The World, the Text, and the Critic*, p. 35.
9. _____ David Spadafora, *The idea of Progress in Eighteenth-Century Britain*, p. 423.
10. _____ Ibid., p. 423.
11. _____ Ibid., p. 422.
12. _____ 러브조이는 The Great Chain of Being(1936)에서 자신의 연구 방법을 대략적으로 설명하고 있다. 관념을 연구하는 역사가는 철학적 학설을 '구성요소'로 일일이 해체하는데, 러브조이는 이 구성요소를 '단위개념'이라고 부른다(p. 3). 러브조이는 '단위개념'을 중심으로 지적 요소들이 변화한다는 사실을 지적함으로써, 사상사의 진화론적인 변화를 설명하고 있다. 하지만 기초적인 '사전 개념'(prior idea)이나 단위는 변하지 않는다(pp. 5-6).
13. _____ 스키너는 1969년에 처음 발표한 논문에서 '단위개념'의 역사를 추적하는 방법론이 타당하다는 주장을 공격했다. 스키너는 러브조이의 방법이 사회적 동인을 무시했고 하나의 개념이 변하지 않는 본질적인 의미를 지닐 수 있다는 가정에 입각했다는 이유로 비판을 가했다(*Visions of Politics* 1권, pp. 84-85). 푸코의 비판은 러브조이에 집중되지는 않았지만, *The Order of Things*(1970)와 *The Archaeology of Knowledge*(1972)에서, 전통적인 관념사에서 추구되는 '개념의 경험주의적 발전'을 추적하는 방식을 거부했다(The Archaeology of Knowledge, p. 63).
14. _____ Ian Maclean, 'The Process of Intellectual Change: A Post-Foucauldian Hypothesis', p. 166.

15. _____ 마크 베버(Mark Bevir)는 맥락주의에 입각한 역사서술이 어떠한 사회적 맥락에서도 창의적으로 행동하는 개별 작가들의 능력을 배제할 필요는 없다고 지적한다. 베버는 지성사 내에서 의식 있고 이성적인 인간이 활동할 여지를 옹호한다. *The Logic of the History of Ideas*, pp. 33, 311.

16. _____ 1970년대에 등장한 사회사적 접근방식은 에드윈 저지(Edwin Judge)가 1960년에 발표한 *The Social Pattern of the Christian Groups in the First Century*에 의해 시작되었다고 할 수 있다. 초기 기독교 집단의 사회적 기반을 다룬 이 분석은 기독교 역사학에서 사회문제를 다루는 계기가 되었다. 제임스 해리슨은 서론에서 이 저서와 함께, 저지의 *The First Christians in the Roman Empire: Augustan and New Testament Essays*에 미친 학문상의 영향을 다루었다.

17. _____ James Harrison, *Paul's Language of Grace in Its Graeco-Roman Context*, p. 13.

■ 2장 ■

1. _____ Ceslas Spicq, *Theological Lexicon of the New Testament*, p. 500.
2. _____ Ibid., pp. 500–3.
3. _____ *The Iliad*, trans. Richard Lattimore, p. 385.
4. _____ Liddell and Scott, *Greek-English Lexicon*, p. 883.
5. _____ *The Odyssey*, trans. E. V. Rieu, p. 17.
6. _____ James Harrison, *Paul's Language of Grace in Its Graeco-*

Roman Context, p. 108.

7. _____ Ibid., p. 8.

8. _____ Ibid., pp. 209 and 174.

9. _____ Ibid., p. 184.

10. _____ Liddell and Scott, Greek-English Lexicon, pp. 882-3.

11. _____ Edward Campbell, 'Grace', p. 260.

12. _____ Harrison, Paul's Language of Grace, p. 108.

13. _____ 달리 언급이 없다면, 이후 등장하는 구약성서와 신약성서의 모든 인용문은 개역개정본에서 인용한 것이다.

14. _____ Harrison, Paul's Language of Grace, p. 108.

15. _____ Hippolytus, Discourse on the Holy Theophany, trans. S. D. F. Salmond, Ante Nicene Christian Library Vol. IX.

16. _____ R. N. Whybray, 'Prophets: Ancient Israel', p. 621, citing 1 Sam 10:10-13; 1 Kings 17:17-24; 1 Kings 22.

17. _____ David Aune, Prophecy in Early Christianity and the Ancient Mediterranean World, p. 83.

18. _____ Ibid.

19. _____ Ibid., p. 85.

20. _____ Whybray, 'Prophets', p. 621.

21. _____ Aune, Prophecy, p. 126.

22. _____ Quoted in James Dunn, Jesus and the Spirit: A Study of the Religious and Charismatic Experience of Jesus and the First Christians as Reflected in the New Testament, p. 304.

23. _____ De Migratione Abrahami 35, quoted Aune, Prophecy, p. 147.

24. _____ Aune, Prophecy, p. 86.

25. _____ Ibid.
26. _____ M. 엘리아드(M. Eliade)의 1964년 저서, *Shamanism: Archaic Techniques of Ecstasy*에서 처음 제시된 이 정의는 제임스 맥레논(James McLenon)과 마이클 윙클먼(Michael Winkelman)의 지지를 받았다. 이 두 학자는 각각 'How Shamanism Began'과 'Spirits as Human Nature'에서 이 정의를 부연 설명했다. 두 논문 모두, 2004년에 발표되었다.
27. _____ McLenon, 'How Shamanism Began', p. 21.
28. _____ Winkelman, 'Spirits as Human Nature', p. 72. 윙클먼은 보편적으로 수렵채집사회에서 샤머니즘이 나타났다고 가정한다. 맥레논은 'How Shamanism Began', p. 21에서 윙클먼의 이전 연구를 근거로, 샤먼이 이러한 사회에서 유일하게 전문적인 기술을 갖고 있는 사람이었다고 주장했다.
29. _____ Winkelman, 'Spirits as Human Nature', pp. 59-60, citing works in neurophenomenology by Laughlin, McManus, d'Aquili and himself, that 'seek linkages between the neurological functions of the brain and phenomenal experiences, particularly those manifested in universal and cross-cultural patterns'.
30. _____ Winkelman, 'Spirits as Human Nature', p. 72.
31. _____ Aune, *Prophecy*, p. 83.
32. _____ Dunn, *Jesus and the Spirit*, p. 68.
33. _____ E. R. Dodds, *The Greeks and the Irrational*, p. 146.
34. _____ Ibid., p. 144.
35. _____ Ibid., p. 146.
36. _____ John Ashton, *The Religion of Paul the Apostle*, p. 33. 카먼 블

랙커(Carmen Blacker)가 *The Catalpa Bow*에서 소개한 일본 샤머니즘에 관한 연구내용을 인용했다.

37. _____ I. M. Lewis, *Religion in Context*, p. 121.

38. _____ Ashton, *Religion of Paul the Apostle*, p. 33.

39. _____ Martin Hengel, *The Charismatic Leader and His Followers*, pp. 21-2.

40. _____ Ibid., p. 35.

41. _____ Jack Sanders, *Charisma, Converts, Competitors*, p. 17. 게자 버메스(Geza Vermes)가 *Jesus the Jew*에서 제기한 주장을 부연 설명했다.

42. _____ 같은 책, pp. 17-18. 샌더스는 갈릴리 지방의 성자들에게서 카리스마적 인물의 계보를 찾아야 한다는 버메스의 주장에 반대한다. 샌더스는 '그저 오래된 카리스마'와 베버의 정의에 부합되어 보이는 예언 능력을 구분한 시어도어 롱(Theodore Long)의 주장을 이용하여 자신의 논거를 뒷받침했다.

━ 3장 ━

1. _____ '초자연적'이라는 말이 바울 서신과 사도행전에 서술된 기적적인 능력을 현대적인 관점에서 설명하는 데 적합하지만, 바울 자신은 '초자연적'이라는 뜻에 해당하는 단어를 사용하지 않았다는 점을 기억해야 한다. 바울에게 기적은 단순히 하나님의 힘이 증명되는 한 가지 형태에 불과했다. 벵그트 홀름버그는 *Paul and Power*, p. 103에서 사도 바울이 서신에서 상세히 다룬 영적인 재능을 설명하기 위해 '초자연적'이라는 말 대신 '초인간

적'이라는 말을 사용했다.
2. _____ 이 회의에 대해서는 약간의 불확실한 부분이 존재한다. 부분적으로는 사도행전 15장의 설명과 갈라디아서 2장 1절부터 10절에 나오는 사도 바울의 설명이 다르기 때문이다. 홀름버그는 Paul and Power, p. 21에서 이 회의에서는 그리스도교로 개종하는 이방인이 할례를 받을 필요가 없다는 합의가 내려진 정도로 보는 것이 낫다고 주장했다.
3. _____ Henry Chadwick, The Early Church, p. 20.
4. _____ Richard Wallace and Wynne Williams, The Three Worlds of Paul of Tarsus.
5. _____ Ibid., pp. 3-7.
6. _____ Chadwick, The Early Church, p. 26.
7. _____ Chris McGillion, 'Delusions Can Be a Religious Experience', Sydney Morning Herald, 2002년 7월 23일자. 이 기사는 종교적, 신비주의적 경험에 대한 현대 의학적 해석을 이러한 관점에서 다루었다. A. E. Harvey, Jesus and the Constraints of History, p. 99. 하비는 고대인들이 기적으로 느꼈던 현상들이 반드시 현대인에게도 그렇게 느껴지는 것은 아니며 복음서에 치료의 기적으로 기록된 다수의 사건들이 자연적인 현상으로 설명될 수 있다는 일반적인 주장을 했다.
8. _____ James Dunn, Jesus and the Spirit: A Study of the Religious and Charismatic Experience of Jesus and the First Christians as Reflected in the New Testament, pp. 302-4.
9. _____ Christopher Forbes, Prophecy and Inspired Speech in Early Christianity, p. 125.

10. _____ John Ashton, *The Religion of Paul the Apostle*, p. 198. 존 애슈턴은, 이교도의 경우, 설명하기 어려운 사건을 신이나 여신, 악마의 소행이라고 보는 반면, 유대인은 하나님의 섭리나 사악한 악마의 악의적인 영향 때문이라고 생각한다고 주장했다. 애슈턴은 p. 176에서 A. N. 윌슨(A. N. Wilson)의 말을 인용했다. "고대 세계의 사람들 대부분은 영계(靈界)의 힘을 인정했을 것이다. 그것은 단지 어떤 신이 다른 신보다 더 나은가의 문제이거나 유대인의 경우라면 어떤 신이 정통 신인지의 문제였다."

11. _____ Paula Friedriksen, *From Jesus to Christ*, p. 88, n. 99, quoted in Jack Sanders, *Charisma, Converts, Competitors*, p. 13.

12. _____ Jerome Murphy-O'Connor, *Paul: A Critical Life*, p. vi. 머피 오코너는 자신이 J. 녹스가 1950년에 발표한 *Chapters in a Life of Paul*에서 제시한 원칙을 따르고 있다고 주장한다.

13. _____ 이러한 접근방식은 F. F. 브루스의 *The Acts of the Apostles*에서 찾아볼 수 있다. 브루스는 사도행전에서 누가가 설명한 바울의 퇴마능력을 언급하면서 다음과 같이 말했다. "현대의 독자들은 그렇게 싹튼 신앙의 품격에 대해 의문을 품겠지만, 마법적인 관점에서 생각하는 사람들에게는 깊은 인상을 줄 수밖에 없었다." Ashton, *The Religion of Paul the Apostle*, p. 175에 인용됨.

14. _____ 애슈턴은 바울신학의 신비주의적 측면이나 초자연적 측면을 강조하는 비주류 학자들을 대략적으로 소개했다(pp. 30-31). 바울신학을 이런 식으로 접근하는 학자들 중에는 헤르만 군켈(Hermann Gunkel)이 있다. 군켈은 1888년, 독일어로 처음 발표한 *The Influence of the Holy Spirit*에서 바울이 물려받은 영혼

의 개념은 획일적인 초자연적인 힘의 개념이었다고 주장했다. 그리고 1931년, 독일어로 출간된 알베르트 슈바이처(Albert Schweitzer)의 *The Mysticism of Paul the Apostle*도 이러한 접근방식을 적용한 저서에 속한다. 그리고 요안 루이스(Ioan Lewis)도 *Ecstatic Religion*(1971)에서 은사와 샤머니즘이 서로 관련이 있다고 주장했고, 마이클 보딜론(Michael Bourdillon)도 자신의 논문, 'Thoughts of the Spirit'(1976)에서 샤머니즘에 대한 인류학적 인식을 신약성서에 적용했다.

15. _____ Murphy-O'Connor, *Paul*, p. 51.
16. _____ McGillion, 'Delusions Can Be a Religious Experience', p. 11.
17. _____ "사도 바울의 경우처럼, 샤먼이 되는 과정은 씩씩하게 역경을 참아내는 데 있으며, 결국 은사로 바뀌는 경우가 일반적이다." Ioan Lewis, *Ecstatic Religion*, Ashton, *The Religion of Paul the Apostle*, p. 46에 인용됨.
18. _____ Francis Gignac, 'Greek', p. 263.
19. _____ William Arnt and Wilbur Gingrich, *A Greek-English Lexicon of the New Testament*, p. xxi.
20. _____ Ceslas Spicq, *Theological Lexicon of the New Testament*, Vol. 3, p. 500.
21. _____ James Harrison, *Paul's Language of Grace in Its Graeco-Roman Context*, p. 348.
22. _____ Edward Campbell, 'Grace', p. 261.
23. _____ Siegfried Schatzmann, *A Pauline Theology of Charismata*, p. 2. P. 보네테인(P. Bonnetain)의 글을 인용함. 비슷하게 게르하르트 프리드리히(Gerhard Friedrich)도 *Theological Dictionary*

of the New Testament, p. 395에서 은총은 바울의 신학에서 중심적인 개념이고 은총의 힘이 '죄를 극복하는' 과정에서 드러난다고 주장했다.

24. _____ Schatzmann, A Pauline Theology of Charismata, p. 2.
25. _____ Friedrich, Theological Dictionary of the New Testament, p. 376.
26. _____ Dunn, Jesus and the Spirit, p. 202.
27. _____ Harrison, Paul's Language of Grace, p. 2. 제임스 해리슨은 바울의 '은총'을 다루면서 그가 그리스로마 사회의 맥락에서, 구체적으로 말하면, 상호주의 체계 내에서 은총의 신학을 명확히 밝힌 과정을 상세히 다루었다.
28. _____ Seneca, De Beneficiis, cited in Murphy-O'Connor, Paul, p. 305.
29. _____ Harrison, Paul's Language of Grace, p. 214.
30. _____ Ibid., pp. 230, 212, 224.
31. _____ Ibid., p. 324.
32. _____ Ibid., pp. 346 and 243.
33. _____ Schatzmann, A Pauline Theology of Charismata, p. 2.
34. _____ 해리슨은 Paul's Language of Grace에서 'Leg. All', pp. 279-80, n. 255에 등장하는 카리스마의 존재에 관해 학자들의 '원전비평'이 여전히 이루어지고 있다고 주장했다. 해리슨은 필로의 글에 나온 '카리스마'에 대해 논쟁하는 학자들로 U. 브록하우스(U. Brockhaus), J. 보베(J. Wobbe), H. 콘첼만(H. Conzelmann)을 열거했다. 샤츠만은 A Pauline Theology of Charismata p. 3에서 E. 케제만(E. Käsemann)의 글을 인용하며 필로의 글에 등

장하는 카리스마가 의심스럽기 짝이 없다고 주장했다.

35. _____ Friedrich, *Theological Dictionary of the New Testament*, pp. 402-3.
36. _____ Harrison, *Paul's Language of Grace*, p. 280, n. 255.
37. _____ Schatzmann, *A Pauline Theology of Charismata*, p. 4.
38. _____ Dunn, *Jesus and the Spirit*, p. 206.
39. _____ Harrison, *Paul's Language of Grace*, p. 280, citing E. Nardoni.
40. _____ Schatzmann, *A Pauline Theology of Charismata*, p. 2, citing Hasenhüttl.
41. _____ 크리스토퍼 포브스가 이러한 해석을 제시했다.
42. _____ Friedrich, *Theological Dictionary of the New Testament*, p. 403.
43. _____ E. Käsemann, quoted in Schatzmann, *A Pauline Theology of Charismata*, p. 7.
44. _____ All cited by Schatzmann, *A Pauline Theology of Charismata*, p. 8.
45. _____ Dunn, *Jesus and the Spirit*, pp. 254-5.
46. _____ Schatzmann, *A Pauline Theology of Charismata*, p. 11.
47. _____ Ibid., p. 10
48. _____ Ibid.
49. _____ 샤츠만은 *A Pauline Theology of Charismata*에서 바울이 16번 언급한 카리스마에 대해 상세한 해석을 제공했다. 그는 콘첼만의 p. 12 n. 17과 베드로에게 미친 바울의 영향을 다룬 브록하우스의 글을 인용했다.
50. _____ Murphy-O'Connor, *Paul*, p. 284.

51. _____ Forbes, *Prophecy and Inspired Speech in Early Christianity*, p. 316.
52. _____ Murphy-O'Connor, *Paul*, pp. 276 and 281.
53. _____ Schatzmann, *A Pauline Theology of Charismata*, p. 28, citing MacGorman.
54. _____ 샤츠만은 p. 51에서 '은총의 선물'이라는 표현을 이용했다.
55. _____ Schatzmann, pp. 21-24. 그리스도교 예언에 대해 던은 *Jesus and the Sprit*, p. 228에서 예언을 "저절로 나오는 말, 즉 예언자에게 말로 주어지는 계시로서, 받은 대로 전달되어야 한다"고 정의했다. 앤은 *Prophecy*, p. 338에서 그리스도교의 예언을 '신이 정당하다고 인정한 그리스도의 이야기'라고 설명했다.
56. _____ Dunn, *Jesus and the Spirit*, pp. 232-3.
57. _____ Murphy-O'Connor, *Paul*, p. 332.
58. _____ Schatzmann, *A Pauline Theology of Charismata*, p. 16, citing Käsemann.
59. _____ Ibid., p. 17.
60. _____ Ibid., p. 49.
61. _____ Schatzmann, *A Pauline Theology of Charismata* p. 49. 샤츠만은 카리스마타가 더 이상 성령이 직접 내린 선물이 아니기 때문에 일상화되고 말았다는 카롤 가브리스(Karol Gábris)의 주장을 인용했다. 바울이 이 서신을 썼을 가능성이 높지만, 이 서신의 집필자를 놓고 학자들 간에 논쟁이 벌어지고 있다.
62. _____ Ibid., p. 49.
63. _____ Dunn, *Jesus and the Spirit*, p. 265. 던은 다음과 같이 지적했다. '카리스마를 지닌 집단으로서의 교회는 다양성 내에, 그리고 다

양성을 통해 존재하는 단일체를 의미한다. 즉, 다양한 카리스마타 내에, 그리고 다양한 카리스마타를 통해 존재하는 통일된 카리스를 의미한다.

64. _____ 사도행전 19장 40절은 에베소에서의 모임에 대해 언급하고 있다. Edwin Judge, *The Social Patterns of the Christian Groups in the First Century*, p. 24에 인용됨.

65. _____ Harrison, *Paul's Language of Grace*, pp. 281-2.

66. _____ Schütz, 'Charisma and Social Reality in Primitive Christianity', p. 52, quoted in Schatzmann, *A Pauline Theology of Charismata*, p. 96.

67. _____ Dunn, *Jesus and the Spirit*, p. 291.

68. _____ Schatzmann, *A Pauline Theology of Charismata*, p. 97.

69. _____ Holmberg, *Paul and Power*, p. 7.

70. _____ Ibid., p. 150.

71. _____ Ibid., p. 160.

72. _____ Ibid., p. 195.

73. _____ Robert Banks, *Paul's Idea of Community*, p. 118.

74. _____ Ibid., p. 213.

75. _____ Ibid., p. 166.

76. _____ Ibid., p. 21.

77. _____ Ibid., p. 126.

78. _____ Ibid., p. 130.

79. _____ Ibid., p. 125.

80. _____ Ibid., p. 159.

81. _____ Dunn, *Jesus and the Spirit*, p. 260.

82. _____ Schatzmann, *A Pauline Theology of Charismata*, pp. 51-2.
83. _____ Ashton, *The Religion of Paul the Apostle*, p. 31, citing Gunkel, *The InFluence of the Holy Spirit*.
84. _____ Forbes, *Prophecy and Inspired Speech in Early Christianity*, p. 318.

■ 4장 ■

1. _____ 크리스토퍼 포브스는 이 구절에 대한 여러 해석을 철저히 다루었다. *Prophecy and Inspired Speech*, pp. 85-91.
2. _____ Henry Chadwick, *The Early Church*, p. 46.
3. _____ Dunn, *Jesus and the Spirit*, p. 346.
4. _____ Ibid., p. 206 citing E. Schweizer, *Church Office in the New Testament*.
5. _____ Ibid., p. 349.
6. _____ Ronald Kydd, *Charismatic Gifts in the Early Church*, p. 4.
7. _____ Ibid.
8. _____ Stephen Patterson, 'Didache 11-13: The Legacy of Radical Itinerancy in the Early Christianity', p. 315. 스테판 패터슨은 『디다케』의 저술시기를 1세기 말이나 1세기 말 무렵이라고 잡는 학자들을 여러 명 소개하면서, 장 폴 오데(Jean-Paul Audet)는 저술시기를 50-70년 사이로 추정한다고 지적했다. Chadwick, *The Early Church*, p. 47에서 채드위크는 문서의 저술시기를 70-110년 사이로 보는 것이 가장 적절하다고 주장한다.
9. _____ Aaron Milavec, *The Didache: Text, Translation, Analysis and*

Commentary, p. 9. 밀라베치는 『디다케』가 구전에 의해 작성되었음을 확신한다고 말하면서, 이를 입증하는 명백한 단서들(p. 41)을 지적했다. 말하고 들으면서 가르쳤다고 언급된 부분이 이러한 단서에 속하며, 이는 구두를 통한 훈련을 의미한다. 밀라베치는 문학양식은 조용히 무시되었다는 헨더슨의 말을 인용했다. 또한 그는 구전된 자료가 문자로 된 자료보다 더 중요시되는 잔여권한의 문화를 다룬 악트마이어(Achtmeier)와 옹(Ong)의 주장을 인용했다.

10. _____ Kydd, *Charismatic Gifts in the Early Church*, p. 6. 키드는 셰퍼드(Shepherd)와 애덤(Adam)의 논의내용을 인용하면서 다음과 같이 제안했다. "우리는 아마도 『디다케』가 시리아에서 쓰인 것으로 추정해야 할 것이다." David Aune, *Prophecy in Early Christianity and the Ancient Mediterranean World*, p. 30. 앤은 『디다케』를 시리아 팔레스타인 지역의 그리스도교 관습으로 간주했다.

11. _____ Clayton Jefford(편집), *The Didache in Context*의 알프레드 코디(Alfred Cody) 번역본. 달리 언급이 없으면, 다른 모든 『디다케』 번역본은 코디의 번역본이다.

12. _____ Milavec, *The Didache*, p. 31. 밀라베치는 이 말을 'Christ-peddler'로 번역했다. 빅(Bigg)은 초기 번역(1898)본에서 'Christmonger'로 표현했다.

13. _____ 이 문제에 대한 논쟁과정을 지켜본 키드는 *Charismatic Gifts in the Early Church*, p. 19에서 『목자』의 작성연도를 2세기 초로 봐야 한다고 결론 내렸다.

14. _____ Trans. G. F. Snyder, *Hermas of Rome*.

15. _____ Patterson, 'Didache 11-13', p. 328.
16. _____ Jonathan Draper, 'Social Ambiguity and the Production of Text', p. 295.
17. _____ Patterson, 'Didache 11-13', p. 327.
18. _____ Ibid., p. 329.
19. _____ Milavec, *The Didache*, p. 76.
20. _____ Rudolf Sohm, *Outlines of Church History*, p. 36.
21. _____ Draper, 'Social Ambiguity and the Production of Text', p. 302.
22. _____ Ibid., p. 305.
23. _____ Ibid., p. 306.
24. _____ Milavec, *The Didache*, p. 41.
25. _____ Trans. Milavec, *The Didache*.
26. _____ Draper, 'Social Ambiguity and the Production of Text', p. 312.
27. _____ Andrew Louth, *Early Christian Writings: The Apostolic Fathers*, p. 19.
28. _____ Clement of Rome, trans. Staniforth and Louth, *Early Christian Writings*.
29. _____ Trans. William Schoedel, in *Ignatius of Antioch: A Commentary on the Letters of Ignatius of Antioch*.
30. _____ Kydd, *Charismatic Gifts in the Early Church*, p. 17, citing F. A. Schilling.
31. _____ Ibid., p. 17.
32. _____ *Dialogue with Trypho*, trans. Roberts and Donaldson, *The Ante-Nicene Fathers*, quoted by Kydd, *Charismatic Gifts in the Early Church*, p. 26.

33. _____ 키드는 Charismatic Gifts in the Early Church에서 저스틴에 대한 연구결과로부터 이러한 결론을 내렸다. p. 91, n. 11.

34. _____ William Tabbernee. Montanist Inscriptions and Testimonia, quoted in Dunn, Jesus and the Spirit, p. 6.

35. _____ Dominic Unger, 'Introduction' in St Irenaeus, Against the Heresies Book 1, p. 1.

36. _____ Irenaeus, Against Heresies trans. Roberts and Rambaut, Ante-Nicene Christian Library, Vol. V.

37. _____ Forbes, Prophecy and Inspired Speech, p. 78에 인용됨. 포브스는 이 구절을 이용하여 방언이 2세기 말에도 여전히 그리스도교의 특징이었다는 점을 확실히 증명했다.

38. _____ Sohm, Outlines of Church History, p. 41.

39. _____ Hippolytus, Refutation of All Heresies, trans. J. H. MacMahon, Ante-Nicene Christian Library Vol. VI.

40. _____ Chadwick, The Early Church, p. 53.

41. _____ Tertullian, Adversus Marcionem trans. Ernest Evans.

42. _____ Trans. Kydd, in Charismatic Gifts in the Early Church, p. 68.

43. _____ Tertullian, Treatises on Penance: On Penitence and on Purity, trans. William Le Saint.

44. _____ Le Saint, p. 281, n. 627, Tertullian, Treatises on Penance.

45. _____ 아우구스티누스는 388년, 카르타고에서 생겨난 터툴리안파에 대해 글을 썼다. 이 증거를 근거로 반항적인 터툴리안이 몬타누스파로부터 분리하여 자신의 종파를 세웠다고 널리 추정되어 왔다. 그러나 반스(Barnes)는 Tertullian p. 258에서 이러한 추정이 종파의 이름을 근거로 한 것에 불과하기 때문에 믿을 수

없다고 경고했다.

46. _____ Le Saint, *Treatises on Penance*, p. 289, n. 667.
47. _____ Chadwick, *The Early Church*, pp. 34-5.
48. _____ Pheme Perkins, *Gnosticism and the New Testament*, p. 91은 그노시스 신학이 1세기에 체계적인 형식을 갖추지 않았다고 결론짓는다. Robert Grant, *Gnosticism: A Source Book*, p. 14, 로버트 그랜트는 (2세기의) 체계를 신봉하는 사람들을 '그노시스파'라고 부르려면, 그보다 더 앞선 시기에 '원시 그노시스'나 '초기 그노시스'라고 부를 수 있는 무언가가 존재한다는 점을 인정해야 한다고 주장한다.
49. _____ Grant, *Gnosticism* p. 16.
50. _____ Ibid., pp. 160-1.
51. _____ Ibid., p. 180.
52. _____ Novatian, *On the Trinity*, trans. R. E. Wallis, *The Ante-Nicene Fathers*, Vol. 5, quoted by Forbes, *Prophecy and Inspired Speech*, p. 80.
53. _____ Kydd, *Charismatic Gifts in the Early Church*, p. 62. 키드는 노바티아누스가 현재 시제를 사용하고 있다는 점이 확대된 현재로 작용할 수 있음을 인정했다. 그러나 Forbes, *Prophecy and Inspired Speech*, p. 81은 노바티아누스가 이 구절에서 과거와 완료시제 사이를 왔다 갔다 한 것은 사도시대와 저자가 살던 시대 사이의 분명한 차이를 보여주는 것이라고 주장했다.
54. _____ Cyprian, *Epistulae* 16, 4, 번역본. Kydd, p. 72에 인용됨. 키드는 키푸리아누스가 받은 편지 중에 본인의 예언 능력을 언급한 내용이 담긴 편지를 인용했다.

55. _____ Cecil Roebuck, 'Origen's Treatment of the 'Charismata', p. 113.
56. _____ Origen, Against Celsus, trans. H. Chadwick, quoted Kydd, p. 78.
57. _____ Kydd, Charismatic Gifts in the Early Church, p. 78.
58. _____ Ibid., p. 79.
59. _____ Ibid., p. 85.
60. _____ Ibid., p. 4.
61. _____ Forbes, Prophecy and Inspired Speech, p. 249.
62. _____ Henry Chadwick, Priscillian of Avila: The Occult and the Charismatic in the Early Church, p. 8.
63. _____ Ibid., p. 80.
64. _____ John Chrysostom, Homilies, trans. Talbot Chambers, Nicene and Post-Nicene Fathers Vol. XII.
65. _____ Forbes, Prophecy and Inspired Speech, p. 84.
66. _____ William Schoedel, Ignatius of Antioch, p. 22 n. 111.
67. _____ Chadwick, The Early Church, p. 51.
68. _____ Forbes, Prophecy and Inspired Speech, p. 250.
69. _____ Kydd, Charismatic Gifts in the Early Church, p. 96 n. 1
70. _____ Ibid., p. 87.
71. _____ Aune, Prophecy, p. 189.
72. _____ Hans Conzelmann, History of Primitive Christianity, p. 129.
73. _____ Seutonius, Nero, 16, quoted in Conzelmann, History of Primitive Christianity, p. 130.
74. _____ Tacitus, Annals of imperial Rome XV.44, trans. Michael Grant,

p. 365.

75. _____ Kydd, *Charismatic Gifts in the Early Church*, p. 57.

76. _____ Aune, *Prophecy*, p. 338.

■ 5장 ■

1. _____ 아우구스티누스는 『신국론』(22권, 8장)에서 암브로스가 카르타고에서 발생한 기적을 꿈으로 계시 받았다고 썼다.

2. _____ Trans. R. J. Defferari, quoted Christopher Forbes, *Prophecy and Inspired Speech in Early Christianity*, p. 83.

3. _____ Forbes, *Prophecy and inspired Speech in Early Christianity*, p. 83.

4. _____ Henry Chadwick, *The Early Church*, p. 166, citing John Chrysostom.

5. _____ Augustine, *Confessions*, trans. J. G. Pilkingon.

6. _____ Augustine, *Later Works* Vol. VIII, trans. John Burnaby. _

7. _____ Quoted by Augustine in his *Retractions*, Book One 12. 7, trans. Mary Inez Bogan.

8. _____ Augustine, *City of God*, trans. John Healey.

9. _____ Augustine, *Retractions*, 1.12.7, trans. Mary Inez Bogan.

10. _____ Forbes, *Prophecy and Inspired Speech in Early Christianity*, p. 82.

11. _____ *The Ascetic Works of St Basil*, quoted in Christopher Brooke, *The Rise and Fall of the Medieval Monastery*, p. 9.

12. _____ Chadwick, *The Early Church*, p. 182.

13. _____ John Ashton, *The Religion of Paul the Apostle*, p. 35. 피터 브라운(Peter Brown)도 *Society and the Holy in Late Antiquity*에서 테오도르의 퇴마 능력을 언급함으로써 성인의 능력을 다루었다. 브라운은 이들 성자의 역할을 시베리아 부족의 샤먼에 비유했다. pp. 124-5.
14. _____ William Le Saint, *Tertullian, Treatises on Penance*, pp. 289-2, n. 667.
15. _____ Paul Meyendorff, 'Eastern Liturgical Theology', p. 356.
16. _____ Gregory of Nazianzus, *Oration* 39.14; Gregory of Nyssa, *de Spiritu sancto contra Macedonianos* 19. Quoted in G. W. H. Lampe (ed.) *A Patristic Greek Lexicon*, p. 1518.
17. _____ Hannah Hunt, 'Byzantine Christianity', p. 81.
18. _____ *Orations* 41.16, 8.15. Quoted in Lampe (ed.) *A Patristic Greek Dictionary*, pp. 1518-19.
19. _____ *de virginitate* 17. Lampe, *A Patristic Greek Lexicon*, p. 1519.
20. _____ Jean Gribomont, 'Monasticism and Asceticism', p. 101.
21. _____ Ibid., p. 103.
22. _____ Theodoret, Commentary on the First Epistle to the Corinthians 240, 243 in Gerald Bray (ed.) *Ancient Christian Commentary on Scripture: New Testament* VII: 1-2 Corinthians, pp. 117 and 121.
23. _____ Hunt, 'Byzantine Christianity', p. 74.
24. _____ Ibid., p. 82.
25. _____ Ibid., p. 86.
26. _____ Symeon the New Theologian, *Hymns of Divine Love*, trans.

George A. Maloney, p. 145.

27. _____ John Meyendorff, 'Christ as Saviour in the East', p. 248.
28. _____ R. A. Knox, *Enthusiasm*, p. 1.
29. _____ Ibid.
30. _____ Ibid., p. 2.
31. _____ Ibid.
32. _____ Ibid.
33. _____ Ibid., p. 11.
34. _____ Ibid., p. 4.
35. _____ Ibid., p. 21.
36. _____ Ibid., p. 22.
37. _____ Ibid., p. 23.
38. _____ Ibid., p. 25.
39. _____ Ibid., p. 82, citing Stephen Runciman, *the Medieval Manichee*.
40. _____ Ibid., p. 72.
41. _____ Brooke, *The Rise and Fall of the Medieval Monastery*, pp. 107-9.
42. _____ Hunt, 'Byzantine Christianity', p. 91.
43. _____ Thomas Aquinas, *Summa Theologia*, trans. Fathers of the English Dominican Province.
44. _____ J. F. Gallagher, 'Charism: For the Church' in *The New Catholic Encyclopedia* Vol. 3 p. 462.
45. _____ Ibid., p. 462.
46. _____ Keith Thomas, *Religion and the Decline of Magic*, p. 45.
47. _____ John Browne, *Adenochoiradelogia, or, An anatomick-*

    chirurgical treatise of glandules and strumaes..., 1684.

48. _____ William Tooker, *Charisma suie Donum sanationis...*, 1597. Title translated by Greg Fox.

49. _____ Thomas, *Religion and the Decline of Magic*, p. 195.

50. _____ 같은 책, pp. 190-1. 마르크 블로크(Marc Bloch)의 『왕의 안수(Royal Touch)』(1924)는 왕의 안수치료 능력 때문이라고 오랫동안 인정받아온 초자연적 특성을 다룬 초기의 연구서였다.

51. _____ Knox, *Enthusiasm*, p. 5.

52. _____ Timothy George, 'The Spirituality of the Radical Reformation', p. 336.

53. _____ Ibid., p. 334.

54. _____ Knox, *Enthusiasm*, p. 134, quoting Rufus Jones, *Spiritual Reformers*.

55. _____ Ibid., p. 138.

56. _____ Ibid., p. 356 quoting Turner, *History of Providences*.

57. _____ Bishop Gibson quoted in Knox, *Enthusiasm*, p. 450.

58. _____ Edwards's 'Thoughts on the Revival' quoted in Knox, *Enthusiasm*, p. 526.

59. _____ Stuart Piggin, *Firestorm of the Lord: The History of and Prospects for Revival in the Church and the World*, p. 49.

60. _____ Ibid., p. 94, citing Edwards's *Distinguishing Marks*.

61. _____ W. R. Ward, *The Protestant Evangelical Awakening*, p. 292.

62. _____ Ibid., p. 561, quoting Caswall, *Prophet of the Nineteenth Century*.

63. _____ Knox, *Enthusiasm*, p. 554.

64. _____ Ashton, the Religion of Paul the Apostle, p. 241.

■ 6장 ■

1. _____ R. A. 헨더슨과 탤코트 파슨스가 1947년에 번역한 『경제와 사회』에는 『사회, 경제조직에 관한 이론(Theory of Social and Economic Organization)』이라는 제목이 붙여졌다. 이는 1부의 번역본에 불과했다. E. 피쇼프(E. Fischoff) 등이 번역하고 귄터 로스(Guenther Roth)와 클라우스 비티치(Claus Wittich)가 교정을 본 1968년의 1, 2부 영어판은 『경제와 사회: 해석 사회학 개요(Economy and Society: An Outline of Interpretive Sociology)』라는 제목으로 출간되었다.
2. _____ OED(옥스퍼드 영어사전), 2nd edition, 1989, Vol. 3, p. 41, 'Charisma'.
3. _____ Wolfgang J. Mommsen, The Age of Bureaucracy: Perspectives all the Political Sociology of Max Weber, p. 78.
4. _____ Siegfried Schatzmann, The Pauline Theory of Charismata, p. 1은 베버 시대의 방식으로 사도 바울을 다루려는 슈츠 등의 종교 역사가들을 비판한다. 그는 베버의 카리스마 개념을 신약성서에 적용하는 것이 개념상의 시대착오라고 생각한다. 작가는 이런 접근방식의 위험성을 2장과 3장에서 충분히 다루었다.
5. _____ Charles Lindholm, Charisma, pp. 5 and 24.
6. _____ P. David Marshall, Celebrity and Power, p. 20.
7. _____ Lewis A. Coser, 'Preface' in Arthur Mitzman, The Iron Cage: All Historical Interpretation of Max Weber, 1985 [1969], p. xxv.

8. _____ Irvine Schiffer, *Charisma: A Psychoanalytical Look at Mass Society*, p. 3.
9. _____ *Webster's Third New International Dictionary*, 1981, Vol. I p. 377.
10. _____ *OED*, Vol. 3, p. 41.
11. _____ R. Mayhew, *Charisma Patrikon, a Paternal Gift...*, 1676.
12. _____ *OED*, Vol 3, p. 41.
13. _____ Mitzman, *The Iron Cage*, p. 23
14. _____ *The Barnhart Dictionary of Etymology*, 1988, p. 160.
15. _____ *OED*, Vol 3, p. 41.
16. _____ P. David Marshall, *Celebrity and Power*, p. 20, citing S. Moscovici, *The Age of the Crowd: A Historical Treatise of Mass Psychology*.
17. _____ *OED*, 2nd edition, 1989, Vol. 12, p. 426, 'Prestige'.
18. _____ *OED*, Vol. 12, p. 426은 1937년에 관한 다음과 같은 내용을 실었다. "우리에겐 지켜야 할 지위와 위신이 있다. 우리는 부당하게 스스로를 낮출 수 없다." 그리고 1955년 내용은 다음과 같다. '위신을 의식하는 구체제의 자손들'.
19. _____ Theodore Abel, *Why Hitler Came into Power*, p. 181.
20. _____ Mommsen, *The Age of Bureaucracy*, p. 78, quoting Reinhard Bendix, *Max Weber: An Intellectual Portrait*, p. 112.
21. _____ Mommsen, *The Age of Bureaucracy*, p. 95, citing Talcott Parsons in Otto Stammer (ed.) *Max Weber and Sociology Today*.
22. _____ 베버의 일생을 다룬 아서 미츠만(Arthur Mitzman)의 연구서,

『철창(Iron Cage)』은 베버가 부모님 중의 한 분을 선택하는 과정에서 느낀 압박감을 중요하게 다루고 있다. 특히 베버가 신경쇠약에 걸리기 직전에 아버지(얼마 지나지 않아 세상을 떠났다.)와 크게 말다툼을 벌이고 죄책감을 느꼈다는 점을 강조했다. 하지만 이런 개인적인 관계가 베버의 사상에 미친 영향을 그려내려는 미츠만의 시도는 프로이트식 해석에 지나치게 매달린 것이라 할 수 있다.

23. _____ H. Gerth and C. Wright Mills, 'Introduction: The Man and His Work', p. 23.
24. _____ Mommsen, *The Age of Bureaucracy*, pp. 103-4; Mitzman, *The Iron Cage*, p. 182.
25. _____ Gerth and Mills, 'Introduction', p. 49.
26. _____ Weber, *Gesammelte Politische Schriften*, quoted in Mitzman, *The Iron Cage*, p.184.
27. _____ Weber, 'Der Sozialismus', quoted in Gerth and Mills, 'Introduction', p. 50.
28. _____ Friedrich Nietzsche, *The Anti-Christ*, 4, p. 116.
29. _____ Nietzsche, *Thus Spake Zarathustra*, I, 4, p. 16.
30. _____ Charles Lindholm, *Charisma*, pp. 25-6.
31. _____ Weber quoted in Gerth and Mills, 'Introduction', p. 25.
32. _____ Mitzman, *The Iron Cage*, p. 144.
33. _____ Weber, 'Gesammelte Aufsätze zur Soziologie und Sozialpolitik', quoted in Mitzman, *The Iron Cage*, p. 178.
34. _____ Weber, 'Science as a Vocation' in Gerth and Mills (eds) *From Max Weber*, p. 155.

35. _____ Weber, 'Politics as a Vocation' in *From Max Weber*, p. 79.
36. _____ W. E. H. Lecky, *History of Rationalism*, quoted in Gerth and Mills, 'Introduction', p. 53.
37. _____ Mommsen, *The Age of Bureaucracy*, p. 20.
38. _____ Mitzman, *The Iron Cage*, p. 177.
39. _____ Wilhelm Dilthey, 'Hermeneutics and the Study of History', quoted in Burns and Rayment-Pickard, *Philosophies of History*, p. 155.
40. _____ 베버는 옐리네크(Jellinek)의 연구가 사람들의 무관심 분야에서 종교의 영향력을 검토하는 데 결정적인 자극제가 되었다고 인정했다. Guenther Roth, 'Introduction', Economy and Society, p. LXXVII.에서 인용.
41. _____ Mommsen, *The Age of Bureaucracy*, p. 110.
42. _____ Gerth and Mills, 'Introduction', p. 51.
43. _____ Lewis A. Coser, 'Preface', in Mitzman, *The Iron Cage*, p. xxvi.
44. _____ Weber, *The Protestant Ethic and The Spirit of Capitalism*, p. 178.
45. _____ Ibid., n. 105, p. 281.
46. _____ Ibid., p. 181.
47. _____ Ibid., p. 182.
48. _____ Roth, 'Introduction' to Economy and Society, p. LXIV.
49. _____ Jack Sanders, *Charisma, Converts, Competitors*, p. 21. Mommsen, *The Age of Bureaucracy*, pp. 73-75도 카리스마 등의 '순수한 유형'의 지배를 다룬 부분과 역사에 기초한 지배 유형을 다룬 부분으로 인해 혼란이 발생한다고 언급했다.

50. _____ Weber, *Economy and Society*, p. 241.
51. _____ 같은 책, p. 125. 베버가 사용한 Herrschaft를 어떤 영어단어로 옮길 것인지에 대해 많은 논쟁이 벌어졌다. Mommsen, *The Age of Bureaucracy*, p. 72, n. 1은 아론(Aron)과 런시먼(Runciman)의 선례를 따라, 'domination'이 가장 정확한 영어단어라고 주장했다. 로스와 비티치가 교정한 1968년의 영어판 『경제와 사회』는 문맥에 따라 'domination'과 'authority'를 번갈아가며 사용했다.
52. _____ Weber, *Economy and Society*, p. 212.
53. _____ Ibid., p. 215.
54. _____ Ibid., pp. 215-6.
55. _____ Ibid., p. 216 n. 1.
56. _____ Ibid., p. 1112.
57. _____ Ibid., p. 216.
58. _____ F. C. Bauer, *Paul the Apostle or Jesus Christ: A Contribution to the Critical History or Primitive Christianity* (published in German in 1845, English translation 1876) cited in Schatzmann, *A Pauline Theology or Charismata*, p. 13 n. 42.
59. _____ Rudolf Sohrn, *Outlines of Church History*, p. 33.
60. _____ Ibid., p. 40.
61. _____ Weber, *Economy and Society*, p. 241.
62. _____ Ibid.
63. _____ Ibid., p. 242.
64. _____ Ibid., p. 244.
65. _____ Ibid., p. 245.

66. _____ Ibid., p. 216, n. 2.
67. _____ Ibid., p. 246.
68. _____ Ibid., p. 248.
69. _____ 이러한 연구내용은 1916-17년에 『아카이브(Archiv)』에 논문으로 발표되었다가 1920년, 베버가 종교사회학 시리즈의 일부로 『프로테스탄트 윤리(The Protestant Ethic)』과 함께, 『중국의 종교(The Religion of China)』와 『인도의 종교(The Religion of India)』로 다시 작업하였다. 베버는 인도 종교에 관한 논문을 완벽히 수정하기 전에 세상을 떠났다.
70. _____ Weber, The Religion of China, p. 35, The Religion of India, p. 54. Reinhard Bendix, Max Weber: An Intellectual Portrait는 중국, 인도와 관련하여 '친족'의 속성으로 간주되는 카리스마에 대한 베버의 생각을 전달하기 위해서는 '가족의 카리스마' 대신 '이교도의 카리스마'로 번역하는 것이 낫다고 제안했다. p. 146, n. 9.
71. _____ Weber, Economy and Society, p. 249.
72. _____ Ibid., p. 400.
73. _____ Ibid.
74. _____ Ibid., pp. 439-40.
75. _____ Ibid., p. 440.
76. _____ Ibid., p. 445.
77. _____ Ibid., p. 631.
78. _____ Ibid., pp. 1111-12.
79. _____ Ibid., p. 1121.
80. _____ Ibid., p. 1113.

81. _____ Ibid., p. 1116.
82. _____ Ibid., p. 1121.
83. _____ Ibid., pp. 1119-21.
84. _____ Ibid., p. 1122.
85. _____ Ibid., pp. 1122-3.
86. _____ Ibid., p. 1133.
87. _____ Ibid., pp. 1133-4.
88. _____ Ibid., pp. 1135-6.
89. _____ Ibid., p. 1148.
90. _____ Ibid., p. 1156.
91. _____ Ibid., p. 1130.
92. _____ Ibid., pp. 1130 and 1132.
93. _____ Ibid., pp. 1129-30.
94. _____ Ibid., p. 1132.
95. _____ Weber, From Max Weber, p. 79.
96. _____ Ibid., p. 155.
97. _____ Albert Salamon, 'Max Weber', Die Gesellschaft, quoted in Mitzman, The Iron Cage, p. 5.
98. _____ Social Research II, 72, quoted OED, Vol. 3, p. 41, 'Charisma'.
99. _____ Theodore Abel, Why Hitler Came into Power, p. 67.
100. _____ The Barnhart Dictionary of Etymology, p. 160.
101. _____ OED, Vol. 3, p. 41.
102. _____ Geoffrey Parrinder, 'Charisma' in The Encyclopedia of Religion (ed.) Mircea Eliade, 1987, Vol 3, p. 218.
103. _____ OED, Vol. 3, p. 41.

104. ____Roger Eatwell, 'The Concept and Theory of Charismatic Leadership', p. 5.
105. ____Abel, *Why Hitler Came into Power*, p. 181.
106. ____Karl Löwith, *Mass und Wert*, 1939, quoted by Wolfgang Mommsen, *Max Weber and German Politics 1890-1920*, p. 410 n. 73.
107. ____Mommsen, 'Preface to the English Edition', *Max Weber and German Politics*, p. viii.
108. ____Mommsen, *Max Weber and German Politics*, p. 410 n. 73.
109. ____Ibid., p. 410.
110. ____Guenther Roth, 'Introduction to the New Edition', Reinhard Bendix, *Max Weber: An Intellectual Portrait*, p. xxviii.
111. ____Mommsen, 'Preface to the Second German Edition', *Max Weber and German Politics 1890-1920*, p. xii.
112. ____Mommsen, *Max Weber and German Politics*, p. 410.
113. ____Ibid., p. 409.
114. ____Ibid., p. 411 n. 73.
115. ____Ibid., p. 410,
116. ____Schlesinger quoted in Mommsen, *The Age of Bureaucracy*, p. 92.
117. ____Arthur Schlesinger, *The Politics of Hope*, pp. 9-10.
118. ____Ibid., p. 11.
119. ____Cited by Roger Eatwell, 'The Concept and Theory of Charismatic Leadership', p. 4.
120. ____Roth, 'Introduction to the New Edition', p. xviii.

121. _____ Ibid., p. xxxi.
122. _____ Mommsen, *Max Weber and German Politics*, p. 104.
123. _____ Roth, 'Introduction to the New Edition', p. xvi.
124. _____ Talcott Parsons, *The Structure of Social Action*, Vol. II, p. 669.
125. _____ Ibid., p. 564, p. 564, n. 5.
126. _____ Ibid., p. 662.
127. _____ Roth, 'Introduction to the New Edition', p. xvi.
128. _____ Ibid., p. xvi.
129. _____ Mommsen, *The Age of Bureaucracy*, p. 86 n. 12, p. 92.
130. _____ '파슨스식 해석 탈피하기: 베버 사회학에 대한 파슨스의 해석 비판(De-Parsonizing Weber: A Critique of Parsons' Interpretation of Weber's Sociology)'은 *American Sociological Review*에 게재된 1975년 논문 제목이었다. Roth, 'Introduction to the New Edition', p. xvi에 언급됨.
131. _____ Anthony Giddens, *Capitalism and Modern Social Theory*, pp. vii and ix.
132. _____ Irvine Schiffer, *Charisma*, p. 7.
133. _____ Ibid., pp. 5 and 7.
134. _____ Ibid., pp. 3 and 4.
135. _____ Ibid., p. 6, p. xi.
136. _____ Sanders, *Charisma, Converts, Competitors*, pp. 25-6.
137. _____ Robert Tucker, 'The Theory of Charismatic Leadership' in *Daedalus*, quoted by Sanders, *Charisma, Converts, Competitors*, p. 26.
138. _____ Sanders, *Charisma, Converts, Competitors*, p. 26 quoting

Durkheim, *The Elementary Forms of Religious Life*; Lindholm, *Charisma*, p. 32.

139. ____ Roy Wallis, 'The Social Construction of Charisma', quoted by Sanders, *Charisma, Converts, Competitors*, p. 26.

140. ____ Roy Wallis, 'Charisma and Explanation', quoted in Sanders, *Charisma, Converts, Competitors*, p. 27.

141. ____ Sanders, *Charisma, Converts, Competitors*, p. 27.

142. ____ Bryan Wilson and Robert Tucker quoted by Sanders, *Charisma, Converts, Competitors*, p. 27.

143. ____ Pierre Bourdieu, 'Legitimation and Structured Interests in Weber's Sociology of Religion', p. 129.

144. ____ Ibid., pp. 129-30.

145. ____ Ibid., p. 131.

146. ____ Len Oakes, *Prophetic Charisma*, p. 2.

147. ____ Ibid., p. 2

148. ____ Ibid., pp. 6-16.

149. ____ Ibid., p. 31.

150. ____ Ibid., pp. 30 and 32.

151. ____ Ibid., pp. 21-2.

152. ____ Ibid., p. 25.

153. ____ Philip Rieff, *Charisma*, pp. 3, 5, 6.

154. ____ Ibid., pp. 82 and 37.

155. ____ Ibid., p. 122.

156. ____ Ibid., p. x.

157. ____ Ann Ruth Willner, *The Spellbinders*, p. 12.

158. ____ Ibid., p. 3.
159. ____ Doris McIlwain, 'The Charisma of Fallible Leaders and the Limits of SelfHelp', p. 2, *Australian Review of Public Affairs* at http://www.australianreview.net /digest/2006/05/mcilwain.html.
160. ____ William Clark, *Academic Charisma*, pp. 14 and 3.
161. ____ Tom Griifiths, *Hunters and Collectors*, quoted in Gelder and Jacobs, *Uncanny Australia*, p. 83.
162. ____ Gelder and Jacobs, *Uncanny Australia*, pp. 82-96.
163. ____ Roger Eatwell, 'The Concept and Theory of Charismatic Leadership', p. 6.

7장

1. ____ Edith Blumhofer, 'The Christian Catholic Apostolic Church', p. 141, n. 2, citing Dowie's *Leaves of Healing*, published in 1904.
2. ____ Dowie quoted in Blumhofer, 'The Christian Catholic Apostolic Church', p. 129.
3. ____ Dowie quoted in Barry Chant, 'The Nineteenth and Early Twentieth Century Origins of the Australian Pentecostal Movement', p. 107.
4. ____ Blumhofer, 'The Christian Catholic Apostolic Church', pp. 132-3, citing Dowie on 'Apostolic Powers' in his *Leaves of Healing*.
5. ____ Ibid., p. 132.
6. ____ Ibid., pp. 134-5, citing Philip Cook, 'Zion City, Illinois: Twentieth

Century Utopia', PhD dissertation.

7. _____ Dowie, *Leaves of Healing*, quoted by Blumhofer, 'The Christian Catholic Apostolic Church', p. 140.

8. _____ Chant, 'The Nineteenth and Early Twentieth Century Origins of the Australian Pentecostal Movement', p. 107은 도위가 항목별로 열거한 아홉 가지 은사를 인용했다.

9. _____ Blumhofer, 'The Christian Catholic Apostolic Church', p. 144, n. 45는 부모님이 도위와 함께 일했던 J. R. 플라워(J. R. Flower)의 말을 인용했다. Bernice Lee, *Bread of Life*에서.

10. _____ William Arthur, *The Tongue of Fire; or, the True Power of Christianity*(1856), quoted in Steven J. Land, 'Pentecostal Spirituality', p. 479.

11. _____ Blumhofer, 'The Christian Catholic Apostolic Church', p. 136, citing Sarah Parham, *The Life of Charles Parham*.

12. _____ Ibid., p. 137.

13. _____ Land, 'Pentecostal Spirituality', pp. 480-1.

14. _____ C. Peter Wagner, 'Foreword', p. 15.

15. _____ Harold D. Hunter, 'Two Movements of the Holy Spirit in the 20th Century', p. 1.

16. _____ John Ashton, *The Religion of Paul the Apostle*, p. 241.

17. _____ Rudolf Bultmann, 'New Testament and Mythology' quoted in Andrew Walker, 'Miracles, Strange Phenomena, and Holiness'.

18. _____ Andrew Walker, 'The Devil You Think You Know', p. 90.

19. _____ Oral Roberts, *My Story*, quoted in Ashton, *The Religion of Paul the Apostle*, p. 27.

20. _____ Ashton, *The Religion of Paul the Apostle*, p. 37.
21. _____ Land, 'Pentecostal Spirituality', p. 483. 1988년 당시, 오순절파와 카리스마파가 매년 190만 명이 증가하여 전 세계적으로 21퍼센트에 달한다고 추정되었다. 하비 콕스는 1998년 당시, 전 세계 오순절파 신자들이 4억 1천만 명에 달한다고 지적했다. (*Fire from Heaven*, p. xv) 데이비드 배렛(David Barrett)이 편집한 『세계 기독교 백과사전(*The World Christian Encyclopedia*)』은 전 세계 기독교 집단을 모두 빠짐없이 열거하려 했다. 1982년에 처음 출간된 1판에서는 전 세계 오순절-카리스마파 신자가 1억 명이 넘는다고 추정되었다(p. 838). 2001년에 출간된 2판에서는 오순절파/카리스마파 집단이 2천 개에 달하며, 총 5억 2300만 명에 달한다고 추정되었다(p. 4).
22. _____ Peter Hocken, 'Charismatic Movement', p. 404.
23. _____ John MacArthur, *Charismatic Chaos*, p. 19, citing Bennett's book *Nine O'Clock in the Morning*.
24. _____ Ibid., p. 19.
25. _____ Hocken, 'Charismatic Movement', p. 404.
26. _____ Dennis Bennett, 'God's Strength for This Generation', p. 2.
27. _____ *OED*, 2nd edition, Vol. 3 p. 41, 'Charisma'.
28. _____ Ibid.
29. _____ Bennett, 'God's Strength for This Generation', p. 2.
30. _____ Hocken, 'Charismatic Movement', p. 404.
31. _____ Ibid., p. 404.
32. _____ *OED*, 2nd edition, Vol. 3 p. 41, 'Charisma'.
33. _____ Bruce Shelley, *Church History in Plain Language*, pp. 459-60.

34. _____ Harvey Cox, *Fire from Heaven*, p. 107.
35. _____ Hocken, 'Charismatic Movement', p. 405.
36. _____ Shelley, *Church History*, p. 459.
37. _____ Tom Smail, 'In Spirit and in Truth: Reflections on Charismatic Worship', p. 112.
38. _____ Ibid., p. 109.
39. _____ Daniel Radosh, 'The Good Book Business', p. 55.
40. _____ Cox, *Fire from Heaven*, pp. 152 and 106.
41. _____ James Dunn, 'Ministry and the Ministry', p. 82, p. 99 n. 3.
42. _____ Gary Greig and Kevin Springer, 'Introduction', p. 21.
43. _____ Land, 'Pentecostal Spirituality', p. 483.
44. _____ Hocken, 'Charismatic Movement', p. 404.
45. _____ MacArthur, *Charismatic Chaos*, p. 109.《타임》(1987년 7월 13일자, p.52)에 보도된 로버츠에 관한 기사를 인용했다. "내가 일으켜 세운 죽은 자들에 대해 이야기할 수 없습니다. 나는 설교를 멈추고 죽은 자를 일으켜야 했습니다."
46. _____ Walker, 'Miracles, Strange Phenomena, and Holiness', p. 126.
47. _____ Paul G. Hiebert, 'Discerning the Work of God', p. 148.
48. _____ Tom Smail, 'A Renewal Recalled', p. 19.
49. _____ Nigel Wright, 'A Pilgrimage in Renewal', p. 27.
50. _____ Ibid., p. 29.
51. _____ Tom Smail, Andrew Walker and Nigel Wright, 'From "The Toronto Blessing" to Trinitarian Renewal', p. 157.
52. _____ Smail, 'A Renewal Recalled', p. 19.
53. _____ Ibid.

54. _____ Walker, 'Miracles, Strange Phenomena and Holiness', p. 126.
55. _____ Andrew Walker, 'Notes From a Wayward Son', p. 37.
56. _____ Smail, 'A Renewal Recalled', p. 19.
57. _____ Reverend Bill L. Williams in *the Los Angeles Times*, 1987, quoted by MacArthur, *Charismatic Chaos*, p. 221.
58. _____ MacArthur, *Charismatic Chaos*, p. 227.
59. _____ 심리학자, 존 킬달(John Kildahl)은 *The Psychology of Speaking in Tongues*(1972)에서 방언은 학습에 의해 터득되는 기술이라고 결론 내렸다. 이러한 결론은 니콜라스 스파노스(Nicolas Spanos)가 동료 학자들과 *Journal of Abnormal Psychology*(1987)에 발표한 'Glossolalia as Learned Behavior: An Experimental Demonstration' 등, 여러 연구내용에 의해 지지를 받았다. MacArthur, *Charismatic Chaos*, pp. 240-242에 인용됨.
60. _____ Charles R. Smith, *Tongues in Biblical Perspective*(1972), cited by MacArthur, *Charismatic Chaos*, p. 243.
61. _____ Dunn, 'Ministry and the Ministry', p. 83.
62. _____ www.agts.edu/community/wagner_modified_houts.pdf(accessed 14 October 2007).
63. _____ 스메일, 워커, 라이트는 '믿음 운동'에서 활동하는 카리스마 있는 몇몇 복음전도사들을 다룬 뒤, 이 운동의 일부 중심교의가 정통파의 중심교의에 어긋나며 그런 가르침은 법률상 이단이 아니더라도 이단으로서 기능한다고 결론 내렸다. "Revelation Knowledge" and Knowledge of Revelation: The Faith Movement and the Question of Heresy', p. 135

64. _____ Hiebert, 'Discerning the Work of God', pp. 152-3.
65. _____ MacArthur, *Charismatic Chaos*, pp. 47-50.
66. _____ Walker, 'Miracles, Strange Phenomena and Holiness', pp. 126-127. 성직자의 치유사례를 20년간 조사한 결과, 소위 '기적'을 입증하는 사건을 단 한 건도 발견하지 못한 피터 메이 박사(Dr. Peter May)의 말을 인용함. 비슷하게 MacArthur, *Charismatic Chaos*에서도 필립 셀든 박사(Dr Philip Selden), 윌리엄 놀렌 박사(Dr William Nolen), 제임스 랜디(James Randi)의 기적적인 치료사례 중에 영구적으로 치료된 사례는 없었다는 이야기가 인용되었다.
67. _____ MacArthur, *Charismatic Chaos*, p. 21.
68. _____ 마크 에번스는 오순절파의 열기를 조성하는 데 음악, 특히 노래가 결정적인 역할을 한다는 사실을 다루었다. *Open Up the Doors: Music in the Modern Church*.
69. _____ Walker, 'Miracles, Strange Phenomena and Holiness', pp .126-128; MacArthur, *Charismatic Chaos*, p. 206. 윌리엄 놀렌 박사가 경미한 병을 고친 사례의 경우, 암시의 힘이 작용했음을 지적했다. "치유는 기적이 아니라 환자 본인의 무의식적인 신경체계의 작동에 의해 가능했다."
70. _____ David Lewis, 'A Social Anthropologist's Analysis of Contemporary Healing', p. 323. 'half a dozen medically documented cases of otherwise inexplicable healings'의 렉스 가드너 박사(Dr. Rex Gardner) 연구내용을 인용.
71. _____ MacArthur, *Charismatic Chaos*, p. 132.
72. _____ David Millikan, 'God, Power and Money', *Sydney Morning*

Herald, 3 March 2008, p. 13.
73. _____ Ibid.
74. _____ http://bennyhinn.org, 10 March 2008.
75. _____ Millikan, 'God, Power and Money', p. 13.
76. _____ John Zizioulas, Euchari st, Bishop. Church, Preface to 2nd Edition, p. 7.
77. _____ 같은 책, p. 7. "정교회의 기나긴 역사 중에 주교들의 서면 허가 없이 영적 부성(父性)을 행사하는 일은 불가능했다."
78. _____ Smail, 'In Spirit and in Truth', p. 112.
79. _____ 같은 책, p. 114. 마크 에번스는 Open Up the Doors, p. 105에서 비슷하게 주장했다. 그는 오순절파의 '영광 운동(glory movement)'에 대해 다음과 같이 말했다. "그러한 운동들의 공통점은 순전한 흥분과 제공되는 경험의 격렬함, 주변 상황에 대한 과장된 설명, 궁극적으로는 덧없이 끝나버린다는 점이다."
80. _____ MacArtur, Charismatic Chaos, p. 295.
81. _____ Ibid., p. 292.
82. _____ Ibid., p. 75, citing Larry Christenson, 'Penetecostalism's Forgotten Forerunner'.
83. _____ Ibid., p. 117.
84. _____ Ibid., p. 21, pp. 57-8.
85. _____ Arthur L. Johnson, Faith Misguided: Exposing the Dangers of Mysticism, p. 113, quoted by MacArthur, Charismatic Chaos, p. 221.
86. _____ MacArthur, Charismatic Chaos, p. 27.
87. _____ Hiebert, 'Discerning the Work of God', p. 148, p. 161, n. 2.

88. _____ Walker, 'Miracles, Strange Phenomena, and Holiness', p. 128.

■ 8장 ■

1. _____ P. G. W. Glare (ed.) *Oxford Latin Dictionary*, p. 294, 'Celebritas'; p. 674, 'Fama'.
2. _____ Andrew Anthony, 'It Could Be You: Celebrity Exposed' in The Observer Magazine, 27 January 2002, p. 9.
3. _____ Samantha Barbas, *Movie Crazy: Fans, Stars, and the Cult of Celebrity*, p. 37.
4. _____ Leo Braudy, *The Frenzy of Renown: Fame and Its History*, p. 598.
5. _____ Ibid., p. 29.
6. _____ Ibid., pp. 42-3.
7. _____ Ibid., p. 56.
8. _____ Ibid., p. 60.
9. _____ Ibid., pp. 73-4.
10. _____ Ibid., pp. 123 and 75.
11. _____ Ibid., p. 105.
12. _____ Ibid., p. 162.
13. _____ Ibid., pp. 236 and 238.
14. _____ Ibid., p. 242.
15. _____ Ibid., p. 255, quoting Petrarch, *The Fates of Illustrious Men*.
16. _____ Ibid., p. 265.
17. _____ Ibid., p. 355, quoting Milton's *Lycidas*.

18. _____ Ibid., pp. 361 and 364.
19. _____ OED 2nd Edition, 1989, Vol. Ⅱ, p. 1019, 'Celebrity'.
20. _____ Braudy, *The Frenzy of Renown*, p. 372.
21. _____ Ibid., p. 373, quoting Rousseau, *Confessions*.
22. _____ Ibid., p. 374, quoting Hume, *Letters*.
23. _____ Ibid., p. 375.
24. _____ Ibid., p. 405.
25. _____ Ibid., p. 445.
26. _____ Ibid., p. 447.
27. _____ OED 2nd Edition, 1989, Vol. Ⅱ, p. 1019, 'Celebrity'.
28. _____ Braudy, *The Frenzy of Renown*, pp. 491-2.
29. _____ Ibid., p. 499.
30. _____ OED Vol. XVI, p. 523, 'Star'.
31. _____ Barbas, *Movie Crazy*, p. 19.
32. _____ Edgar Morin, *The Stars*, p. 6.
33. _____ OED Vol. X, p. 36, 'Movie'; Vol. V, p. 914, 'Film'.
34. _____ Richard de Cordova, 'The Emergence of the Star System in America', p. 26.
35. _____ David Robinson, *History of World Cinema*, p. 31.
36. _____ Robinson, *History of World Cinema*, p. 122.
37. _____ Morin, *The Stars*, p. 135.
38. _____ Quoted in Morin, *The Stars*, p. 136.
39. _____ Joshua Gamson, 'The Assembly-Line of Greatness: Celebrity in TwentiethCentury America'; David Denby, 'Fallen Idols: Have Stars Lost Their Magic?', p. 107.

40. _____ Gamson, 'The Assembly-Line of Greatness', p. 114.
41. _____ Robinson, *History of World Cinema*, p. 179.
42. _____ Thomas Schatz, *The Genius of the System: Hollywood Filmmaking in the Studio Era*, p. 70. 유성영화의 등장으로부터 대공황 초기에 이르는 획기적인 시기를 스튜디오 시스템이 완벽히 통합된 시기로 간주했다.
43. _____ Ellis Cashmore, *Celebrity/Culture*, p. 62.
44. _____ Morin, *The Stars*, p. 57.
45. _____ Barbas, *Movie Crazy*, p. 144.
46. _____ Denby, 'Fallen Idols', p. 104.
47. _____ Barbas, *Movie Crazy*, p. 143.
48. _____ Morin, *The Stars*, p. 59.
49. _____ Cashmore, *Celebrity/Culture*, p. 60. 사만다 바르바스가 지적하듯이 분명 이 일반적인 원칙에도 예외는 있었다. 얼떨결에 스튜디오가 흘린 신문이나 잡지 기사로 인해 스캔들이 나기도 하고 루엘라 파슨스(Louella Parsons)같이 저명한 가십 칼럼니스트의 면밀한 조사 대상이 되기도 했다. 하지만 스튜디오는 흡족함을 느낄 정도로 홍보내용을 통제할 수 있었기 때문에 예능 잡지들이 스튜디오의 홍보 내용에 반박하는 내용을 게재한 적은 거의 없었다(Barbas, *Movie Crazy*, p. 99).
50. _____ Morin, *The Stars*, p. 90.
51. _____ Barbas, *Movie Crazy*, p. 36.
52. _____ *New York Times*, 1926, quoted in Barbas, *Movie Crazy*, p. 171.
53. _____ Barbas, *Movie Crazy*, p.171.

54. _____ Morin, *The Stars*, pp. 75 and 90.
55. _____ Ibid., pp. 102, 103, 105.
56. _____ Walter Benjamin, 'The Work of Art in the Age of Mechanical Reproduction', p. 226.
57. _____ Ibid., p. 223.
58. _____ Ibid., p. 233.
59. _____ Morin, *The Stars*, pp. 137-8.
60. _____ Ibid., p. 141.
61. _____ Barbas, *Movie Crazy*, p. 42.
62. _____ Ibid., p. 44.
63. _____ Ibid., p. 45.
64. _____ Ibid., quoting *Photoplay*, 1927.
65. _____ Ibid., p. 54, quoting *Photoplay*, 1929 and Alice Williamson, *Alice in Movieland*, 1928.
66. _____ Gamson, 'The Assembly-Line of Greatness', p. 147, quoting *Photoplay Treasury*, 1919.
67. _____ Ibid., quoting *American Magazine*, 1940.
68. _____ Ibid., p. 147.
69. _____ Morin, *The Stars*, p. 51.
70. _____ Goldwyn quoted in Richard Dyer, *Stars*, p. 18.
71. _____ Molly Haskell, *From Reverence to Rape*, quoted in Dyer, Stars, p. 18.
72. _____ Dyer, *Stars*, p. 36.
73. _____ Denby, 'Fallen Idols', p. 105.
74. _____ Cashmore, *Celebrity/Culture*, p. 64.

75. _____ Denby, 'Fallen Idols', p. 105.
76. _____ 조엘 스타인(Joel Stein)은 조지 클루니가 'Guess Who Came to Dinner'에서 유일하게 만났던 스타일 거라고 말한다. 'A Visit from George Clooney, Home Handyman and the Last True Movie Star', 《타임》, 2008년 3월 3일, pp. 36-41.
77. _____ Ibid., p. 19, quoting B. King, 'Stardom as an Occupation'.
78. _____ Richard Schickel, *Common Fame: The Culture of Celebrity*, p. 23.
79. _____ George Cukor dir., *It Should Happen To You!*, Columbia Pictures, 1954.
80. _____ Daniel Boorstin, *The Image: A Guide to Pseudo-Events in America* 2nd edition, p.58.
81. _____ Ibid., p. 57.
82. _____ Ibid., p. 60.
83. _____ Ibid., p. 47.
84. _____ Ibid., p. 59. Boorstin cites a study of *the Saturday Evening Post and Collier's*.
85. _____ Ibid., pp. 48 and 58.
86. _____ Ibid., p. 61.
87. _____ Ibid., p. 64.
88. _____ Ibid., p. 75.
89. _____ Ibid., p. 74.
90. _____ Ibid., p. viii.
91. _____ Braudy, *The Frenzy of Renown*, p. 3.
92. _____ Cashmore, *Celebrity/Culture*, p. 193.

93. _____ Wannabe Famous website quoted in Bernard Zuel, 'Everyone is Falling for Fame's Big Lie', *Sydney Morning Herald*, 15 January 2005, p. 11.

94. _____ http://iwannabefamous.com, accessed 23 January 2008.

95. _____ Denby, 'Fallen Idols', p. 105.

96. _____ Ibid., p. 105.

97. _____ Ibid., p. 112.

98. _____ Damien Woolnough, 'Dead Gorgeous', *The Australian*, Wish Magazine, 3 August 2007, p. 24.

99. _____ 'Finally! Stars Show Their Age!', *New Weekly*, 24 December 2007, p. 30.

100. _____ Denby, 'Fallen Idols', p. 105.

101. _____ 이러한 학문적 연구는 Framing Celebrity(편집 Homes and Redmond)와 *The Celebrity Culture Reader*(편집 P. David Marshall) 같은 저서에서 그 예를 찾을 수 있다.

102. _____ Graeme Turner, 'Celebrity, the Tabloid and the Democratic Public Sphere'. 터너는 1990년대 중반부터 대중의 미디어 접근권이 향상되면서 미디어 산업에 발생한 '민중적 성향'을 언급했다. 인터넷 사용자들이 '자발적 결정능력'을 갖추고 '보통'사람들이 미디어에 새로이 접근할 수 있게 되었다는 사실이 '민주정치의 가능성'(Turner, p. 497)으로 해석됨에 따라, 이 '민중적 성향'은 거의 같은 시기부터 미디어와 문화연구에서도 확인되고 있다. 터너(p. 492)는 타블로이드 언론과 대중문화를 엘리트주의나 속물근성으로 비판하는 시각에 반대하는 이안 코넬(Ian Connell, 1992)과 존 하틀리(John Hartley, 1996)의 말을 인용했

다. 확대된 대중영역 내에서 유명인의 성장을 경멸하기보다는 축하하는 이러한 이론적 관점은 1990년대 말 무렵, 미디어연구 분야에서 인정받게 되었다.

103. _____ Bernard Zuel, 'Everyone is Falling for Fame's Big Lie', *Sydney Morning Herald*, 15 January 2005, p. 11.

104. _____ Rachel Weisz quoted in *the Sydney Morning Herald*, 15 November 2007, p. 17.

105. _____ 이 문제에 관한 미디어보도 분석은 1999년부터 2008년까지, 정기간행물과 영국, 미국, 호주 언론, 주로 신문과 잡지에 대한 비체계적인 조사를 통해 얻어졌다.

106. _____ Liz Porter and Sue Williams, 'The It Factor', *The Sun-Herald*, Sunday Life', 7 November 1999, p. 8.

107. _____ Ibid., p. 8.

108. _____ Bernard Zuel, 'Pleasant, Sure, But...', *The Sydney Morning Herald*, 9 October 2001, p. 12.

109. _____ Robert Lusetich, 'Karrie's Battle Out in the Open', *The Weekend Australian*, 27 April, 2002, p. 50.

110. _____ Andrew Anthony, 'It Could Be You', *The Observer Magazine*, 27 January 2002, p. 12.

111. _____ Laura Demasi, 'Kiss and Swell: Britney Unveils Her Trout Pout', *The Sydney Morning Herald*, 30 October 2007, p. 18.

112. _____ Terry Smyth, 'The Fame Game, frame by Frame', *The Sun-Herald*, 4 November 2007, pp. 54-5. The book is Richard Simpkin, *Richard & Famous*.

113. _____ Christine Sams, 'ARIAs: Inside Gossip', *Sun-Herald*, S, 4

November 2007, p. 10; Bernard Zuel, 'Scarlet Letters', *Sydney Morning Herald*, Metro, 6 September 2007, p. 4.

114. _____ Richard Jinman, 'A Rock God Remembered', *Sydney Morning Herald*, 22 November 2007, p. 16.

115. _____ Porter and Williams, 'The It Factor', p. 10.

116. _____ Ibid., p. 8.

117. _____ Ibid.

118. _____ Corrie Perkin, 'Hitting His Heights', *The Weekend Australian Magazine*, 15 December 2007, p. 37.

━ 9장 ━

1. _____ *China Daily*, 2005년 11월 16일자, p. 8, 'University Must Focus on Intellect'. 이 기사는 예전에 *Qilu Evening News*에 게재되었던 기사내용을 영어로 옮긴 것이다. 영화 〈카리스마〉는 기요시 구로사와(Kiyoshi Kurosawa)가 감독한 1999년 작품이다.

2. _____ 중국인들은 다른 언어(일본과는 대조적으로)를 직접 차용하지 않는 성향이 있기 때문에, 베버의 특수한 의미를 나타낼 때 특히, 서양의 '카리스마'를 사용한다. 하지만 대중적인 중국 언론은 카리스마에 해당하는 중국어인 mei li – '매력'을 의미하는 – 를 사용한다. 최근에 만들어진(1930년대에도 없었던 말이다) mei li는 mei(악령)와 li(매력, 매혹)가 결합된 것으로, 신비나 마법 등을 암시한다. 이 말이 최근에 만들어졌다는 얘기는 중국어를 이용하여 '카리스마'에 맞는 말을 찾았다는 의미다. 다니엘 케인(Daniel Kane)이 이러한 해석을 제공했다.

3. _____ Glynnis Chantrell (ed.) *Oxford Dictionary of Word Histories*(2002), p. 92.
4. _____ Charles Lindholm, *Charisma*, p. 5.
5. _____ 카리스마에 대한 언급은 1999년부터 2008년까지 호주, 영국, 미국에서 출간된 신문과 잡지에서 찾은 것이다.
6. _____ Liz Porter and Sue Williams, 'The "It" Factor' in *The Sun-Herald, SundayLife!*, 7 November 1999, pp. 6-10.
7. _____ Ibid., p. 7.
8. _____ 같은 책, pp. 7-10. 앤 모리슨(Anne Morrison), 해리 M. 밀러 (Harry M. Miller), 그리고 이름을 밝히지 않은 정치부 기자와의 인터뷰 인용.
9. _____ Michael Millett and Mike Seccombe, 'The Charisma Game', in *The Sydney Morning Herald*, 29 June 2002, p. 27.
10. _____ Garry Maddox, 'Another Shot at Justice for Ned Kelly', *The Sydney Morning Herald*, The Guide supplement, 15 April 2002, p. 14.
11. _____ Matt Buchanan, preview of the documentary *Fassbinder's Women*. 'The power of charisma is frightening and Fassbinder's was apparently alldevouring', *The Sydney Morning Herald, Guide*, 15 April 2002, p. 24.
12. _____ Nina L. Khrushcheva, 'Project Syndicate', *The Australian*, 22 January 2007, p. 14; Richard Hinds, 'Open and Shut: Why We Can't Produce a Champion', *The Sydney Morning Herald, Sport*, 22 January 2007, p. 2.
13. _____ Letter by Marc Hendricks, *Sydney Morning Herald*, 31

December 2007, p. 10; Valerie Lawson, 'Chance for Fans to See Charismatic Cuban Dancer', *Sydnev Morning Herald*, 8 October 2007, p. 13.

14. _____ Sheila Fitzpatrick, 'Charmer', *London Review of Books*, 1 November 2007, p. 27; Thomas Jones, 'Short Cuts', *London Review of Books*, 1 November 2007, p. 25.

15. _____ Richard Beeston, 'Terrorist Leader with Charm and Charisma', *The Times*, 4 September 2004, p. 6.

16. _____ John Lanchester, 'Walled Off: Can Burma Escape from Its History?', *The New Yorker*, 1 December 2006, p. 106.

17. _____ Maggie Alderson, 'It's a Kind of Magic', *Sydney Morning Herald, Good Weekend*, 6 October 2007, p. 53.

18. _____ Ibid.

19. _____ Arthur Schlesinger, *The Politics of Hope*, p. 12.

20. _____ Jacqueline Lunn, 'Don't Give Up On Her, Dad', *Sydney Morning Herald*, Spectrum, 6 January 2007, p. 21, quoting Michael Carr-Gregg, *The Princess Bitchface Syndrome: Surviving Adolescent Girls*.

21. _____ Elizabeth Farrelly, 'Applying Soul to Cities Is a Hit and Miss Affair', *Sydney Morning Herald*, 20 February 2008, p. 11.

22. _____ *The Sun-Herald, Travel* supplement 24 August 2008, front page: 'Sheer Charisma: In Love with Lake Como'.

23. _____ John Lahr, 'Demolition Man: Harold Pinter and "The Homecoming", *The New Yorker*, 24 & 31 December 2007, pp. 54-6.

24. _____ London Review of Books, 2007년 10월 18일, p. 14. Times Higher Education Supplement의 Ole M. Haystad 저,『심장의 역사』서평 발췌문이 담긴 Reaction Books의 새 책 광고.
25. _____ Andrew McConnell, 'The Iceberg Cometh', Sydney Morning Herald, Good Weekend, 6 January 2007, p. 32.
26. _____ Bernard Zuel, 'Because the Night Belonged to Her', Sydney Morning Herald, 17 October 2008, p. 11.
27. _____ Doe Lang, The New Secrets of Charisma: How to Discover and Unleash Your Hidden Powers, p. xi.
28. _____ Ibid., p. ix.
29. _____ Ibid., p. 6.
30. _____ Ibid., pp. 7, 10, 18.
31. _____ D. A. Benton, Executive Charisma, p. x.
32. _____ Ibid., pp. xv, xi, xiv.
33. _____ 성스런 단계를 요약하면 다음과 같다. 처음으로 시작하는 사람이 돼라, 동의를 기대하고 다른 사람들의 의견에도 동의하여 자존심을 유지하라, 질문을 하고 부탁을 하라, 당당하게 서서 미소를 보여라, 인간적인 모습을 보여주고 유머를 즐기고 직접 참여하라, 여유를 갖고 입을 다물고 다른 사람의 이야기를 들어라.
34. _____ Tony Alessandra, Charisma: Seven Keys to Developing the Magnetism That Leads to Success, p. i, excerpt from review by Robert Kriegel.
35. _____ Ibid., p. 11, quoting Charles Lindholm, Charisma.
36. _____ Ibid., pp. 23 and p. 29.

37. _____ Ibid., pp. 10-11.
38. _____ Ibid., p. 2.
39. _____ 이 일곱 가지 요소는 무언의 메시지, 말을 잘하는 능력, 듣는 능력, 설득하는 재주, 속도와 시간을 이용하는 능력, 다른 사람들에게 적응하는 능력, 비전과 아이디어다.
40. _____ Ibid., pp. 21, 20, 24.
41. _____ Desmond Guilfoyle, *The Charisma Effect*, p. 314.
42. _____ Ibid., p. 11.
43. _____ Ben Macintyre and James Landale, 'A Master of Charisma to Pep Up Peers', *The Times*, 30 June 1999, p. 13.
44. _____ Jay Conger and Rabindra Kanungo, Charismatic Leadership in Organization, p. 3. 두 저자는 p. 4에서 1988년부터 관찰해온 카리스마 있는 지도자들에 대한 실증 연구를 제공했다. 여기에는 현장조사 내용과 관리자, 임원, 군사지도자 샘플, 연구실 실험내용, 인터뷰와 관찰 분석, 역사기록 정보가 포함되어 있다.
45. _____ Ibid., p. 4.
46. _____ Ibid., p. 47.
47. _____ 콘거와 카눈고가 연구한 이러한 개념상의 모델을 개발하는 과정에서는 Robert House, 'A 1976 Theory of Charismatic Leadership'(1977), 변혁적 리더십과 상호작용적 리더십의 차이를 가정한 James McGregor Burns, Leadership(1978), 카리스마를 변혁적 리더십 모델의 한 요소로 통합시킨 Bass, Leadership and Performance beyond Expectations(1985) 등이 중요한 역할을 했다.
48. _____ Conger and Kanungo, Charismatic Leadership in

Organizations, p. 65, associate these dominant models with their originators and developers as follows: transformational leadership – Bass and Avolio; charismatic leadership – House and Shamir; visionary leadership – Sashkin. The attributional model is proposed by Conger and Kanungo themselves.

49. _____ Ibid., p. 48.
50. _____ Ibid., p. 70.
51. _____ Ibid., p. 108.
52. _____ Ibid., pp. 115-16.
53. _____ Ibid., p. 207.
54. _____ Bernard M. Bass, Transformational Leadership: Industry, Military, and Educational Impact, p. 5.
55. _____ Ibid., p. 166.
56. _____ Ibid., p. 14.
57. _____ Jane M. Howell and Peter J. Frost, 'A Laboratory Study of Charismatic Leadership', p. 211. 두 저자는 과거에 M. 사쉬킨(M. Sashkin)이 카리스마의 이러한 단순화할 수 없는 특징을 주장했다고 지적한다.
58. _____ Ibid., p. 211.
59. _____ 이 세 가지 리더십 스타일에는 Howell and Frost, 'A Laboratory Study of Charismatic Leadership', p. 198에서 제시된 다음과 같은 특징들이 부여되어 있었다. 카리스마 있는-매혹적이고 마음을 끄는 목소리 톤, 정열적인 말투, 속도 조절 능력 / 사려 깊은-관심을 표명하고 쌍방향의 참여를 유도하는 / 체계적인-상세하고 신중하게 임무를 설명하는

60. _____ Ibid., p. 209.

61. _____ Ibid., p. 211.

62. _____ Nancy C. Roberts and Raymond Trevor Bradley, 'Limits of Charisma', p. 86.

63. _____ 같은 자료, p. 90. 로버츠와 브래들리는 기록보관소 자료, 참여관찰, 교사, 학부모, 학생 등과의 인터뷰(p. 89) 등, 다양한 자료들로부터 연구 데이터를 확보했다.

64. _____ Ibid., pp. 96-9.

65. _____ Ibid., p. 101.

66. _____ Ibid., p. 102.

67. _____ Ibid., pp. 102-3.

68. _____ Ibid., p. 103.

69. _____ John P. Kotter, *John P. Kotter on What Leaders Really Do*, p. 51.

70. _____ Ibid., pp. 54-75.

71. _____ Bernieri quoted in Mark Greer, 'The Science of Savoir Faire', p. 1, *Monitor on Psychology*, http://www.apa.org/monitor/jan05/savoir.html, accessed 24 September 2007.

72. _____ Bernieri quoted in Carlin Flora, 'The X-Factors of Success', p. 2, *Psychology Today* at http://psychologytoday.com/articles/pto-3751.html, accessed 24 September 2007.

73. _____ Riggio quoted in Mark Greer, 'The Science of Savoir Faire', pp. 1-2.

74. _____ Anne Davies and Andrew Clennell, 'Debnam Out of Focus in Battle for Hearts and Minds', *Sydney Morning Herald*, 15

March 2007, p. 9.
75. _____ Helen Thomas quoted in Carlin Flora, 'The X-Factors of Success', p. 1.
76. _____ Rauschenberg quoted in Roni Feinstein, *Robert Rauschenberg: The Silkscreen Paintings 1962-64*, pp. 82-3.
77. _____ Feinstein, *Robert Rauschenberg*, p. 83.
78. _____ Robert Hughes, *The Shock or the New: Art and the Century of Change*, p. 346.
79. _____ Christopher Kremmer, 'Forever Stalked by Shadow of Violence', *Sydney Morning Herald*, 29 December 2007, p. 18.
80. _____ Neil Tweedie, 'Brother In the Shadows a Diligent Executor', *Sydney Morning Herald*, 21 February 2008, p. 8(reprinted from the Telegraph, London).
81. _____ Tim Padgett, 'Cuba's Chance', *Time*, 3 March 2008, p. 23.
82. _____ Donald T. Phillips, *The Clinton Charisma: A Legacy of Leadership*, 2008.
83. _____ Patrick Wintour, 'Brown Insists: Labour "Must Change the Way It Governs"', *The Guardian Weekly*, 18 May 2007, p. 13.
84. _____ David Barnet quoted in Porter and Williams, 'The "It" Factor', p. 8.
85. _____ Paul Ginsborg, *The Politics of Everyday Life: Making Choices, Changing Lives*, quoted in the book review by Stephen Bennetts, 'Put Citizens in the Frame', *The Australian, Review*, 24 September 2005, pp. 12-13.
86. _____ Greg Sheridan, 'Liberals Again Fail to Honour a Party Hero,

Unlike Labor', *The Australian, Inquirer*, 1 December 2007, p. 24.

87. _____ Karl Galinsky, 'Fortuna Teller: A Biography of Caesar Reflects His Age and Ours', *Book Forum*, December/January 2007, p. 46.

88. _____ Quoted in Porter and Williams, 'The "It" Factor', p. 10.

89. _____ Millett and Seccombe, 'The Charisma Game', *The Sydney Morning Herald*, 29 June 2002, p. 27.

90. _____ Alan Ramsey, 'Passionate Words Forge Great Nations', *Sydney Morning Herald*, 8 November 2008, p. 35, quoting from *Advancing Australia*, a book of speeches by Paul Keating.

91. _____ Hugh Mackay, 'How a Lack of Charisma Helped the PM to Seduce Us', *Sydney Morning Herald*, 21 February 2006, p. 9.

92. _____ Gary Younge, 'We Dream That the Good Guy Will Win But Then Vote for Someone Else', *The Guardian Weekly*, 26 October 2007, p. 9.

93. _____ Joshua Meyrowitz, *No Sense of Place: The Impact of Electronic Media on Social Behavior*, p. 281.

94. _____ Ibid., pp. 268-304.

95. _____ Gerard Wright, '$100 m Just to Get Started in This Game', *Sydney Morning Herald*, 9 February 2008, p. 28.

96. _____ Anne Davies, 'A Season for Primary Colours', *Sydney Morning Herald*, 29 December 2007, p. 21.

97. _____ Tom Krauze, 'A New Dream', *The Australian, Review*, 12 May 2007, p. 13.

98. _____ Anne Davies, 'Something's Happening Here', *Sydney Morning Herald*, 12 January 2008, p. 19.

99. _____ Dan Balz, 'Magic v Muscle – and the Rest', *Sydney Morning Herald*, 20 January 2007, p. 40. Reprinted from *The Washington Post*.

100. _____ Joe Klein, 'How Hillary Learned to Trust Herself', *Time*, 21 January 2008, p. 17.

101. _____ Joe Klein, 'Inspiration vs. Substance', *Time*, 18 February 2008, p. 16.

102. _____ Ibid.

103. _____ Geoff Elliott, 'Obama's First Coming', *The Australian, Inquirer*, 9 February 2008, p. 22; Joe Klein, 'Inspiration vs. Substance', p. 16.

104. _____ Suzanne Goldenberg and Ewen MacAskill, 'Democrats Face Fighting on Past Super Tuesday', *The Guardian Weekly*, 1 February 2008, p. 1.

105. _____ *Sydney Morning Herald*, 31 January 2008, p. 7. The advertisement can be viewed at http://www.youtube.com/watch?v=vVlnLl_xXJM.

106. _____ Alan Mascarenhas, 'The JFK of a New Generation', *The Sun-Herald*, 3 February 2008, pp. 24-5.

107. _____ Garry Trudeau, *Doonesbury*, *The Australian*, 14 February 2008, p. 22.

108. _____ Ian Munro, 'Kennedy Plea: Believe Again', *Sydney Morning Herald*, 27 August 2008, p. 7, quoting Senator Edward

Kennedy at the Democratic convention.

109. ____ Ibid., p. 7, including material reprinted from *the Los Angles Times*.

110. ____ Nicholas Lemann, 'Worlds Apart: Obama, McCain and the Future of Foreign Policy', *The New Yorker*, 13 October 2008, p. 116; Peter Hartcher, 'Hopes and Hurdles', *Sydney Morning Herald*, 8 November 2008, p. 31.

111. ____ David Nason, '"Rocky" Palin Weighs in for a Fight', *The Australian*, 5 September 2008, p. 9.

112. ____ Steve Coll, 'The Get', *The New Yorker*, 22 September 2008, pp. 31-2.

113. ____ Gerard Baker, 'Folksy Outsider Scores Points by Not Losing', *The Australian*, 4 October 2008, p. 13. Reprinted from *The Times*.

114. ____ Naomi Wolf, 'Don't Be Fooled, Palin Is Bush in Pumps', *Sydney Morning Herald*, 4 October 2008, p. 37.

115. ____ Janet Albrechtsen, 'Middle-Class America Charmed by Charisma of One of Their Own', *The Australian*, 4 October 2008, p. 13.

116. ____ Robert Lusetich, 'McCain the Worst Offender as Duo Ditch Their Idealism', *The Australian*, 23 September 2008, p. 8.

117. ____ Fouad Ajami, 'Looking for Mr Right', *The Australian*, 1 November 2008, p. 26. Reprinted from *the Wall Street Journal*.

118. ____ Robert Lusetich, 'Message of Hope for Weary Nation', *The Australian*, 6 November 2008, p. 13.

119. _____ David Nason, 'Rival Let Ground Slip Away Early On', *The Australian*, 6 November 2008, p. 13.
120. _____ E. J. Dionne quoted in Peter Hartcher, 'A New Race for the White House', *Sydney Morning Herald*, 6 November 2008, p. 11.
121. _____ Michael Grunwald, 'The New Agenda', *Time*, 17 November 2008, p. 48.
122. _____ Nancy Gibbs, 'Yes He Did', *Time*, 17 November 2008, p. 28.
123. _____ Peter Costello, 'The Heads Keep Rolling in a World Hungry for Change', *Sydney Morning Herald*, 12 November 2008, p. 15. Peter Costello is a former treasurer of Australia.
124. _____ Melvin Nelson quoted in Michelle Cazzulino, 'Obama Realises King's Dream', *Daily Telegraph*, 6 November 2008, p. 5.
125. _____ Beverley Gage, 'Do Rookies Make Good Presidents?', *Time*, 17 November 2008, p. 62.

■ 10장 ■

1. _____ *The Odyssey*, trans. E. V. Rieu, p. 17.
2. _____ Siegfried Schatzmann, *The Pauline Theory of Charismata*, p. 1.

「 참고문헌 」

- _____ Abel, Theodore, *Why Hitler Came into Power* (New York: AMS Press, 1938).
- _____ Alessandra, Tony, *Charisma: Seven Keys to Developing the Magnetism That Leads to Success* (New York: Warner Business Books, 2000).
- _____ Aquinas, Thomas, *Summa Theologica* trans. Fathers of the English Dominican Province (New York: Benziger Brothers, 1947).
- _____ Arnt, Winiam F. and Gingrich, F. Wilbur, *A Greek-English Lexicon of the New Testament and Other Early Christian Literature* (Chicago: University of Chicago Press, 1957).
- _____ Ashton, John, *The Religion of Paul the Apostle* (New Haven : Yale University Press, 2000).
- _____ Augustine, *City of God* trans. John Healey, everyman's Library

ed, Ernest Rhys (London: J. M. Dent, 1945).
- _____ Augustine, *Later Works* Vol. VIII, trans. John Burnaby, *The Library of Christian Classics* (London: SCM Press, 1955).
- _____ Augustine, *The Retractions* trans. Mary Inez Bogan, *The Fathers of The Church* Vol. 60 (Washington: The Catholic University of America Press, 1968).
- _____ Augustine, *Confessions* trans. J. G. Pilkington, revised Justin Lovin (London: Folio Society, 2006).
- _____ Aune, David E., *Prophecy in Early Christianity and the Ancient Mediterranean World* (Grand Rapids: Winiam B. Eerdmans, 1983).
- _____ Ball, Terence, 'Political Theory and Conceptual Change' in Andrew Vincent (ed.) *Political Theory: Tradition and Diversity* (Cambridge: Cambridge University Press, 1997).
- _____ Banks, Robert, *Paul's Idea of Community: The Early House Churches in Their Historical Setting* (Sydney: Anzea Books, 1979).
- _____ Barbas, Samantha, *Movie Crazy: Fans, Stars, and the Cult of Celebrity* (Basingstoke: Palgrave Macminan, 2002).
- _____ Barnes, Timothy, *Tertullian: A Historical and Literary Study* (Oxford: Clarendon Press, 1971).
- _____ Barnhart, Robert K. (ed.), *The Barnhart Dictionary of Etymology* (New York: H. W. Wilson Co., 1988).
- _____ Barrett, David B. (ed.), *World Christian Encyclopedia* (Oxford: Oxford University Press, 1982).
- _____ Barrett, David B., Kurian, George T. and Johnson, Todd M.,

World Christian Encyclopedia, 2nd Edition (Oxford: Oxford University Press, 2001).
- ____ Bass, Bernard M., *Transformational Leadership: Industry, Military, and Educational Impact* (Mahvah: Lawrence Erlbaum Associates, 1998).
- ____ Bendix, Reinhard, *Max Weber: All Intellectual Portrait* 2nd edition (Berkeley: University of California Press, 1977).
- ____ Benjamin, Walter, *Illuminations* ed. Hannah Arendt (London: Fontana, 1982).
- ____ Bennett, Dennis, 'God's Strength for This Generation', from 'The Charismatic Revival' issue, *Mission & Ministry* magazine Trinity Episcopal School for, Ministry, at http://www.emotionallyfree.org/dennis-strength.htm accessed 24 October 2007.
- ____ Benton, D. A., *Executive Charisma* (New York: McGraw-Hill, 2005).
- ____ Bevir, Mark, *The Logic of The History of Ideas* (Cambridge: Cambridge University Press, 1999).
- ____ Bloch, Marc, *The Royal Touch: Sacred Monarchy and Scrofula in England and France* trans. J. E. Anderson (London: Routledge & Kegan Paul, 1973 [1924]).
- ____ Blumhofer, Edith L., 'The Christian Catholic Apostolic Church and the Apostolic Faith: A Study in the 1906 Pentecostal Revival' in Cecil Robeck (ed.) *Charismatic Experiences in History* (Peabody, MA: Hendrickson Publishers, 1985).
- ____ Boorstin, Daniel J., *The Image: A Guide to Pseudo-Events in America* 2nd edition (New York: Vintage, 1987).

- _____ Bourdieu, Pierre, 'Legitimation and Structured Interests in Weber's Sociology of Religion' in Scott Lash and Sam Whimster (eds) *Max Weber, Rationality and Modernity* (Boston: Allen & Unwin, 1987).
- _____ Braudy, Leo, *The Frenzy of Renown: Fame and Its History* (New York: Oxford University Press, 1986).
- _____ Bray, Gerald (ed.), *Ancient Christian Commentary on Scripture: New Testament VII: 1-2 Corinthians* (Downers Grove, IL: InterVarsity Press, 1999).
- _____ Brooke, Christopher, *The Rise and Fall of The Medieval Monastery* (London: Folio, 2006).
- _____ Brown, Peter, *Society and The Holy in Late Antiquity* (London: Faber and Faber, 1982).
- _____ Browne, John, *Adenochoiradelogia, or, An anatomick-chirurgical treatise of glandules and strumaes ...* (London: Tho. Newcomb for Sam. Lowndes, 1684).
- _____ Bruce, F. F, *The Acts of The Apostles: The Greek Text with Introduction and Commentary* (Michigan: William B. Eerdmans, 1951).
- _____ Burns, Robert M. and Rayment-Pickard, Hugh (eds), *Philosophies of History: From Enlightenment to Postmodernity* (Oxford: Blackwell, 2000).
- _____ Campbell, Edward F, 'Grace', in Bruce M. Metzger and Michael D. Coogan (eds), *The Oxford Companion to The Bible* (New York: Oxford University Press, 1993).
- _____ Cashmore, Ellis, *Celebrity/Culture* (New York: Routledge,

2006).
- _____ Chadwick, Henry, *Priscillian of Avila: The Occult and The Charismatic in The Early Church* (Oxford: Oxford University Press, 1976).
- _____ Chadwick, Henry, *The Early Church* revised edition (London: Penguin, 1993).
- _____ Chant, Barry, 'The Nineteenth and Early Twentieth Century Origins of the Australian Pentecostal Movement' in Mark Hutchinson and Stuart Piggin (eds) *Reviving Australia: Essays on The History and Experience of Revival and Revivalism in Australian Christianity* (Sydney: Centre For the Study of Australian Christianity, 1994).
- _____ Chantrell, Glynnis (ed.), *The Oxford Dictionary of Word Histories* (Oxford: Oxford University Press, 2002).
- _____ Chrysostom, John, *The Homilies of Saint John Chrysostom on The Epistles of Paul to The Corinthians* trans. Talbot W. Chambers, *Nicene and Post-Nicene Fathers* Vol. XII (Grand Rapids: Wm. B. Eerdmans, 1969).
- _____ Clark, Winiam, *Academic Charisma and The Origins of The Research University* (Chicago: University of Chicago Press, 2007).
- _____ Cody, Alfred, 'The Didache: An English Translation' in Clayton N. Jefford (ed.) *The Didache in Context: Essays on Its Text, History and Transmission* (Leiden: E. J. Brill, 1995).
- _____ Conger, Jay A. and Kanungo, Rabindra N., *Charismatic Leadership in Organizations* (London: Sage, 1998).

- _____ Conzelmann, Hans, *History of Primitive Christianity* trans. John Steely (London: Darton, Longman & Todd, 1973).
- _____ Coser, Lewis A., 'Preface' in Arthur Mitzman (ed.), *The Iron Cage: An Historical Interpretation of Max Weber* (New Brunswick: Transaction Inc., 1985[1969]).
- _____ Costa Pinto, A., Eatwell, R., and Larsen, S. (eds), *Charisma and Fascism In Interwar Europe* (London: Routledge, 2007)
- _____ Cox, Harvey, *Fire From Heaven: The Rise of Pentecostal Spirituality and The Reshaping of Religion in The Twenty-First Century* (London: Cassell, 1996).
- _____ De Cordova, Richard, 'The Emergence of the Star System in America' in Christine Gledhill (ed.) *Stardom: Industry of Desire* (London: Routledge, 1991).
- _____ Denby, David, 'Fallen Idols: Have Stars Lost Their Magic?', *The New Yorker*, 22 October 2007, pp. 104-12.
- _____ Dodds, E. R., *The Greeks and The Irrational* (Berkeley: University of California Press, 1951).
- _____ Draper, Jonathan A., 'Social Ambiguity and the Production of Text: Prophets, Teachers, Bishops and Deacons and the Development of the Jesus Tradition in the Community of the Didache' in Clayton N. Jefford (ed.) *The Didache in Context: Essays on Its Text, History and Transmission* (Leiden: E. J. Brill, 1995).
- _____ Dunn, Geoffrey D., *Tertuilian* (London: Routledge, 2004).
- _____ Dunn, James D. G., *Jesus and the Spirit: A Study of the Religious and Charismatic Experience of Jesus and the First*

Christians as Reflected in the New Testament (London: SCM Press, 1975).

- _____ Dunn, James D. G., 'Ministry and the Ministry: The Charismatic Renewal's Challenge to Traditional Ecclesiology' in Cecil Robeck (ed.) Charismatic Experiences in History (Peabody, MA: Hendrickson Publishers, 1985).
- _____ Dyer, Richard, Stars 2nd edition (London: BFI, 1986).
- _____ Eatwell, Roger, 'The Concept and Theory of Charismatic Leadership' in A. Costa Pinto, R. Eatwell and S. Larsen (eds) Charisma and Fascism in Interwar Europe (London: Routledge, 2007).
- _____ Eliade, Mircea (ed.), The Encyclopedia of Religion (New York: Macmillan, 1987).
- _____ Emerson, J. A., (ed.), Prophecy: Essays Presented to Georg Fohrer (Berlin: Walter to Gruyter, 1980).
- _____ Evans, Mark, Open Up the Doors: Music in the Modern Church (London: Equinox, 2006).
- _____ Feinstein, Roni, Robert Rauschenberg: The Silkscreen Paintings 1962-64 (New York: Whitney Museum of American Art, 1990).
- _____ Forbes, Christopher, Prophecy and Inspired Speech in Early Christianity and Its Hellenistic Environment (Tübingen: J. C. B. Mohr, 1995).
- _____ Foucault, Michel, The Archaeology of Knowledge trans. A. M. Sheridan Smith (New York: Pantheon, 1972).
- _____ Foucault, Michel, The Order of Things: All Archaeology of The

Human Sciences (New York: Vintage, 1973[1970]).

● _____ Friedrich, Gerhard (ed.), *Theological Dictionary of The New Testament* translated and edited Geoffrey W. Bromiley (Grand Rapids: Wm. B. Eerdmans, 1974).

● _____ Friedriksen, Paula, *From Jesus to Christ: The Origins of the New Testament Images of Jesus* (New Haven: Yale University Press, 1988).

● _____ Furbank, P. N., *Reflections on The Word 'Image'* (London: Seeker & Warburg, 1970).

● _____ Gallagher, J. E, 'Charism: For the Church' in *The New Catholic Encyclopedia* (New York: McGraw-Hill, 1967) Vol. 3 pp. 462-3.

● _____ Gamson, Joshua, 'The Assembly Line of Greatness: Celebrity in TwentiethCentury America' in Sean Redmond and Su Holmes (eds) *Stardom and Celebrity: A Reader* (London: Sage, 2007).

● _____ Gelder, Ken and Jacobs, Jane M., *Uncanny Australia: Sacredness and Identity in a Postcolonial Nation* (Melbourne: Melbourne University Press, 1998).

● _____ George, Timothy, 'The Spirituality of the Radical Reformation' in Bernard McGinn and John Meyendorff (eds) *Christian Spirituality* Vol. 2 (London: Routledge & Keegan Paul, 1987).

● _____ Gerth, H. H. and Mins, C. Wright, 'Introduction: The Man and His Work' in Gerth and Mills (trans. and eds) *From Max Weber: Essays in Sociology* (New York : Galaxy, 1958 [1946]).

● _____ Giddens, Anthony, *Capitalism and Modern Social Theory: All Analysis of The Writings of Marx, Durkheim and Max Weber* (Cambridge: Cambridge University Press, 1971).

- _____ Gignac, Francis, 'Greek' in B. Metzger and M. Coogan (eds) *The Oxford Companion to The Bible* (New York: Oxford University Press, 1993).
- _____ Glare, P. G. W., *Oxford Latin Dictionary* (Oxford: Clarendon Press, 1982).
- _____ Gledhill, Christine (ed.), *Stardom: Industry of Desire* (London: Routledge, 1991).
- _____ Grant, Robert M. (ed.), *Gnosticism: A Source Book of Heretical writings from The Early Christian Period* (New York: Harper & Brothers, 1978).
- _____ Greig, Gary S. and Springer, Kevin., 'Introduction' in Greig and Springer (eds) *The Kingdom and The Power: Are Healing and The Spiritual Gifts Used by Jesus and The Early Church Meant for The Church Today?* (Ventura: Regal Books, 1993).
- _____ Gribomont, John, 'Monasticism and Asceticism' in Bernard McGinn and John Meyendorff (eds) *Christian Spirituality* Vol. 1 (London: Routledge & Keegan Paul, 1986).
- _____ Guilfoyle, Desmond, *The Charisma Effect* (Sydney: McGraw-Hill, 2002).
- _____ Harrison, James R., *Paul's Language of Grace in Its Graeco-Roman Context* (Tüibingen: Mohr Siebeck, 2003).
- _____ Harvey, A. E., *Jesus and the Constraints of History* (London: Duckworth, 1982).
- _____ Hengel, Martin, *The Charismatic Leader and His Followers* trans. J. C. G. Greig (Edinburgh: T & T. Clark, 1996 [1968]).
- _____ Hermas of Rome, trans. G. F. Snyder, *The Apostolic Fathers*

Vol. 6 (Camden: Thomas Nelson and Sons, 1968).
- _____ Herodotus, *The Histories* trans. Aubrey de Selincourt (Harmondsworth: Penguin, 1976).
- _____ Hiebert, Paul G., 'Discerning the Work of God' in Cecil Robeck (ed.) *Charismatic Experiences in History* (Peabody, MA: Hendrickson Publishers, 1985).
- _____ Hippolytus, The Refutation of All Heresies trans. J. H. MacMahon, Ante-Nicene *Christian Library* Vol. VI (Edinburgh: T. & T. Clark, 1911).
- _____ Hippolytus, *The Extant Works and Fragments of Hippolytus* trans. s. D. F. Salmond Ante-Nicene *Christian Library* Vol. IX (Edinburgh: T. & T. Clark, 1911).
- _____ Hocken, Peter, 'Charismatic Movement' in *Encyclopedia of Christianity* Vol. 1 trans. and ed. Geoffrey W. Bromiley (Grand Rapids, MI: Wm. B. Eerdarnns, 1999).
- _____ Holmberg, Bengt, *Paul and Power: The Structure of Authority in the Primitive Church as Reflected in the Pauline Epistles* (Philadelphia: Fortress Press, 1980).
- _____ Holmes, Su and Redmond, Sean (eds), *Framing Celebrity: New Directions in Celebrity Culture* (London: Routledge, 2006).
- _____ Homer, *The Iliad* trans. Richard Lattimore (Chicago: University of Chicago Press, 1961).
- _____ Homer, *The Odyssey*, trans. E. V. Rieu (London: Penguin, 1991).
- _____ Howell, Jane M. and Frost, Peter J., 'A Laboratory Study of Charismatic Leadership' in Jeffrey A. Sonnenfeld (ed.), *Concepts of Leadership* (Aldershot: Dartmouth, 1995).

- _____ Hughes, Robert, *The Shock of the New: Art and the Century of Change* 2nd edition (London: Thames & Hudson, 1991).
- _____ Hunt, Hannah, 'Byzantine Christianity' in Ken Parry (ed.) *The Blackwell Companion to Eastern Christianity* (Oxford: Blackwell, 2007).
- _____ Hunter, Harold D., 'Two Movements of the Holy Spirit in the 20th Century: A Closer Look at Global Pentecostalism and Ecumenism' in *European Pentecostal Charismatic Research Association Papers*, www.epcra.ch /papers_pdf/ hunter_1999.pdf accessed 8 October 2007.
- _____ Irenaeus of Lyons, *Against the Heresies Book 1* trans. Dominic J. Unger (New York: Paulist Press, 1992).
- _____ Irenaeus of Lyons, *The Writings of Irenaeus* Vol. 1 trans. Alexander Roberts and W. H. Rambaut in *Ante-Nicene Christian Library* vol. V (Edinburgh : T. & T. Clark, 1910).
- _____ Jefford, Clayton N. (ed.), *The Didache in Context: Essays on Its Text, History and Transmission* (Leiden: E. J. Brill, 1995).
- _____ Judge, E. A., *The Social Pattern of the Christian Groups in the First Century: Some Prolegomena to the Study of New Testament Ideas of Social Obligation* (London: The Tyndale Press, 1960).
- _____ Judge, E. A., *The First Christians in the Roman Empire: Augustan and New Testament Essays* ed. James R. Harrison (Tübingen: Mohr Siebeck, 2008).
- _____ Kenny, Neil, *The Uses of Curiosity in Early Modern France and Germany* (Oxford: Oxford University Press, 2004).

- _____ Knox, J., *Chapters in a Life of Paul* (New York: Abingdon-Cokesbury, 1950).
- _____ Knox, R. A., *Enthusiasm: A Chapter in the History of Religion* (Oxford: Oxford University Press, 1950).
- _____ Kotter, John P., *John Kotter on What Leaders Really Do* (Harvard: Harvard Business Review Books, 1999).
- _____ Kydd, Ronald A., *Charismatic Gifts in the Early Church* (Peabody, MA: Hendrickson Publishing, 1984).
- _____ Lampe, G. W. H. (ed.), *A Patristic Greek Lexicon* (Oxford: Oxford University Press, 1961).
- _____ Land, Steven J., 'Pentecostal Spirituality: Living in the Spirit' in Louis Duprá and Don Sauers (eds) *Christian Spirituality Vol. 3: Post-Reformation and Modern* (London: SCM Press, 1990).
- _____ Lang, Doe, *The New Secrets of Charisma: How to Discover and Unleash Your Hidden Powers* (Chicago: Contemporary Books, 1999).
- _____ Lewis, David c., 'A Social Anthropologist's Analysis of Contemporary Healing' in Gary Greig and Kevin Springer (eds) *The Kingdom and the Power: Are Healing and the Spiritual Gifts Used by Jesus and the Early Church Meant for the Church Today?* (Ventura: Regal Books, 1993).
- _____ Lewis, I. M., *Ecstatic Religion: A Study of shamanism and Spirit Possession* 2nd edition (London: Routledge, 1989).
- _____ Lewis, I. M., *Religion in Context: Cult and Charisma* 2nd edition (Cambridge: Cambridge University Press, 1996).
- _____ Liddel, H. G. and Scott, R., *Greek-English Lexicon*, Intermediate

Version (Oxford: Oxford University Press, 1975).
- _____ Lindholm, Charles, *Charisma* (Oxford: Blackwell, 1990).
- _____ Long, Theodore E., 'Prophecy, Charisma and Politics: Reinterpreting the Weberian Thesis' in J. Hadden and A. Shupe (eds) *Prophetic Religions and Politics: Religion and The Political Order* Vol. 1 (New York: Paragon House, 1986).
- _____ Louth, Andrew (ed.), *Early Christian Writings: The Apostolic Fathers* trans. Maxwell Stanforth and Andrew Louth (London: Penguin, 1987).
- _____ Lovejoy, Arthur O., *The Great Chain of Being: A Study of The History of an Idea* (Cambridge: Harvard University Press, 1936).
- _____ Lyons, John, *Before Imagination: Embodied Thought from Montaigne to Rousseau* (Stanford: Stanford University Press, 2005).
- _____ MacArthur, John F. Jr, *Charismatic Chaos* (Grand Rapids: Zondervan Publishing, 1992).
- _____ Maclean, Ian, 'The Process of Intellectual Change: A Post-Foucauldian Hypothesis' in John Neubauer (ed.) *Cultural History After Foucault* (New York: Aldine De Gruyter, 1999).
- _____ Marshall, P. David, *Celebrity and Power* (Minneapolis: University of Minnesota Press, 1997).
- _____ Marshall, P. David (ed.), *The Celebrity Culture Reader* (New York: Routledge, 2006).
- _____ Mayhew, R., *Charisma patrikon, a paternal gift, or, The legacie of a dying father, to his living children wherein there is a taste of The childs duty of heart-keeping to be hard keeping ...*

(London: Printed for John Hancock, 1676).

- _____ McGinn, Bernard and Meyendorff, John (eds), *Christian Spirituality three volumes* (London: Routledge & Keegan Paul, 1986, 1987, 1988).
- _____ McLenon, James, 'How Shamanism Began: Human Evolution, Dissociation, and Anomalous Experience' in James Houran (ed.) *From Shaman to Scientist: Essays an Humanity's Search for Spirits* (Lanham: Scarecrow Press, 2004).
- _____ McIlwain, Doris, 'The Charisma of Fallible Leaders and the Limits of SelfHelp', *Australian Review of Public Affairs* at http://www.australianreviNew.net/digest/2006/05/mcilwain.html.
- _____ Meyendorff, John, 'Christ as Saviour in the East' in Bernard McGinn and John Meyendorff (eds) *Christian Spirituality* Vol. 1 (London: Routledge & Keegan Paul, 1986).
- _____ Meyendorff, Paul, 'Eastern Liturgical Theology' in Bernard McGinn and John Meyendorff (eds) *Christian Spirituality* Vol. 1 (London: Routledge & Keegan Paul, 1986).
- _____ Meyrowitz, Joshua, *No Sense of Place: The Impact of Electronic Media on Social Behavior* (New York: Oxford University Press, 1985).
- _____ Milavec, Aaron, *The Didache: Text, Translation, Analysis, and Commentary* (Collegeville: Liturgical Press, 2003).
- _____ Mitzman, Arthur, *The Iron Cage: All Historical Interpretation of Max Weber* (New Brunswick: Transaction Inc., 1985 [1969]
- _____ Mommsen, Wolfgang J., *The Age of Bureaucracy: Perspectives on The Political Sociology of Max Weber* (Oxford: Basil

Blackwell, 1974).
- _____ Mommsen, Wolfgang J., *Max Weber and German Politics 1890-1920* trans. Michael S. Steinberg (Chicago: Chicago University Press, 1984 [1959]).
- _____ Morin, Edgar, *The Stars* trans. Richard Howard (New York: Grove Press, 1960).
- _____ Moxnes, Halvor, 'The Quest for Honor and the Unity of the Community in Romans 12 and the Orations of Dio Chrysotom' in Troels Engber-Pederson (ed.) *Paul in His Hellenistic Context* (Edinburgh: T & T Clark, 1994).
- _____ Murphy-O'Connor, Jerome, *Paul: A Critical Life* (Oxford: Clarendon Press, 1996).
- _____ Nietzsche, Friedrich, *Twilight of the Idols and the Anti-Christ* trans. R. J. Hollingdale (Hammondsworth: Penguin, 1978).
- _____ Nietzsche, Friedrich, *Thus Spake Zarathustra* trans. Walter Kaufmann (Hammondsworth: Penguin, 1981).
- _____ Oakes, Len, *Prophetic Charisma: The Psychology of Revolutionary Religious Personalities* (Syracuse: Syracuse University Press, 1997).
- _____ Ong, Walter J., *The Presence of the New word: Some Prolegomena for Cultural and Religious History* (Minneapolis: University of Minnesota Press, 1967).
- _____ *Oxford English Dictionary* (OED) 2nd edition (Oxford: Oxford University Press, 1989).
- _____ Parsons, Talcott, *The Structure of Social Action* (New York: The Free Press, 1968[1937]).

- _____Patterson, Stephen J., 'Didache 11-13: The Legacy of Radical Itinerancy in Early Christianity' in Clayton. N. Jefford (ed.) *The Didache in Context: Essays on Its Text, History and Transmission* (Leiden: E. I. Brin, 1995).
- _____Perkins, Pheme, *Gnosticism and the New Testament* (Minneapolis: Fortress Press, 1993).
- _____Phillips, Donald T., *The Clinton Charisma: A Legacy of Leadership* (Basingstoke: Palgrave, 2008).
- _____Piggin, Stuart, *Firestorm of the Lord: The History of and Prospects for Revival in the Church and the World* (Carlisle: Paternoster Press, 2000).
- _____Radosh, Daniel, 'The Good Book Business' in *The New Yorker* 26 December 2006 pp. 54-9.
- _____Redmond, Sean and Holmes, Su, (eds), *Stardom and Celebrity: A Reader* (London: Sage, 2007).
- _____Rieff, Philip, *Charisma: The Gift of Grace and How It Has Been Taken Away from Us* (New York: Pantheon, 2007).
- _____Robeck, Cecil M. Jr, (ed.), *Charismatic Experiences in History* (Peabody, MA: Hendrickson Publishers, 1985).
- _____Robeck, Cecil M. Jr, 'Origen's Treatment of the Charismata in 1 Corinthians 12: 8-10' in Cecil M. Robeck (ed.) *Charismatic Experiences in History* (Peabody, MA: Hendrickson Publishers, 1985).
- _____Roberts, Nancy C. and Bradley, Raymond Trevor, 'Limits of Charisma' in Jeffrey A. Sonnenfeld (ed.) *Concepts of Leadership* (Aldershot: Dartmouth, 1995).

- _____ Robinson, David, *The History of World Cinema* 2nd edition (New York: Stein and Day, 1981).
- _____ Roth, Guenther, 'Introduction' in Max Weber *Economy and Society: An Outline of Interpretive Sociology* in Guenther Roth and Claus Wittich (eds) trans. E. Fischoff et al. (New York: Bedminster Press, 1968).
- _____ Roth, Guenther, 'Introduction to the New Edition' in Reinhard Bendix (ed.) *Max Weber: An Intellectual Portrait* 2nd edition (Berkeley: University of California Press, 1977)
- _____ Said, Edward, *The World, the Text, and the Critic* (London: Faber and Faber, 1984).
- _____ Sanders, Jack T., *Charisma, Converts, Competitors: Societal and Sociological Factors in the Success of Early Christianity* (London: SCM Press, 2000).
- _____ Schatz, Thomas, *The Genius of the System: Hollywood Filmmaking in the Studio Era* (New York: Pantheon, 1988).
- _____ Schatzmann, Siegfried, *A Pauline Theology of Charismata* (Peabody, MA: Hendrickson Publishers, 1989).
- _____ Schickel, Richard, *Common Fame: The Culture of Celebrity* (London: Pavilion Books, 1985). Schiffer, Irvine, *Charisma: A Psychoanalytical Look at Mass Society* (Toronto: University of Toronto Press, 1973).
- _____ Schlesinger, Arthur M. Jr., *The Politics of Hope* (London: Eyre & Spottiswoode, 1964).
- _____ Schoedel, William R., *Ignatius of Antioch: A Commentary on the Letters of Ignatius of Antioch* (Philadelphia: Fortress Press,

1985).
- _____ Shelley, Bruce L., *Church History in Plain Language*, 2nd edition (Dallas: Word Publishing, 1995).
- _____ Sica, Alan, *Weber, Irrationality, and Social Order* (Berkeley: University of California Press, 1988).
- _____ Skinner, Quentin, *Visions of Politics volume 1: Regarding Method* (Cambridge: Cambridge University Press, 2002).
- _____ Smail, Tom, 'A Renewal Recalled' in Tom Smail, And New Walker and Nigel Wright (eds) *Charismatic Renewal: The Search for a Theology* (London: SPCK, 1995).
- _____ Smail, Tom, 'In Spirit and in Truth: Reflections on Charismatic Worship' in Tom Smail, Andrew Walker and Nigel Wright (eds) *Charismatic Renewal: The Search for a Theology* (London: SPCK, 1995).
- _____ Smail, Tom, Walker, Andrew and Wright, Nigel, 'From "The Toronto Blessing" to Trinitarian Renewal: A Theological Conversation' in Walker Smail and Wright (eds) *Charismatic Renewal: The Search for a Theology* (London: SPCK, 1995).
- _____ Smail, Tom, Walker, Andrew and Wright, Nigel, '"Revelation Knowledge" and Knowledge of Revelation: The Faith Movement and the Question of Heresy' in Walker Smail and Wright (eds) *Charismatic Renewal: The Search for a Theology* (London: SPCK, 1995).
- _____ Sohm, Rudolf, *Outlines of Church History* trans. May Sinclair (London: Macmillan, 1895). Sonnenfeld, Jeffrey A. (ed.), *Concepts of Leadership* (Aldershot: Dartmouth, 1995).

- _____ Spadafora, David, *The Idea of Progress in Eighteenth-Century Britain* (New Haven: Yale University Press, 1990).
- _____ Spicq, Ceslas, *Theological Lexicon of The New Testament* trans. James D. Ernest (Peabody, MA: Hendrickson, 1994).
- _____ Stendhal, Krister, *Paul among Jews and Genties* (Philadelphia: Fortress Press, 1976).
- _____ Symeon the New Theologian, *Hymns of Divine Love* trans. George A. Maloney (Denville: Dimension Books, 1976).
- _____ Tabbernee, William, *Montanist Inscriptions and Testimonia: Epigraphic Sources illustrating The History of Montanism* (Macon, GA: Mercer University Press, 1997).
- _____ Tacitus, *The Annals of Imperial Rome* trans. Michael Grant (Hammondsworth: Penguin, 1975).
- _____ Tertullian, *Treatises Oil Penance: Oil Penitence and Oil Purity* trans. and annotated William P. Le Saint (Westminster, MD: The Newman Press, 1959).
- _____ Tertullian, *Adversus Marcionem*, trans. Ernest Evans (Oxford: Oxford University Press, 1972).
- _____ Thomas, Keith, *Religion and The Decline of Magic* (London: Weidenfeld & Nicolson, 1971).
- _____ Tooker, William, *Charisma siue Donum sanationis Seu explicatio totius quaestioni de mirabilium sanitatum gratia...* (London: John Windet, 1597).
- _____ Tucker, Graeme, 'Celebrity, the Tabloid and the Democratic Public Sphere' in P. David Marshall (ed.) *The Celebrity Culture Reader* (New York: Routledge, 2006).

- _____ Unger, Dominic J., 'Introduction' in St Irenaeus of Lyons *Against The Heresies Book 1* trans. Dominic J. Unger (New York: Paulist Press, 1992).
- _____ Vermes, Geza, *Jesus the Jew: A Historian's Reading of The Gospels* (London: SCM Press, 1973).
- _____ Wagner, C. Peter, 'Forward' in Gary Greig and Kevin Springer (eds) *The Kingdom and the Power: Are Healing and the Spiritual Gifts Used by Jesus and the Early Church Meant for the Church Today?* (Ventura: Regal Books, 1993).
- _____ Waldman, David A., Bass, Bernard M. and Yammarino, Francis J., 'Adding to Contingent-Reward Behavior: The Augmenting Effect of Charismatic Leadership' in Jeffrey A. Sonnenfeld (ed.) *Concepts of Leadership* (Aldershot: Dartmouth, 1995).
- _____ Walker, Andrew, 'The Devil You Think You Know: Demonology and the Charismatic Movement' in Tom Smail, Andrew Walker and Nigel Wright (eds) *Charismatic Renewal: The Search for a Theology* (London: SPCK, 1995).
- _____ Walker, Andrew, 'Miracles, Strange Phenomena, and Holiness' in Tom Smail, Andrew Walker and Nigel Wright (eds) *Charismatic Renewal: The Search for a Theology* (London: SPCK, 1995).
- _____ Walker, Andrew, 'Notes from a Wayward Son' in Tom Smail, Andrew Walker and Nigel Wright (eds) *Charismatic Renewal: The Search for a Theology* (London: SPCK,1995)
- _____ Wallace, Richard and Williams, Wynne, *The Three worlds of Paul of Tarsus* (London: Routledge, 1998).
- _____ Wallis, Roy, 'The Social Construction of Charisma' in Roy Wallis

and Sieve Bruce (eds) *Sociological Theory, Religion and Collective Action* (Belfast: The Queen's University, 1986).

• _____ Wallis, Roy, 'Charisma and Explanation' in Eileen Barker, James A. Beckford and Karel Dobbelaere (eds) *Secularization, Rationalism, and Sectarianism: Essays in Honour of Bryan R. Wilson* (Oxford: Clarendon Press, 1993).

• _____ Ward, W. R., *The Protestant Evangelical Awakening* (Cambridge: Cambridge University Press, 1992).

• _____ Weber, Max, *From Max Weber :Essays in Sociology* (trans. and eds) H. Gerth and C. Wright Mills (New York: Galaxy, 1958 [1946]).

• _____ Weber, Max, *The Religion of China: Confucianism and Taoism* trans. Hans H. Gerth (New York: The Free Press, 1964 [1951]).

• _____ Weber, Max, *Economy and Society: An Outline of Interpretive Sociology* (eds) Roth, Guenther and Wittich, Claus, trans. E. Fischoff et al. (New York: Bedminster Press, 1968).

• _____ Weber, Max, *The Protestant Ethic and the Spirit of Capitalism* trans. Talcott Parsons (London: Unwin University Books, 1971 [1930]).

• _____ Weber, Max, *The Religion of India: The Sociology of Hinduism and Buddhism* trans. H. Gerth and D. Martindale(NewYork: The Free Press, 1992 [1958]).

• _____ Whybray, R. N., 'Prophets: Ancient Israel' in Bruce M. Metzger and Michael D. Coogan (eds) *The Oxford Companion to the Bible* (New York: Oxford University Press, 1993).

• _____ Willner, Ann Ruth, *The Spellbinders: Charismatic Political*

Leadership (New Haven: Yale University Press, 1984).
- _____ Wilson, A. N., *Paul: The Mind of The Apostle* (London: W. W. Norton, 1997).
- _____ Wilson, Bryan R., *The Noble Savages: The Primitive Origins of Charisma and Its Contemporary Survival* (Berkeley: Quantum Books, 1975).
- _____ Winkelman, Michael, 'Spirits as Human Nature and the Fundamental Structures of Consciousness' in James Houran (ed.) *From Shaman to Scientist: Essays on Humanity's Search for Spirits* (Lanham: Scarecrow Press, 2004).
- _____ Zizioulas, John D., *Eucharist, Bishop, Church* (Brookline, MA: Holy Cross Orthodox Press, 2001).

「색인」

■ ㄱ ■

가르보, 그레타(Garbo, Greta) 354, 365
감리교(Methodism) 224, 225, 301, 305
갬슨, 조슈아(Gamson, Joshua) 353, 362
거스, H. (Gerth, H) 272
게이블, 클라크(Gable, Clark) 364, 365
겔더, 켄(Gelder, Ken) 290
관념론(idealism) 249
관념사(history of ideas) 30, 460
광신(enthusiasm) 162, 207, 221, 306, 448
교황(Pope, the) 188, 190, 211, 217, 220, 260, 309, 333
구전(orality) 52, 66, 124, 140, 453
그노시스(gnonis) 91, 163, 179
그노시스주의(gnosticism) 163, 164, 211
그레이엄, 빌리(Graham, Billy) 334, 335, 407
그리어, 저메인(Greer, Germaine) 391
그리피스, D. W.(Griffith, D. W.) 290
근대성(modernity) 19, 242, 455
금욕주의(asceticism) 150, 158, 173, 197, 198, 212, 253, 264, 345
기든스, 앤소니(Giddens, Anthony) 281
길포일, 데스몬드(Guilfoyle, Desmond) 409

■ ㄴ ■

나치즘(nazism) 276
나폴레옹(Napoleon) 238, 239, 348, 349
낭만주의(Romanticism) 248, 348
노바티아누스(Novatianus) 170, 172
녹스, R. A.(Knox, R. A.) 206, 210, 221, 226
니체, 프리드리히(Nietzsche, Friedrich) 242~245
닉슨, 리처드(Nixon, Richard) 273, 429

■ ㄷ ■

다이애나, 비(Diana, Princess) 379, 395, 396
다이어, 리처드(Dyer, Richard) 363, 364
달라이 라마(Dalai Lama) 260, 391
던, 제임스 D.(Dunn, James) 53, 86, 320, 332
데이비스, 주디(Davis, Judy) 391
덴비, 데이비드(Denby, David) 356, 364, 365, 374~376

도드스, E. R.(Dodds, E. R.) 54~55
도위, 존 알렉산더(Dowie,
　John Alexander) 296, 297~299, 300, 301, 324
동방정교회(Orthodox church) 309
뒤르켕, 에밀(Durkheim, Emile) 279~281,
　283, 376, 438
드레이퍼, 조나단(Draper, Jonathan) 132,
　137
딜런, 밥(Dylan, Bob) 394, 39

■ ㄹ ■

라우센버그, 로버트(Rauschenberg,
　Robert) 423
랑, 도(Lang, Doe) 404
래믈, 칼(Laemmle, Karl) 350
러브조이, 아서 O.(Lovejoy, Arthur, O.) 30
로버츠, 낸시(Roberts, Nancy) 416
로버트, 오럴(Roberts, Oral) 304, 313, 335
로빈슨, 데이비드(Robinson, David) 352
로스, 귄터(Roth, Guenther) 277
루소, 장자크(Rousseau, Jean-Jacque)
　347~348
루스벨트, 테오도어(Roosevelt,
　Theodor) 268, 440
루이스, I. M.(Lewis, I. M.) 56
루터, 마르틴(Luther, Martin) 220
리, 앤(Lee, Ann) 225, 286
리지오, 로날드(Riggio, Ronald) 420
리프, 필립(Rieff, Philip) 288
린돔, 찰스(Lindholm, Charles) 234

■ ㅁ ■

마나(mana) 16, 261, 280
마르쿠제, 헤르베르트(Marcuse,
　Herbert) 278
마르크스, 칼(Marx, Karl) 281
마르크스주의(Marxism) 278~279
마셜, P. 데이비드(Marshall, P. David) 235
만델라, 넬슨(Mandela, Nelson) 396
매케인, 존(McCain, John) 436

매킬웨인, 도리스(McIlwain, Doris) 290
맥길리온, 크리스(McGillion, Chris) 78
맥아더, 존(MacArthur, John) 329
맨슨, 찰스(Manson, Charles) 390
머피 오코너, 제롬(Murphy-O'Connor,
　Jerome) 76, 91
먼로, 마릴린(Monroe, Marilyn) 359, 364
메이엔도르프, 폴(Meyendorff, Paul) 200
메이휴, R.(Mayhew, R.) 236
모린, 에드가(Morin, Edgar) 351
모스, 마르셀(Mauss, Marcel) 285
몬타누스주의(파)(Montanism) 149~150
몸젠, 볼프강(Mommsen, Wolfgang) 233,
　277
밀, 존 스튜어트(Mill, John Stuart) 238

■ ㅂ ■

바라카(barakah) 16
바르바스, 사만다(Barbas, Samantha) 342
바이런, 경(Byron, Lord) 348, 382, 391
발렌티누스(Valentinus) 165
배스, 버나드(Bass, Bernard) 414, 418
뱅크스, 로버트(Banks, Robert) 111
베네트, 데니스(Bennett, Dennis) 305~306
베르니에리, 프랭크(Bernieri, Frank) 420
벤자민, 발터(Benjamin, Walter) 358
벤튼, D. A.(Benton, D.A) 405
보가트, 험프리(Bogart, Humphrey) 354,
　391
볼, 테렌스(Ball, Terence) 27
부르디외, 피에르(Boudieu, Pierre) 20, 454
부어스틴, 다니엘 J.(Boorstin, Daniel J.)
　370
부제(deacon) 112, 121, 136
부토, 베나지르(Bhutto, Benazir) 424
브라운, 고든(Brown, Gordon) 426
브래들리, 레이몬드(Bradley, Raymond)
　416
브로디, 리오(Braudy, Leo) 342
브루크, 크리스토퍼(Brooke,

Christopher) 212
블라바츠키, 여사(Blavatsky, Madame) 286
블란쳇, 케이트(Blanchett, Cate) 391
블레어, 토니(Blair, Tony) 391, 395

■ ㅅ ■

사이드, 에드워드(Said, Edward) 28
샌더스, 잭(Sanders, Jack) 282
샤머니즘(shamanism) 52~53
샤츠만, 지그프리트(Schatzmann, Siegfried) 86
셰이커교도(Shakers) 225
수에토니우스(Suetonius) 180
쉐델, 윌리엄(Schoedel, William) 177
쉬켈, 리처드(Schickel, Richard) 367
쉬퍼, 어빈(Schiffer, Irvine) 235
슈미트, 카를(Schmitt, Carl) 276
슈츠, 존 하워드(Schütz, John Howard) 109, 234
슐라이어마허, 프리드리히 (Schleiermacher, Friedrich) 237
슐레진저, 아더(Schlesinger, Arthur) 278, 291, 398
스메일, 톰(Smail, Tom) 315~318, 329
스토아철학(Stoicism) 71, 73, 112
스파다포라, 데이비드(Spadafora, David) 29
스피크, 세스라스(Spicq, Ceslas) 81
시메온, 새로운 신학자(Symeon, the New Theologian) 203~204, 212, 309

■ ㅇ ■

아벨, 테오도르(Abel, Theodore) 239, 271, 275
아우구스투스(Augustus) 84, 187, 340, 344
아퀴나스, 토마스(Aquinas, Thomas) 214, 217
알레산드라, 토니(Alessandra, Tony) 407
알리, 무하마드(Ali, Muhammad) 391

암브로스(Ambrose) 189~191
애슈턴, 존(Ashton, John) 56, 76, 199,226
앤, 데이비드(Aune, David) 53, 179
앤소니, 앤드루(Anthony, Andrew) 341, 379
앨더슨, 매기(Alderson, Maggie) 394
에드워즈, 조나단(Edwards, Jonathan) 224
에머슨, 랄프 왈도(Emerson, Ralph Waldo) 348
에이미스, 마틴(Amis, Martin) 379
오리게누스(Origenus) 170, 172
오순절주의(Pentecostalism) 301~306, 311
워드, W. R., (Ward, W. R.,) 225
워커, 앤드루(Walker, Andrew) 317~318, 332
워홀, 앤디(Warhol, Andy) 341
월리스, 로이(Wallis, Roy) 283
월너, 앤 루스(Wilner, Ann Ruth) 289
윌슨, 브라이언(Wilson, Bryan) 283
이그나티우스(Ignatius) 144~147, 159, 177, 180, 329
이레나이우스(Irenaeus) 152~156, 167, 169
이트웰, 로저(Eatwell, Roger) 291

■ ㅈ ■

장기지속(longue durée) 31
존스, 짐(Jones, Jim) 390, 407, 419
좀, 루돌프(Sohm, Rudolf) 251, 256
지지울라스, 존 D.,(Zizioulas, John D.,) 328

■ ㅊ ■

채드윅, 헨리(Chadwick, Henry) 67, 177
초서, 제프리(Chaucer, Geoffrey) 345

■ ㅋ ■

카리스마타(charismata) 25, 68, 92~96, 103, 108, 124, 205
카리즘(charism) 225, 236, 237

카스트로, 피델(Castro, Fidel) 452
카이사르, 율리우스(Caesar, Julius) 340
카타리파(Catharists) 210
캐시모어, 엘리스(Cashmore, Ellis) 355
커노트, 셰릴(Kernot, Cheryl) 391
케네트, 제프(Kennett, Jeff) 381~382, 391
켈리, 네드(Kelly, Ned) 382, 391
코저, 루이스 A.(Coser, Lewis A.) 235
코터, 존 P.(Kotter, John P.) 20, 419, 454
코헛, 하인츠(Kohut, Heinz) 287
콕스, 하비(Cox, Harvey) 311
콘거와 카눈고(Conger and Kanungo) 411~416
콘래드, 조세프(Conrad, Joseph) 238
콘스탄티누스(Constantinus) 66
퀘이커교도(Quakers) 225
큐커, 조지(Cukor, George) 368
크로포드, 조안(Crawford, Joan) 365
클락, 윌리엄(Clark, William) 290
클레멘트(Clement) 139, 180, 329
키드, 로날드(Kydd, Ronald) 122, 146, 178
키케로(Cicero) 344
키팅, 폴(Keating, Paul) 391, 428
키프리아누스(Cyprianus) 171~172
킹, 마틴 루터, 주니어.(King, Martin Luther, Jr.) 440, 452

■ ㅌ ■

타키투스(Tacitus) 180
터커, 로버트(Tucker, Robert) 282
터커, 수지(Tucker, Susie) 27
터툴리안(Tertullian) 150, 155, 161, 169, 199
투커, 윌리엄(Tooker, William) 218
트루도, 개리(Trudeau, Garry) 435

■ ㅍ ■

파마(fama) 339
파슨스, 탤코트(Parsons, Talcott) 252, 272, 279, 280
파판드레우, 안드레아스(Papandreou, Andreas) 273
파함, 찰스 폭스(Parham, Charles Fox) 301~302
페일린, 사라(Palin, Sarah) 436
펠리니, 페데리코(Fellini, Federico) 367
포브스, 크리스토퍼(Forbes, Christopher) 170
푸코, 미셸(Foucault, Michel) 30
프리드리히, 게르하르트(Friedrich, Gerhard) 82
프리드릭슨, 폴라(Friedriksen, Paula) 75
픽포드, 메리(Pickford, Mary) 352, 361
필로(Philo) 50

■ ㅎ ■

하워드, 존(Howard, John) 109, 234
해리슨, 제임스(Harrison, James) 84
허친스, 마이클(Hutchence, Michael) 380~381
헤겔, G. W. F.,(Hegel, G.W.F.) 249
헤르마스(Hermas) 128
헹겔, 마르틴(Hengel, Martin) 57
호메로스(Homer) 26, 343
호크, 밥(Hawke, Bob) 391
홀름버그, 벵그트(Holmberg, Bengt) 110
휴즈, 로버트(Hughes, Robert) 424
히버트, 폴 G.,(Hiebert, Paul G.) 332
히치콕, 알프레드(Hitchcock, Alfred) 367
히틀러, 아돌프(Hitler, Adolf) 427
히폴리투스(Hippolytus) 48, 154
힌, 베니(Hinn, Benny) 326

카리스마의 역사

1판 1쇄 인쇄 2010년 2월 10일
1판 1쇄 발행 2010년 2월 16일

지은이 존 포츠
옮긴이 이현주

발행인 김기중
주간 신선영
편집 김수정, 정진숙
펴낸곳 도서출판 더숲
주소 서울시 마포구 서교동 468-33 2층 (121-842)
전화 02-3141-8302
팩스 02-3141-8303
출판신고 2009년 3월 30일 제313-2009-58호

ISBN 978-89-962795-8-7 (03900)

※ 이 책은 도서출판 더숲이 저작권자와의 계약에 따라 발행한 것이므로
  본사의 서면 허락 없이는 어떠한 형태나 수단으로도 이 책의 내용을 이용하지 못합니다.
※ 잘못된 책은 구입하신 곳에서 바꾸어 드립니다.
※ 책값은 뒤표지에 있습니다.